MEIN GROSSES

Grundkochbuch der
ASIATISCHEN
KÜCHE

Abkürzungen

EL	Esslöffel
TL	Teelöffel
Msp.	Messerspitze
kg	Kilogramm
g	Gramm
mg	Milligramm
l	Liter
ml	Milliliter
cl	Zentiliter
kcal	Kilokalorien
kJ	Kilojoule
EW	Eiweiß
KH	Kohlenhydrate
F	Fett
Bd.	Bund

1 kJ = 0,239 kcal
1kcal = 4,184 kJ

Symbole

Die Uhr symbolisiert den Zeit-
aufwand

 schnell gemacht

 braucht etwas Zeit

 dauert länger

Der Stern gibt den Schwierig-
keitsgrad an

 für Anfänger

 für Geübte

 für Könner

Das Sparschwein gibt einen
Hinweis auf die Kosten

 für den kleinen
Geldbeutel

 für den normalen
Geldbeutel

 für den gut gefüllten
Geldbeutel

Die Rezepte sind,
soweit nicht aus-
drücklich anders
angegeben, für
vier Personen. Die
Nährwert- und
Energieangaben sind
jeweils für eine
Person bzw. ein
Stück berechnet.

2002 Trautwein Küchen-Edition
Genehmigte Sonderausgabe
© Compact Verlag München

Konzept und Gesamtredaktion: Heidilore Häusler
Redaktion: Annette Nolden, Dagmar Fronius-Gaier, Reinhild Kunow
Nährwertberechnungen: Gerhard Gehrlicher
Übersetzungen: Ariane Busch
Produktion: Martina Baur
Umschlaggestaltung und Layout: Inga Koch
ISBN 3-8174-5429-5
5354291

Mit freundlicher Unterstützung von **FACKELMANN**

Mehr Infos im Internet unter www.compactverlag.de

MEIN GROSSES

Grundkochbuch der ASIATISCHEN KÜCHE

Die besten Originalrezepte

Trautwein Küchen-Edition

Duftender Reis, kostbare Gewürze und aromatische Saucen – sie alle sind seit über 2000 Jahren unverzichtbare Begleiter der asiatischen Küche und machen ihren unverwechselbaren, ausgewogenen Geschmack aus. Schonende Zubereitung durch kurze Garzeiten sorgt für ein Höchstmaß an Bekömmlichkeit. »Mein großes Grundkochbuch der asiatischen Küche« enthält die rund 600 besten Rezepte typischer Spezialitäten aus dem fernen Osten – alle leicht und ohne viel Aufwand nachzukochen.

Viel Spaß beim Zubereiten und guten Appetit wünscht Ihre Trautwein-Kochbuch-Redaktion

INHALT

INHALT

Asiatische Länderküchen

Asien ist bekanntlich ein unvorstellbar großer Kontinent und umfasst die unterschiedlichsten Klimazonen vom Eismeer bis in die Tropen, vom Hochgebirge über staubtrockene Wüsten bis in fruchtbare Küstenebenen. Genauso vielfältig sind auch die Speisen. Auf kulinarischem Gebiet verstehen wir in Europa unter asiatischer Küche hauptsächlich die Rezepte aus dem ostasiatischen Raum, also chinesische, japanische, indische, thailändische, indonesische, vietnamesische, koreanische und philippinische Küche. Auch Indien wird in diesem Buch vorgestellt, da es nicht nur selbst köstliche Rezepte kennt, sondern auch Südostasien stark beeinflusst hat. Die Länder des Vorderen Orients sowie Zentralasiens bilden demgegenüber die etwas anders gewichtete orientalische Küche und werden hier nicht behandelt.
Die asiatische Küche erfreut sich auch im Westen nicht umsonst einer wachsenden Beliebtheit. Zwar kann man eigentlich nicht von »der« asiatischen Küche sprechen, da sich die einzelnen Länder durchaus voneinander unterscheiden. Andererseits haben die in diesem Buch behandelten asiatischen Länderküchen einige wesentliche Gemeinsamkeiten; die wichtigste davon ist die Ausgewogenheit der Speisen. So gibt es in der asiatischen Küche bei jeder Mahlzeit scharfe und milde, süße und saure, gedünstete und gebratene Zutaten. Fleisch steht nicht unbedingt im Mittelpunkt wie in der westlichen Welt, sondern die wichtigste Speise ist überall der Reis, der als Nahrungsgrundlage fast jede Mahlzeit begleitet. Das Essen ist demnach kohlenhydratbetont, das nötige Eiweiß wird geliefert durch Hülsenfrüchte, Tofu, Meeresfrüchte, Fisch und vor allem in Indien auch durch vielfältige Milchprodukte und Eier. Viel Wert legen asiatische Köche auf frisches Gemüse der jeweiligen Saison und die dazu passenden Gewürze, so dass asiatisches Essen stets abwechslungsreich und darüber hinaus sehr gesund ist. Die Speisen werden meist fettarm zubereitet.
Da die Zutaten stets in mundgerechte Stücke geschnitten werden, gibt es keine langen Garzeiten. Auf diese Weise bleiben wertvolle Vitamine und Mineralstoffe optimal erhalten. Man benötigt für die Zubereitung weder viel Zeit noch viele Küchengeräte. Die meiste Arbeit entfällt auf die Vorbereitung der Zutaten.
Eine große Bedeutung haben Gewürze und Kräuter in asiatischen Speisen. Entweder werden die benötigten Zutaten vor der Verarbeitung in aromatisierten Ölen, Essigen oder anderen Marinaden eingelegt, während des Garens gewürzt oder aber beim Essen in schmackhafte Dips und Würzsaucen getaucht. Dabei unterstreichen die verwendeten Aromen den Geschmack der Speisen und ergänzen ihn. So ist das Essen nicht nur eine Gaumenfreude, sondern auch leicht verdaulich. Aus diesen Gründen überrascht es nicht, dass viele Menschen der asiatischen Welt eine wesentlich höhere Lebenserwartung haben als Bewohner der westlichen Industriestaaten und seltener an ernährungsbedingten Zivilisationskrankheiten leiden. Die asiatische Küche ist derart vielseitig und abwechslungsreich, dass sie nie langweilig wird und für jeden Geschmack etwas bereithält. Dabei dient das Kochen und Essen nie der bloßen Nahrungsaufnahme, sondern versteht sich als Teil der zumeist jahrtausendealten Kultur des Landes und ist daher auch manchmal mit speziellen Ritualen und Zeremonien verknüpft.

Chinesische Küche

Da China ein riesiges Land mit vielen verschiedenen geografischen und klimatischen Provinzen ist, gibt es auch eine Vielfalt von chinesischen Regionalküchen. Aufgrund der hohen Bevölkerungszahlen bei relativ wenig Ackerboden waren die Chinesen gezwungen, so ziemlich alles Essbare zu verwerten, was Gärten, Gewässer und die Natur hergaben. So entstand im Laufe der Zeit aus relativ einfachen Zutaten durch fantasievolle Kombinationen und raffinierte Gewürzzugaben eine Kochkunst, die noch heute in der asiatischen Küche dominiert und andere Länder stark beeinflusst hat.

Kanton: Der Himmel für Feinschmecker

Die bekannteste und beste Regionalküche Chinas ist die kantonesische Küche mit ihrer Vielfalt von Zutaten. Im milden Süden Chinas gedeihen Reis, Getreide, Kartoffeln, Gemüse und tropische Früchte. Der Speisezettel ist demnach abwechslungsreich, hier gibt es frisches Gemüse, Fisch, Fleisch und Meeresfrüchte. Es wird nicht übermäßig stark gewürzt und meist im Wok rührgebraten. »Wok« ist das kantonesische Wort für Pfanne! Das blitzschnelle Pfannenrühren wird hier meisterhaft

beherrscht. Hauptnahrungsmittel ist Reis. Hühner- und Schweinefleisch kommen aus den vielen Geflügel- und Schweinefarmen des Landes und werden viel verwendet.

Peking: Raffiniert und kräftig

In der Pekingküche im Norden Chinas dagegen bevorzugt man wegen des kühleren Klimas kräftigere Kost. Fleischgerichte sind hier sehr beliebt, Schweinefleisch wird allerdings sparsam verwendet. Die Speisen werden mit Vorliebe knusprig gebraten wie z. B. die bekannte Pekingente.

Mehl ist das Hauptnahrungsmittel. Berühmt sind die verschiedenen Nudelarten, Maultaschen (Wan-Tans) und Frühlingsrollen. Man verwendet reichlich Öl und würzt viel mit Essig und Knoblauch. Die Gerichte der Pekingküche sind die aufwändigsten und raffiniertesten, von der Vorbereitung bis zum Anrichten und Garnieren.

Szechuan: Duftende Gewürze

Wieder anders ist die Küche in der feuchten Provinz Szechuan im Westen. Dort legt man viel Wert auf »wärmende« Speise-

Ein Wok mit zwei Griffen ist für alle Kocharten geeignet; die Wok-Pfanne besonders zum Pfannenrühren.

zutaten wie Ingwer, Szechuanpfeffer, Knoblauch und Chilischoten und isst dementsprechend gern würzig und scharf. Ganz nach der Lehre von Yin und Yang werden hier stets kontrastreiche Mahlzeiten serviert. So kombiniert man heiß mit kalt, scharf mit mild, weich mit fest, süß mit sauer oft in einem Gericht. Die meisten süß-sauren Gerichte stammen aus dieser Region.

Schanghai: Deftig und gehaltvoll

Im Osten des Landes herrscht die so genannte Schanghaiküche vor. Spezialitäten sind Fisch- und Gemüsegerichte, aber auch aus Schweinefleisch und Geflügel werden aromati-

sche Speisen zubereitet. Es wird mehr Salz, Zucker und Öl verwendet, allerdings soll der Eigengeschmack der Zutaten stets erhalten bleiben. Sojasauce und die besten Bambussprossen kommen aus dieser Gegend. Eine besondere Art der Zubereitung ist das Rotkochen. Dabei werden Fleisch- und Geflügelgerichte sehr lange in einer dicklichen Sauce geschmort.

Zubereitungsarten

- *Schneiden und Zerkleinern:* Durch sorgfältiges Zerkleinern aller Zutaten in gleichgroße Stücke behalten sie ihren Geschmack und die Garzeit ist kurz.

- *Kocharten:* Die Kochmethoden der chinesischen Küche lassen sich folgendermaßen einteilen: Garen über Feuer (Grillen, Backen), Dämpfen, Kochen in Flüssigkeit (Schmoren), Kochen in Öl (Frittieren, Braten in der Pfanne). Manche Gerichte werden durch Kombination von verschiedenen Kocharten zubereitet.
- *Backen:* Im Ofen bei starker Hitze anbacken und dann bei mittlerer Hitze garen.
- *Grillen* auf Holzkohle oder im Backofen auf dem Grillrost.
- *Dämpfen:* Die Chinesen benutzen einen Bambusdämpfer. Sehr gut geeignet ist ein Schnellkochtopf, achtet man auf die kürzeren Garzeiten. Oder man nimmt einen großen Kochtopf, legt umgekehrt eine flache Schüssel hinein, die gut mit Wasser bedeckt ist. Darauf stellt man eine feuerfeste Schüssel oder einen Teller mit dem zu dämpfenden Kochgut. Bei starker Hitze dämpfen, eventuell Wasser nachgießen.
- *Braten in der Pfanne* wird in allen Regionen praktiziert, besonders in Südchina (Kantonküche). Weil diese Methode nur eine kurze Garzeit benötigt, müssen alle Zutaten zerkleinert werden. Es ist besser, nicht zu große Mengen in die

Bambuskocher gibt es in verschiedenen Größen

Pfanne zu geben, lieber zwei Portionen hintereinander. Gebraten wird bei starker Hitze. Zuerst erhitzt man in der Pfanne ein wenig Öl; wenn das Öl raucht, wird z.B. Ingwer oder Lauch kurz angebraten, bis sie zu duften beginnen. Danach werden die Hauptzutaten zugegeben und ständig gerührt und gewendet.

● *Beim Andicken* von Saucen mit Stärkemehl mischt man das Mehl mit wenig Wasser und rührt es nach dem Aufkochen unter die Sauce, bis sie durchsichtig geworden ist. Die Sauce soll nicht zu dick oder zu flüssig sein. Man rührt lieber etwas mehr Stärke an, um die Sauce schnell nachregulieren zu können. In der Pfanne gebratene Gerichte sollten sofort heiß serviert und gegessen werden.

● *Frittieren* wird vorwiegend in West-, Ost- und Südchina praktiziert. Man verwendet Erdnussöl. Fleischstücke mit Teighülle werden einzeln einige Sekunden angebacken, herausgenommen, und wenn alle fertig sind, wird das Öl stark erhitzt, die Stücke werden zusammen wieder hineingegeben. So werden sie knusprig und kleben nicht zusammen. Ausbackteig wird leichter, wenn man steif geschlagenes Eiweiß unterzieht oder

einige Tropfen Öl unterrührt. Frittieröl kann mehrere Male verwendet werden. Nach jedem Gebrauch durchsieben und zur Hälfte mit frischem Öl mischen. Öl, in dem Fisch frittiert wurde, sollte aber nur ein einziges Mal verwendet werden.

Einige Tipps für die chinesische Küche

● *Fleisch*, besonders Schweinefleisch, muss sorgfältig von Fett und Knorpeln befreit werden. Man sollte Salz sparsam verwenden, lieber würzt man mit heller Sojasaucee, um den Geschmack zu verfeinern. Fleisch wird zart und geschmeidig, wenn man es ca. 30 Minuten mit Stärkemehl, Eiweiß, Sojasauce und Öl mariniert.

● *Wok* heißt die klassische chinesische Pfanne aus Gusseisen, die als Allzwecktopf zum Braten, Schmoren, Kochen, Frittieren und Dämpfen dient. Er wird sehr schnell und gleichmäßig heiß. Vor dem ersten Gebrauch muss der Wok gründlich gewaschen werden, dann wird er erhitzt, eingeölt und mit Küchenpapier abgerieben. Diesen Vorgang wiederholt man, bis das Küchenpapier sauber ist. Sofort nach dem

Gebrauch muss er gut gespült und abgetrocknet werden, damit er nicht rostet. Am besten wäscht man ihn unter fließendem, heißem Wasser ohne Spülmittel, dann erhitzt man ihn kurz, um ihn zu trocknen.

● *Stäbchen:* Es gibt keine Vorschriften für ihren Gebrauch. Empfehlenswert ist folgende Handhabung: Das untere liegt festgeklemmt zwischen Daumenbeuge und Endglied des Ringfingers und wird mit dem Mittelfinger fixiert. Das obere hält man mit Daumen und Zeigefinger. So ist es beweglich und kann gegen das untere Stäbchen gedrückt werden.

Zusammenstellen eines chinesischen Menüs

Ein Menü für vier oder fünf Personen besteht aus drei bis vier Gängen, einer Vorspeise, den Hauptgängen und der Suppe. Reis gehört immer dazu.
Als Dessert isst man meistens Obst oder kleine Knabbereien wie Krupuk (frittiertes Krabbenbrot), Chips oder Nüsse. Die Knabbereien kommen mit dem Essen auf den Tisch, so dass sich jeder Gast bedienen kann. Süßigkeiten werden nach dem Essen zum Tee gereicht. Suppen werden in China am Schluss gegessen. Sie sind in

diesem Buch aber unter den Vorspeisen aufgeführt, da es in unseren Breiten auch in den chinesischen Restaurants üblich ist, Suppe vorab zu essen. In chinesischen Restaurants serviert man als Dessert z. B. Litschi, Mango, Honigäpfel, Eis oder gebackene Banane. Bei der Auswahl der Gerichte sollte man verschiedene Fleischsorten und auch verschiedene Zubereitungsarten (gebraten, gedämpft, geschmort, frittiert usw.) variieren, auch die Geschmacksrichtungen (mild, süß-sauer oder scharf).

Pfannengerichte müssen frisch und heiß serviert werden. Die Speisen werden gleichzeitig aufgetragen, deswegen sollte man nicht mehr als zwei Pfannengerichte wählen.

Als Getränke reicht man zu den Hauptgerichten Pflaumenwein oder Reiswein, nach dem Essen Tee.

Japanische Küche

Im Inselreich Japan gibt es naturgemäß reichlich Fisch und auch Reis, aber wenig Fleisch. Da es Buddhisten verboten ist, Fleisch und Fisch zu essen, hat sich auch eine abwechslungsreiche vegetarische Tradition herausgebildet, die gern Sojaprodukte in die Kost integriert. In Japan wird das Essen nicht so stark gewürzt wie in anderen Ländern, der pure Eigengeschmack der Zutaten soll durchschmecken. Daher wird auch sehr viel Rohes verzehrt wie z. B. mariniertes ungekochtes Gemüse und das Nationalgericht Sushi mit rohem Fisch. Die japanische Küche ist besonders fett- und kalorienarm, und die gängigsten Zubereitungsarten sind Dünsten und Dämpfen. Dafür wird noch mehr Wert auf frische Produkte gelegt. Das angerichtete Essen sieht oft wie ein Kunstwerk aus, da die Portionen zwar sparsam dekoriert, aber sehr elegant auf Tellern und Platten angerichtet werden. Sie sind wegen der geschmackvollen Farbzusammenstellungen stets eine Augenweide. Auch verzehren die Japaner neben Gemüse viel von den äußerst gesunden jodhaltigen Meeresalgen, z. B. als Suppeneinlage oder als Bestandteil von Sushi. Ein weiteres traditionelles, sehr beliebtes Gericht ist Tempura, bei dem klein geschnittene Fleisch-, Fisch- und Gemüsestückchen sowie Garnelen paniert und frittiert werden.

Indische Küche

Die indische Küche ist eine der kontrastreichsten Küchen der Welt. Sie vereint eine Vielzahl regionaler Küchen verschiedener Nationalitäten, die häufig von religiösen Traditionen geprägt sind.

Das Charakteristische an der indischen Küche ist der reichliche Gebrauch von Gewürzen, vor allem im heißen Süden des Landes, und deren raffinierte Kombination. Jeder Koch und jede Köchin stellt für das jeweilige Gericht eine eigene Gewürzmischung frisch her. In der indischen Küche gibt es verschiedene, auch fertig erhältliche Masalas (Gewürzmischungen), dessen bekanntestes das Garam Masala ist. Masalas bestehen aus bis zu 25 verschiedenen, meist angerösteten Gewürzen, die je nach Region den Speisen unverwechselbare Geschmacksnuancen geben und deren Zusammenstellung oft das Geheimnis des Kochs bleibt. Gern werden Süßspeisen auch mit duftenden Essenzen parfümiert (Rosenwasser, Sandelholz, Kampfer), oder die Speisen werden bei feierlichen Gelegenheiten mit hauchdünner Silber- oder Goldfolie überzogen. Wie in Südostasien stehen auch in Indien meist zahlreiche Schälchen mit verschiedenen Speisen auf dem Tisch, die sich gegenseitig ergänzen und zusammen eine ausgewogene Nährstoff- und Geschmackskombination ergeben. Zu einer typischen indischen Mahlzeit gehört z. B. ein Fleisch- oder Fischcurry, das mit Gemüse- oder Hülsenfruchtgerichten kombiniert wird und zu dem Reis oder Fladenbrot, Joghurtsaucen, Chutneys oder Pickles gereicht werden. Den Abschluss bilden frische Früchte, eine Süßspeise, Tee oder Kaffee.

Da es in Indien viele religiöse Gruppen gibt, existieren auch verschiedene Gebote im Bereich der Ernährung. Hindus essen z. B. kein Rindfleisch, da die Kuh als heilig gilt, Moslems dagegen kein Schweinefleisch, weil das Schwein als unreines Tier betrachtet wird. Vegetarismus ist sehr weit verbreitet, wobei viele Speisen Fleischgerichte in Aussehen, Konsistenz und Geschmack nachahmen.

Im Allgemeinen kommt man beim Kochen mit einer bei uns üblichen Küchenausstattung aus. Wichtig ist ein Gerät zum Zerkleinern der Gewürze (z.B. steinerner oder gusseiserner Mörser, elektrische Kaffeemühle, Mixer) und eine gusseiserne Pfanne zum Anrösten derselben. Im Fachhandel erhält man die *Karhai*, einen indischen Frittiertopf. Diese gusseiserne Pfanne mit gewölbtem Boden ist ideal zum Frittieren mit wenig Fett, kann aber nur auf Gasherden verwendet werden. Als Ersatz eignet sich der chinesische Wok oder ein gewöhnlicher Frittiertopf.

In diesem Buch finden sich einfache und raffinierte Rezepte, die auch für den europäischen Gaumen geeignet sind. Für einen »sanften« Einstieg in die Welt der indischen Küche empfiehlt es sich, anfangs nur ein indisches Gericht in ein europäisches Menü einzubauen und bei den ersten Kochversuchen die Gewürzmengen vorsichtig zu dosieren. Auch ungewürzter Reis und gekühlte Getränke mildern die Schärfe der Speisen.

Mörser aus Stein zum Herstellen von Gewürzmischungen

Die meisten Zutaten für die indische Küche sind auch bei uns in indischen Spezialläden und z. T. in Bioläden erhältlich. Nachfolgend werden einige der wichtigsten Zutaten aufgeführt:

● *Atta:* Weizenmehl für Fladenbrote, vergleichbar mit Weizenmehl, Type 1050.

● *Besan:* Kichererbsenmehl; für Eiernudeln und Klöße verwendbar. Der Geschmack ist leicht nussig.

● *Dal:* Hülsenfrüchte sind meist geschält und gespalten zu verwenden; zu den wichtigsten gehören: Schwarzaugenbohnen (Lobhia Dal), Mungobohnen (Moong Dal oder Mung Dal), schwarze Mungobohnen (Urad Dal), Rote Bohnen oder Kidney-Bohnen (Rajma Dal) und Sojabohnen; rote Linsen (Masoor Dal oder Masur Dal), bräunliche Linsen (Toor Dal oder Arahar Dal), grüne, ganze Linsen, weiße Linsen (= geschälte schwarze, Urid Dal); Kichererbsen (Channa Dal), alternativ kleine gelbe Schälerbsen.

● *Ghee:* Geklärtes Butterfett aus Kuh- oder Büffelmilch; ersatzweise Butterschmalz oder Butter.

● *Jaggery:* unraffinierter brauner Zucker aus Zuckerrohr oder Palmensaft (Palmzucker); durch braunen Rübenzucker oder Zuckerrohrgranulat ersetzbar.

● *Papad, Papadam:* getrocknete Linsenfladen.

● *Pflanzenöle:* am gebräuchlichsten sind Erdnussöl,

Kokosöl, Senföl und Sesam-öl, kalt gepresst.

- *Reis:* für indische Curries empfiehlt sich geschälter Langkornreis bester Qualität, z. B. der besonders körnig kochende Patnareis. Ansonsten bietet sich ungeschälter Langkornreis an, der reich an Vitaminen, Ballast- und Mineralstoffen ist. Je nach Geschmack können auch andere Reissorten verwendet werden. Eine besondere Spezialität ist Basmatireis, der in garem Zustand zartnussig duftet. Er wird klein- und langkörnig angeboten.
- *Reismehl:* besonders für Süßspeisen beliebt; es wird in Reformhäusern angeboten.

Gewürze sind der Schlüssel zur indischen Küche. Sie werden sowohl einzeln, ganz gemahlen, geröstet und angeschmort, als auch in Gewürzmischungen, den Masalas, verwendet.

- *Ajowan:* winzige, mohn-ähnliche Samen, stechend-scharf; ersatzweise Thymian oder Liebstöckel nehmen.
- *Amchoor:* getrocknetes Mangopulver; ersatzweise Zitronensaft verwenden.
- *Asafoetida:* Teufelsdreck; fest oder pulverförmig, in kleinen Mengen kurz in Öl angebraten; in Fachgeschäften oder Apotheken erhältlich.
- *Bockshornklee:* Teil von Gewürzmischungen, nur kurz

anrösten. In Bioläden erhältlich.

- *Curryblätter/Kari:* getrocknet im Fachhandel erhältlich, frische sind aromatischer.
- *Fenchelsamen:* geröstet oder kandiert; werden nach dem Essen zur Verdauungsförderung gekaut.
- *5-Gewürze-Pulver* (Panch Phoron): besteht aus Bockshornklee, Fenchel, Kreuzkümmel, schwarzen Senfkörnern und Zwiebelsamen.
- *Garam Masala:* Zusammenstellung gerösteter und gemahlener Gewürze.
- *Ingwer (s. S. 29):* frisch oder getrocknet, die frische Wurzel ist zu bevorzugen; in Indien gibt es spezielle Sorten wie Kampfer-Ingwer oder Mango-Ingwer.
- *Kardamom (s. S. 29):* als Kapseln und Samen zu verwenden; die grünen Kapseln werden oft gebleicht und meist für Süßspeisen verwendet.
- *Kokum:* bittere Frucht, anstelle von Tamarinde verwendbar.
- *Koriander (s. S. 30):* als Samen und frisches Kraut; Bestandteil fast jeder Currymischung und von Garam Masala; das Kraut wird ähnlich wie Petersilie verwendet.
- *Kreuzkümmel/Cumin (s. S. 30):* für fast alle Gerichte verwendet; in Garam Masala und Panch Phoron enthalten.
- *Kurkuma/Gelbwurz (s. S. 30):* verleiht dem Currypulver seine Farbe.

- *Macis:* Samenmantel der Muskatnuss, nimmt man für Garam Masala und Chutneys.
- *Mohnsamen:* gemahlen, zum Binden und Andicken von Saucen geeignet.
- *Pipal-Pfeffer:* schwarzer Pfeffer mit ingwerähnlichem Aroma; gibt es in Spezialläden.
- *Safran:* teuerstes Gewürz, als Safranpulver und Safranfäden angeboten, beliebt für Süßspeisen wegen seiner leuchtend orangegelben Färbung.
- *Schwarzkümmel:* pfefferähnliche scharfe Samen, nicht zu verwechseln mit schwarzem Kreuzkümmel oder Kümmel.
- *Tamarinde:* essbares braunes Mark der Samen eines tropischen Baumes, getrocknet oder in Sirup konserviert angeboten; vor Gebrauch einige Stunden in heißem Wasser ziehen lassen. Durch Auspressen erhält man dann einen säuerlichen, dunkelbraunen Saft (Tamarindensaft); teilweise durch Zitronensaft oder Essig ersetzbar.
- *Zwiebelsamen:* kleine schwarze Samen für Pickles, Gemüse und Fischgerichte.

Thailändische Küche

Es hat Jahre gedauert, bis die thailändische Küche in der westlichen Welt so bekannt wurde wie beispielsweise die chinesische. Sie besticht durch ihre Raffinesse und geschickte

Kombination der heimischen Lebensmittel. In Thailand gibt es viele Fische und Meeresfrüchte, während Fleisch eher selten verzehrt wird. Im tropischen Klima des Landes werden auch getrocknete und fermentierte Fischprodukte sehr häufig verwendet (Austern-, Fischsauce), da sie haltbarer sind. Tropische Früchte werden ebenfalls reichlich genossen. Die thailändische Küche ist von verschiedenen Seiten beeinflusst worden. Aus Indien kommt die Vorliebe für feurige Gewürze wie z. B. Chilischoten, die von den Europäern aus Amerika ins Land gebracht wurden. Gleichzeitig werden die scharfen Saucen aber auch gern mit Kokosmilch und Zitronengras etwas milder und süßer gemacht. Wem das Essen dann nicht scharf genug ist, der findet auf jedem Tisch die beliebten, aber extrem scharfen Chilisaucen und kann nach seinem persönlichen Geschmack nachwürzen.

Die bevorzugte Zubereitungsmethode ist das Pfannenrühren und stammt aus China. Die Geschmacksrichtungen sind schnell zu identifizieren: Fischsauce, Zitronengras, Koriandergrün (Cilantro), Thai-Basilikum, Ingwer, Knoblauch, Chillis und Kokosnussmilch finden sich in jedem Gericht, oftmals unterschiedlich kombiniert.

Nächtlicher Obstmarkt in Thailand

Waren Sie schon einmal in Thailand und hatten Gelegenheit, an Straßenständen – den Wok-Küchen – oder in »Nudelshops« zu essen? Es ist immer wieder ein Erlebnis, wie hier neue Gerichte mit geschickter Kochkunst entstehen. Sie können am Wok-Stand die frischen Zutaten, die die gesamte fahrbare Küche schmücken, einzeln auswählen. Sie können angeben, wie scharf gewürzt Sie es möchten – ob hot, very hot oder Thai-hot –, und schon wird in Minutenschnelle ein exklusives Rezept für Sie gekocht.

Genauso können Sie mit etwas Erfahrung in der thailän-dischen Küche auch selbst verfahren. Es ist empfehlenswert, Gewürze in asiatischen Geschäften zu kaufen, da diese nicht nur chinesische Waren, sondern auch viele Produkte aus dem gesamten asiatischen Raum führen. Mittlerweile entstehen immer mehr spezielle Thai-Läden, insbesondere in Großstädten. Dort können Sie frisches Koriandergrün mit Wurzeln kaufen, das sich sogar zu Hause im Topf ziehen lässt. In Thai-Geschäften bekommen Sie grüne, gelbe oder rote Chilipasten für die verschiedenen Currysaucen. Zum Vorrat für die thailändische Küche gehören: thailändischer Duftreis; Fischsauce;

Zum asiatischen Kochen gehört das richtige Ambiente. Dass das Essen ein Erfolg wird, dafür sorgen die Asia-Glückszeichen.

Kokosnussflocken, Koriandersamen, Lorbeerblätter, gemahlene Kurkuma (Cumin), Olivenöl, rosenscharfes Paprikapulver, Safran, helle und dunkle Sojasauce.

Garmethoden und Küchengeräte

Die bei den Asiaten beliebteste Garmethode ist das Pfannenrühren im *Wok* (s.S. 11), der ursprünglich über offenem Feuer oder in glühenden Kohlen eingesetzt wurde. Um das knappe Feuerholz nicht zu vergeuden, entwickelte man im Wok eine der schnellsten und gesündesten Garmethoden. Es entstanden in den verschiedenen Regionen die vielfältigsten Gerichte. Mit diesem fettarmen und schnellen Verfahren bleiben Farbe, Aroma und wertvolle Inhaltsstoffe der Lebensmittel optimal erhalten. Diese Art der Zubereitung war und ist so schnell, billig, gesund und vor allem schmackhaft, dass sich der chinesische Wok in ganz Ostasien durchgesetzt hat.

Auch in Europa gibt es mittlerweile überall Woks aus Gusseisen, Edelstahl oder Kupfer zu kaufen, die man auf dem Gas- oder Elektroherd benutzen kann. In einer geräumigen Bratpfanne mit hohen Wänden kann man das Pfannenrühren (auch Rührbraten genannt) ebenfalls gut einzusetzen.

gerichte und wird nach spanischer Vorgabe Arroz a la Paella genannt.

In den großen Städten gehört es inzwischen zum »Lifestyle«, Küchentraditionen zu amerikanisieren oder zu europäisieren. Fast Food und Spaghetti sind ein alltägliches Bild. Die Vorliebe für heiße Schokolade muss von den Spaniern übernommen worden sein, obwohl Asiaten bekanntlich keinen Milchzucker vertragen. Zu diesem heißen Getränk isst man gerne Ensaimadas, das ist ein Gebäck aus Mehl, Butter, Zucker, Eiern und einer Käsefüllung.

Trotzdem finden die Touristen dann bei näherem Hinsehen ihre erwartete Asienküche, beispielsweise pikant-gewürzte Kokosnussgerichte (so genannte Guinataan) oder Kilawin als rohen Fisch.

Eine komplette philippinische Mahlzeit wird auf einmal serviert: Suppe, Beilagen, Gemüse, Fleisch und Fisch – auf flachen Tellern mit Löffel, Gabel und Messer, dazu Wasser oder Eiswasser als Getränk.

Wichtige Zutaten für die philippinische Küche sind: getrocknete asiatische Pilze, Chilipulver, Reisweinessig, gemahlener Ingwer (besser frischer),

ASIATISCHE KÜCHE

Das Kochen mit dem Wok ist einfach und geht schnell. Der Wok (oder die Pfanne) muss zunächst gut aufgeheizt werden, bevor das Öl hineingegeben und durch Schwenken verteilt wird. Da sich das Kochen im Wok in nur wenigen Minuten abspielt, sollten alle Zutaten vorbereitet werden und auch Gewürze und Saucen sollten bereitstehen. Man schneidet das verwendete Fleisch meist in dünne Scheiben oder Würfel; Gemüse wird je nach Garzeit in kleine oder größere Stücke geschnitten und evtl. blanchiert, um das Kochen zu verkürzen und die Farbe zu erhalten.

Als Erstes kommen zunächst die Zutaten mit der längsten Garzeit in das heiße Öl und später diejenigen mit kürzerer, damit zum Schluss alles gleichzeitig gar ist.

Das Öl muss immer sehr heiß sein, wenn man neue Zutaten dazugibt, damit sie rasch anbraten und innen schön saftig bleiben.

Reis und Nudeln müssen vorgekocht sein und werden zuletzt unter die fertig gegarten Zutaten gemischt.

Der Wok eignet sich auch zum Frittieren von Speisen in siedendem Öl; man braucht dafür sogar sehr wenig Fett. Frittieren ist in Asien besonders für kleine Snacks beliebt, auch hierfür werden die Zutaten meist in mundgerechte

Stücke geschnitten. Oft werden sie zusätzlich in knusprigen Backteig gehüllt oder paniert. So entstehen die zahlreichen Variationen von gefüllten Teigtäschchen, die in China sehr begehrt sind. Werden Speisen im Wok in Wasser oder Brühe gekocht, gart man das Fleisch meistens sehr weich, um es mit Stäbchen gut essen zu können, während Gemüse eher knackig bevorzugt wird.

Weit verbreitet in Asien ist auch das Dämpfen von Speisen im Wok; dafür benötigt man einen *Dämpfeinsatz* aus Bambus, der in den Wok gesetzt wird und durch dessen Flechtwerk der Wasserdampf gut um die Speisen zirkulieren kann (s.S. 10). Hat man diesen Dämpfeinsatz nicht, behilft man sich mit einem Dreibein und einem Dämpfeinsatz aus dem Schnellkochtopf oder einer feuerfesten Schüssel, die man über das kochende Wasser setzt.

Die Zutaten werden vor dem Dämpfen meist blanchiert oder aber angebraten. Sehr feine, empfindliche Speisen können auch auf einem großen chinesischen *Sieblöffel* in den Wok gehalten und so lange mit siedendem Wasser, Brühe oder Fett übergossen werden, bis sie gar sind. Braten von kleineren Fleischstücken und Schmoren in etwas Sauce ist im Wok ebenfalls möglich; er ist daher ein echtes Universal-Kochgeschirr für die asiatische Küche und lohnt die Anschaffung, wenn man regelmäßig asiatisch kocht.

Bambus-dämpfer und Wok-Pfanne zum Garen von mehreren Speisen übereinander.

ASIATISCHE KÜCHE

Nützliches, aber nicht zwingend notwendiges Zubehör zum Wok sind ein passender gewölbter *Deckel*, der Fettspritzer verhindert und die Hitze beim Pfannenrühren und Dämpfen im Wok hält, oder

Wok-Bambuslöffel

Wok-Abseihlöffel

speziell geformte *Schöpfkellen*, *lange hölzerne Stäbchen* und *Pfannenwender*. Die dienen asiatischen Köchen zum Abmessen der Zutaten, zum Umrühren oder Herausnehmen und zum Platzieren von einzelnen Zutaten auf den Wänden des Woks. Sie lassen sich durch haushaltsübliche Schöpflöffel, Spatel, Zangen und Bratenwender ersetzen, jedoch sollten sie möglichst aus Holz sein. Metallene Geräte können den Wok leicht zerkratzen.

Es gibt auch spezielle ringförmige *Gittereinsätze* für den Wok, auf denen bereits fertige Zutaten abtropfen und warm gehalten werden können.

Ein typisch asiatisches Küchengerät zum Vorbereiten der Zutaten ist das *Hackmesser* mit extrem breiter Klinge, das meist aus Stahl oder Edelstahl ist und einem kurzen Beil ähnelt. Ein gutes Hackmesser eignet sich sowohl für grobe Arbeiten wie das Zerteilen von Knochen, Fleisch oder Gemüse (hierfür benutzt man den leichteren vorderen Teil der Klinge) als auch für hauchdünnes Zerschneiden und feines Hacken (mit dem schwereren hinteren Teil) von Knoblauch, Kräutern, Ingwer, Pilzen usw. Mit dem Messerrücken lässt sich Fleisch flach klopfen, mit der breiten Messerfläche nimmt man zerkleinerte Zutaten auf und gibt sie in den Wok oder zerdrückt Gewürze. Der Griff lässt sich zudem als Stößel im Mörser verwenden. Mit etwas Übung ist ein asiatisches Hackmesser auch für Mitteleuropäer ein sinnvolles Universalwerkzeug beim Ko-

chen und ergänzt das Allround-Kochgefäß Wok perfekt. Wer sich den Umgang mit dem Hackmesser nicht zutraut, nimmt ein gutes und scharfes Küchenmesser. Mit dem Hackmesser arbeiten asiatische Köche meist auf einem *Hackklotz* aus 5 cm dickem Hartholz, für den Hausgebrauch tut es aber auch ein dickes Holzbrett oder ein etwas kostspieligerer Schlachterblock. Wer häufig mit asiatischen Gewürzen kocht und größere Mengen davon braucht, wird sich vielleicht eine *Gewürzmühle* anschaffen wollen. Da sich Gewürze am besten halten und intensiver schmecken, wenn man sie ganz kauft und nach Bedarf zerkleinert, ist sie eine lohnende Investition. Sie ist auch nützlich beim Herstellen eigener Curry- und Garam-Masala-Mischungen. Ersatzweise kann man die Gewürze

Wok-Schöpfer

Wok-Schlitzwender

Wok-Gemüselöffel

in einer elektrischen Kaffeemühle mahlen, die dann aber nicht mehr zum Kaffeemahlen benutzt werden sollte. Ein *Mörser* ist außerdem eine hervorragende Möglichkeit, Gewürze und Kräuter zu zerkleinern (s. S. 13). Er ist nicht teuer, und man kann darin nicht nur einzelne trockene Gewürze fein mahlen, sondern auch seine eigenen Curry-, Chili- und andere Würzpasten herstellen. Ein elektrischer *Reiskocher* ist zwar nützlich, wenn man oft Reis zubereitet, lässt sich aber bestens durch einen normalen Kochtopf mit passendem Deckel ersetzen, in dem der Reis bei richtiger Zubereitung ja auch gut gelingt. Zur Zubereitung von Maki Sushi fast unverzichtbar ist eine spezielle *Bambusmatte*, auf der die Algenblätter ausgebreitet, mit Reis, Fisch und Gemüse belegt und dann aufgerollt werden.

Als Esswerkzeuge werden vor allem in China, Japan und Vietnam *Stäbchen* bevorzugt, die für den Alltag aus Holz, Bambus oder inzwischen auch aus Plastik hergestellt werden. Für besondere Gelegenheiten und festliches Essen gibt es auch Luxusausführungen aus Jade, Elfenbein oder sogar Gold sowie hübsch lackierte und bemalte Stäbchen. In China sind die Stäbchen im Allgemeinen etwas länger als in Japan und vorne stumpfer. Große Stäb-

Ein stabiles Holzbrett ist unverzichtbar zum Zerkleinern von Gemüse, Kräutern und Gewürzen

China-Hackmesser

Fleischmesser

Küchenmesser

chen dienen auch als Kochgeräte zum Umrühren und Frittieren. Für eine typisch asiatische Mahlzeit, bei der meist alle Speisen gleichzeitig serviert werden, tut eine elektrische *Warmhalteplatte* gute Dienste. An Geschirr benötigt man eine größere Anzahl von kleinen und mittelgroßen Schälchen. Sie müssen jedoch nicht unbedingt alle vom gleichen Service stammen oder auch nur dieselbe Farbe haben, um die Speisen attraktiv darzubieten. Im Gegenteil, wenn die Gefäße sich in Größe, Farbe und Form unterscheiden, macht das oft den Reiz der ohnehin üppigen Auswahl aus.

Will man zum Essen den traditionellen, leicht erwärmten Reiswein (Sake) trinken, so macht sich ein Sakeservice mit den typischen Kännchen, Stövchen und Tassen bezahlt, denn es ist praktisch und sieht hübsch aus.

Warenkunde

In diesem Kapitel werden die wichtigsten asiatischen Zutaten vorgestellt. Diese bekommt man in gut sortierten Supermärkten sowie in Asialäden jeder größeren Stadt. Sollte man eine frische Zutat nicht bekommen, kann man auf getrocknete oder in Dosen konservierte Ware ausweichen oder ähnliche, leichter erhältliche Alternativzutaten verwenden, z. B. »europäische« Gemüse- oder Pilzsorten.

ASIATISCHE KÜCHE

Reisanbau

Reis

Reis ist in ganz Asien eines der wichtigsten Grundnahrungsmittel. Er gedeiht am besten in den warmen und regenreichen Monsungebieten Südostasiens und kann hier zweimal jährlich geerntet werden. Reis bildet die Grundlage für die meisten asiatischen Gerichte und ist für die Menschen so wichtig, dass sie sich ohne Reis hungrig fühlen, selbst wenn andere Speisen im Überfluss aufgetischt werden. Lediglich in einigen nordchinesischen Provinzen wird etwas mehr Weizen (Nudeln, Dim Sum) verzehrt, überall sonst basieren die typischen Mahlzeiten auf Reis. Dafür ist er aufgrund seiner vielseitig einsetzbaren Neutralität und Sortenfülle optimal geeignet. Grundsätzlich unterscheidet man Langkorn- und Rundkornreis. Patnareis war früher die in Europa verbreitetste Sorte Langkornreis, er wurde nach der indischen Region gleichen Namens benannt. Eine besonders edle Sorte Langkornreis ist der Basmatireis, der aus Indien kommt und einen zarten Duft verströmt. Noch aromatischer ist der Duftreis aus Thailand. In Ländern, wo man mit Stäbchen isst, wird naturgemäß eher Rundkornreis bevorzugt, da er beim Kochen etwas Stärke verliert, zusammenklebt und leichter aufgenommen werden kann. Auch für Sushi ist er besser geeignet als der lockere Langkornreis. Am besten hält der so genannte Klebreis zusammen; er kann mit den Händen sehr gut in beliebige Form gebracht und sowohl mit Stäbchen als auch mit den Fingern gegessen werden. Reis wird entweder gekocht oder gedämpft verzehrt oder aber als bereits vorgekochter Reis im Wok angebraten.
Selbst das traditionelle asiatische Frühstück besteht aus einem weichen Reisbrei mit oder ohne Kokosmilch.

Nudeln

Nicht nur Italien ist für seine pikanten Nudelgerichte berühmt: Nudeln sind in Asien das zweite Grundnahrungsmittel nach Reis. Nudeln werden auch heute noch oft von Hand gemacht, man denke nur an die spektakuläre Technik der handgezogenen Nudeln von chinesischen Köchen. Nudeln können aus Weizenmehl (z. B. Mie), aber auch aus Reismehl (z. B. Mihoen), Buchweizen, Hülsenfrüchten oder Algen hergestellt werden. Es gibt sie mit und ohne Zusatz von Eiern, Krabben o. ä. In den asiatischen Ländern herrschen die langen, fadenoder bandförmigen Nudeln vor; kleine Nudelformen sind fast gar nicht anzutreffen. Nudeln werden im Gegensatz zum pur servierten Reis mit anderen Zutaten zusammen gegart und gelten nicht als Grundlage, sondern als Zutat des jeweiligen Gerichts. Sehr beliebt sind würzige Nudelsuppen in allen Variationen mit Fleisch, Fisch, Gemüse und Algen, aber auch gebratene Nudelgerichte sind populär. Reisnudeln und die aus Mungobohnen hergestellten Glasnudeln dürfen nicht gekocht, sondern nur in heißem Wasser eingeweicht werden, sonst zerfallen sie oder werden matschig. Udonnudeln sind dicke weiße Nudeln aus Japan, hergestellt aus Weizenmehl. Sie werden bereits bei der Zubereitung gesalzen.

Teighüllen

Wan-Tan-Teigblätter und Frühlingsrollenhüllen bestehen aus Weizenmehl-Eierteig und sind tiefgekühlt oder vakuumverpackt erhältlich.
Die papierdünnen Reispapierhüllen sind aus Reismehl, Wasser und Salz zubereitet. Sie müssen vor Gebrauch mit Wasser bepinselt werden.

Gemüse und Pilze

Auberginen

Auberginen stammen aus dem tropischen Asien und existieren in vielen verschiedenen Größen, Formen und Farben, die von Schwarz über Violett und Grün bis zu Weiß reichen. Bei uns gibt es vor allem die violette Sorte. Alle Sorten werden in Asien gern rührgebraten, gedünstet, frittiert, gefüllt oder auch (z. B. in Thailand) roh serviert. Um den leicht bitteren Geschmack zu mildern und um zu verhindern, dass Auberginen zu viel Fett aufsaugen, kann man sie vor dem Zubereiten einsalzen oder kurz frittieren und dann erst braten.

Reisterrassen auf Bali

Avocado

Avocados sind in Teilen Indiens sehr beliebt und harmonieren mit ihrem milden Geschmack gut mit würzigen Saucen, Meeresfrüchten und Knoblauch. Auch roh in Salaten sind Avocados in vielen südostasiatischen Ländern zu finden.

Bambussprossen

Bambussprossen sind in Asien ein geschätztes Gemüse und werden wie Spargel gestochen, bevor sie aus der Erde wachsen. In Dosen eingelegt, kann man sie auch in Europa kaufen. Frischer Bambus muss gekocht werden, da er roh eine toxische Säure enthält. Er hat einen frischen, süßlichen Geschmack, der im Winter noch besser wird.

Bittermelone

Die längliche grüne Bittermelone hat eine warzenbedeckte Schale und duftet süßlich, schmeckt aber bitter und ist mit ihrem Aroma vor

allem in Indonesien und Thailand begehrt.

Bittermelone

Sie braucht nicht geschält zu werden.

Bohnensprossen

Bohnensprossen kann man leicht aus verschiedenen Bohnensorten selbst ziehen oder in Reformhäusern und guten Supermärkten abgepackt kaufen. Dosenware ist mit frischen Sprossen nicht zu vergleichen. Bohnensprossen (z. B. aus Mungo- oder Sojabohnen) sind knackig und haben ein, je nach Sorte, mildes bis leicht scharfes Aroma. Sie können roh oder gebraten genossen werden, sollten aber nur kurz garen, damit sie nicht matschig werden und ihre wertvollen Inhaltsstoffe erhalten bleiben.

Chayote

Chayote ist ein hellgrünes Kürbisgewächs mit festem hellen Fleisch. Es wird auch »Buddhas Faust« genannt und oft bei religiösen Festen in Eintöpfen oder rührgebratenen Gerichten serviert. Verwendet werden die knolligen Wurzeln und die jungen Sprossen.

Chinakohl

Der weiß-grüne, längliche Chinakohl hat Blätter mit fester Struktur und zartem Kohlgeschmack, der aber beim Kochen verschwindet. Er ist sehr vielseitig und wird gern für Suppen, rührgebrate-

ne Speisen und Salate verwendet. Klein geschnitten und mit scharfen Gewürzen eingelegt, stellt man in Korea daraus das sauerkrautähnliche Nationalgericht Kim Chi her.

Chinakohl

Chinesischer Rettich

Dieser weiße Rettich mit mildem Geschmack ist in ganz Asien so beliebt wie bei uns die Möhre.

Lotoswurzel

Frische Lotoswurzeln sind graubraun, glatt und in Japan und China sehr geschätzt. Sie schmecken champignonartig und süßlich. In Scheiben geschnitten finden die Wurzeln als Suppeneinlage Verwendung. Es gibt sie in Dosen das ganze Jahr.

Lotoswurzel

Okraschoten

Dieses Gemüse ist in Indien sehr beliebt und dient als Beilage zu Fleisch und Geflügel sowie als Zutat für Currygerichte und Suppen.

Pah Choi

Der in Asien beliebte Kohl mit weißem Stiel und großen, dunkelgrünen Blättern ist mit dem Chinakohl geschmacklich vergleichbar. Die fleischigen weißen Blattrippen sind sehr delikat und können wie Spargel zubereitet werden. Pah Choi lässt sich durch Mangold ersetzen.

Süßkartoffeln

Süßkartoffeln sind rötlich mit weißem oder gelblichem Fleisch und werden in Asien gern gebraten oder geschmort. Sie sind nicht mit unseren Kartoffeln verwandt und können auch nicht so lange wie diese gelagert werden, da sie mehr Zucker enthalten.

Thailändischer Broccoli

Diese Kohlsorte gehört in Thailand zu den Alltagsgemüsen. Er hat fleischige Stängel mit Blättern und Blüten und kann sehr gut durch einheimischen Broccoli ersetzt werden.

Wasserkastanien

Diese nussgroßen Knollen wachsen im Wasser und sind in ganz Südostasien und in Indien beliebt, haben aber nichts mit Kastanien zu tun. Das zarte helle Fleisch ist sehr knackig und wird auch beim Kochen nicht weich. Wasserkastanien können gut mit

Wasserkastanien

Fisch oder Fleisch zusammen geschmort, aber auch roh verzehrt werden.

Yamswurzel und Taro

Diese beiden nahrhaften Kohlenhydratlieferanten haben weißes Fruchtfleisch und können sehr gut mit Fleisch und anderen Zutaten gemeinsam gekocht werden, da sie viel Fett aufsaugen. Yamswurzeln und Taros müssen geschält

Luffa

Luffa gehört zu den Kürbisgewächsen und sieht aus wie eine dünne, gegrillte Zucchini. Der Geschmack ist gurkenähnlich und sollte nicht durch zu intensive Gewürze überdeckt werden. Luffa wird stets gegart und kann durch Salatgurken ersetzt werden.

Luffa

werden. Unter der Schale enthalten sie Toxine, die aber beim Kochen verloren gehen. Man kann Yamswurzeln und Taros durch Kartoffeln ersetzen und umgekehrt.

Zuckerschoten

Zuckerschoten sind in der asiatischen Küche sehr beliebt; sie schmecken süßlich und knackig und werden meist mit anderen Zutaten im Wok angebraten und kurz gegart.

Zwiebeln

Zwiebeln

In ganz Asien sind Zwiebeln, vor allem aber auch Schalotten und Frühlingszwiebeln, sehr beliebte Zutaten für Curry- und Eintopfgerichte sowie Salate und Marinaden. Sie werden gebraten, gedünstet oder roh gegessen und sowohl als Gewürz als auch als Gemüse verzehrt.

Austernpilze

Austernpilze sind mild schmeckende, bräunlich-violette Pilze mit flachem Hut, die früher sehr selten waren. Inzwischen gibt es sie auch in Europa in jedem Supermarkt. Sie geben praktisch keinen Abfall und werden meist nur kurz mitgegart, da sie sonst zäh werden können. Austernpilze sind vor allem in vegetarischen Gerichten beliebt, da ihre Konsistenz an Fleisch erinnert.

Shiitake

Shiitake-Pilze (getrocknete Baumpilze) ähneln Champignons im Aussehen, haben aber doppelt soviel Eiweiß wie diese und schmecken leicht säuerlich. Shiitake werden gekocht, rührgebraten oder geschmort und können auch kalt in Salat oder in Suppen Verwendung finden. Sie sind sehr aromatisch. Getrocknete Shiitake werden vor der Zubereitung in Wasser eingeweicht.
Auch zahlreiche andere Pilzarten sind in Asien sehr häufig in den Kochtöpfen zu finden, z. B. *Mu-Err-Pilze*, auch Wolkenohrpilze genannt, *Champignons, Morcheln, Pfifferlinge, Trompetenpilze, Strohpilze* u. a. Weit verbreitet ist auch der Gebrauch von Trockenpilzen, die vor der Verarbeitung eingeweicht werden und dann vielseitig einsetzbar sind, z. B. in Suppen, Schmorgerichten oder rührgebratenen Speisen.

Austernpilze

Soja und Hülsenfrüchte

Das am weitesten verbreitete Sojaprodukt ist der *Tofu* (Sojaquark), der aus der Sojabohne gewonnen wird. Die Sojabohne enthält alle 8 essentiellen Aminosäuren, die der menschliche Organismus nicht selbst herstellen kann. Tofu wurde in China erfunden und stellt eine preiswerte und hochwertige Eiweißquelle dar. Tofu enthält wenig Fett und Kalorien und kein Cholesterin, dafür aber die Vitamine A und B. Es gibt ihn naturbelassen, geräuchert und als Bestandteil von zahl-

Shiitake-Pilze

reichen vegetarischen Fleischimitaten. Im Asialaden erhält man ihn auch frittiert, eingelegt oder nochmals gepresst, so dass er fast keine Feuchtigkeit mehr enthält. Auch fermentierten Tofu kann man in Asialäden bekommen. Er hat einen ausgeprägten Geschmack. Normaler Tofu ist dagegen völlig geschmacksneutral und eignet sich daher für Haupt- und Süßspeisen. Für Letztere wird meist Seidentofu bevorzugt, der eine weichere Konsistenz hat und sich leichter glatt rühren lässt. Tofu nimmt den Geschmack der Gewürze und anderer Zutaten an, mit denen er zubereitet wird. Meist wird er klein gewürfelt mitgegart und mit Fleisch, Gemüse oder Fisch kombiniert.

Tofu selbst herzustellen ist gar nicht schwierig. Empfehlenswert ist allerdings die Anschaffung einer Tofupresse. Hier eine kurze Anleitung:

250 g gelbe Sojabohnen aus der letzten Ernte kalt waschen und mit ca. der dreifachen Menge kaltem Wasser 12–16 Stunden an einem kühlen Ort zum Quellen einweichen. Danach Einweichwasser abgießen und Bohnen gründlich mixen. Bei Bedarf noch etwas Wasser nachgießen; der Brei soll möglichst fein sein, um eine hohe Milchausbeute zu erhalten. In einem Topf ca. 1 l Wasser zum Kochen bringen,

Püree zufügen, mindestens 15 Minuten kochen lassen. Da die Masse stark schäumt, empfiehlt es sich, einen sehr großen Topf zu verwenden. Während des Kochens ständig umrühren. Um die Eiweißbestandteile vom festen Rückstand zu trennen, nun die Masse durch ein mit einem Baumwolltuch ausgelegtes Sieb schütten und die Sojamilch ausdrücken. Eventuell noch 3 Tassen kochendes Wasser zuschütten und erneut kräftig pressen. Bei der Gerinnung werden die festen Eiweißbestandteile von der Molke getrennt. Das in einer Tasse aufgelöste Gerinnungsmittel (Kalziumsulfat für den festeren chinesischen oder Nigari, ein Meerwasserextrakt aus Magnesium- und Kalziumchlorid für den weicheren japanischen Tofu) unter vorsichtigem Rühren sehr langsam in die heiße Milch gießen. Topf zugedeckt ruhen lassen. Nach 15–20 Minuten hat sich eine käseähnliche Masse gebildet, die in der blass-gelben Molke schwimmt. Nun die Tofupresse mit einem Baumwolltuch auskleiden, die gewonnen Teile vorsichtig mit einem Schaumlöffel in den Presskasten umschichten. Tuch straff zusammenschlagen und mit einem 1-kg-Gewicht 15–20 Minuten beschweren. Aus der Form nehmen, abkühlen lassen, am besten frisch verwenden. Im

Kühlschrank lässt sich Tofu abgedeckt 24 Stunden aufbewahren, in frisches Wasser gelegt (täglich wechseln!) hält er sich 10 Tage. Tiefgekühlt kann er monatelang lagern; dabei erhält er eine feste Struktur.

Ein weiteres, in Indonesien geschätztes Sojaprodukt ist *Tempeh*. Man produziert ihn aus gekochten Sojabohnen, die mit Hilfe von Bakterien fermentiert werden. Tempeh ist nicht glatt wie Tofu, fester als dieser und schmeckt würziger und leicht nussig.

Eine japanische Spezialität ist *Miso*, eine rote, braune, gelbe oder weiße Sojapaste, die zum Würzen von Suppen, Saucen und anderen herzhaften Gerichten benutzt wird. Miso besteht aus Sojabohnen und Reis bzw. Weizen oder Gerste, die zusammen milchsauer vergoren werden und lange reifen müssen.

Speziell für Vegetarier sind *Erbsen, Bohnen* und *Linsen* wichtige Nahrungsmittel, da sie wertvolles pflanzliches Eiweiß enthalten. Deshalb stehen diese Hülsenfrüchte in Indien, aber auch in Südostasien oft auf dem Speisezettel.

Linsen sind am beliebtesten; es handelt sich um dieselben Linsen wie die in Europa bekannten braunen Linsen. In Indien werden sie jedoch geschält und oft auch gespalten angeboten, sie sehen dann gelb oder rosa

aus und sind leichter verdaulich. Die gelben Linsen brauchen die doppelte Garzeit wie die rosafarbenen, beide Sorten kann man aber gut gegeneinander austauschen. Meist werden sie mit Gewürzen zu einem cremigen Püree gekocht, zu dem man Reis serviert.
Von den zahlreichen Bohnensorten sind besonders Mungobohnen, Kidneybohnen, schwarz gefleckte Bohnen und Puffbohnen verbreitet. Sie werden gern mit Gemüse zu würzigen Currygerichten geschmort, zu Püree oder aber gemahlen zu herzhaftem Gebäck verarbeitet.
Von den Erbsen sind grüne Erbsen, gelbe halbe Erbsen und Kichererbsen die beliebtesten Sorten. Aus ihnen werden Gemüse- und Currygerichte, Gebäck und Süßigkeiten zubereitet.
Auch die *Erdnuss* ist botanisch gesehen eine Hülsenfrucht. Erdnüsse sind sehr nahrhaft und werden in Öl verarbeitet, als Snack verzehrt oder in würzigen Gerichten verwendet. In Indonesien und Malaysien werden Speisen gern mit Erdnusssauce als Dip serviert.

Kräuter und Gewürze

Anis und Sternanis
Diese beiden ähnlich duftenden Gewürze sind Samen bzw. unreif geerntete Früchte, die im südostasiatischen Raum

Sternanis

sowie in Indien sehr geschätzt werden. Sternanis ist billiger als Anis und deshalb öfter anzutreffen, auch wird er in der fertigen Speise gelassen, weil er so dekorativ ist. Er kann durch Anis oder Fenchelsamen ersetzt werden. Beide Gewürze verfeinern Suppen und Fleischgerichte, aber auch Süßspeisen und Obstsalate. Die Samen enthalten süßlichscharfe, wohlriechende ätherische Öle und werden oft nach dem Essen gekaut, um den Atem zu erfrischen.

Basilikum
Basilikum stammt aus Indien und ist dort ebenso wie in

Basilikum

Thailand und Vietnam sehr beliebt. Die dortigen Sorten schmecken allerdings zitrusartiger, nach Anis oder Pfeffer. Ersatzweise nimmt man hiesiges Basilikum mit etwas Sternanis oder Zitronenschale kombiniert.

Chilischoten
Rote und grüne Chilischoten werden frisch oder getrocknet in ganz Asien verwendet. Ihre Schärfe entsteht durch den Inhaltsstoff Capsaicin, der keimtötend und verdauungsanregend wirkt und in heißen Gegenden zum Abkühlen dient, da er das Blut an die Körperoberfläche treibt. Größe und Farbe der Schoten sagt nichts über die Schärfe aus, man kann sie jedoch mildern, indem man die Kerne aus den Schoten entfernt. Chilischoten werden ganz als Gemüse gegessen, klein geschnitten als stimulierende Würzzutat verwendet oder zu feurigen Sambals verarbeitet.

Fenchelsamen
Fenchel wird in Indien und Japan angebaut und ist in Form der grünlichen Samen ein wichtiger Bestandteil vieler Gewürzmischungen für Salate, Fischgerichte und Gebäck. Sie schmecken anisähnlich und süßlich und werden gern pur oder kandiert (Indien) nach einem guten Essen verzehrt.

Gewürznelken

Ingwer

Kardamom

Gewürznelken

Gewürznelken sind Knospen eines Myrtengewächses und stammen von den Molukken in Indonesien. Sie schmecken scharf aromatisch und etwas brennend, wobei die meisten Geschmacksstoffe im Kopf der Knospe enthalten sind. Sie sind Bestandteil des 5-Gewürze-Pulvers und werden gern in kräftigen und salzigen Fleisch- und Gemüsegerichten verwendet. In China und Indien werden ganze Nelken zerkaut, um einen wohlriechenden Atem zu bekommen.

Ingwer und Galgant

Ingwer wird sowohl in der asiatischen Küche als auch in der Medizin bevorzugt eingesetzt, denn er wirkt gegen Brechreiz und Verdauungsstörungen. Im tropischen Asien baut man ihn seit 5000 Jahren an. Der knollige Wurzelstock wird geschält, fein zerkleinert und aromatisiert Fleisch- und Fischgerichte, Ma-

rinaden und würzige Saucen. Er wird in China nach dem Yin-Yang-Prinzip häufig mit Frühlingszwiebeln kombiniert. Auch eingelegter Ingwer gilt als delikater Snack oder als Beilage zu Fleischspeisen, Sushi und Sashimi. Galgant schmeckt ähnlich wie Ingwer, aber schärfer und würzt viele Fisch- und Fleischgerichte oder wird zu Suppen, Saucen oder Pasten verarbeitet.

Jasmin

Die herrlich duftenden Blätter werden zu einer Essenz verarbeitet, die man zum Verfeinern von Süßspeisen verwendet. Ersatzweise kann man Rosenwasser nehmen.

Kaffir-Limettenblätter

Sie sind die Blätter der grünen Kaffir-Limette, die wegen ihres intensiven Geschmacks sehr beliebt sind. Die Blätter werden fein geschnitten und verleihen den Speisen ein ausgeprägtes Zitronenaroma.

Kardamom

Kardamom stammt aus Indien und besteht aus den Fruchtkapseln mit den darin enthaltenen Samen eines Ingwergewächses. Grüne Kardamomkapseln haben das beste Aroma und werden ganz, grob zerstoßen oder gemahlen in Reis- und Currygerichten sowie Süßspeisen verwendet. Kardamom schmeckt süß, scharf und aromatisch zugleich; es gibt auch größere schwarze Kardamomkapseln, die schwächer schmecken.

Knoblauch

Knoblauchgeruch empfindet man in Asien nicht unangenehm; die Knolle wird gern zum Kochen benutzt, lediglich in Japan spielt Knoblauch eine untergeordnete Rolle und dient eher als Heilmittel. Man aromatisiert entweder das Bratfett mit Koblauch oder kombiniert ihn mit anderen Gewürzen wie Ingwer, Koriander, Pfeffer und Currypasten.

ASIATISCHE KÜCHE

Koriander

Sowohl die Blätter als auch die Samen werden im asiatischen Raum zum Würzen und Garnieren verwendet. Koriandersamen schmecken leicht nach Orangen und sind sehr würzig; sie dienen gemahlen als Gewürz für Currygerichte, Würzmischungen (Currypulver, Garam Masala) und Pasten. Frisches Koriandergrün, auch chinesische Petersilie genannt, wird oft über fertige Gerichte gestreut und kann zur Not durch Petersilie ersetzt werden. Man kann Koriander auch gut selbst ziehen.

Kreuzkümmel

Kreuzkümmel ist im gesamten südostasiatischen Raum verbreitet. Es handelt sich um grünbraune Samen, die süßlich, scharf und bitter zugleich schmecken. Sie werden speziell in Indien gern angeröstet und in Kombination mit Koriander verwendet. Man würzt damit Fleisch-, Reis- und Gemüsegerichte, Salate und eingelegtes Gemüse.

Kurkuma

Kurkuma wird aus dem Wurzelstock einer im tropischen Teil Südostasiens heimischen Pflanze gewonnen. Bei uns gibt es sie fast nur als Pulver; sie schmeckt leicht scharf und färbt die Speisen intensiv gelb, daher wird sie auch oft als Ersatz für den kostspieligen

Tamarinde

Safran genommen. Kurkuma ist Grundgewürz von Currypulver und wird in Indien und Malaysien gern zu Reis- und Linsengerichten, Fisch und Gemüsegerichten gegeben.

Senfsamen

Die weißen, braunen oder schwarzen Senfsamen sind ein wichtiges Gewürz in Indien, besonders für Linsen- und Gemüsegerichte sowie für Marinaden. Die Samen werden vor Gebrauch in Öl geröstet, bis sie aufplatzen, damit sich das Aroma voll entfalten kann. Fertige Senfpasten wie in Europa sind in Asien kaum bekannt.

Szechuanpfeffer

Als Szechuanpfeffer bezeichnet man die rotbraunen Samenkapseln einer Eschenart, die vor allem in China sehr beliebt zum Würzen von Fleisch- und Geflügelgerichten sind.

Szechuanpfeffer schmeckt pfeffrig scharf und leicht zitrusähnlich und ist auch im 5-Gewürze-Pulver enthalten.

Tamarinde

Die Fruchtkapseln des Tamarindenbaums besitzen ein braunes, klebriges Fruchtfleisch mit herb-saurem, fruchtigem Geschmack. Es gibt sie getrocknet, als fertige Paste oder Konzentrat sowie in gepressten Blöcken zu kaufen, von denen nach Bedarf ein Stück abgebrochen und vor Gebrauch eingeweicht wird. Das Tamarindenaroma ist so charakteristisch, dass es kaum durch andere Gewürze zu ersetzen ist. Tamarinde aromatisiert zahlreiche Chutneys, Würzsaucen, Linsen- und Currygerichte sowie scharfe thailändische Suppen.

Wasabi

Wasabi (»japanischer Meerrettich«) stammt aus den grünen Wurzeln der Wasabi-Pflanze, die in Japan wächst, und wird dort sehr gern als höllisch scharfe Beilage zu Sushi und Sashimi serviert. Dafür wird das Wasabipulver mit Wasser oder Essig zu einer hellgrünen Paste gerührt, die es im Asiashop aber auch fertig zu kaufen gibt.

Zimt und Kassia

Zimt- und Kassiastangen sind die getrocknete und aufgerollte Rinde zweier lorbeerverwandter Bäume, wobei Kassia intensiver und schärfer als echter Zimt, aber nicht so fein schmeckt und auch härter ist. Kassia wird in China, Indien und Indonesien angebaut, während der beste Zimt aus Sri Lanka kommt. Zimt und Kassia werden in süßen und salzigen Speisen eingesetzt, z. B. in Fleischgerichten und Brühen. Beide Gewürze sollten in kleinen Mengen gekauft und luftdicht gelagert werden, denn das Aroma verfliegt sehr schnell.

Zitronengras

Die im Bündel verkauften Stängel von frischem Zitronengras müssen gehackt oder sehr fein geschnitten werden, um ihr zitrusartiges Aroma gut an die Speisen abgeben zu können. Es wird auch in Europa in Asialäden manchmal frisches Zitronengraspulver angeboten.
Wenn man es gar nicht bekommt, verwendet man stattdessen etwas Zitronenschale, am besten auch etwas fein geriebenen Ingwer. Zitronengras verfeinert in Asien Salate, Suppen, Currygerichte und viele rührgebratene Speisen sowie Marinaden und Saucen.

Asiatische Köche verwenden auch vielfach *Gewürzmischungen*, die man fertig kaufen oder selbst herstellen kann.

Letzteres hat den Vorteil, dass ganz nach Geschmack und persönlichen Vorlieben gewürzt werden kann.
Einfaches Currypulver besteht aus Kurkuma, Sternanis, Bockshornkleesamen, Koriander, Nelken und Fenchelsamen. Je nach Region und Rezept kann es zusätzlich noch Szechuanpfeffer, Muskat, Chilischoten, Pfeffer, Kreuzkümmel, Senfsamen oder auch Zimt enthalten.
Eine typisch indische Gewürzmischung ist Garam Masala. Sie besteht aus Kardamom, Zimt, Kreuzkümmel, Pfeffer, Nelken, Muskat und manchmal noch Koriander, Muskatblüte und Lorbeer.

Das besondere chinesische Aroma verleiht das 5-Gewürze-Pulver den Speisen. Das Pulver setzt sich zusammen aus Szechuanpfeffer, Zimt oder Kassia, Nelken, Fenchelsamen und Sternanis, die zu gleichen Teilen gemischt werden. Gelegentlich kann auch noch Ingwer, Galgant oder Kardamom enthalten sein.

In Japan ist das 7-Gewürze-Pulver sehr beliebt. Es wird aus getrocknetem Chili, Szechuan-Pfeffer, Sesamsamen, Nori, Mandarinenschale, Hanfsamen, Mohnsamen hergestellt – manchmal auch mit Senfsamen.

Zimt

Sonstiges

Algen

Algen sind im ostasiatischen Raum, vor allem in Japan, wichtige Zutaten für viele Speisen. Sie können frisch oder getrocknet verwendet werden, enthalten Vitamine wie Folsäure und Mineralstoffe (Jod, Kalzium, Magnesium, Eisen, Kupfer und Mangan) und machen eine vielseitige Zubereitung möglich. Kombu, der Große Seetang, wird z. B. gern als Suppeneinlage und als Gemüse verzehrt, dient aber auch zur Herstellung eines kräftigen Fonds, mit dem andere Speisen gewürzt werden. Getrockneter Kombu wird eingeweicht und das Wasser ebenfalls zum Kochen verwendet. Nori-Algen sind hauchdünne getrocknete Algenblätter, die zur Herstellung von Sushi gebraucht werden. Es gibt sie geröstet und gewürzt als Yaki-Nori oder pulverisiert als Ao-Nori im

Asialaden zu kaufen. Wakame-Algen sind zart und knusprig mit feinem Aroma und werden häufig in Suppen und Salaten verarbeitet. Agar-Agar wird aus Rotalgen gewonnen und dient als Pulver nicht nur zum Andicken von Saucen und Süßspeisen, sondern wird in Form von getrockneten und wieder eingeweichten Streifen auch gern als Salat genossen.

Obst und Nüsse

Ananas
Ananas wird häufig in süß-sauren Gerichten verwendet.

Durian
Diese kopfgroße Frucht mit 1 cm langen Stacheln ist in Thai-land sehr beliebt. Das Frucht-innere ist weiß und cremig, hat aber einen nicht von jedermann geschätzten Geruch.

Kokosnüsse
Kokosnüsse werden im süd-ostasiatischen Raum häufig und gern benutzt. Zum Kochen stellt man aus ihnen Kokosmilch und Kokoscreme her, die Currygerichten Pfiff geben, in süßen und salzigen Reis-speisen oder delikaten Suppen zum Einsatz kommen. Kokoscreme gibt es fertig in Blöcken zu kaufen, von denen man nach Bedarf Stücke ab-bricht. Viele Asiaten greifen inzwischen auf fertige Kokosmilch und -creme zurück, da sie bequem zu handhaben und von guter Qualität sind.

Litschi
Litschis sind kleine, weiß-transparente runde Früchte mit einer festen roten Schale, die aus China und Thailand stammen und traditionell pur oder mit anderen Früchten als Dessert genossen werden. Sie schmecken leicht säuerlich und erfrischend und sind auch als Kompott erhältlich.

Litschi

Mango
Mangos sind ebenfalls weit verbreitet und stammen aus Indien. Das Fruchtfleisch ist meist gelb, aromatisch süß und faserig. Mangos werden roh im Obstsalat verzehrt bzw. aromatisieren Süßspeisen und Getränke, oder sie werden zu Chutneys, Currygerichten oder als Beilage zu Fleischspeisen verarbeitet.

Mango

Durian frisch vom Markt

Mangostane

Die etwa 5 cm großen Früchte haben ein helles Fruchtfleisch mit essbaren Kernen. Der Geschmack ist mild, zart säuerlich und erfrischend. Mangostane verzehrt man frisch.

Papaya

Papayas werden in Asien als Obst zum Dessert und (noch unreif und grün) als Gemüse genossen. In diesem Fall werden sie zerteilt in Salate, Suppen oder Currygerichte gegeben. Das in Papayas enthaltene Enzym Papain macht Fleisch zart, weshalb Papayas oft zum Einreiben oder Marinieren benutzt werden.

Papaya

Rambutan

Nahe Verwandte der Litschis sind Rambutans, die eine behaarte Schale haben und etwas schärfer im Geschmack sind. Am besten schmecken sie wie Litschis gekühlt und frisch aus der Schale. Muss man auf Dosenware ausweichen, bevorzugt man die im eigenen Saft ohne Zuckerzusatz eingelegten Früchte.

Würzsaucen

Die bekannteste asiatische Würzsauce ist die *Sojasauce*, die aus fermentierten Sojabohnen hergestellt wird. Hierfür werden die Bohnen eingeweicht, gedünstet und mit geröstetem Weizenmehl, Salz und Hefe etwa ein bis zwei Jahre fermentiert. Sojasauce gibt es dunkel (Lo Chau) und hell (Sang Chau), dick- und dünnflüssig. In Japan nennt man die verschiedenen Formen Usukuchi (hell) und Tamari (dunkel); in Indonesien heißen sie Ketjap Asin bzw. Ketjap Manis. Mit heller Sojasauce würzt man gern Fisch und Meeresfrüchte, Suppen und Gemüse; die kräftige, dunkle Sojasauce nimmt man für geschmortes und gegrilltes Fleisch. *Fischsauce* wird anstelle der Sojasauce in Vietnam und Thailand zum Würzen bevorzugt. Sie wird aus gesalzenem und fermentiertem Fisch oder aus Garnelen hergestellt. *Austernsauce* wurde in Kanton, im Süden Chinas erfunden; sie wird aus Sojabohnen hergestellt und mit Austernextrakt, Karamell und Salz pikant verfeinert. Diese Sauce dient vor allem zum Würzen von Suppen, Gemüse- und Fleischgerichten und gibt ihnen einen leichten Meeresgeschmack.
Hoisin-Sauce ist eine dickflüssige, rot-braune chinesische Sauce, die aus Sojabohnen, Knoblauch, Zucker und verschiedenen Gemüsen hergestellt wird. Sie schmeckt süßlich-scharf und wird vor allem zu Fleisch- und Geflügelgerichten serviert.
Sambals sind vor allem in Indonesien und Thailand sehr geschätzte Würzsaucen auf Chilibasis. Die bekanntesten indonesischen Sambals sind Sambal Blachan (gehackte rote Chilischoten, Salz, Garnelenpaste und Limettensaft) und Sambal Oelek (Sambal Blachan mit braunem Zucker). In Thailand liebt man Nam Prik, eine Mischung aus Garnelen oder auch Garnelenpaste, Chilischoten, Knoblauch, Salz, Zucker, Reisessig und Fischsauce.
Neben Sojasauce wird in Japan gerne *Teriyakisauce* verwendet, die aus Sojasauce, Wein, Zucker und Gewürzen hergestellt wird. Sie dient als Marinade für Grill- und Bratfleisch und gibt fertig zubereitetem Fleisch einen appetitlichen Glanz.

Weiterhin sind in Südostasien verschiedene *Würzpasten* beliebt, die entweder als Beilage bzw. Dip zu Fleisch- und Gemüsegerichten dienen oder als Saucenzutat für Schmor- und Currygerichte oder Dressings. Es gibt Pasten aus Bohnen, Chilischoten, Sesam, Shrimps usw.

Chinesisches eingelegtes Gemüse

Das unter der Bezeichnung „Szechuan-Pickles" auch bei uns in Asiashops erhältliche Gemüse ist eingesalzen und mit Sojasauce gewürzt. Auf diese Art werden z. B. Gurken, Kohl, Rettich und Ingwer salzig-pikant bis scharf zubereitet.

Eingesalzene Bohnen

Die braunen oder schwarzen Bohnen werden durch Einsalzen haltbarer gemacht und den Speisen als Würze zugesetzt. Sie werden in Asiashops in Dosen angeboten.

Getrocknete Shrimps

Die kleinen orangeroten Shrimps werden fein zerrieben als Würze verwendet. Sie können notfalls auch durch Krabbenpaste ersetzt werden.

Asiatische Esskultur

Prinzipiell ist im asiatischen Raum jedes Gericht, ob süß oder herzhaft, zu jeder Tageszeit möglich. So gibt es z. B. zum Frühstück bereits Reisspeisen oder würzige Nudelsuppen. Generell gilt, dass – außer in Japan, wo in Form von Sushi roher Fisch, fein geschnittener roher Fisch und Gemüse serviert werden – sehr wenig rohe Speisen verzehrt werden. Alles wird in irgendeiner Form zubereitet, und Frühstück, Zwischenmahlzeiten und Abendessen unterscheiden sich oft nur durch die dargereichte Menge. Kleine herzhafte Snacks für zwischendurch sind bei den Asiaten sehr beliebt, da es oft keine festgelegten »Mahl-Zeiten« gibt. Bei aufkommendem Hunger wird schnell eine Kleinigkeit gegessen. Die Hauptmahlzeit wird im asiatischen Raum meist abends eingenommen und dient nicht nur der Nahrungsaufnahme, sondern auch dem geselligen Zusammensein mit Familie, Freunden oder Gästen. Dabei werden alle zubereiteten Speisen gleichzeitig auf den Tisch gestellt, so dass jeder auswählen kann, was er zum obligatorischen Reis essen möchte.

Wenn Gäste an der Mahlzeit teilnehmen, wird meist mehr auf den Tisch gebracht, als gegessen werden kann, und der Teller wird so lange wieder gefüllt, bis man etwas darauf übrig lässt und damit zeigt, dass man genug hat.

In weiten Teilen Asiens wird das Essen auch auf großen Bananenblättern serviert, die man nach Gebrauch wegwirft. In Indien und Thailand wird vielfach mit den Fingern der rechten Hand gegessen; die linke Hand gilt als unrein und darf nur für die Körperhygiene benutzt werden. Man nimmt zum Essen eine kleine Menge Reis in die Hand, formt sie zu einem Bällchen, taucht dieses in eines der gereichten Gerichte ein und führt den Bissen dann zum Mund. Asiaten essen auf diese Weise fast alles, lediglich Suppen dürfen ausgelöffelt werden.

In China und Japan speist man vorwiegend mit Essstäbchen, mit denen das Essen geschickt zum Mund geführt wird, wie auf S. 11 beschrieben.

Speisegeschirr mit chinesischen Schriftzeichen »Viel Glück«

Dabei darf man nie Stäbchen ins Essen stecken und auch keine Essenszutaten damit aufspießen, denn das ist ein symbolischer Akt, der Trauerfeiern vorbehalten bleibt. In Vietnam und Indonesien benutzt man zum Essen einen Löffel und schiebt die Speisen mit einer Gabel darauf. Die beliebten Nudelsuppen dagegen werden ebenfalls mit Stäbchen gegessen. In China schaufelt man das Essen häufig aus den kleinen Schälchen, die direkt an den Mund gehalten werden, auch Schmatzen und Schlürfen sind nicht unhöflich, sondern gehören zum guten Ton. Wenn der Esstisch nach einer Mahlzeit mit Speiseresten bekleckert ist, so ist das ein Zeichen, dass das Essen gut geschmeckt hat. Zwischen den einzelnen Gerichten gibt es oft Brühe bzw. klare Suppe zu trinken, um die Geschmacksnerven auf die nächste Portion einzustellen.
In Thailand dagegen achtet man sehr darauf, nicht zu kleckern, sich beim Essen nicht den Mund zu beschmutzen und nicht zu schlürfen. Im asiatischen Raum isst man zwar, wie erwähnt, nicht so viel Fleisch wie in den westlichen Staaten. Jedoch sind Fleischgerichte sehr beliebt, gerade weil Fleisch nicht im Übermaß vorhanden und nur für wenige erschwinglich ist. In den einzelnen Ländern be-

Sushi-Variationen

vorzugt man verschiedene Fleischsorten, was sehr oft durch die Religion der Bevölkerung bestimmt wird.

Sushi

Eine Besonderheit im asiatischen Raum sind die japanischen Sushi-Reishäppchen. Sushi ist der Oberbegriff für zahlreiche kunstvoll und appetitlich hergerichtete Häppchen, die stets kalt verzehrt werden. Die bekanntesten sind Nori-Maki-Sushis, bei denen roher Fisch und mit Reisessig gesäuerter Reis in Nori-Algenblätter eingewickelt werden.
Die beliebtesten Fischsorten für Sushi sind Thunfisch, Lachs, Tintenfisch, Makrelen oder aber Garnelen. Auch Forelle, Barsch, Muscheln und Fischrogen sind geeignete Zutaten. Es gibt zudem Sushi-Varianten mit gekochtem oder geräuchertem Fisch und mit Gemüse. Anstelle von Algenblättern benutzt man

zum Einwickeln der Füllung auch Gemüsescheiben, große Pilze, dünne Eierkuchen oder den Fisch selbst. Problemlos kann man selbstgemachtes Sushi auch mit europäischen Zutaten abwandeln, z. B. mit gebratenem Geflügel, Rindfleisch, verschiedenen Gemüsesorten usw. Auch Pilze, Bohnensprossen oder frische Kräuter bringen Abwechslung. Zum Dekorieren eignen sich kandierter Ingwer, Oliven, schmale Gemüsestreifen, Kapern, Kräuterzweige oder Remouladentupfer. Entscheidend bei Sushi ist das farbenfrohe und appetitanregende Aussehen. Sushi wird mit Stäbchen oder einfach mit den Fingern gegessen. Es wird stets mit Sojasauce und Wasabipaste serviert, deren Würzkraft die kleinen Reishäppchen hervorragend ergänzt. Zum Neutralisieren der Geschmacksnerven zwischen den einzelnen Sushi-Variationen dient traditionell Gari, eingelegte Ingwerstückchen.

ASIATISCHE KÜCHE

Getränke

Zum Essen oder nach einem guten Mahl wird im ostasiatischen Raum meist *grüner Tee* getrunken. In Restaurants erhält man ihn oft gratis. Er ist gesund, enthält verdauungsfördernde Inhaltsstoffe und schmeckt leicht bitter, was bei den Asiaten sehr beliebt ist. In Restaurants erhält man zum Essen oft grünen Tee gratis. Er ist ein Getränk mit jahrhundertealter Tradition, wirkt belebend und beruhigend zugleich und verkörpert ideal die asiatische Lebenseinstellung. Grüner Tee stammt von derselben Pflanze wie schwarzer, wird aber nicht fermentiert und behält daher neben der grünen Farbe auch viele wertvolle Inhaltsstoffe. Er enthält anregendes Koffein, Vitamine, Mineralstoffe

sowie zahlreiche pflanzliche Inhaltsstoffe, die antioxidativ wirken und den Körper gegen freie Radikale schützen. Grüner Tee wirkt damit vorbeugend gegen viele Risikofaktoren wie erhöhten Blutdruck, Blutzucker- und Cholesterinspiegel. Dadurch trägt er auch dazu bei, bestimmte ernährungsbedingte Wohlstandskrankheiten wie Herzinfarkte, Schlaganfälle und Krebs zu verhindern. Auch *alkoholische Getränke* sind durchaus beliebt. An der Spitze steht Bier, vor allem helle Pilsener. Da besonders im ländlichen Raum oft Kühlschränke fehlen, wird dort das Bier warm oder auf Eiswürfeln serviert. Wein aus Weintrauben wird in China und Japan zwar ebenfalls produziert, jedoch ist es im Gegensatz zum Bier schwierig, ihn in Europa zu bekommen. Ein in China und Japan sehr bedeutendes Getränk ist dagegen der Reiswein. Chinesischer Reiswein ist gelblich bis braun und hat etwa 15 % Alkohol. *Sake*, der japanische Reiswein, ist dagegen farblos oder ganz hell und schmeckt süßlicher. Reiswein wird meist warm zum Essen getrunken, so entfaltet er sein Aroma am besten. In einigen Rezepten wird er auch zum Kochen benutzt, er darf aber nur ganz kurz mitgegart werden, weil das Aroma sonst verfliegt. *Mirim* ist Reiswein, der

vorwiegend in der japanischen Küche zum Würzen verwendet wird. Er kann durch Sherry ersetzt werden. Als Aperitif oder Degistif wird auch gern *Pflaumenwein* getrunken, der aus der grünen Ume-Pflaume hergestellt wird. Er kann warm oder kalt getrunken werden. Aber auch *Mixgetränke* sind sehr beliebt. Hier einige Beispiele zur Abrundung eines asiatischen Menüs:
China Wall: Orangen-, Zitronensaft, Brandy, Rum;
Lotos Cooler: Kokosnusscreme, Ananassaft;
Lotos Punch: Maracuja-, Ananas-, Orangen-, Zitronensaft;
Geisha: Zitronensaft, Zucker, weißer Vermouth, Cherry Brandy, Gin;
Litschi-Bowle: Litschis aus der Dose, Zitronensaft, rockener Sherry, Weißwein, Sekt.

Kokosmilch aus getrockneten Kokosflocken
(Abb. 1–3) – Thailand

 Zutaten
 600 g getrocknete, ungesüßte Kokosflocken

für 60 ml:

EW	Fett	KH	kcal/kJ
1 g	1 g	1 g	6/25

Kokosflocken in eine Schüssel geben und mit 1/2 l kochendem Wasser übergießen (Abb. 1). 20–30 Sekunden mit einem Mixer cremig rühren. Creme abkühlen lassen. Ein mit Gaze ausgelegtes Sieb in eine große Schüssel hängen, Kokosmasse darauf gießen (Abb. 2). Enden der Gaze zusammenlegen und das Bündel über dem Sieb ausdrücken (Abb. 3). So viel Flüssigkeit wie möglich auspressen. Weiter verfahren wie im nebenstehenden Rezept beschrieben. Die im Tuch verbleibende Kokosmasse wird nicht mehr gbraucht.

Fruchtige Sauce
China

 Zutaten
 5 EL Fleischbrühe,
2 EL Reiswein,
1 EL helle Sojasauce,
Saft von 1 Orange,
1 TL Zucker, Salz,
Zimt, 1 TL Maisstärke

Abb. 1

Abb. 2

Abb. 3

EW	Fett	KH	kcal/kJ
1 g	0 g	6 g	41/170

Alle Saucenzutaten, mit Ausnahme der Stärke, mischen. Stärke mit wenig Wasser verrühren und Sauce damit binden, kurz aufkochen.

Kokosmilch aus frischer Kokosnuss
Thailand

 Zutaten
 2 Tassen frisch geraspelte Kokosnuss

 für 60 ml:

EW	Fett	KH	kcal/kJ
1 g	1 g	1 g	6/25

Kokosraspel in eine Schüssel geben, mit 2 Tassen heißem Wasser übergießen und abkühlen lassen. Ein Haarsieb mit einem Mulltuch auslegen und über eine tiefe Schüssel hängen. Eingeweichte Kokosraspel samt Flüssigkeit in das Sieb schütten, die Tuchenden zusammenfassen und die Kokosmilch kräftig auspressen. Diesen Vorgang bezeichnet man als erste Pressung, bei der die dicke Kokosmilch gewonnen wird. Für die zweite Pressung gibt man die ausgepressten Kokosraspel wieder in eine Schüssel, begießt sie mit einer Tasse heißem Wasser und verfährt weiter wie bei der ersten Pressung. Die zweite Milch wird in einem extra Gefäß aufgefangen. Sie ist dünner und weniger aromatisch und wird anstelle von Brühe oder Wasser zum Kochen verwendet. Die Kokosmilch der ersten Pressung wird häufig, ähnlich wie Sahne, zum Schluss unter das Gericht gerührt, um einen milden Geschmack zu erzeugen.

Hummer-Shrimps Sauce
Thailand

Zutaten
50 g Shrimps (Dose),
5 EL Fleischbrühe,
2 TL Maisstärke,
2 EL dunkle Sojasauce,
3 EL Hummersauce,
Zucker,
Salz,
Pfeffer,
1 EL Öl

EW	Fett	KH	kcal/kJ
3 g	5 g	2 g	62/260

Shrimps aus der Dose gut abspülen und abtropfen lassen. Fleischbrühe mit Maisstärke anrühren, Sojasauce, Hummersauce und je 1 Prise Zucker, Salz und Pfeffer zugeben. Öl erhitzen und Shrimps darin anbraten. Hitze reduzieren und Saucenmischung zugeben, kurz aufkochen.

Süß-saure Sauce
China

Zutaten
1/2 rote Paprikaschote,
2 Knoblauchzehen,
2 große frische rote Chilischoten,
5 EL Essig,
100 g Palmzucker

EW	Fett	KH	kcal/kJ
1 g	0 g	27 g	114/478

Paprikaschote waschen, entkernen und fein hacken. Knoblauchzehen schälen und fein würfeln. Chilischoten mit den Kernen ebenfalls fein würfeln. 1/4 l Wasser mit Essig und Zucker zum Kochen bringen und alle vorbereiteten Zutaten zugeben. Mischung in ca. 30 Minuten zu dicklicher Konsistenz einkochen.

Süß-saure Ingwersauce
China

Zutaten
1 kleine Zwiebel,
2 Knoblauchzehen,
1 mittelgroße frische Ingwerwurzel,
2 EL Erdnussöl,
2 EL helle Sojasauce,
2 1/2 EL trockener Sherry oder Reiswein,
1 EL Weinessig,
2 EL brauner Zucker,
1 EL Speisestärke

EW	Fett	KH	kcal/kJ
1 g	7 g	14 g	137/573

Zwiebel, Knoblauch und Ingwer schälen. Zwiebel fein würfeln, Knoblauch durch die Presse drücken und Ingwer fein hacken. Öl im Wok oder einer tiefen Pfanne erhitzen, Zwiebel, Knoblauch und Ingwer darin 2 Minuten unter Rühren anbraten. Sojasauce, Sherry, Essig, Zucker und 1/8 l Wasser verrühren, in den Wok oder die Pfanne geben und aufkochen. Speisestärke mit 2 EL kaltem Wasser glatt rühren, zugeben. Alles unter Rühren aufkochen, 1 Minute pfannenrühren, bis die Sauce eindickt.

Tipp
Schmeckt ausgezeichnet zu Vorspeisen, Fisch, Geflügel und Fleisch.

Erdnuss-Sauce
Thailand

Zutaten
1 EL geröstete Currypaste (siehe S. 54),
1 EL rote Currypaste (siehe S. 53),
1 EL Palmzucker,
2 EL Erdnussbutter,
1 TL Salz,
1/4 l Kokosmilch,
1 TL Limettensaft

EW	Fett	KH	kcal/kJ
1 g	10 g	9 g	129/540

Geröstete und rote Currypaste in einem Topf etwas anrösten. Palmzucker, Erdnussbutter und Salz untermengen. Unter Rühren die Kokosmilch zugießen. Alles aufkochen lassen, vom Herd nehmen und mit Limettensaft würzen. Erdnuss-Sauce kann man warm oder kalt servieren.

Chilischoten waschen, längs aufschneiden, entkernen und fein hacken. Knoblauch und Zwiebel schälen und fein würfeln. Korianderblättchen fein hacken. Vorbereitete Zutaten mit Fischsauce, Sojasauce, Zitronensaft und Palmzucker vermengen. Chilisauce zu gebratenem Fisch oder Fleisch servieren.

Tipp
Beim Zerkleinern von Chilischoten ist es ratsam, Gummihandschuhe zu tragen und darauf zu achten, Gesicht und Augen nicht zu berühren, da die ätherischen Öle zu Hautjucken und Augenbrennen führen können. Die Schoten werden mit kaltem Wasser gespült und die Stiele unter fließendem Wasser entfernt. Sollen die Samen entfernt werden, schneidet bzw. bricht man die Schoten in zwei Teile und kratzt die Samen heraus.

Süß-saure Sauce nach Peking-Art
(Abb.) – *China*

Zutaten
2 EL Tomatenketschup,
2 EL helle Sojasauce,
1 EL karamellisierter Zucker,
1 EL Essig,
Salz,
Pfeffer,
Glutamat,
2 TL Chilisauce,
1 gepresste Knoblauchzehe,
1 EL Reiswein,
2 TL Maisstärke

EW	Fett	KH	kcal/kJ
1 g	1 g	9 g	43/180

Tomatenketschup, Sojasauce, Zucker, Essig, Salz, Pfeffer, Glutamat, Chilisauce, Knoblauch und Reiswein mit 1/8 l Wasser zum Kochen bringen.

Abschließend die Maisstärke kalt anrühren und die Sauce damit dicken.

Tipp
Zu gebackenen Fischgerichten reichen.

Chilisauce
Thailand

Zutaten
4 große frische rote Chilischoten,
3 Knoblauchzehen,
1 kleine Zwiebel,
1 Stängel frischer Koriander,
3 EL Fischsauce,
1 TL Sojasauce,
2 EL Zitronensaft,
1 TL Palmzucker

EW	Fett	KH	kcal/kJ
1 g	0 g	7 g	35/144

Shrimps-Chili-Sauce
Thailand

Zutaten
1 EL getrocknete Shrimps,
1 EL Krabbenpaste,
4 Knoblauchzehen,
3 frische rote Chilischoten, 1 EL Fischsauce,
3 EL Zitronensaft,
1 TL Sojasauce,
1/2 TL Palmzucker

EW	Fett	KH	kcal/kJ
3 g	1 g	4 g	34/142

Getrocknete Shrimps im Mörser zerstoßen, mit Krabbenpaste vermengen. Knoblauchzehen schälen und würfeln. Chilischoten längs aufschneiden, entkernen und hacken. Vorbereitete Zutaten mit restlichen Zutaten im Mörser pürieren.

Süß-scharfe Sauce
(Abb.) – China

Zutaten
2 Zwiebeln,
1 Knoblauchzehe,
2 EL Butter,
2 EL Zucker,
1 Msp. Cayennepfeffer,
1 EL Sojasauce,
1 EL Mehl,
3 EL Tomatenmark,
7 EL Weißwein,
Salz,
Pfeffer

EW	Fett	KH	kcal/kJ
2 g	10 g	17 g	182/763

Zwiebeln und Knoblauchzehe schälen und fein würfeln. Butter erhitzen, Zucker, Zwiebel- und Knoblauchwürfel zugeben und ca. 5 Minuten dünsten. Mit Cayennepfeffer und Sojasauce würzen, Mehl darüber streuen, Tomatenmark zugeben, alles verrühren und Wein angießen. Kurz aufkochen lassen und mit Salz und Pfeffer abschmecken.

Tomatensauce
(Abb.) – China

Zutaten
1 Zwiebel,
4 EL Tomatenketschup oder Tomatenmark,
1/8 l Brühe,
2 TL Zucker,
2 EL Essig, Pfeffer,
Glutamat,
1 EL helle Sojasauce,
1 TL Maisstärke

EW	Fett	KH	kcal/kJ
1 g	1 g	8 g	37/154

Zwiebel schälen und fein hacken. Mit Tomatenketschup, Brühe, Zucker, Essig, Pfeffer, Glutamat und Sojasauce gut verrühren und aufkochen. Maisstärke mit wenig Wasser kalt anrühren, Sauce damit binden.

Tipp
Tomatensauce passt zu Fleisch, Fisch oder Eierspeisen (z. B. Omelette).

Tomatendipsauce
Philippinen

Zutaten
1 große Zwiebel,
2 Knoblauchzehen,
100 g geräucherter Speck,
4 Tomaten,
1 EL Olivenöl,
Salz,
schwarzer Pfeffer,
2 EL Misu,
2 EL weißer Essig

EW	Fett	KH	kcal/kJ
3 g	19 g	4 g	213/890

Zwiebel sowie Knoblauchzehen schälen und hacken. Speck fein würfeln. Tomaten blanchieren, häuten und grob würfeln. In einer Pfanne Speckwürfel ausbraten. Olivenöl, Zwiebel- und Knoblauchwürfel einrühren und glasig braten. Tomatenstücke hinzufügen und nach ca. 2 Minuten die restlichen Zutaten einrühren. Nochmals abschmecken und Sauce insgesamt ca. 10 Minuten köcheln lassen.

Tipp
Misu ist eine Paste aus rot gefärbtem, gesalzenem Bohnenquark. Falls Sie diese Paste nicht bekommen, so nehmen Sie japanische Miso-Paste oder chinesische Bohnenpaste.

Süß-saure Sauce nach Kanton-Art
China

Zutaten für 6 Personen
3 Frühlingszwiebeln,
2 Knoblauchzehen,
1 kleines Stück frische Ingwerwurzel,
2 EL Erdnussöl,
2 EL helle Sojasauce,
1 EL Hoisinsauce,
2 1/2 EL trockener Sherry oder Reiswein,
2 EL Essig,
3 EL Tomatenketschup,
3 EL brauner Zucker,
8 EL Ananassaft,
1 EL Speisestärke

EW	Fett	KH	kcal/kJ
1 g	5 g	18 g	128/534

Frühlingszwiebeln putzen, waschen und in feine Ringe schneiden. Knoblauch und Ingwer schälen, Knoblauch durch die Presse drücken und Ingwer fein reiben. Öl im Wok oder einer tiefen Pfanne erhitzen, Frühlingszwiebeln, Knoblauch und Ingwer 2 Minuten darin pfannenrühren. Soja-, Hoisinsauce, Sherry oder Reiswein, Essig, Tomatenketschup, Zucker und Ananassaft verrühren, in den Wok gießen und aufkochen. Speisestärke mit 2 EL kaltem Wasser glatt rühren, zugeben. Alles unter ständigem Rühren aufkochen, ca. 1 Minute unter Rühren köcheln lassen, bis die Sauce eindickt.

Tipp
Die Sauce passt hervorragend zu allen Arten von Fleisch-, Geflügel- und Fischgerichten.

Knoblauch-Sauce
China

Zutaten
4–5 Knoblauchzehen,
1 EL flüssiger Honig,
2 EL helle Sojasauce,
2 1/2 EL trockener Sherry oder Reiswein,
1 EL Tabasco,
1 TL Sesamöl

EW	Fett	KH	kcal/kJ
1 g	3 g	8 g	70/291

Knoblauchzehen schälen und sehr fein hacken. Zutaten in einer Schüssel gut verrühren oder im Mixer pürieren.

Tipp
Zu Vorspeisen, Fleisch-, Fisch- und Geflügelgerichten reichen.

Chili-Shrimps-Dip
Thailand

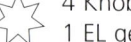

Zutaten
2 EL Krabbenpaste,
4 Knoblauchzehen,
1 EL getrocknete

Shrimps,
4 frische rote Chilischoten,
3 Makeur (oder 2 EL gehackte gegarte Auberginen),
3 EL Limettensaft,
3 EL Fischsauce,
1 EL Palmzucker

EW	Fett	KH	kcal/kJ
4 g	1 g	9 g	57/239

Krabbenpaste trocken in einer Pfanne anrösten. Knoblauch schälen und durch die Presse drücken. Getrocknete Shrimps im Mörser sorgfältig zerstoßen. Chilischoten längs aufschneiden, entkernen und fein hacken. Makeur fein würfeln. Alle vorbereiteten Zutaten im Mörser zerstoßen, mit Limettensaft, Fischsauce und Palmzucker sehr pikant abschmecken.

Tipp
Schmeckt als Dip zu Fisch oder frischem Gemüse.

Sesamdipsauce
Korea

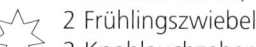

Zutaten
1 EL Sesamkerne,
2 Frühlingszwiebeln,
2 Knoblauchzehen,
Salz,
3 EL Reiswein,
1 EL Sesamöl,

1 EL rote Bohnenpaste,
1 TL Chilisauce,
1 EL Zucker

EW	Fett	KH	kcal/kJ
2 g	5 g	7 g	95/397

Sesamkerne in einer ungefetteten Pfanne unter mehrmaligem Schütteln durchrösten. Geröstete Kerne in der Pfanne kurz abkühlen lassen und im Mörser zerstoßen. Frühlingszwiebeln putzen und sehr fein hacken. Knoblauchzehen schälen und mit Salz im Mörser zerstoßen. Alle Zutaten mit 4 EL Wasser gründlich vermischen und auf vier Schüsselchen löffelweise verteilen.

Tipp
Sesamdipsauce möglichst frisch herstellen, nicht tagelang im Kühlschrank aufbewahren.

Sauce zu Frühlingsrollen
Thailand

 Zutaten
5 Knoblauchzehen,
100 g Zucker,
 1 EL flüssiger Blütenhonig,
3/4 TL Cayennepfeffer,
Salz,
2 EL Speisestärke,
1 EL Limettensaft

EW	Fett	KH	kcal/kJ
1 g	0 g	37 g	150/625

Knoblauch schälen und fein hacken. 300 ml Wasser aufkochen, Zucker und Honig zugeben, 2 Minuten köcheln lassen. Mit Cayennepfeffer und Salz abschmecken. Speisestärke mit 2 EL kaltem Wasser anrühren, Sauce damit binden. Mit Limettensaft würzen.

Tipp
Die Sauce kann heiß oder kalt serviert werden.

Pikante Fleischsauce Peking-Art
China

 Zutaten für 6 Personen
2 Schalotten,
1 Knoblauchzehe,
1 Stückchen frische
 Ingwerwurzel,
2 EL Sesamöl,
200 g Schweinehackfleisch,
2 EL braune Miso (Sojabohnenpaste),
2 EL helle Sojasauce,
2 EL Hoisinsauce,
1 TL Zucker,
1/8 l Hühnerbrühe,
1 EL Speisestärke,
Salz,
weißer Pfeffer

EW	Fett	KH	kcal/kJ
7 g	13 g	8 g	180/751

Schalotten, Knoblauch und Ingwer schälen. Schalotten klein würfeln, Knoblauch durch die Presse drücken und Ingwer in dünne Scheiben schneiden. Öl im Wok oder einer tiefen Pfanne erhitzen, Fleisch darin 3 Minuten pfannenrühren. Schalotten, Knoblauch, Ingwer, Miso, Soja-, Hoisinsauce, Zucker und Brühe zugeben, unter Rühren 2 Minuten köcheln lassen. Speisestärke mit 2 EL kaltem Wasser glatt rühren, zugeben. Nochmals aufkochen und rühren, bis die Sauce sämig wird. Mit Salz und Pfeffer abschmecken.

Tipp
Diese Sauce passt besonders gut, getrennt serviert, zu Nudeln und rohem Gemüse.

Süß-saure Chilisauce
Thailand

 Zutaten
3 Knoblauchzehen,
2 frische rote Chilischoten,
 130 g Sultaninen,
2 EL Weißweinessig,
1 TL Chiliflocken,
1 TL Salz,
170 g Tomaten (Dose),
150 g Pflaumenmarmelade,

1/8 l Ananassaft,
2 EL Palmzucker

EW	Fett	KH	kcal/kJ
2 g	1 g	63 g	266/1113

Knoblauchzehen schälen und würfeln. Chilischoten längs aufschneiden, entkernen und in Ringe schneiden. Knoblauch, Chilischoten, Sultaninen, Essig, Chiliflocken, Salz und Tomaten im Mixer zu einer Sauce pürieren. Pflaumenmarmelade mit Ananassaft und Palmzucker unter Rühren erwärmen. Tomatensauce zugeben und alles zum Kochen bringen. Bei schwacher Hitze 20 Minuten köcheln lassen. Mehrmals umrühren. Abkühlen lassen und in Schraubgläser füllen.

Tipp
Chiliflocken bestehen aus getrockneten roten Chilischoten, die mit den Samen zermahlen werden. Man bewahrt sie luftdicht verschlossen an einem kühlen dunklen Ort auf oder legt sie in Öl ein.

Wan-Tan-Sauce
China

Zutaten für 6 Personen
4 EL helle Sojasauce,
3 1/2 EL trockener Sherry oder Reiswein,

1 TL Hoisinsauce,
1 TL Weinessig,
1 TL mittelscharfer Senf

EW	Fett	KH	kcal/kJ
1 g	1 g	2 g	21/89

Alle Zutaten in einer Schüssel gut verrühren oder im Mixer pürieren.

Tipp
Die Sauce zu frittierten Wan-Tans servieren.

Soja-Essig-Sauce
Thailand

Zutaten
2 kleine rote Chilischoten,
4 Stängel Korianderkraut,
2 Knoblauchzehen,
6 EL Sojasauce,
3 EL Essig,
1 EL Palmzucker

EW	Fett	KH	kcal/kJ
3 g	0 g	9 g	52/215

Chilischoten längs aufschneiden, entkernen und fein hacken. Korianderblätter abzupfen und fein hacken. Knoblauch schälen. Sojasauce mit Essig und Palmzucker verrühren. Knoblauch dazupressen und unterrühren. Chilischoten und Koriander gründlich untermengen.

Tipp
Soja-Essig-Sauce zu frittierten Gerichten servieren.

Erdnusssauce für Grillspieße
Indonesien

Zutaten
4 rote Chillis,
2 Schalotten,
2 cm frische Ingwerwurzel,
6 Knoblauchzehen,
400 g rohe ungesalzene und geschälte Erdnüsse,
Salz,
schwarzer Pfeffer,
2 EL Sojasauce,
2 EL Zucker,
2 EL Erdnussöl,
100 g Kokosnussmark,
50 ml Brühe,
Saft von 1 Zitrone

EW	Fett	KH	kcal/kJ
23 g	52 g	27 g	742/3100

Chillis putzen und grob schneiden. Schalotten, Ingwerwurzel und Knoblauchzehen schälen und ebenfalls grob schneiden. Erdnüsse in einer ungefetteten heißen Pfanne leicht rösten – bis sie duften. Erdnüsse, Schalotten, Ingwer, Knoblauch, Chillis, Salz, Pfeffer, Sojasauce sowie Zucker in den Küchenmixer geben und zu einer Paste pürieren. In einem Topf Erdnussöl erhitzen und darin die Paste durchbraten. Kokosnussmark in die Brühe schaben und diese über den Pfanneninhalt gießen. Mehrmals aufkochen lassen und mit Zitronensaft verfeinern.

Süß-saure Sauce mit Lauch
China

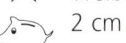

Zutaten
2 Knoblauchzehen,
1 Stange Lauch (nur das Weiße),
2 cm frische Ingwerwurzel,
3 EL Pflanzenöl,
1 EL Zucker,
3 EL Reisweinessig,
2 EL Sojasauce,
2 EL Reiswein,
100 ml Hühnerbrühe,
1 EL Maisstärke

EW	Fett	KH	kcal/kJ
2 g	12 g	12 g	168/700

Knoblauchzehen schälen und hacken. Lauchstange der Länge nach halbieren, zwischen den Blattschichten waschen und klein würfeln. Ingwerwurzel schälen und ebenfalls klein würfeln. Pflanzenöl in einem Topf erhitzen und darin unter ständigem Rühren das vorbereitete Gemüse kräftig durchbraten. Zucker, Reisweinessig, Sojasauce, Reiswein und Hühnerbrühe mit Maisstärke glatt rühren. Gemüse damit aufgießen,

einmal aufkochen lassen und Sauce in ein Schälchen füllen.

Knoblauch-Ingwer-Sauce
China

Zutaten
5 Knoblauchzehen,
5 cm frische Ingwerwurzel,
1/2 Bd. Frühlingszwiebeln,
1 Möhre,
4 EL Erdnussöl,
1–2 EL Zucker je nach Geschmack,
200 ml frisch gepresster Orangensaft,
Salz,
Pfeffer

EW	Fett	KH	kcal/kJ
2 g	15 g	17 g	209/875

Knoblauchzehen sowie Ingwerwurzel schälen und klein würfeln. Frühlingszwiebeln putzen und in kleine Würfel schneiden. Möhre schälen, zuerst längs in Scheiben und diese dann quer in feine Stifte schneiden. Im Wok Erdnussöl erhitzen. Knoblauch, Ingwer, Frühlingszwiebeln und Möhrenstifte andünsten. Mit Zucker bestreuen; sobald dieser zerschmolzen ist, das Ganze mit Orangensaft aufgießen. Leicht salzen und pfeffern. Bei milder Hitze ca. 10 Minuten einkochen lassen. Nochmals abschmecken.

Tipp
Einen Teil frischen Ingwer fein schaben und als Dekoration für die Sauce verwenden. Die Sauce wird noch feiner, wenn Sie braunen statt weißen Zucker verwenden. Knoblauch-Ingwer-Sauce wird gerne zu Frühlingsrollen serviert.

Pfefferminzsauce
China

Zutaten
200 g Crème fraîche,
2 EL Milch oder Sahne,
1 TL Limettensaft,
Zucker,
Salz,
weißer Pfeffer aus der Mühle,
1 Bd. Pfefferminze

EW	Fett	KH	kcal/kJ
2 g	20 g	7 g	218/911

Crème fraîche in einer Schüssel mit Milch und Limettensaft verrühren. Mit Zucker, Salz und Pfeffer abschmecken. Pfefferminze waschen, trockenschütteln, Blättchen abzupfen und fein hacken, unter die Sauce rühren.

Tipp
Die Sauce passt sehr gut zu Fisch- und Lammgerichten.

Schwarze Bohnensauce
(Abb.) – *China*

Zutaten
6 Knoblauchzehen,
2 EL Pflanzenöl,
100 g schwarze Bohnen-
paste (Fertigprodukt aus

dem Asiashop),
1/4 l Hühnerbrühe,
1/8 l Reiswein,
4 EL Sojasauce,
1 EL Zucker,
1 Prise Salz,
2 EL Chilisauce,
1 EL Maisstärke,
1 EL Sesamöl

EW	Fett	KH	kcal/kJ
4 g	12 g	18 g	232/968

Knoblauchzehen schälen und fein hacken. Pflanzenöl im Wok erhitzen. Bohnenpaste mit Hühnerbrühe, Reiswein, Sojasauce, Zucker, Salz und Chilisauce verrühren. Gehackten Knoblauch im heißen Öl glasig dünsten. Mit Bohnensauce aufgießen und einige Male aufkochen lassen. Maisstärke mit 5 EL Wasser glatt rühren und in den Wok gießen. Zuletzt mit Sesamöl würzen. Fertige Bohnensauce in eine Schüssel füllen, abkühlen lassen und abgedeckt in den Kühlschrank stellen.

Tipp
Schmeckt hervorragend als Dip zu Fondue.

Petersiliensauce
China

Zutaten
200 g Crème fraîche,
2 EL Sahne,
1 TL Zitronensaft,
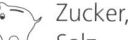
Zucker,
Salz,
weißer Pfeffer aus der Mühle,
1 Bd. Petersilie

EW	Fett	KH	kcal/kJ
2 g	20 g	7 g	218/911

Crème fraîche in einer Schüssel mit Sahne und Zitronensaft verrühren. Mit Zucker, Salz und Pfeffer abschmecken. Petersilie waschen, trockenschütteln, Blättchen abzupfen, fein hacken und unter die Sauce rühren.

Tipp
Die Sauce passt gut zu Fisch und Rindfleisch.

Ingwersauce
Thailand

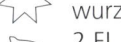

Zutaten
200 g Zucker,
50 g frische Ingwerwurzel,
2 EL Sojasauce,
6 EL Rotweinessig,
1 TL Salz,
1 TL Sambal Oelek,
1 TL Speisestärke

EW	Fett	KH	kcal/kJ
1 g	1 g	54 g	233/973

Zucker in einem Topf karamellisieren lassen. Unter Rühren vorsichtig 200 ml heißes Wasser zugießen. Ingwer schälen und fein würfeln. Mit Sojasauce, Rotweinessig, Salz und Sambal Oelek zum Zucker geben und die Mischung bei geöffnetem Topf 10 Minuten köcheln lassen. Der Zucker soll sich vollständig auflösen. Speisestärke mit 2 EL kaltem Wasser anrühren, in die Sauce rühren und

aufkochen lassen. Sauce abkühlen lassen und in Schraubgläser füllen.

Tipp
Ingwersauce ist gut gekühlt ca. zwei Wochen haltbar.

Süß-saure Sauce mit Früchten
(Abb.) – *China*

Zutaten
1 Pfirsich,
1/2 Mango,
1 Scheibe Ananas,
6 EL Fleischbrühe,
2 EL Reisweinessig,
1 EL helle Sojasauce,
Saft von 1 Orange,
1 TL Zucker,
Salz,
Zimt,
1 TL Maisstärke

EW	Fett	KH	kcal/kJ
3 g	5 g	155 g	742/3100

Pfirsich mit heißem Wasser übergießen, häuten. Mango schälen. Alle Früchte in Stücke schneiden. Übrige Zutaten mit Ausnahme der Stärke mischen, Früchte dazugeben. Stärke mit wenig Wasser verrühren, zur Sauce geben, kurz aufkochen. Nochmals abschmecken.

Scharf-saure Sauce
China

Zutaten
1 EL Tomatenketchup,
1 EL Chilisauce oder Tabasco,
1/2 EL dunkle Sojasauce,
2 TL Essig,
Salz,
1 TL Zucker,
1/2 TL Ingwerpulver,
1 gepresste Knoblauchzehe,
2 TL milder Senf

EW	Fett	KH	kcal/kJ
1 g	1 g	4 g	22/91

Tomatenketchup, Chilisauce, Sojasauce, Essig, Salz, Zucker, Ingwerpulver, Knoblauch und Senf gut vermischen. Alles mit 2 EL Wasser kurz aufkochen lassen und heiß servieren.

Tipp
Scharf-saure Sauce zu gegrillten Spareribs reichen.

Joghurt-Orangen-Sauce
Indien

Zutaten
75 g Sahnejoghurt,
3 EL Sahne,
1 EL Zucker,
2 EL frisch gepresster
Orangensaft,
1 TL Zitronensaft,
1 EL Orangenlikör,
1 Orange

EW	Fett	KH	kcal/kJ
1 g	3 g	10 g	84/351

Joghurt mit Sahne verrühren, Zucker, Orangen-, Zitronensaft und Orangenlikör zufügen. Orange filetieren, klein schneiden, unter die Sauce heben.

Joghurt mit Banane
Indien

Zutaten
40 g Ghee oder geklärtes Butterschmalz,
1 TL schwarze Senfkörner,
1/2 Tasse frische Kokosraspel,
300 g Joghurt, Salz,
1 reife feste Banane,
1 EL fein gehackte Petersilie oder Korianderkraut

EW	Fett	KH	kcal/kJ
4 g	15 g	12 g	205/855

Ghee oder Butterschmalz in einer kleinen Pfanne erhitzen. Senfkörner kurz darin anbraten, bis sie platzen, Kokosraspel zugeben. Unter Rühren kurz rösten, vom Feuer nehmen und 2 EL Joghurt unterrühren. Restlichen Joghurt in einer Schüssel glatt rühren. Senfkörner unterrühren, mit Salz würzen. Banane schälen und in Scheiben schneiden und gründlich untermengen. Mit Koriander oder Petersilie bestreuen. Zugedeckt 60 Minuten in den Kühlschrank stellen.

Tipp
Bananen-Joghurt-Sauce sollte nicht länger als 1/2 Tag aufbewahrt werden, da die Banane sonst braun und unansehnlich wird.

Joghurt mit Tomaten und Kokosraspeln
Indien

Zutaten
300 g Joghurt,
500 g reife Tomaten,
1 Tasse Kokosraspel (frisch oder getrocknet),
2 frische grüne Chilischoten,
1/2 TL Salz,
schwarzer Pfeffer aus der Mühle,
1 EL Sesamöl,
1 1/2 TL Senfkörner,
1/2 TL zerstoßene getrocknete rote Chilischote

EW	Fett	KH	kcal/kJ
5 g	15 g	9 g	200/837

Joghurt in einer Schüssel cremig rühren. Tomaten waschen, vom Stielansatz befreien und klein würfeln. Mit Kokosraspeln mischen. Grüne Chilischoten fein hacken, mit Tomaten-Kokosmischung unter den Joghurt rühren. Mit Salz und Pfeffer würzen. Öl in einer Pfanne erhitzen, Senfkörner und rote Chilischote anrösten, unter den Joghurt rühren. Gekühlt servieren.

Joghurt mit Tomaten
Indien

Zutaten
600 g Joghurt,
Salz,
1 Msp. Chilipulver,
frisch gemahlener schwarzer Pfeffer,
1 Zwiebel,
1 Knoblauchzehe,
2 Tomaten

EW	Fett	KH	kcal/kJ
6 g	5 g	9 g	118/494

Joghurt in einer Schüssel cremig rühren, mit etwas Salz, Chilipulver und 1 Prise schwarzem Pfeffer würzen. Zwiebel und Knoblauchzehe schälen. Zwiebel fein hacken, Knoblauchzehe durch die Presse drücken. Beides unter den Joghurt rühren. Tomaten überbrühen, häuten, vom Stielansatz befreien und würfeln. Unter den Joghurt rühren.

Joghurt mit Gurke
Indien

Zutaten
600 g Joghurt,
1/2 Gemüsegurke (ca. 15 cm),
2 EL frische fein gehackte Minze,
1/2 TL gerösteter gemahlener Kreuzkümmel,
1/4 TL Cayennepfeffer,
Salz,
frisch gemahlener schwarzer Pfeffer

EW	Fett	KH	kcal/kJ
6 g	5 g	9 g	113/470

Joghurt in einer Schüssel cremig verrühren. Gurke schälen und grob raspeln. Mit Minze unter den Joghurt rühren, mit Kreuzkümmel, Cayennepfeffer, Salz und Pfeffer abschmecken.

Auberginen-Joghurt
Indien

Zutaten
600 g Joghurt,
1 Aubergine,
Salz,
frisch gemahlener schwarzer Pfeffer,

1 TL Kreuzkümmel,
1 kleine grüne Peperoni,
2 Zweiglein Korianderkraut

EW	Fett	KH	kcal/kJ
6 g	5 g	9 g	119/497

Joghurt in einer Schüssel cremig rühren. Aubergine im Ofen backen, bis sie weich ist. Fruchtfleisch von der Schale lösen und klein hacken. Auberginenwürfel, etwas Salz, schwarzen Pfeffer und Kreuzkümmel unter den Joghurt rühren. Peperoni waschen und fein hacken. Unter den Joghurt mischen. Korianderkraut fein hacken und Auberginen-Joghurt damit bestreuen.

Joghurt mit Gurke und Tomate
Indien

Zutaten
1/2 Salatgurke (ca. 15 cm),
1 feste Tomate,
1 Zwiebel,
500 g Joghurt,
1 TL gemahlener Kreuzkümmel,
Salz,
1 EL Sesamöl,
1 TL schwarze Senfkörner

EW	Fett	KH	kcal/kJ
5 g	8 g	8 g	134/559

Gurke schälen und klein würfeln. Tomate mit heißem Wasser übergießen, häuten, vom Stielansatz befreien und in kleine Würfel schneiden. Zwiebel schälen und fein hacken. Joghurt in einer Schüssel cremig verrühren, mit Gurke, Tomate und Zwiebel mischen. Mit Kreuzkümmelpulver und etwas Salz würzen. Öl in einer Pfanne erhitzen und Senfkörner kurz darin rösten. Unter den Joghurt mischen. Gekühlt servieren.

Möhren-Joghurt
Indien

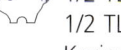

Zutaten
600 g Joghurt,
Salz,
schwarzer Pfeffer,
1/2 TL Kurkuma,
1/2 TL gemahlener Koriander,
1 Msp. Currypulver,
2 Möhren,
2 Zweiglein Korianderkraut

EW	Fett	KH	kcal/kJ
6 g	5 g	10 g	120/503

Joghurt mit etwas Salz und schwarzem Pfeffer, Kurkuma, Koriander und Currypulver cremig verrühren. Möhren schälen, fein reiben und unter den Joghurt mischen. Korianderkraut hacken und überstreuen.

Pfefferminz-Chutney
Indien

Zutaten
1 kleine Zwiebel,
1/2 grüne Peperoni,
4 gehackte frische
Minzeblätter,
Salz,
1/2 TL gemahlener
schwarzer Pfeffer,
1/2 TL fein geraspelte
frische Ingwerwurzel,
4 EL Joghurt,
1 EL brauner Zucker,
2 EL Weißweinessig

EW	Fett	KH	kcal/kJ
1 g	1 g	8 g	46/191

Zwiebel schälen und fein hacken. Peperoni entkernen und fein hacken. Minze, Zwiebel und Peperoni im Mixer zerkleinern. Etwas Salz, Pfeffer, Ingwerwurzel, Joghurt, Zucker und Essig zugeben und alles zusammen nochmals gut durchmixen. Vor dem Servieren 60 Minuten in den Kühlschrank stellen.

Apfel-Chutney
Indien

Zutaten
500 g säuerliche Äpfel,
1 frische grüne Chili-
schote,
30 g Ghee,
1 TL 5-Gewürze-
Pulver,
Salz,
1/2 TL Kurkuma,
1/2 TL Kreuzkümmel,
1 1/2 EL brauner Zucker,
1 Schuss Zitronensaft

EW	Fett	KH	kcal/kJ
1 g	7 g	23 g	154/645

Äpfel schälen, vom Kernhaus befreien und in Würfel schneiden. Chilischote längs halbieren und hacken. Ghee erhitzen, 5-Gewürze-Pulver, etwas Salz, Kurkuma und Kreuzkümmel darin 1/2 Minute unter Rühren rösten. Äpfel und Chilischote zugeben und weitere 4 Minuten braten. 5 EL Wasser zugießen und alles zugedeckt bei schwacher Hitze 20 Minuten dünsten. Mit braunem Zucker und Zitronensaft abschmecken und weiterkochen, bis das Chutney eine dickflüssige Konsistenz bekommt. Dabei öfter umrühren. Apfel-Chutney abgekühlt servieren.

Kokosnuss-Chutney
Indien

Zutaten
200 g frisch geriebene
Kokosraspel,
3 EL Zitronensaft,
1 Zwiebel,
5 cm frische Ingwer-
wurzel,
1 frische grüne Chili-
schote,
2 EL Sesamöl,
1 EL schwarze Senf-
körner,
1 EL weiße Linsen,
Salz

EW	Fett	KH	kcal/kJ
3 g	24 g	10 g	284/1185

Kokosraspel mit 1/8 l Wasser und Zitronensaft im Mixer zu einem glatten Püree zerkleinern. Zwiebel schälen und fein hacken. Ingwerwurzel schälen und fein reiben. Chilischote entkernen und in dünne Ringe schneiden. Zwiebel, Ingwer und Chili zum Püree geben und durchmixen. Öl in einer Pfanne erhitzen, Senfkörner kurz darin anbraten, Linsen zugeben und alles unter Rühren 1 Minute rösten. Kokospüree in die Pfanne geben, gut untermengen und unter Rühren 2 Minuten rösten. Mit Salz würzen und auskühlen lassen.

Zwiebel-Chutney
Indien

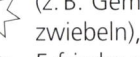

Zutaten
5 große Zwiebeln
(z. B. Gemüse-
zwiebeln),
5 frische grüne Chili-
schoten,
20 g Butter,
1 haselnussgroßes Stück
Tamarinde,
3/4 TL Salz,

150 g geraspelte frische Kokosnuss (ersatzweise getrocknete Kokosraspel)

EW	Fett	KH	kcal/kJ
3 g	17 g	14 g	229/957

Zwiebeln im Ofen rösten, Schale entfernen. Chilischoten längs halbieren, entkernen und in der heißen Butter anbraten. Zwiebeln zugeben. Tamarinde von Fasern und Samen befreien und mit Zwiebel-Chilimischung zu Mus verarbeiten. Salz und Kokosraspel untermengen und alles zu einer Paste verarbeiten.

Bananen-Chutney
Indien

Zutaten
1 walnussgroßes Stück Tamarinde,
6 reife Bananen,
6 EL brauner Zucker,
1 TL Chilipulver,
1 TL schwarzer Pfeffer,
1/2 Muskatnuss,
2 1/2 TL Zimtpulver,
1/2 TL Ingwerpulver

EW	Fett	KH	kcal/kJ
2 g	1 g	59 g	251/1050

Tamarinde über Nacht mit 6 EL lauwarmem Wasser einweichen. Am nächsten Tag Bananen schälen und pürieren. Tamarin-

de durch ein Sieb zu den Bananen gießen. Braunen Zucker einrühren. Jedes Gewürz einzeln und nacheinander unterrühren: Chilipulver, schwarzer Pfeffer, frisch geriebene Muskatnuss, Zimtpulver und Ingwerpulver. Bananen-Chutney möglichst frisch servieren.

Tomaten-Chutney
Indien

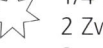

Zutaten
400 g reife Tomaten,
1/4 l Weinessig,
2 Zwiebeln,
3 cm Zimtstange,
1 EL Salz,
250 g brauner Zucker,
2 EL fein gehackte frische Ingwerwurzel,
4 Knoblauchzehen,
8 Nelken,
1/2 TL fein gehackte frische rote Chilischote,
4 EL fein gehackte Petersilie oder Korianderkraut,
4 EL Sesamöl,
2 EL schwarze oder gelbe Senfkörner

EW	Fett	KH	kcal/kJ
2 g	15 g	70 g	443/1854

Tomaten waschen, vom Stielansatz befreien und grob hacken. Mit Essig in einem Topf mischen. Zwiebeln schälen, fein hacken und mit Zimt und Salz zu den Tomaten geben. Unter

Rühren langsam zum Kochen bringen. Zucker und Ingwerwurzel einrühren. Knoblauchzehen schälen und fein hacken, mit Nelken, Chilischote und Petersilie oder Korianderkraut zufügen und 5 Minuten bei mittlerer Hitze köcheln. Öl in einem kleinen Pfännchen erhitzen, Senfkörner zugeben, leicht anrösten und mit dem Öl zu den Tomaten geben. Unter Rühren ca. 10 Minuten kochen, um das Chutney einzudicken. Abkühlen lassen und servieren.

Tipp
Tomaten-Chutney ist in einem gut verschlossenen Glas 3–4 Wochen im Kühlschrank haltbar.

Tamarinden-Chutney
Indien

Zutaten
4 EL getrocknetes Tamarindenmark,
1 EL fein gehackte frische Ingwerwurzel,
1 EL Zitronensaft,
1 TL brauner Zucker,
1 TL Salz,
2 EL fein gehackte Petersilie oder Korianderkraut

EW	Fett	KH	kcal/kJ
1 g	0 g	16 g	80/335

Tamarindenmark mit 1/4 l kochendem Wasser übergießen und 60 Minuten quellen lassen. Ab und zu umrühren. Es soll sich im Wasser auflösen. Durch ein Sieb passieren oder durch den Fleischwolf drehen. Mit Ingwer, Zitronensaft, Zucker und Salz mischen und gut verrühren. Frisch, mit Petersilie oder Korianderkraut bestreut, servieren.

Tipp
Tamarinden-Chutney hält sich gekühlt in einem verschlossenen Glas bis zu zwei Tage.

Ingwer-Chutney
Indien

Zutaten
1/8 l frischer Zitronensaft,
1 Tasse grob zerkleinerte frische Ingwerwurzel,
80 g Sultaninen,
8 Knoblauchzehen,
2 TL Salz

EW	Fett	KH	kcal/kJ
2 g	1 g	23 g	102/425

Zitronensaft, Ingwer und Sultaninen in den Mixer füllen. Knoblauchzehen schälen, fein hacken und zugeben. Mit Salz zu einer Paste mixen. Frisch servieren oder in ein Glas füllen und fest verschließen.

Tipp
Ingwer-Chutney bleibt im Kühlschrank zwei Tage frisch.

Früchte-Chutney
Indien

Zutaten
500 g säuerliche Äpfel,
100 g getrocknete ungeschwefelte Aprikosen,
100 g getrocknete Pfirsiche,
50 g Rosinen,
5 Knoblauchzehen,
5 cm frische Ingwerwurzel,
400 ml Weißweinessig,
400 g brauner Zucker,
1/2 TL Cayennepfeffer,
2 TL Salz

EW	Fett	KH	kcal/kJ
3 g	1 g	155 g	674/2817

Äpfel schälen, vom Kernhaus befreien und grob hacken. Aprikosen und Pfirsiche in Stücke schneiden. Äpfel, Aprikosen, Pfirsiche und Rosinen in einem großen Topf mischen. Knoblauchzehen schälen und dazupressen. Ingwerwurzel schälen und fein reiben. Unter das Obst mischen. Essig, Zucker, Cayennepfeffer und Salz untermengen. Alles zum Kochen bringen, unter häufigem Rühren ca. 30 Minuten köcheln lassen. Nach der Hälfte der Kochzeit die Hitze reduzieren. Das Chutney soll eine dicke Konsistenz wie Marmelade bekommen. Früchte-Chutney auskühlen lassen. In ein Glasgefäß, z. B. Marmeladenglas, füllen und gut verschließen. Im Kühlschrank aufbewahren.

Tipp
Früchte-Chutney passt zu Huhn-, Fleisch-, Gemüse- und Reisgerichten. Man kann es auch zu gekochtem Schinken oder Kassler servieren.

Mango-Chutney
Indien

Zutaten
1 feste, nicht ganz reife Mango, 1 frische rote Chilischote,
1 EL fein gehackte Petersilie oder Korianderkraut,
1 EL Salz,
1 Msp. Cayennepfeffer

EW	Fett	KH	kcal/kJ
1 g	1 g	8 g	36/150

Mango waschen und trockentupfen, Fruchtfleisch mit der Schale vom Kern lösen und in Scheiben schneiden. Chilischote entkernen und in sehr dünne Ringe schneiden. Alle Zutaten in einer Schüssel vorsichtig miteinander mischen. Mango-Chutney 1–2 Stunden abgedeckt im Kühlschrank ziehen lassen.

Grüne Currypaste
Thailand

Zutaten

1 TL Kreuzkümmel,
2 TL Koriander,
1 TL Pfefferkörner,
6 frische grüne
Chilischoten,
2 Zwiebeln,
3 Knoblauchzehen,
2 cm frische Galgant-
wurzel,
1 Stängel Zitronengras,
2 Korianderpflanzen mit
Wurzel,
1/2 Kaffir-Limette,
1 TL Krabbenpaste,
1 TL Kurkuma,
1/2 TL Salz,
3 EL Öl

EW	Fett	KH	kcal/kJ
2 g	12 g	5 g	129/538

Kreuzkümmel und Koriander in einer Pfanne trocken rösten, abkühlen lassen, dann mit Pfefferkörnern im Mörser zerstoßen. Chilischoten waschen, abtrocknen, längs aufschneiden, entkernen und fein würfeln. Zwiebeln, Knoblauch und Galgant schälen und sehr fein hacken. Vom Zitronengras die unteren 10 cm putzen, fein schneiden. Koriander waschen, trockentupfen und Wurzeln und Blätter fein hacken. Kaffir-Limette waschen, abtrocknen und die Schale fein abreiben. Vorbereitete Zutaten mit Krabbenpaste, Kurkuma, Salz und Öl im Mixer

zu einer Paste verarbeiten. Die Paste in einem Schraubglas im Kühlschrank aufbewahren.

Tipp
Die Paste hält sich im Kühlschrank bis zu vier Wochen.

Rote Currypaste
Thailand

Zutaten

1 TL Kreuzkümmel,
1 TL Koriander,
10 getrocknete rote
Chilischoten,
5 Schalotten,
5 Knoblauchzehen,
3 cm frische Galgant-
wurzel,
1/2 Kaffir Limette,
1 TL Krabbenpaste,
3 EL Sonnenblumenöl

EW	Fett	KH	kcal/kJ
2 g	12 g	5 g	130/542

Kreuzkümmel und Koriander trocken in einer Pfanne rösten, abkühlen lassen und im Mörser zerstoßen. Chilischoten entkernen und 10–15 Minuten in lauwarmem Wasser einweichen. Inzwischen Schalotten, Knoblauch und Galgant schälen und sehr fein hacken. Kaffir-Limette abwaschen, abtrocknen und die Schale abreiben. Chilischoten abtropfen lassen und fein würfeln. Alle vorbereiteten Zutaten mit Krabbenpaste und Öl im

Mixer zu einer Paste verarbeiten. In einem Schraubglas kühl aufbewahren.

Gelbe Currypaste
Thailand

Zutaten

5 große getrocknete rote
Chilischoten,
5 Schalotten,
3 Knoblauchzehen,
2 cm frische Galgant-
wurzel,
1 Stängel Zitronengras,
3 Korianderwurzeln,
1 Kaffir-Limette,
1 TL Krabbenpaste,
3 TL Kurkuma,
1/2 TL Salz,
3 EL Öl

EW	Fett	KH	kcal/kJ
2 g	12 g	4 g	127/530

Chilischoten entkernen und 10–15 Minuten in lauwarmem Wasser einweichen. Inzwischen Schalotten, Knoblauch und Galgant schälen und sehr fein hacken. Die unteren 10 cm vom Zitronengras putzen, Korianderwurzeln waschen und beides fein hacken. Kaffir-Limette waschen, abtrocknen und Schale fein abreiben. Chilischoten abtropfen lassen und fein hacken. Vorbereitete Zutaten, Krabbenpaste, Kurkuma, Salz und Öl in den Mixer geben und alles zu einer Paste verarbeiten.

Orange Currypaste
Thailand

Zutaten
10 getrocknete rote
Chilischoten,
1 TL Salz,
1 rote Zwiebel,
2 Knoblauchzehen,
1 EL Krabbenpaste,
1 TL Reisessig

EW	Fett	KH	kcal/kJ
2 g	1 g	3 g	21/88

Chilischoten 15 Minuten in heißem Wasser einweichen, abtropfen lassen, entkernen und fein würfeln. Mit Salz im Mixer pürieren oder im Mörser zerstoßen. Zwiebel und Knoblauch schälen, grob hacken, zur Chilipaste geben und ebenfalls pürieren. Chili-Zwiebel-Mischung mit Krabbenpaste und Reisessig verrühren.

Geröstete Currypaste
Thailand

Zutaten
1 Zwiebel,
5 Knoblauchzehen,
10 getrocknete rote
Chilischoten,
2 EL getrocknete
Shrimps, 2 EL Öl,
1 EL Palmzucker,
1 EL Fischsauce

EW	Fett	KH	kcal/kJ
4 g	8 g	10 g	123/516

Zwiebel und Knoblauch schälen und würfeln. Mit den Chilischoten in Alufolie verpacken, bei starker Hitze auf die Herdplatte legen und beidseitig je 1 Minute rösten. Getrocknete Shrimps im Mörser zerstoßen. Geröstete Zwiebel, Knoblauch und Chilischoten zugeben und ebenfalls zerstoßen. Öl in einer kleinen Pfanne erhitzen, Mischung darin goldbraun rösten. Mit Palmzucker und Fischsauce würzen. In einem Schraubglas gut verschlossen an einem kühlen Ort aufbewahren.

Chilipaste
Thailand

Zutaten
200 g rote Chilischoten,
1 TL Salz,
1 TL Palmzucker,
1 EL Essig,
1 EL Öl

EW	Fett	KH	kcal/kJ
1 g	4 g	6 g	60/250

Chilischoten mit 1/4 l Wasser zum Kochen bringen, danach bei halb geöffnetem Deckel und reduzierter Hitze 15–20 Minuten köcheln lassen; von der Herdplatte nehmen und abkühlen lassen. Chilischoten samt Flüssigkeit in den Mixer geben. Salz, Zucker, Essig und Öl zugeben und alles mixen, bis die Chilischoten fein zerkleinert sind. Die Paste in ein Glas mit Schraubverschluss füllen und im Kühlschrank aufbewahren.

Tipp
Die Paste hält sich gut gekühlt ca. zwei Wochen.

Burmesische Garnelenpaste
Indien

Zutaten
2 große Zwiebeln,
4 Knoblauchzehen,
2 cm frische Ingwerwurzel, 2 EL Erdnussöl,
2 EL Shrimpspaste
(thailändische ist in
Deutschland erhältlich),
2 EL Garnelenpulver,
Salz, Saft von 1 Limette
oder Zitrone

EW	.Fett	KH	kcal/kJ
3 g	7 g	6 g	104/434

Zwiebeln, Knoblauchzehen sowie Ingwerwurzel schälen und sehr fein hacken. In einer Pfanne Erdnussöl heiß siedend erhitzen. Zwiebelgemisch fest braten und durchrösten. Restliche Zutaten einrühren, einige Minuten durchbraten. Anschließend in ein Steinschüsselchen füllen.

Tipp
Alle Zutaten mit dem Küchenmixer fein pürieren und in der Pfanne kräftig durchrösten.

Szechuan-Pfeffer-Salz-Mischung
China

Zutaten
1 EL Salz,
1/2 TL frisch
gemahlener
schwarzer
Pfeffer

EW	Fett	KH	kcal/kJ
0 g	0 g	0 g	0/0

Zuerst 1 EL Salz kurz in einer Pfanne ohne Öl rösten. Wenn es heiß wird, Pfeffer zugeben, schnell vermischen; Gewürzmischung vom Herd nehmen.

Tipp
Diese Gewürzmischung passt zu knusprig gebratenem oder frittiertem Geflügel.

Fünf Gewürzsamen
(Panch Phoron) – Indien

Zutaten
1 EL Kreuzkümmel-samen,
1 EL Schwarzkümmel-samen,

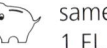

1 EL schwarze Senf-körner,
1 EL Bockshornklee,
1 EL Fenchelsamen

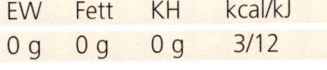

EW	Fett	KH	kcal/kJ
0 g	0 g	0 g	3/12

Ganze Samenkörner vermischen und in ein luftdichtes Glas füllen.

Tipp
Eine feine Gewürzmischung, die in der indischen Küche ein Muss ist. Liebhaber der indischen Küche sollten diese Mischung immer griffbereit im Küchenschrank haben.

Tandoori-Mischung
(Abb.) – Indien

Zutaten
1 TL Chilipulver,
1/2 TL Knoblauchpulver,
1 EL gemahlene
Kurkama,
1 TL Paprikapulver,
1 Tütchen Safran,
1/2 TL gemahlener
schwarzer Pfeffer

EW	Fett	KH	kcal/kJ
0 g	0 g	1 g	2/8

Gemahlene Gewürze miteinander versieben und luftdicht in einem Glas verschließen.

Tipp
Vorzugsweise für Grillgerichte verwenden; die benötigte Würzmenge mit Öl verrühren und die Grilladen bestreichen.

SAUCEN & CO.

PRAXISTIPP
Currypulver

Diese malaiisch-chinesische Gewürzmischung eignet sich hervorragend für Geflügel, vor allem Huhn, sowie für kräftige Fischgerichte.

Zutaten

2 getrocknete rote Chilischoten,
6 ganze Gewürznelken,
1 kleine Zimtstange,
1 TL Koriandersamen,
1 TL Fenchelsamen,
2 TL Szechuan-Pfefferkörner,
1/2 TL geraspelte Muskatnuss,
1 TL gemahlener Sternanis,
1 TL gemahlene Kurkuma

1. Entfernen Sie mit der Messerspitze dei Samen der getrockneten Chilischoten und schneiden Sie die Stiele ab.

Abb. 2

2. Geben Sie Chilischoten, Gewürznelken, Zimtstange, Koriander- und Fenchelsamen sowie Pfefferkörner in eine gusseiserne Pfanne. Rösten Sie die Gewürze unter ständigem Wenden in der Pfanne, bis sie ein starkes, würziges Aroma abgeben.

3. Zermahlen Sie die Gewürze in einem Mörser zu einem gleichmäßigen Pulver. Hierzu können Sie auch eine elektrische Kaffeemühle (sofern sie ausschließlich zu diesem Zweck verwendet wird) einsetzen.

Abb. 4

4. Geben Sie nun Muskatnuss, Sternanis und Kurkuma hinzu. Das Currypulver sollte sofort verbraucht oder in einem luftdichten Behälter dunkel aufbewahrt werden.

Tipps vom Koch

- Mögen Sie Ihre Gewürzmischung besonders scharf und kräftig, so geben Sie je nach Geschmack beliebig viele Samen der Chillischoten hinzu und rösten Sie sie zusammen mit den übrigen Gewürzen.

- Nach der Vorbereitung der Chilischoten sollten Sie gründlich die Hände waschen und das Schneidebrett sowie alle anderen benutzten Geräte gut abspülen.

- Wenn Sie besonders empfindliche Haut haben, so tragen Sie während der Vorbereitung der Chilischoten am besten Gummihandschuhe.

Abb. 1

Abb. 3

Gewürzöl
Indien

Zutaten
400 ml Pflanzenöl oder Ghee, unzerkleinerte Gewürze wie Kreuzkümmel, Fenchelsamen, schwarze Senfkörner, Zimtstangen, Nelken, Kardamomkapseln, rote getrocknete Chilischoten, Lorbeerblätter und schwarze Pfefferkörner

EW	Fett	KH	kcal/kJ
1 g	99 g	1 g	921/3851

Fett in einer Pfanne hoch erhitzen, ohne dass es zu rauchen beginnt. Gewürze je nach Rezept zugeben. Sehr kurz unter Rühren anrösten, da sie sich sehr schnell verändern, anschwellen oder platzen.

Tipp
In dem Gewürzöl kann Gemüse angebraten werden oder es wird zu einem fertig gegarten Gemüse- oder Dalgericht gerührt. Diese Methode heißt »baghari«.

Madrasi Masala
Indien

Zutaten
2 cm frische Ingwerwurzel,

4 mittelgroße Knoblauchzehen, 1 EL Salz, je 1 TL schwarzer Senfsamen, schwarzer Pfeffer, Chilipulver und Kurkuma,
2 EL gemahlener Koriander,
2 EL gemahlener Kreuzkümmel,
100 ml weißer Essig,
1/8 l Pflanzenöl

EW	Fett	KH	kcal/kJ
1 g	31 g	2 g	295/1234

Ingwerwurzel sowie Knoblauchzehen schälen und fein hacken. Zusammen mit Salz im Mörser zerreiben. Mörserinhalt mit den

Gewürzen sowie Essig in einer Schüssel zu Mus rühren. In einer Pfanne mit hohem Rand Pflanzenöl heiß erhitzen. Gewürzmischung unter ständigem Rühren hinzufügen. Etwa 5 Minuten durchmischen und in Gläser abfüllen. Kurz abkühlen lassen, Gläser luftdicht verschließen und in den Kühlschrank stellen.

Tipp
Eine rassige Gewürzpaste, die in ein luftdichtes Glas gefüllt und bis zum Gebrauch in den Kühlschrank gestellt wird. Dort hält sie sich problemlos einige Wochen.

SAUCEN & CO.

Masalas
Indien

Variante 1:
Zutaten

1 EL Kardamomsamen,
14 cm Zimtstange,
1 TL Kreuzkümmel-
samen,
1 TL Nelken,
1 TL schwarze Pfeffer-
körner,
1/4 TL Muskatnuss

EW	Fett	KH	kcal/kJ
0 g	0 g	0 g	1/4

Gewürze gemeinsam in einer elektrischen Kaffeemühle fein mahlen. Luftdicht verschlossen und dunkel aufbewahren.

Variante 2:
Zutaten

1 EL Kreuzkümmel,
1 EL Koriander,
1 TL schwarze Pfeffer-
körner,
1/2 TL Kardamom-
kapseln,
1/2 TL Nelken,
5 cm Zimtstange

EW	Fett	KH	kcal/kJ
0 g	0 g	0 g	1/4

Gewürze 3 Minuten unter Rühren in einer Pfanne trocken rösten. Danach abkühlen lassen und in einer elektrischen Kaffeemühle (oder in einem hölzernen oder gusseisernen Mörser) fein mahlen.

Variante 3:
Zutaten

2 EL schwarze Pfeffer-
körner, 2 Zimtstangen,
1 EL Nelken,
2 EL gemahlene Muskat-
blüte (Macis),
1 EL gemahlener
Schwarzkümmelsamen

EW	Fett	KH	kcal/kJ
0 g	0 g	0 g	1/4

Gewürze nacheinander in einer ungefetteten heißen Pfanne rösten, bis sie duften. Auf einem Teller abkühlen lassen; fein mahlen.

Tipp
Unterschiedliche Gewürzkombinationen heißen allgemein Masalas. Diese Gewürzkombinationen werden immer aus frisch gemahlenen oder gerösteten Gewürzen hergestellt. Es gibt trockene und feuchte Masalas. Sie werden in der Regel gekocht, bevor die anderen Lebensmittel hinzukommen. Ein bekanntes Masala, das es auch fertig zu kaufen gibt, ist das Garam Masala, eine Grundmischung aus getrockneten, gemahlenen Gewürzen. Die Zusammensetzung variiert von Region zu Region. Dieses Masala wird gewöhnlich erst gegen Ende der Garzeit zugegeben. Sind die Gewürze bereits gemahlen, diese nur miteinander vermischen, ohne sie zu rösten.

Garam Masala
Indien

Zutaten

2 EL Kreuzkümmel-
samen,
5 EL Koriander-
samen,

2 EL ganze schwarze
Pfefferkörner,
1 EL ganze
Nelken,
1 Muskatnuss,
4 Zimtstangen

EW	Fett	KH	kcal/kJ
0 g	0 g	0 g	1/4

In einer beschichteten, ungefetteten Pfanne die Gewürze einzeln rösten – bis sie anfangen zu duften. Auf einen Teller zum Abkühlen geben. Abgekühlte Gewürze in einem Küchenmixer fein mahlen.

Tipp
In einer elektrischen Kaffeemühle (oder in einem Thermomix) funktioniert das Mahlen der Gewürze am besten. Sollten Sie keine Möglichkeit haben, selbst zu mahlen, so kaufen Sie die Gewürze fertig gemahlen. Grundsätzlich sind in ungemahlenen Gewürzen die Aroma- und Duftstoffe besser als in bereits gemahlenen Gewürzen erhalten. Nicht umsonst spricht man von »ausgerauchten Gewürzen«.

沢の鶴

GRUNDREZEPT
Wan-Tan-Hüllen
Thailand

Zutaten
200 g Mehl,
1 Msp. Salz,
2 Eier,
Mehl für die Arbeits-
platte

EW	Fett	KH	kcal/kJ
9 g	4 g	35 g	213/888

Mehl in eine Schüssel sieben, mit Salz vermengen. In die Mitte eine Mulde drücken, Eier hineinschlagen. Eier mit einer Gabel unter das Mehl rühren, eventuell ein wenig Wasser zugeben. Es soll ein glatter Teig entstehen. Teig gut durchkneten, dann in Stücke teilen und auf einer mit Mehl bestäubten Arbeitsplatte nacheinander hauchdünn ausrollen. Teig in Quadrate mit 8–10 cm Seitenlänge schneiden. Wan-Tan-Hüllen je nach Rezept mit Farce füllen. Teigstücke mit einem feuchten Küchentuch abdecken, bis alle Quadrate gefüllt sind.

Tipp
Wan-Tan-Hüllen kann man gut einfrieren. Pergamentpapier zwischen jedes Teigblatt legen. Nur so viele Wan-Tan-Hüllen zusammenpacken, wie für eine Mahlzeit benötigt werden.

Bulgursalat
(Abb. S. 59, oben) – *Indonesien*

Zutaten
200 g Weizenschrot (Bulgur),
Salz,
3–4 Tomaten,
2 Frühlings-
zwiebeln,
3/4 Tasse gehackte glatte Petersilie,
1/2 Tasse gehackte Minze,
1 rote gewürfelte Zwiebel,
40 ml Zitronensaft,
40 ml Raps- oder Olivenöl,
Pfeffer aus der Mühle,
80 g geröstete Mandel-
stifte

EW	Fett	KH	kcal/kJ
11 g	21 g	39 g	396/1658

Weizenschrot in kochendem Salzwasser 5–8 Minuten garen und in ein Sieb geben. Mit kaltem Wasser nachspülen und gut abtropfen lassen. Tomaten überbrühen, häuten, entkernen und in kleine Würfel schneiden. Frühlingszwiebeln putzen und in feine Ringe schneiden. Alle Zutaten, bis auf die Mandelstifte, mischen, abschmecken und im Kühlschrank durchziehen lassen. In einer trockenen Pfanne Mandelstifte kurz rösten und unter den Salat heben.

Hähnchen-Satés mit Mandelsauce
(Abb. S. 59, unten) – *Indonesien*

Zutaten
4 Hähnchenbrüste ohne Haut und Knochen in 1 cm breite Streifen geschnitten
Für die Marinade:
130 ml ungesüßte Kokosmilch (Dose),
1 EL fein gehackter Ingwer,
1 EL Rohrzucker,
2 EL Limettensaft,
1–2 EL thailändische Fischsauce,
5-Gewürze-Pulver,
1/2 TL grüne Curry-
paste,
4 EL Erdnussöl
Für die Mandelsauce:
80 g geröstete fein geriebene Mandeln,
1 gehackte Knoblauch-
zehe,
1 gehackte Zwiebel,
2 EL Erdnussöl,
3–4 entkernte und fein gehackte rote Chilischoten ,
1 Stängel Zitronengras,
Saft von 1 Limette,
Rohrzucker,
Salz,
200 ml Kokosmilch,
frisch gehackter Koriander,
30 g gehackte Mandeln

EW	Fett	KH	kcal/kJ
44 g	31 g	17 g	525/2198

Hähnchenfleisch auf Spieße stecken. Alle Zutaten für die Marinade vermischen und die Spieße ca. 60 Minuten im Kühlschrank marinieren lassen. Für die Sauce geriebene Mandeln in einer trockenen Pfanne kurz anrösten. Knoblauch und Zwiebel in Erdnussöl anschwitzen, geriebene Mandeln dazugeben und kurz erhitzen. Alle Zutaten, bis auf gehackte Mandeln und Koriandergrün, zufügen und aufkochen. Im Mixer fein pürieren. Masse etwas abkühlen lassen und Koriandergrün sowie gehackte Mandeln unterheben. Hähnchenspieße in der Pfanne oder auf dem Grill braten, mit Bulgursalat und Mandelsauce servieren.

Schnelle Teigtaschen mit Huhn
(Abb.) – China

 Zutaten
75 g Shiitake-Pilze,
 1 kleine rote Paprikaschote,
1 kleine Stange Lauch,
100 g Sojabohnensprossen,
250 g Hähnchenbrustfilet,
Salz, grober Pfeffer,
4 EL Öl,
3 EL Sojasauce,
1 TL Sambal Oelek,
400 g Pizzateig (Fertigprodukt),

Mehl für die Arbeitsfläche,
1 Ei

pro Stück:

EW	Fett	KH	kcal/kJ
10 g	7 g	20 g	190/794

Pilze putzen und klein schneiden. Paprikaschote und Lauch putzen und waschen. Paprikaschote in feine Streifen, Lauch in feine Ringe schneiden. Sprossen heiß waschen und gut abtropfen lassen. Hähnchenbrustfilet waschen, trockentupfen, in kleine Würfel schneiden und mit Salz und Pfeffer würzen. Öl in einer Pfanne erhitzen und Hähnchenwürfel darin rundherum braun braten. Gemüse zugeben und ca. 5 Minuten dünsten. Mit Sojasauce und Sambal Oelek abschmecken; auskühlen lassen. Pizzateig auf einer leicht bemehlten Arbeitsfläche zu einem Rechteck von 40 x 50 cm ausrollen, dann in 10 Rechtecke von 10 x 20 cm schneiden. Ei trennen. Teigränder mit Eiweiß bestreichen. Füllung auf die untere Hälfte der Teigrechtecke geben, unbelegte Seite darüber klappen und Ränder fest andrücken. Teigtaschen auf ein mit Backpapier belegtes Blech setzen. Eigelb verquirlen und Teigtaschen damit bestreichen. Im vorgeheizten Ofen bei 200 Grad in ca. 20 Minuten goldbraun backen. Ergibt 10 Stücke.

Tipp
Statt Pizza- TK-Blätterteig verwenden.

Seelachswürfel auf Krabbenbrot
(Abb.) – *Thailand*

Zutaten
200 g Seelachsfilet,
Saft von 1/2 Zitrone,
1 EL Reiswein,
Salz,
1 EL Maisstärke,
1/2 grüne Paprikaschote,
30 g sauer eingelegte
Paprikaschoten,
1/2 Stange Lauch,
10 g frischer Ingwer,
2 Knoblauchzehen,
1 EL Zucker,
1 TL Essig,
2 EL Sojasauce,
1 Msp. Sambal Oelek,
2 EL Speiseöl,
1 Packung Krupuk
(Krabbenbrot)

EW	Fett	KH	kcal/kJ
17 g	12 g	5 g	212/887

Seelachsfilet waschen, trockentupfen, mit Zitronensaft beträufeln und in kleine Würfel schneiden. 1/2 EL Reiswein, Salz und 1/2 EL Maisstärke mischen und zu den Fischwürfeln geben. Paprikaschote putzen, waschen und zusammen mit den sauer eingelegten Paprikaschoten in kleine Würfel schneiden. Lauch putzen, waschen und klein hacken. Ingwer schälen, Knoblauch abziehen, beides würfeln.

Zucker, Essig, Sojasauce, Sambal Oelek und restlichen Reiswein mit übriger Maisstärke verrühren. Speiseöl in einem Wok erhitzen und Seelachswürfel kurz darin anbraten. Paprikawürfel, Knoblauch und Ingwer hinzugeben und ca. 1 Minute braten. Vermischte Sauce zugeben und miterhitzen. Gehackten Lauch darüberstreuen. Fischmasse auf dem Krabbenbrot verteilen und servieren.

Tipp
Bei Verwendung von tiefgefrorenem Seelachs Fisch nicht ganz auftauen lassen, damit er saftig bleibt.

Wan-Tan thailändisch
Thailand

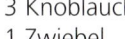

Zutaten
200 g Mehl,
2 Eier,
1/2 TL Salz,
3 Knoblauchzehen,
1 Zwiebel,
1 Korianderwurzel mit Kraut,
60 g ungesalzene Erdnusskerne,
250 g Hackfleisch,
2 EL Fischsauce,
Pfeffer,
1 TL Palmzucker,
etwas Mehl,
Öl zum Frittieren

EW	Fett	KH	kcal/kJ
27 g	42 g	44 g	746/3119

Aus Mehl, Eiern und Salz einen geschmeidigen Teig kneten. Knoblauch und Zwiebel schälen. Koriander waschen und mit Küchenpapier trockentupfen. Knoblauch, Zwiebel und Korianderwurzel fein würfeln. Korianderblättchen fein und Erdnusskerne grob hacken. Öl in einer Pfanne erhitzen, Knoblauch, Zwiebel und Korianderwurzel darin dünsten. Hackfleisch zugeben und unter Wenden kräftig anbraten. Mischung mit Fischsauce, Pfeffer und Palmzucker abschmecken. Erdnusskerne unterrühren. Masse abkühlen lassen, dann Korianderblättchen unterrühren. Teig mit dem Nudelholz hauchdünn ausrollen. In etwa 30 Quadrate mit 9 cm Seitenlänge schneiden. Teigquadrate auf einem bemehlten Tuch nebeneinander legen, Ränder mit Wasser bestreichen. Je 1 EL Fleischfüllung in die Mitte geben und Blätter zu Dreiecken zusammenklappen. Enden der langen Kanten mit etwas Wasser bestreichen und übereinander klappen. Überstehendes oberes Ende nach außen umklappen. Reichlich Öl in einem Topf auf 180 Grad erhitzen und Teigtaschen darin goldbraun frittieren.

Tipp
Frittierte Teigtaschen eignen sich auch gut als Einlage für verschiedene Suppen.

Wan-Tan chinesisch
China

Zutaten
300 g Mehl,
1 Ei,
Salz,
2 EL Speisestärke
Für die Füllung:
300 g Schweinehackfleisch,
100 g fein gehackte Shrimps,
1 Ei,
1 EL Schnittlauchröllchen,
1 EL Speisestärke,
2 EL helle Sojasauce,
Pfeffer, Glutamat,
1 EL Sherry oder Reiswein,
Öl zum Frittieren

EW	Fett	KH	kcal/kJ
33 g	22 g	60 g	595/2485

Für den Teig Mehl auf eine Arbeitsplatte sieben, in die Mitte eine Mulde schieben. Ei, 1 Prise Salz, Speisestärke und 100 ml Wasser zugeben und alles zu einem Teig verarbeiten. Für die Füllung Schweinehackfleisch, Shrimps, Ei, Schnittlauch, Speisestärke, Sojasauce, Salz, Pfeffer, Glutamat und Sherry oder Reiswein gründlich vermengen. Wan-Tan-Teig dünn ausrollen, in ca. 7 cm breite Quadrate schneiden. Je 1 TL Füllung auf die Teigquadrate geben. Ränder mit Wasser befeuchten, zu einem Dreieck zusammenfalten. Die beiden äußeren Spitzen so zusammenbiegen, dass sie übereinander lappen, mit Wasser gut zusammenkleben. Reichlich Öl erhitzen (Mittelhitze), Wan-Tans darin schwimmend goldbraun ausbacken. Fett auf Küchenpapier abtropfen lassen und Wan-Tans heiß servieren.

Tipp
Süß-saure Sauce (siehe S. 39) passt sehr gut dazu. Man sollte nicht zu viele Wan-Tans auf einmal backen, weil sie sonst aneinanderkleben. Wan-Tan-Teig gibt es im Chinaladen auch fertig zu kaufen.

Samosas
(Abb. 1–3 und S. 65) – Indien

Zutaten für 20 Stück
10 Teigblätter für
Frühlingsrollen,
1 kleine Zwiebel,
2 cm frischer Ingwer,
1 Knoblauchzehe,
2 EL Ghee oder
ungesalzene Butter,
1/2 TL Chilipulver,
1 große gekochte
Kartoffel,
50 g blanchierte
Blumenkohlröschen,
50 g aufgetaute
TK-Erbsen,
1 TL Garam Masala,
1 EL gehackte Petersilie,
1 TL Zitronensaft,
Salz,
2 EL Weizenmehl,
100 g Zucchini,
100 g Möhren,
100 g Staudensellerie,
Pflanzenöl zum
Frittieren,
Petersilie zum Garnieren

Pro Stück:

EW	Fett	KH	kcal/kJ
2 g	4 g	12 g	90/378

Teigblätter gegebenenfalls auftauen lassen und halbieren. Für
die Füllung Zwiebel, Ingwer und
Knoblauchzehe schälen. Zwiebel
fein hacken, Ingwer reiben und
Knoblauch durch die Presse drücken. Ghee oder Butter in einem großen Wok erhitzen.

Abb. 1

Abb. 2

Abb. 3

Zwiebel, Ingwer und Knoblauch
hinzufügen und kurz anbraten.
Mit Chilipulver würzen, fein gewürfelte Kartoffel, Blumenkohl
und Erbsen dazugeben. Garam
Masala darüber streuen, kurz
umrühren, vom Herd nehmen
und etwas abkühlen lassen. Mit
Petersilie, Zitronensaft und Salz
würzen *(Abb. 1)*. Weizenmehl in
einem Schälchen mit wenig
Wasser zu einer Paste verrühren. Ränder der halbierten
Teigblätter mit der Mehlpaste
einstreichen. Jeweils 1 EL der
Füllung auf die Teigblätter geben und zu Dreiecken zusammenfalten *(Abb. 2)*, gegebenenfalls die sich überlappenden Enden nochmals mit Mehlpaste
einpinseln. Geschälte Zucchini,
Möhren und Sellerie in streichholzgroße Stifte schneiden und
auf einem Teller anrichten. Öl in
einer Fritteuse oder im Wok auf
190 Grad erhitzen und die Sa-
mosas darin portionsweise goldgelb ausbacken *(Abb. 3)*. Samo-
sas auf Küchenpapier abtropfen
lassen und in einer Schüssel, mit
Petersilie garniert, servieren. Dazu Zucchini-, Möhren- und Sel-
leriestifte reichen.

Gefüllte Teigtaschen indisch
Indien

Zutaten
500 g Mehl,
250 g Hähnchen-
brustfilet,

250 g mageres Schweinefleisch,
5 EL Reisweinessig,
5 EL dunkle Sojasauce,
1 kräftige Prise 5-Gewürze-Pulver,
1 TL Sesamöl,
1 Stange Lauch,
2 cm frische Ingwerwurzel,
1/2 Bd. Frühlingszwiebeln,
Mehl für die Arbeitsfläche,
2 EL Öl, Salz

EW	Fett	KH	kcal/kJ
42 g	14 g	92 g	678/2835

Aus Mehl und 1/4 l lauwarmem Wasser einen Teig herstellen. In Klarsichtfolie einschlagen und ca. 20 Minuten ruhen lassen. Inzwischen Hähnchen- und Schweinefleisch waschen, trockentupfen, in grobe Stücke schneiden und in eine Schüssel legen. Je 3 EL Reisweinessig und Sojasauce, 5-Gewürze-Pulver sowie Sesamöl verrühren. Fleisch damit begießen und mit Folie abdecken. Lauchstange längs halbieren, zwischen den Blattschichten gründlich waschen und den weißen Teil fein hacken. Ingwer schälen und hacken. Frühlingszwiebeln putze, waschen und fein würfeln. Mariniertes Fleisch durch die gröbste Scheibe des Fleischwolfes drehen (oder sehr fein würfeln). Teig in 4 Portionen teilen. Jede Teigportion auf einer be-

mehlten Arbeitsfläche zu einer dicken Rolle formen, je in 8 Scheiben schneiden. Jede Scheibe leicht ausrollen, auf einer Teigseite löffelweise mit Fleisch belegen und die andere Teigseite darüberkappen. Teigränder fest zusammendrücken und mit etwas Wasser bepinseln. Fertige Teigtäschchen mit einem feuchten Tuch abdecken. In einem Topf oder besser im Wok etwas Öl erhitzen. Vorbereitetes Gemüse 2 Minuten darin durchbraten, mit restlicher Sojasauce und Reisweinessig befeuchten. Topfinhalt in ein Saucenschälchen füllen. In einem Topf reichlich Salzwasser aufkochen und Teigtäschchen darin portionsweise ca. 5 Minuten garen; abtropfen lassen und servieren.

Tipp
Zu jeder Portion Teigtäschchen ein Schälchen mit Sojasauce, Pflaumensauce und Hoisinsauce reichen.

Weißkohlpäckchen
Thailand

 Zutaten
1 Weißkohl,
 1 Zwiebel,
5 Knoblauchzehen,
 120 g Tofu,
4 EL Erdnussöl,
400 g Rinderhackfleisch,
Salz,
1 EL Palmzucker,
4 EL Sojasauce,
1 großes Ei,

4 EL Mehl,
5/8 l Fleischbrühe,
1 Limette

EW	Fett	KH	kcal/kJ
26 g	39 g	28 g	579/2419

Weißkohl in kochendem Wasser blanchieren, 8 große Blätter ablösen und abtropfen lassen. Zwiebel und Knoblauchzehen schälen und fein hacken. Tofu klein würfeln. Erdnussöl in einer Pfanne erhitzen, Zwiebel darin glasig braten, Knoblauch und Rinderhackfleisch zugeben und die Mischung unter Rühren noch 4 Minuten braten. Tofu untermengen und mit Salz, Palmzucker und Sojasauce abschmecken. Pfanne vom Feuer nehmen, Ei und Mehl unter Rühren zugeben. Mischung abkühlen lassen. Je 2 EL Füllung auf die Kohlblätter verteilen. Blätter aufrollen und mit Küchengarn zu Päckchen binden. Weißkohlpäckchen in siedender Fleischbrühe 20 Minuten garen. Nach der Hälfte der Garzeit wenden. Limette waschen, trockenreiben und achteln. Je 2 Kohlpäckchen mit etwas Brühe auf Teller verteilen, mit Limettenachteln garniert servieren.

Frittierte Auberginen
Indien

 Zutaten
500 g Auberginen,
200 g Kichererbsenmehl,
 50 g Reismehl,
1 1/2 TL Salz,
1 TL gemahlener Kreuzkümmel,
1/4 TL Cayennepfeffer,
1 TL gemahlener Koriander,
1 TL Paprikapulver,
Sesamöl zum Frittieren

EW	Fett	KH	kcal/kJ
12 g	14 g	38 g	356/1487

Auberginen waschen, putzen, trockentupfen und in Scheiben schneiden. Kichererbsenmehl mit Reismehl, Salz, Kreuzkümmel, Cayennepfeffer, Koriander und Paprikapulver in einer Schüssel vermengen. Mit 300 ml lauwarmem Wasser zu einem dickflüssigen Teig rühren. Fett erhitzen, Auberginenscheiben durch den Teig ziehen, in ein paar Minuten unter Wenden goldbraun frittieren. Aus dem Fett nehmen und abtropfen lassen. Heiß mit verschiedenen Chutneys servieren.

Würzige Pfannkuchen
Indien

 Zutaten
6 Eier,
5 EL Kichererbsenmehl,
 Pfeffer aus der Mühle,
1/2 TL Salz,
 1/4 TL gemahlener Koriander,
1/4 TL Kardamomsamen,
2 Zwiebeln,

3 EL Joghurt,
Ghee oder geklärtes Butterschmalz zum Braten

EW	Fett	KH	kcal/kJ
16 g	17 g	13 g	281/1174

Eier in einer Schüssel verschlagen. Kichererbsenmehl langsam dazurühren. 1 Prise Pfeffer, Salz und gemahlenen Koriander unterrühren. Kardamomsamen im Mörser zerstoßen und zugeben. Zwiebeln schälen, fein hacken und mit Joghurt unter die Eier rühren. Etwas Fett in einer Pfanne erhitzen, Hälfte der Eiermilch eingießen und stocken lassen. Wenden und fertig backen. Aus der restlichen Eiermilch einen zweiten Pfannkuchen backen. Würzige Pfannkuchen in Streifen schneiden und als Beilage zu Curry-Gerichten servieren.

Pikante Kartoffelsticks
Indien

 Zutaten
3 Zwiebeln,
 3 Knoblauchzehen,
1 getrocknete rote
 Chilischote,
500 g Kartoffeln,
Sesamöl zum Braten,
1 TL gemahlener Kreuzkümmel,
1/2 TL gemahlener Koriander,
1 Msp. Kurkuma, Salz

EW	Fett	KH	kcal/kJ
3 g	5 g	23 g	149/624

Zwiebeln und Knoblauchzehen schälen, mit Chilischote im Mixer zu einer Paste zerkleinern. Kartoffeln schälen und in dünne Scheiben schneiden. Jeweils mehrere Scheiben übereinander legen und in dünne Stifte schneiden. Etwa 1 cm hoch Sesamöl in eine Pfanne gießen und erhitzen. Eine Lage Kartoffelstifte in die Pfanne geben und knusprig braten. Dabei ab und zu umrühren. Mit einem Schaumlöffel auf einen Teller geben. Restliche Kartoffeln auf dieselbe Weise braten. Öl bis auf etwa 4 EL aus der Pfanne gießen. Gewürzpaste mit Kreuzkümmel, Koriander und Kurkuma verrühren, im Fett bräunlich braten. Kartoffelstifte wieder in die Pfanne geben, salzen und alles gut vermengen. Kartoffelsticks heiß servieren.

Frühlingsrollen mit Fisch
(Abb.) – Vietnam

Zutaten
1 Packung schwarze Pilze (25 g),
3 Frühlingszwiebeln,
1 Möhre,
4 EL Speiseöl,
1 Glas Bohnenkeime,
100 g Kabeljaufilet,
1 TL Sojasauce,
Pfeffer,
Ingwerpulver,

Chilipulver,
1 Packung Reisplatten,
9 Salatblätter

EW	Fett	KH	kcal/kJ
8 g	6 g	3 g	83/347

Schwarze Pilze nach Packungsanweisung einweichen, abtropfen lassen und etwas kleiner schneiden. Frühlingszwiebeln und Möhre putzen, Möhre schälen, Frühlingszwiebeln in feine Ringe schneiden und beides waschen. Möhre fein würfeln. Zwiebelringe und Möhrenwürfel in 1 EL erhitztem Öl anbraten. Schwarze Pilze und abgetropfte Bohnenkeime zugeben und erhitzen. Fisch waschen, trockentupfen, in kleine Würfel schneiden und ca. 5 Minuten schmoren. Alles mit Sojasauce und den anderen Gewürzen abschmecken. Reisplatten nach Packungsanweisung vorbereiten, mit je 1 gewaschenen Salatblatt belegen und mit der Masse füllen. Seiten einschlagen und zu Röllchen drehen. Restliches Öl erhitzen und Frühlingsrollen darin braten. Nach Wunsch können die Rollen auf Bananenblättern serviert werden.

Tipp
Frühlingsrollen werden zu Glücksrollen, wenn man in einer eine ganze Mandel versteckt. Derjenige, der sie findet, wird Glück haben.

Pakoras
Indien

 Zutaten

1/2 Tasse Kichererbsenmehl,
1/4 TL Natron,
1 Zwiebel,
2 Kartoffeln,
3 EL fein gehackte Petersilie,
1/2 TL gemahlener Kreuzkümmel,
1/2 TL Cayennepfeffer,
1 Msp. Garam Masala,
Salz,
Ghee oder geklärtes Butterschmalz zum Frittieren

EW	Fett	KH	kcal/kJ
4 g	11 g	14 g	173/725

Kichererbsenmehl mit Natron und 5 EL Wasser verrühren. Zwiebel schälen, halbieren und in hauchdünne Scheiben schneiden. Kartoffeln schälen und sehr fein hacken. Die Menge soll etwa 1/2 Tasse Kartoffeln ergeben. Zwiebel, Kartoffeln, Petersilie, Kreuzkümmel, Cayennepfeffer, Garam Masala und ca. 1 TL Salz unter den Teig rühren. Einen Frittiertopf ca. 6 cm hoch mit Fett füllen. Fett auf 175 Grad erhitzen. Je 1 EL Teig abstechen und in das Fett gleiten lassen. Teig in 2 Portionen goldbraun frittieren. Eine Portion braucht etwa 8 Minuten. Pakoras ab und zu wenden. Bällchen mit einem Schaumlöffel aus dem

Fett nehmen und auf Küchenpapier abtropfen lassen. Pakoras heiß oder lauwarm servieren. Dazu passt Mango-Chutney.

Kichererbsennudeln
Indien

 Zutaten

3 EL Mungobohnen,
75 g Kichererbsenmehl,
Salz,
250 g Ghee oder geklärtes Butterschmalz,
75 g Cashewnüsse,
200 g zerstoßener Reis,
1 Msp. Kurkuma,
1 EL brauner Zucker,
1 Msp. Cayennepfeffer

EW	Fett	KH	kcal/kJ
11 g	58 g	59 g	828/3461

Mungobohnen in einem Sieb gründlich waschen und abtropfen lassen. 20 Minuten in 1/8 l Wasser einweichen. Kichererbsenmehl mit 1/4 TL Salz und 4 EL Wasser zu einem Brei rühren. Fett in einer Pfanne erhitzen, Kichererbsenbrei in eine Kartoffelpresse füllen und in das heiße Fett drücken. In 2 Minuten unter Rühren goldbraun braten. Auf Küchenpapier legen. Cashewnüsse grob hacken und im verbliebenen Fett hellbraun braten. Auf Küchenpapier ausbreiten. Zerstoßenen Reis unter Rühren im Fett anbraten, auf Küchenpapier geben. Mungobohnen abtropfen lassen und

Abb. 1

Abb. 2

Abb. 3

trockentupfen. Im restlichen Fett goldbraun braten und auf Küchenpapier legen. Alle gebratenen Zutaten in einer Schüssel mit Kurkuma, Zucker, Cayennepfeffer und 3/4 TL Salz mischen.

Tipp
Reis kann man in einer alten Kaffeemühle oder in der Getreidemühle grob zerkleinern.

Röllchen mit Nuoc-Cham-Sauce
(Abb.) – Vietnam

Zutaten für 15 Stück
2 frische rote Chilischoten,
2 Knoblauchzehen,
1 EL Zucker,
4 TL Fischsauce,
Saft von 1/2 Zitrone,
30 g Glasnudeln,
8 eingeweichte Mu-Err-Pilze, 225 g Schweinehackfleisch,

225 g Shrimps,
4 Schalotten,
Salz,
schwarzer Pfeffer aus der Mühle,
2 EL Weizenmehl,
250 g Teigplatten für Frühlingsrollen,
Pflanzenöl zum Frittieren

je Stück:

EW	Fett	KH	kcal/kJ
9 g	7 g	14 g	157/656

Für die Nuoc-Cham-Sauce Chilischoten waschen, entkernen und im Mörser zerstoßen. Knoblauch schälen und eben-

Mehl zum Ausrollen,
400 g Hähnchen-
brustfilet,
6 Frühlingszwiebeln,
200 g Sojabohnen-
sprossen,
200 g Champignons,
2 EL Olivenöl,
4 EL Tomatenketschup,
2 EL flüssiger Honig,
4 EL Obstessig,
2 EL Schnittlauch-
röllchen,
Salz,
Pfeffer,
6 EL Sojasauce,
3 EL Reiswein,
1 TL Zucker,
100 g Rettich,
40 g frischer Ingwer,
Pflanzenfett zum
Frittieren

EW	Fett	KH	kcal/kJ
22 g	16 g	49 g	438/1832

falls im Mörser zerkleinern. Zucker, 3 TL Fischsauce und Zitronensaft verrühren und mit dem
Mörserinhalt vermengen. Für
die Füllung Glasnudeln nach
Packungsanweisung zubereiten,
gut abtropfen lassen und in
3 cm lange Teile schneiden. Pilze abtropfen lassen, Stiele entfernen, fein schneiden und mit
den Nudeln vermengen (Abb.
1). Hackfleisch und Shrimps hinzufügen. Schalotten schälen
und fein hacken. Restliche
Fischsauce und Schalotten zur
Füllung geben, mit Salz und
Pfeffer kräftig würzen. Mehl mit
etwas Wasser zu einer Paste
verrühren. Jeweils 1 Teigplatte
mit etwas Füllung belegen, die
Seiten einklappen und zu kleinen Röllchen aufrollen (Abb. 2).
Ränder mit Mehlpaste einstreichen und leicht andrücken
(Abb. 3). Öl in einem Wok oder
einer Fritteuse erhitzen und Röllchen portionsweise nacheinander in 8–10 Minuten goldgelb
frittieren. Herausnehmen, auf
Küchenpapier abtropfen lassen
und mit der Sauce servieren.

Reichhaltige Teigbeutel
(Abb.) – China

 Zutaten für 8 Personen
400 g Mehl,
 1 Prise Salz,
2 Eier,
2 EL Öl,

Mehl, Salz, Eier, 6 EL Wasser
und Öl zu einem glatten Teig
verarbeiten. Auf einer bemehlten Arbeitsfläche hauchdünn
ausrollen und in Quadrate
schneiden. Hähnchenbrustfilet
waschen, trockentupfen und
fein würfeln. Frühlingszwiebeln
waschen, putzen, etwas Grün
beiseite legen, restliche Frühlingszwiebeln in Streifen schneiden. Sprossen abspülen und abtropfen lassen. Champignons
putzen und in Scheiben schneiden. Olivenöl in einer Pfanne erhitzen und Fleischwürfel darin
anbraten. Gemüse zugeben und

kurz mitdünsten. Tomatenketschup, Honig, Essig und Schnittlauchröllchen unterrühren. Masse pikant mit Salz und Pfeffer abschmecken, auf die Teigquadrate verteilen, zu Beutelchen formen und mit dem Grün der Frühlingszwiebeln vorsichtig zubinden. Für die Sauce Sojasauce mit Reiswein und Zucker kurz aufkochen und abkühlen lassen. Rettich waschen und putzen, Ingwer schälen. Beides im Mixer zerkleinern, in ein Schälchen füllen und mit der Sojasaucen-Mischung umgießen. Pflanzenfett in der Fritteuse oder einem großen Topf auf 170 Grad erhitzen und Teigbeutel darin portionsweise in ca. 3 Minuten ausbacken. Das Fett auf Küchenpapier abtropfen lassen und Teigbeutel mit Dip servieren.

Saté »Küchenglück«
(Abb.) – Indonesien

Zutaten
600 g Schweinefilet,
2 EL Sesamöl,
1 Msp. gemahlener Koriander,
1 Msp. gemahlener Kreuzkümmel,
1/2 TL Currypulver,
Pfeffer,
1 Schalotte,
1 Salatgurke,
2 frische rote Chilischoten,
150 g Mais (Dose),
1 EL Zitronensaft,

1 EL helle Sojasauce,
2 EL Öl, Salz,
1 Dose Saté-Sauce
(Fertigprodukt; 400 g)

EW	Fett	KH	kcal/kJ
33 g	39 g	11 g	555/2321

Schweinefilet waschen, trockentupfen und in Streifen schneiden. Aus Sesamöl, Koriander, Kreuzkümmel, Currypulver und 1/2 TL Pfeffer eine Marinade herstellen und Fleisch ca. 60 Minuten darin einlegen. Für den Salat Schalotte schälen und fein würfeln. Salatgurke putzen, waschen und in feine Stifte schneiden. Chilischoten waschen, der

Länge nach halbieren, entkernen und in feine Streifen schneiden. Gurke, Schalotte, Chilistreifen und Maiskörner in einer Salatschüssel vermengen. Aus Zitronensaft, Sojasauce, Öl, Salz und etwas Pfeffer ein Dressing herstellen und über den Salat verteilen. Marinierte Schweinefiletstreifen wellenförmig auf Spieße stecken und in einer Pfanne von allen Seiten durchbraten. Saté-Sauce nach Packungsanweisung erhitzen. Spieße mit Salat, Saté-Sauce und nach Wunsch mit Langkornreis servieren. Nach Belieben die Teller mit roten Paprikafächern dekorativ verzieren.

Reisbällchen
Thailand

Zutaten
250 g Klebreis,
80 g ausgelöste rohe
Garnelen,
1 Frühlingszwiebel,
2 cm frische Ingwer-
wurzel,
4 EL Fischsauce

EW	Fett	KH	kcal/kJ
10 g	1 g	50 g	251/1051

Klebreis in einem Sieb kalt abspülen. Mit 350 ml Wasser in einem Topf zum Kochen bringen,
dann bei schwacher Hitze zugedeckt in 20 Minuten ausquellen
lassen. Fertigen Reis abkühlen
lassen. Garnelen vom Darm befreien, kalt abspülen, abtropfen
lassen und grob hacken. Frühlingszwiebel putzen und samt
dem Grün fein hacken. Ingwer
schälen und fein raspeln. Garnelen, Frühlingszwiebel, Ingwer
und Fischsauce vermengen. Je
2 EL Klebreis zu runden Fladen
formen. In die Mitte etwas Füllung geben, mit dem Reis um-
hüllen und feste Bällchen formen. Reisbällchen in einen
Dämpfkorb aus Bambus setzen.
In einer Pfanne etwa 200 ml
Wasser aufkochen, Dämpfkorb
auflegen und Reisbällchen 15
Minuten im Wasserdampf garen. Das Wasser darf dabei nur
schwach kochen. Reisbällchen
heiß mit einem trockenen
Weißwein servieren.

Gefüllte Papaya
China

Zutaten
1 Zwiebel,
2 EL Sonnenblumenöl,
200 g Naturreis,
1 Würfel Klare Gemüse-
suppe,
450 g tiefgekühlte
Riesen-Tiefee-Shrimps,
2 EL Zitronensaft,
2 Papayas,
1 Päckchen Helle Sauce
Holländische Art (Fertig-
produkt),
2 EL Sahne,
50 g geriebener Gouda

EW	Fett	KH	kcal/kJ
20 g	21 g	43 g	476/2011

Zwiebel schälen und würfeln. Öl
heiß werden lassen, Zwiebelwürfel darin glasig braten. Reis
hinzufügen, kurz mitdünsten.
Mit 600 ml Wasser aufgießen,
aufkochen, ca. 20 Minuten leise
köcheln lassen, ab und zu umrühren. Suppenwürfel zufügen
und Reis zugedeckt bei schwacher Hitze in ca. 40 Minuten
ausquellenlassen. Shrimps auftauen lassen, mit Zitronenaft
beträufeln und unter den Reis
mischen. Papayas schälen, halbieren, Kerne mit einem Löffel
entfernen; mit Shrimps-Reis füllen. Restlichen Reis in eine feuerfeste Form geben und gefüllte
Papayas darauf setzen. 1/4 l
Wasser erwärmen, Helle Sauce
einrühren und nach Packungs-

anweisung kochen. Sahne und
Käse unterrühren. Sauce über
die Papayas gießen und im
Backofen bei 200 Grad ca. 15
Minuten backen.

Tipp
Probieren Sie dieses Gericht
auch einmal mit Paprikaschoten; diese sollten aber nicht zu
hoch sein. Auch mit Shrimps-
Reis gefüllte Kartoffeln oder
Tomaten sind eine leckere Abwechslung. Hierfür das Gemüse mit einem kleinen Löffel
aushöhlen; das Innere unter
den Reis mischen.

Gefüllte Auberginen
Thailand

Zutaten
4 kleine Auberginen,
60 g gehackte Cashew-
nüsse,
2 Knoblauchzehen,
3 Stängel Zitronengras,
2 Frühlingszwiebeln,
4 Eier,
300 g Hackfleisch,
Chilisauce,
Öl zum Frittieren,
100 g Mehl

EW	Fett	KH	kcal/kJ
31 g	39 g	30 g	702/2935

Auberginen putzen und wa-
schen. Fruchtfleisch mit einem
kleinen Löffel vom Stielansatz
her auslösen, dabei einen 1 cm
breiten Rand stehen lassen.

Fruchtfleisch fein würfeln und in eine Schüssel geben. Cashewnüsse trocken goldbraun rösten. Knoblauch schälen und zum Auberginenfruchtfleisch pressen. Vom Zitronengras die unteren 10 cm fein hacken. Frühlingszwiebeln putzen, waschen und mit einem Teil des Grüns in Ringe bzw. Scheiben schneiden. Auberginenfruchtfleisch, Knoblauch, Cashewnüsse, Zitronengras, Frühlingszwiebeln und 1 Ei mit dem Hackfleisch vermengen. Mit Chilisauce würzen. Masse in die Auberginen füllen. Reichlich Öl in einer tiefen Pfanne erhitzen. 70 g Mehl mit et-

was kaltem Wasser zu einem Teig anrühren. Auberginen erst in restlichem Mehl, dann im Teig wenden. Im heißen Fett 3–4 Minuten frittieren. Fett auf Küchenpapier abtropfen lassen. Restliche Eier verschlagen, in einen Spritzbeutel mit feiner Tülle geben. Eine Pfanne leicht einölen, verschlagene Eier portionsweise in netzartigem Muster hineinspritzen, stocken lassen und vorsichtig herausheben. Auf diese Weise 4 Einetze zubereiten. Frittierte Auberginen in Scheiben schneiden. Einetze auf 4 Teller verteilen und Auberginenscheiben darauf anrichten.

Gemüsewürfel auf Krabbenbrot
(Abb.) – China

Zutaten

5 g schwarze Pilze,
1 rote Paprikaschote,
1 gelbe Paprikaschote,
1 kleine rote Chilischote,
2 Lauchzwiebeln,
1/2 Dose Bambussprossen,
2 EL Speiseöl,
2 EL Sojasauce,
1 Msp. Ingwerpulver,
1/2 Packung Krupuk (50 g)

EW	Fett	KH	kcal/kJ
7 g	7 g	21 g	183/766

Schwarze Pilze nach Packungsanweisung quellen lassen, gut
abspülen und in feine Stücke
schneiden. Paprikaschoten und
Chilischote halbieren, putzen,
waschen und in feine Würfel
schneiden. Lauchzwiebeln putzen, waschen und fein würfeln.
Bambussprossen abtropfen lassen und in feine Streifen schneiden. Speiseöl erhitzen und Pilze,
Paprikaschoten, Chilischoten,
Lauchzwiebeln und Bambus-
sprossen ca. 5 Minuten anbraten. Mit Sojasauce und Ingwerpulver würzen. Krupuk auf eine
Platte legen. Gemüsemischung
auf die Krabbenbrote verteilen
und sofort servieren.

Pikante Frühlings-
rollen mit Shrimps
(Abb. 1–5 und S. 75 unten)
China

Zutaten

1 Zwiebel,
Öl zum Frittieren,

2 gehackte rote Chili-
schoten,
3 Knoblauchzehen,
60 ml dunkle Sojasauce,
1 EL Zitronensaft,
1 EL Erdnussöl,
1 TL Sesamöl,
450 g gemischtes Ge-
müse (z. B. Sojasprossen,
Möhren, Paprika oder
Zuckerschoten),

Abb. 1

Abb. 2

Abb. 3

2 EL gehackter
Koriander,
1 EL geriebener Ingwer,
1 EL Reiswein,
1 EL helle Sojasauce,
350 g geschälte
Shrimps, Salz,
schwarzer Pfeffer aus
der Mühle, 1 Ei,
12 Teigblätter für
Frühlingsrollen,
Zitronenscheiben und
Koriander zum Garnieren

EW	Fett	KH	kcal/kJ
31 g	15 g	43 g	440/1840

Für den Dip Zwiebel schälen
und in dünne Ringe schneiden.
Auf Küchenpapier legen und
ca. 30 Minuten trocknen lassen. Öl in einem Wok auf ca.
190 Grad erhitzen, Zwiebelringe
darin unter Wenden goldgelb
frittieren. Zwiebeln herausnehmen und auf Küchenpapier abtropfen lassen. Chilischoten waschen, entkernen und in feine
Ringe schneiden. Knoblauch
schälen und durch die Presse
drücken. Jeweils die Hälfte davon mit dunkler Sojasauce, Zitronensaft und 2 EL heißem
Wasser verrühren (Abb. 1). Abgetropfte Zwiebelringe hinzufügen und ca. 30 Minuten stehen
lassen (Abb. 2). Für die Füllung
Erdnuss- und Sesamöl in einem
Wok erhitzen, restlichen Knoblauch und Chili darin kurz anbraten. Geputztes und klein geschnittenes Gemüse, Koriander
und Ingwer hinzufügen und

1 Minute pfannenrühren (Abb. 3). Reiswein und helle Sojasauce angießen und kurz aufkochen. Gemüse mit einem Schaumlöffel aus dem Wok in eine Schüssel umfüllen und abkühlen lassen (Abb. 4). Shrimps, Salz und Pfeffer unter das Gemüse rühren. Ei in einem Teller verschlagen. Teigplatten jeweils mit etwas Füllung belegen. Teig über die Stirnseiten klappen und aufrollen (Abb. 5). Ränder der Rolle mit verschlagenem Ei einstreichen und leicht andrücken. Frittieröl wieder erhitzen, Frühlingsrollen darin portionsweise goldgelb ausbacken, auf Küchenpapier abtropfen lassen und warm stellen, bis alle Röllchen frittiert sind. Mit Zitronenscheiben, Koriander und Dip servieren.

Abb. 4

Zitronen gut waschen, abtrocknen, vierteln, entkernen und in eine Schüssel geben. Salzen und abgedeckt vier Tage ziehen lassen. Dabei öfter wenden. Knoblauchzehe schälen und zerdrücken. Knoblauch mit Rosinen, Chilipulver, Ingwerpulver und etwas Essig mischen und

Abb. 5

24 Stunden zugedeckt ziehen lassen. Den Inhalt beider Schüsseln mischen und mit einem Wiegemesser zerkleinern. Braunen Zucker und restlichen Essig zugeben und die Masse in einen Topf füllen; unter Köcheln eindicken lassen. Dabei immer wieder umrühren, abkühlen

Zitronen-Pickles
Indonesien

Zutaten
8 unbehandelte
Zitronen,
2 EL Salz,
1 Knoblauchzehe,
450 g Rosinen,
1 TL Chilipulver,
2 TL Ingwerpulver,
3/4 l Weißwein-
essig,
650 g brauner
Zucker

EW	Fett	KH	kcal/kJ
3 g	1 g	250 g	1086/4538

lassen und in Gläser füllen. Die Gläser gut verschließen. Zitronen-Pickles sollten vor dem Servieren noch 5 Tage ziehen.

Geflügeltaschen
Indien

Zutaten für 10 Stück
Für den Teig:
200 g Mager-
quark,
250 g Margarine,
250 g Mehl,
1/2 TL Salz,
1 TL Backpulver
Für die Füllung:
300 g gegartes Geflügel-
fleisch,
1 TL Curry,
Salz,
100 g Crème fraîche
Außerdem:
Fett für das Blech

EW	Fett	KH	kcal/kJ
11 g	26 g	21 g	376/1560

Für den Teig Magerquark gut abtropfen lassen. Mit Margarine, Mehl, Salz und Backpulver in eine Schüssel geben und verkneten. Teig ca. 60 Minuten ruhen lassen. Für die Füllung gegartes Geflügelfleisch fein würfeln, mit Curry, Salz und Crème fraîche vermischen. Teig ausrollen und in 10 Quadrate von ca. 10 cm Seitenlänge schneiden. Auf jedes Teigstück 1 Löffel Füllung geben. Taschen zu Dreiecken zusammenfalten, Ränder

mit einer Gabel andrücken und auf ein gefettetes Backblech legen. Im vorgeheizten Ofen bei 200 Grad ca. 20 Minuten backen.

Frühlingsröllchen
China

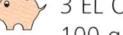

Zutaten
125 g Mehl,
10 g Butter,
1 Prise Salz,
3 EL Öl,
100 g Hackfleisch,
1 Zwiebel,
1 Knoblauchzehe,
1 kleine Stange
Lauch,
2 Möhren,
Salz,
Pfeffer,
Paprika-
pulver,
1 EL Sojasauce,
1 Msp. Sambal Oelek,
2 Tomaten,
1 EL gehackte
Petersilie,
Mehl für das Tuch und
die Arbeitsfläche,
1 Eiweiß zum
Bestreichen,
Fett zum
Frittieren

pro Stück:

EW	Fett	KH	kcal/kJ
2 g	5 g	6 g	88/369

Mehl in eine Schüssel sieben, in

die Mitte eine Vertiefung schieben. Butter, Salz, 60 ml lauwarmes Wasser und 1 EL Öl hineingeben, alles zu einem glatten Teig verkneten. Teig zu einer Kugel formen, mit 1 EL Öl einstreichen und ca. 30 Minuten kühl stellen. Hackfleisch in 1 EL heißem Öl anbraten. Zwiebel und Knoblauch schälen, hacken, zugeben und andünsten. Lauch putzen, Möhren schälen, beides in Scheiben schneiden, zur Hackfleischmasse geben; ebenfalls andünsten und ca. 10 Minuten garen. Füllung mit Salz, Pfeffer, Paprikapulver, Sojasauce und Sambal Oelek abschmecken und etwas auskühlen lassen. Tomaten kreuzweise einritzen, mit kochendem Wasser überbrühen, halbieren, entkernen, Fruchtfleisch in kleine Würfel schneiden und mit gehackter Petersilie unter die Füllung mengen. Teig auf einem bemehlten Tuch ausrollen, hauchdünn über den Handrücken ausziehen. Kleine Teigquadrate ausschneiden und Füllung darauf verteilen. Teigränder mit Eiweiß bestreichen, zwei gegenüberliegende Seiten einklappen, Teig aufrollen, auf einer bemehlten Arbeitsfläche ablegen. Frühlingsröllchen in reichlich erhitztem Fett 6–8 Minuten frittieren, herausnehmen und Fett auf Küchenpapier gut abtropfen lassen. Röllchen nach Wunsch mit Sojasauce und frittierter Petersilie servieren. Ergibt ca. 20 Stück.

Frühlingsrollen im Reisteig
(Abb.) – Vietnam

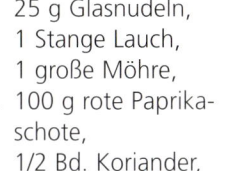

Zutaten für 12 Stück
25 g Glasnudeln,
1 Stange Lauch,
1 große Möhre,
100 g rote Paprika-
schote,
1/2 Bd. Koriander,
250 g Rinder-
hackfleisch,

2 EL Pflanzenöl,
1 kleine Dose Soja-
bohnenkeime,
2 EL Sojasauce,
4 EL trockener
Sherry,
Salz,
Chilipfeffer,
1 TL geriebene
frische Ingwer-
wurzel,
24 Reisteigplatten
(Fertigprodukt),

Pflanzenfett zum
Frittieren

EW	Fett	KH	kcal/kJ
7 g	5 g	11 g	130/543

Glasnudeln kurz in kochendes
Wasser geben, abgießen und in
etwa 4 cm lange Streifen
schneiden. Von dem Lauch drei
lange Blätter abtrennen. Restlichen Lauch sowie Möhre und
Paprika putzen und waschen.

Abb. 1

Abb. 2

Kantonesische Wan-Tans
(Abb. 1–4 und S. 79) – China

Zutaten
250 g Mehl,
2 Eier,

Salz,

Mehl zum Ausrollen,
50 g getrocknete chinesische schwarze Pilze,
250 g Schweineschulter,
100 g durchwachsener Speck,
250 g küchenfertige Garnelen,
1 EL Speisestärke,
1 EL Sojasauce,
1 TL Sesamöl,
1 TL Zucker,
Pfeffer,
1 Bd. Schnittlauch

Abb. 3

Abb. 4

pro Stück:

EW	Fett	KH	kcal/kJ
3 g	2 g	6 g	60/251

Gemüse in etwa 4 cm lange feine Streifen schneiden. Koriander waschen und fein schneiden. Hackfleisch im heißen Pflanzenöl knusprig braun und krümelig braten. Glasnudeln und klein geschnittenes Gemüse sowie abgetropfte Sojabohnenkeime zufügen, untermischen und kurz andünsten. Mit Sojasauce, Sherry, Salz und Chilipfeffer sowie Ingwer pikant abschmecken. Zum Schluss Koriander unterheben. Jeweils 2 Reisteigplatten übereinander kurz in Wasser einweichen, dabei einmal wenden.

Teigplatten herausnehmen und in die Mitte 2 EL der Füllung geben. Längsseiten der Reisplatten leicht darüber klappen und Frühlingsrollen aufrollen. Lauchblätter längs in 4 Streifen schneiden, kurz in kochendes Wasser tauchen und Frühlingsrollen damit umwickeln. Pflanzenfett in einem großen Topf oder in der Fritteuse auf 175 Grad erhitzen und Frühlingsrollen darin portionsweise ca. 6 Minuten frittieren. Mit einer pikanten Sauce und einigen Gurkenscheiben servieren.

Für den Teig Mehl auf die Arbeitsfläche häufen, in die Mitte eine Vertiefung drücken, Eier und etwas Salz hineingeben (Abb. 1) und alles mit den Händen von der Mitte her zu einem festen Teig verkneten. Teig in zwei Portionen teilen, beide auf einer bemehlten Arbeitsfläche hauchdünn ausrollen (Abb. 2) und in Quadrate von 8 cm Seitenlänge schneiden. Für die Füllung Pilze nach Packungsanweisung einweichen. Schweinefleisch und Speck würfeln und pürieren. 10 Garnelen beiseite legen, restliche mit dem Fleisch zerkleinern. Pilze fein hacken und zur Farce geben. Alles mit Speisestärke, Sojasauce, Sesamöl und Zucker gründlich vermengen und mit Salz und Pfeffer kräftig abschmecken. Jeweils 1 EL Farce in die Mitte eines Teigquadrates setzen und die Seiten mit den Fingern so hochdrücken, dass ein Säckchen entsteht, das oben offen bleibt (Abb. 3). Beiseite gelegte Garnelen vierteln und jeweils ein Garnelenstückchen in die Öffnung legen und Säckchen mit Schnittlauchhalmen dekorativ zubinden. Teigtaschen auf einem Dämpfeinsatz über einer Handbreit Wasser, nach Belieben auch Brühe, zugedeckt 8–10 Minuten dämpfen (Abb. 4). Wan-Tans heiß servieren. Dazu schmeckt eine Chili-Tomatensauce. Ergibt ca. 40 Stück.

Blätterteigecken mit Krabbencreme
China

Zutaten
4 Scheiben TK-Blätterteig,
1 Eigelb,
500 g Tiefseekrabbenfleisch,
1 EL Limonensaft,
200 g Frischkäse,
200 g Crème fraîche,
Salz, weißer Pfeffer aus der Mühle,

Paprikapulver, Dillfähnchen zum Garnieren

EW	Fett	KH	kcal/kJ
7 g	5 g	1 g	76/319

Blätterteigscheiben auftauen lassen, zu Quadraten halbieren und die Teigquadrate nochmals diagonal durchschneiden. Blätterteigecken auf ein mit Backpapier ausgelegtes Blech legen und mit in wenig Wasser verquirltem Eigelb bestreichen. Im vorgeheizten Backofen bei 200 Grad 12–15 Minuten goldbraun backen. Blätterteigecken auf einem Kuchengitter auskühlen lassen. Inzwischen 350 g Tiefseekrabbenfleisch mit Limonensaft pürieren. Frischkäse mit Crème fraîche glatt rühren, Krabbenpüree gleichmäßig untermengen. Creme mit Salz und Pfeffer würzig abschmecken. Blätterteigecken mit einem spitzen Messer waagerecht halbieren. Auf die unteren Hälften Krabbencreme und Krabbenfleisch verteilen und die Deckel obenauf setzen. Mit Paprikapulver bestäuben und mit Dillfähnchen garnieren.

ren. Süß-saure Sauce nach Packungsanweisung erhitzen und mit Sojasauce zu den Frühlingsrollen servieren.

Hühnerspieße
Indien

Zutaten
1 kg Hühnerbrust ohne Haut und Knochen,
Salz, 1 Zitrone,
150 g Joghurt,
2,5 cm frische Ingwerwurzel,
3 Knoblauchzehen,
1 TL gemahlener Kreuzkümmel,
1 Prise Cayennepfeffer,
1/4 TL Garam Masala,
2 TL gelbe Speisefarbe,
100 g Ghee oder Butter

EW	Fett	KH	kcal/kJ
57 g	24 g	5 g	487/2036

Hühnerbrüste waschen, trockentupfen, längs halbieren und quer in je 4 Stücke schneiden. Mit 1/2 TL Salz bestreuen und die Hälfte des Zitronensaftes darüber pressen. Die Stücke wenden und mit restlichem Zitronensaft beträufeln. Salz und Zitronensaft in das Fleisch einreiben. Abgedeckt 30 Minuten ziehen lassen. Joghurt cremig rühren. Ingwer schälen und fein reiben. Knoblauch schälen und auspressen. Beides unter den Joghurt rühren. Kreuzkümmel, Cayennepfeffer und Garam Ma-

Frühlingsrollen mit Gemüse
(Abb.) – Vietnam

Zutaten für 8 Personen
10 getrocknete Mu-Err-Pilze,
250 g Möhren,
1 rote Paprikaschote,
2 Stangen Lauch,
200 g Sojabohnensprossen,
2 EL Sojaöl,
Salz,
Pfeffer,
Sojasauce,
24 kleine Blätter TK-Frühlingsrollenteig,
Pflanzenfett zum Frittieren,
1 Glas süß-saure Sauce (Fertigprodukt)

EW	Fett	KH	kcal/kJ
8 g	20 g	32 g	335/1405

Mu-Err-Pilze nach Packungsanweisung einweichen, ausdrücken und klein schneiden. Möhren, Paprikaschote und Lauch putzen, waschen und in feine Stifte oder Ringe schneiden. Sprossen heiß abwaschen und gut abtropfen lassen. Sojaöl in einem Topf erhitzen und Gemüse darin anschwitzen. Mit Salz, Pfeffer und 2 EL Sojasauce kräftig würzen und etwas abkühlen lassen. Füllung auf die Mitte der aufgetauten Teigblätter verteilen, Längsseiten einschlagen und aufrollen. Teigränder mit Wasser bestreichen und andrücken. Pflanzenfett erhitzen und Frühlingsrollen goldbraun frittie-

sala unterrühren. Hühnerfleisch mit gelber Speisefarbe einreiben. Fleischstücke in die Joghurtmarinade legen und 1/2 Tag im Kühlschrank abgedeckt ziehen lassen. Fleisch aus der Marinade nehmen, abtropfen lassen und auf Spieße stecken. Spieße im vorgeheizten Rohr grillen. Eine Schale darunter stellen, um den Saft aufzufangen. Inzwischen Ghee oder Butter schmelzen und Spieße damit einstreichen. Hühnerspieße nach ca. 10 Minuten Garzeit wenden und nochmals mit dem Fett einstreichen.

Reispapier-Röllchen mit Tiefseekrabben
(Abb.) – Vietnam

Zutaten

1 kleines Stück frischer Ingwer,
1 Knoblauchzehe,
1 EL Sesamöl,
1 EL Pflanzenöl,
1 Tasse Basmatireis,
Salz,
100 g Tiefseekrabbenfleisch,
4 EL Joghurt,
1 EL fein gehackte Gurke,
1 EL fein gehackte Möhre, 20 Blätter Reispapier, 1/2 Bd. Koriander

EW	Fett	KH	kcal/kJ
8 g	6 g	24 g	180/756

Für die Füllung Ingwer und Knoblauch schälen, Knoblauch fein hacken. Beide Ölsorten in einem Topf erhitzen. Reis, Ingwer und Knoblauch darin andünsten. 2 Tassen Salzwasser angießen, alles kurz aufkochen und bei schwacher Hitze ca. 15 Minuten quellen lassen, bis das Wasser ganz aufgenommen ist. Ingwerstück entfernen und Reis auskühlen lassen. Krabbenfleisch, Joghurt, gehackte Gurke und Möhre unterrühren. Reispapierblätter nebeneinander auf eine feuchte Arbeitsfläche legen, mit kaltem Wasser einsprühen und kurze Zeit warten, bis sie geschmeidig sind. Koriander waschen, trockenschütteln und Blätter abzupfen. Einen Teil der Korianderblätter auf dem Reispapier verteilen. Auf jedes Reispapierblatt 2–3 TL Füllung geben, Seiten darüber schlagen und Reispapierblätter vorsichtig, aber fest aufrollen. Reispapier-Röllchen auf einer Platte anrichten und mit restlichem Koriander garniert servieren. Dazu schmeckt eine Chilisauce.

Pikante Fleischtäschchen
(Abb.) – China

 Zutaten
250 g Mehl,
1 Eigelb,
 1 EL Öl,
1/2 TL Salz,
400 g Beefsteak-hackfleisch,
1 Zwiebel,
2 Knoblauchzehen,
2 getrocknete Chili-schoten,
1 TL Kreuzkümmel,
1 Msp. getrockneter Koriander,
Salz,
Pfeffer,
1 Ei,

1 EL Sojasauce,
Mehl für die Arbeits-fläche,
Pflanzenfett zum Ausbacken,
Schnittlauchhalme zum Garnieren

EW	Fett	KH	kcal/kJ
29 g	17 g	46 g	457/1911

Mehl, Eigelb, Öl, Salz und 1/8 l Wasser in eine Schüssel geben und mit den Knethaken des Handrührgerätes zu einem Strudelteig verarbeiten. Auf der Arbeitsfläche so lange mit den Händen weiterkneten, bis der Teig geschmeidig ist. Strudelteig zugedeckt 30 Minuten ruhen lassen. Inzwischen Hackfleisch in eine Schüssel geben. Zwiebel und Knoblauch schälen und fein hacken, Chilischoten zerstoßen. Alles zum Hackfleisch geben und verkneten. Mit den Gewürzen, Ei und Sojasauce pikant abschmecken. Teig auf einer bemehlten Arbeitsfläche dünn ausrollen und in 9 x 9 cm große Quadrate schneiden. Das Hackfleisch zu kleinen Kugeln formen und in die Mitte der Teigquadrate setzen. Teigecken mit den Fingern anheben, in der Mitte zusammenfügen und verdrehen, so dass das Hackfleisch fest verschlossen ist. Täschchen portionsweise im 175 Grad heißen Pflanzenfett ca. 4 Minuten knusprig ausbacken. Auf Küchenpapier abtropfen lassen und mit je 1 Schnittlauchhalm dekorativ umwickeln. Mit chinesischer Chilisauce servieren.

Tipp
Auch Gemüse, das, fein geschnitten, in heißem Öl kurz angebraten und mit den angegebenen Gewürzen pikant abgeschmeckt wird, eignet sich als Füllung für die Täschchen aus Strudelteig.

Chinesische Snacks im Reisteig
(Abb.) – China

Zutaten
1 kleine Stange Lauch,
1 Möhre,
50 g Knollensellerie,

350 g Chopsuey (Glas),
230 g Bambussprossen (Dose),
1 Knoblauchzehe,
1 EL Olivenöl,
1 EL Sesamöl,
1 TL geriebener Meerrettich,
2 EL Sojasauce,
1 TL 5-Gewürze-Pulver,
1 Msp. Sambal Oelek,
Salz,
Pfeffer,
150 g Reispapierblätter,
1 Eiweiß,
Öl zum Ausbacken,
1 Bd. Schnittlauch

EW	Fett	KH	kcal/kJ
11 g	8 g	45 g	300/1265

Lauch, Möhre und Knollensellerie putzen, waschen und in feine Streifen schneiden. Chopsuey und Bambussprossen abtropfen lassen. Knoblauchzehe schälen und zerdrücken. Oliven- und Sesamöl im Wok oder in einer tiefen Pfanne erhitzen. Vorbereitetes Gemüse unter ständigem Rühren ca. 4 Minuten darin dünsten. Mit Meerrettich, Sojasauce, 5-Gewürze-Pulver, Sambal Oelek, Salz und Pfeffer würzen. Reispapierblätter nach Packungsvorschrift einweichen und trockentupfen. Gemüse auf die reisblätter verteilen, Reisblattränder mit Eiweiß bestreichen. Hälfte der Reispapierblätter zu Röllchen formen, Ränder gut festdrücken. Restliche Blätter mit einem Faden zu Säck-

chen zusammenbinden. Öl in einem Topf erhitzen, Frühlingsrollen und Säckchen in ca. 2 Minuten knusprig ausbacken, auf Küchenpapier kurz abtropfen lassen. Schnittlauch waschen und trockentupfen. Fäden von den Säckchen entfernen und durch Schnittlauch ersetzen.

Geröstete Cashewnüsse
Indien

Zutaten
Sesamöl oder Ghee
zum Braten,
200 g Cashewnüsse,
Salz, schwarzer Pfeffer
aus der Mühle

EW	Fett	KH	kcal/kJ
7 g	27 g	16 g	363/1516

Sesamöl oder Ghee ca. 2,5 cm hoch in eine Pfanne füllen und erhitzen. Die Nüsse zugeben und unter Rühren zu rötlichgoldener Farbe braten. Cashewnüsse mit einem Schaumlöffel aus dem Fett nehmen, abtropfen lassen und auf einem mit Küchenpapier belegten Teller legen. Mit Salz und Pfeffer bestreuen und durchmischen. Zum Servieren auf einen frischen Teller legen.

Tipp
Geröstete Cashewnüsse zum Aperitif reichen. Sie schmecken aber auch über Reis gestreut.

Abb. 1

Abb. 2

Abb. 3

Gedämpfte Teigtäschchen mit Schweinefleisch-Füllung
(Abb. S. 85, unten und Abb. 3) – Indonesien

Zutaten für 16 Stück
2 EL Zucker,
1 1/2 EL Trockenhefe,
4 Tassen Weizenmehl,
1 TL Salz,
1 EL Schweineschmalz,
2 EL Öl,
1 zerstoßene Knoblauchzehe,
225 g Schweinehackfleisch,
2 gehackte Schalotten,
2 TL gelbe Bohnensauce,
1 TL Speisestärke,
einige Stängel Schnittlauch zum Garnieren

pro Stück:

EW	Fett	KH	kcal/kJ
6 g	6 g	21 g	167/699

1 EL Zucker in einer kleinen Schüssel mit 75 ml warmem Wasser auflösen. Hefe einrühren und ca. 10–15 Minuten stehen lassen. Mehl und Salz in eine Schüssel sieben und das Schmalz einrühren. Hefelösung hinzufügen und mit weiteren 75 ml Wasser einen weichen Teig kneten. Teig in eine leicht geölte Schüssel geben und abgedeckt an einem warmen Ort ca. 60 Minuten gehen lassen,

bis sich das Teigvolumen verdoppelt hat. Für die Füllung Öl erhitzen und Knoblauch, Hackfleisch, Schalotten, Bohnensauce und restlichen Zucker einrühren. Speisestärke mit etwas Wasser verrühren und hinzufügen. Unter Rühren braten, bis die Masse etwas eingedickt ist. Vom Herd nehmen und abkühlen lassen. Teig nochmals kräftig durchkneten und in 16

Stücke teilen. Jedes Teigstück in etwa handtellergroße Kreise ausrollen. Auf die Kreismitte jeweils 1 EL Füllung setzen. Ränder hochklappen, leicht drehen und mit einem Küchengarn zubinden. Teigtäschchen auf ein Backpapier legen und nochmals gehen lassen. Im Dämpftopf über kochendem Wasser 30–35 Minuten garen. Mit Schnittlauch garniert servieren.

Gedämpfte Blumenröllchen
(Abb. unten und S. 84 1–2)
– Indonesien

 Zutaten für 16 Stück
Grundteig nach
 Rezept Seite 84 mit 1 TL Zucker,
 1 TL Sesamöl,
einige Stängel Schnittlauch zum Garnieren

pro Stück:

EW	Fett	KH	kcal/kJ
3 g	2 g	19 g	106/443

Aufgegangenen und gut durchgekneteten Teig in zwei gleich große Portionen teilen. Jeweils zu einem Rechteck von ca. 20 x 30 cm ausrollen. Ein Rechteck mit Sesamöl bestreichen, das andere darauf legen. Aufrollen und in 16 Stücke schneiden. Jedes Teigstück auf der gerollten Seite mit einem Essstäbchen eindrücken. Die gegenüber liegenden Enden der Röllchen mit den Fingern beider Hände nach unten ziehen und zusammendrücken. Der Teig sollte jetzt wie eine Blüte aussehen. Blüten auf Backpapier in einen Dämpfeinsatz geben und über kochendem Wasser 30–35 Minuten dämpfen. Mit Schnittlauch garnieren und heiß servieren.

Wan-Tan im Bambuskörbchen
China

Zutaten
2 Knoblauchzehen,
200 g frischer Spinat (ersatzweise Mangold oder Pak Choy),
1 Bd. Frühlingszwiebeln,
200 g frische Bambusschößlinge,
200 g Tofu (mit Kräutern),
4 EL Erdnussöl,

5–8 EL Sojasauce,
Pfeffer aus der Mühle,
ca. 40 Wan-Tan-Teigblätter (tiefgekühlt, Asialaden), 1 Eiweiß

EW	Fett	KH	kcal/kJ
18 g	7 g	40 g	296/1236

Knoblauchzehen schälen und hacken. Spinat verlesen, gründlich waschen, trockenschwenken und grob schneiden. Frühlingszwiebeln putzen, waschen und klein würfeln. Bambusschößlinge sowie Tofu klein würfeln. Erdnussöl im Wok oder einer tiefen Pfanne erhitzen und unter ständigem Rühren Knoblauch, Bambusschößlinge und Frühlingszwiebeln anbraten. Zuletzt Spinatstreifen und Tofu unterheben. Mit Sojasauce und Pfeffer abschmecken und Gemüsemischung vom Herd nehmen. Aufgetaute Wan-Tan-Teigblätter auf einer Arbeitsfläche portionsweise auslegen. Gemüsemischung jeweils löffelweise auf der Teigmitte verteilen. Teigränder zu kleinen Beuteln hochziehen und dabei leicht drehen. Eiweiß mit etwas Wasser verquirlen und Teigränder damit bestreichen. Im Wok oder in einem entsprechenden Topf gerade soviel Wasser aufkochen, dass der Siebeinsatz bzw. Bambuskörbchen mit dem Wasser nicht in Berührung kommt. Wan-Tans portionsweise einlegen und bei geschlossenem Topf ca. 10 Minuten dämpfen.

Schnelle Chinaröllchen
China

Zutaten
20 kleine tiefgekühlte Frühlingsrollen,
2 EL Essig, 2 EL Zucker,
1 EL Ketschup,
2 TL Sojasauce, 2 EL Öl,
2 Knoblauchzehen,
5 cm frischer Ingwer,
1 TL Speisestärke,
China-Würzmischung

EW	Fett	KH	kcal/kJ
8 g	9 g	61 g	359/1499

Frühlingsrollen nach Packungsanweisung im Ofen garen. Für den Dip Essig, Zucker, Ketschup, Sojasauce und 100 ml Wasser verrühren. Öl in einer Pfanne erhitzen. Knoblauchzehen und Ingwer schälen und beides sehr fein hacken, in der Pfanne kurz rösten. Angerührte Mischung zufügen und kurz erhitzen. Speisestärke mit 1 EL Wasser anrühren, zugeben und aufkochen lassen. Frühlingsrollen mit China-Würzmischung bestreuen und mit warmer Sauce servieren. Nach Wunsch verschiedene Garnituren aus Paprikaschoten schneiden und die Chinaröllchen damit dekorieren.

Tipp
Zu den Chinaröllchen schmeckt fertige Currysauce ebenfalls sehr gut.

SUPPEN

GRUNDREZEPT
Chinesische Brühe
(Abb.) – China

Zutaten für ca. 1/2 l
700 g gehäutetes
Hühnerfleisch,
700 g Spareribs,
3–4 Stückchen unge-
schälter Ingwer,
3–4 Frühlingszwiebeln,
50 ml Reiswein

EW	Fett	KH	kcal/kJ
10 g	7 g	1 g	99/414

Hühnerfleisch und Spareribs in
größere Teile hacken, von über-

Abb. 1

Abb. 2

flüssigem Fett befreien und in
einen großen Suppentopf geben. Etwa 3 1/4 l kaltes Wasser
und Ingwer dazu-
geben. Früh-

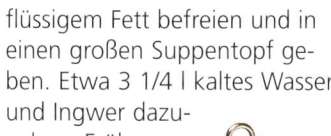

Abb. 3

lingszwiebeln waschen, jede zu
einen lockeren Knoten binden
und hinzufügen (Abb. 1). Brühe
aufkochen und den entstehen-
den Schaum abschöpfen (Abb.
2). Bei geringer Hitze offen 2–3
Stunden köcheln lassen. Brühe
durch ein Sieb abgießen,
Hühnchenfleisch, Spareribs,
Ingwer und Frühlingszwiebeln
entfernen (Abb. 3). Brühe wieder in den Topf gießen, Reiswein hinzufügen und bei geringer Hitze weitere 2–3 Minuten
köcheln lassen. Vom Herd nehmen, abkühlen lassen und in
den Kühlschrank stellen.

Chinesische Festtagssuppe
(Abb. S. 87) – *China*

Zutaten
150 g Schweinefilet,
100 g Hühnerbrust,
5 EL Sojasauce,
1 TL Essig, 2 EL Sherry,
2 EL Sesamöl,
Salz, Pfeffer,
4 eingeweichte Tongku-Pilze,
1 kleine Stange Lauch,
2 Möhren,
1 l Fleischbrühe,
2 EL Reiswein,
1 Knoblauchzehe,
100 g geschälte Shrimps,
30 g Glasnudeln,
1 Msp. Sambal Oelek

EW	Fett	KH	kcal/kJ
20 g	18 g	9 g	374/1570

Fleisch in dünne Streifen schneiden. 2 EL Sojasauce, Essig, Sherry und Sesamöl zu einer Marinade rühren, mit Salz und Pfeffer abschmecken. Fleisch ca. 60 Minuten marinieren. Tongku-Pilze vierteln. Lauch putzen, waschen und in Ringe schneiden. Möhren putzen, in dünne Scheiben schneiden. Brühe mit 3 EL Sojasauce, Reiswein und zerdrücktem Knoblauch aufkochen. Fleisch, Shrimps, Gemüse und Glasnudeln dazugeben und alles 10 Minuten kochen lassen. Mit restlicher Marinade und Sambal Oelek abschmecken.

Pikante Gemüse-suppe mit Garnelen
(Abb.) – *China*

Zutaten
200 g tiefgekühlte Garnelen,
1 l Hühnerbrühe,
1/2 Packung chinesische schwarze Pilze (12,5 g), 2 Möhren,
2 Tomaten,
1 EL fein gehacktes Zitronengras,
1 Knoblauchzehe,
1/4 TL Sambal Oelek,
2 Msp. Zitronenpfeffer,
1 EL Sojasauce,
1 EL Limettensaft,
50 g Reisnudeln

EW	Fett	KH	kcal/kJ
14 g	2 g	12 g	124/517

Garnelen auftauen lassen. In der Zwischenzeit Hühnerbrühe erhitzen. Pilze in warmem Wasser ca. 15 Minuten quellen lassen, abspülen und klein schneiden. Möhren schälen und in feine Scheiben schneiden. Tomaten kreuzweise einschneiden, überbrühen, häuten und würfeln. Zitronengras im Mörser zerstoßen. Knoblauchzehe schälen, zerdrücken, mit vorbereitetem Gemüse in die Brühe geben und ca. 5 Minuten köcheln lassen. Garnelen zufügen und weitere 5 Minuten garen. Mit Sambal Oelek, Zitronenpfeffer, Sojasauce und Limettensaft abschmecken. Reisnudeln nach Packungsanleitung zubereiten, in Schälchen verteilen und mit Suppe auffüllen. Nach Wunsch mit Limettenschalenstreifen garniert servieren.

Garnelensuppe
China

Zutaten
3 getrocknete Tongku-
Pilze (eingeweicht),
1 Tasse Bambus-
sprossen,
Öl zum Braten,
250 g Garnelen,
2 EL gehackter
Lauch,
2 EL tiefgekühlte Erbsen,
Salz,
Pfeffer,
Glutamat,
3 EL Sherry,
3 EL helle Sojasauce,
6 Tassen Brühe

EW	Fett	KH	kcal/kJ
14 g	13 g	5 g	204/853

Tongku-Pilze und Bambussprossen in Streifen schneiden. Öl erhitzen, Garnelen kurz durchbraten. Die restlichen Zutaten zugeben, mit Salz, Pfeffer, Glutamat, Sherry und Sojasauce würzen. Brühe zugießen, aufkochen und, wenn nötig, abschäumen.

Kartoffel-Pilz-Cremesuppe »Chiba«
(Abb.) – Japan

Zutaten
250 g frische Mischpilze
oder Pfifferlinge (ersatzweise Pilze aus der
Dose),
1 große Zwiebel,
250 g Kartoffeln,
1 EL Butter oder

Margarine,
1/2 l Brühe,
125 g Tofu,
3–4 EL Sojasauce,
Pfeffer aus der Mühle,
2 EL Reiswein,
1/2 Bd. Basilikum

EW	Fett	KH	kcal/kJ
5 g	5 g	13 g	110/480

Pilze putzen, eventuell vorsichtig waschen, größere Pilze in Stücke schneiden. Zwiebel und Kartoffeln schälen und klein würfeln. Fett in einem Topf erhitzen, Pilze darin kurz anbraten, herausnehmen und warm stellen. Zwiebel- und Kartoffelwürfel im Topf hell anschwitzen, mit Brühe ablöschen und zugedeckt etwa 15 Minuten bei geringer Hitze köcheln lassen. Tofu vor der Verwendung 5 Minuten in kaltem Wasser ruhen lassen. Dann würfeln und einrühren, Suppe anschließend im Mixer oder mit dem Pürierstab im Topf sorgfältig pürieren und schaumig aufschlagen. Wieder aufkochen und mit Sojasauce, Pfeffer und Reiswein abschmecken, Pfifferlinge hineingeben und kurz erhitzen. Mit gehacktem Basilikum bestreut servieren.

Tipp
Die Suppe sollte sofort gegessen werden, da man Pilze besser nicht mehr aufwärmt.

Fischklößchensuppe
China

Zutaten
250 g Fischfilet
(z. B. Seelachs oder
Goldbarsch),
4 Schalotten,
1 TL geriebene Ingwer-
wurzel,
5 EL Reiswein,
1 EL helle Sojasauce,
1 Eiweiß,
1 EL Maisstärke,
1 EL Schweineschmalz,
Zucker,
Salz,
weißer Pfeffer aus der
Mühle,
1 Möhre,
50 g Bambussprossen,
1 Stück Salatgurke
(7 cm),
100 g ausgelöste
Garnelen,
1 l Hühnerbrühe,
1 EL Austernsauce,
1 Prise Knoblauchpulver,
2 Zweige Petersilie

EW	Fett	KH	kcal/kJ
19 g	29 g	9 g	198/829

Das Fischfilet von Gräten befrei-
en, kalt abspülen, trockentupfen und wie die abgeschälten
Schalotten sehr fein hacken. Die
Masse mit Ingwer, 2 EL Reiswein, Sojasauce, Eiweiß, Maisstärke und Schweineschmalz
gut vermengen. Mit je 1 Prise
Zucker, Salz und Pfeffer abschmecken und für 30 Minuten

in den Kühlschrank stellen.
Möhre schälen und Bambus-
sprossen in feine Stifte schneiden. Gurkenstück schälen, halbieren, die Kerne mit einem
Teelöffel herausschaben und
Gurke ebenfalls in feine Stifte
zerteilen. Bei den Garnelen jeweils die schwarzen Darmsträn-
ge am Rücken entfernen. Garnelen im Sieb kalt abspülen und
gut abtropfen lassen. Mit nas-
sen Händen kleine Klößchen
aus der Fischmasse formen und
in einen Topf mit reichlich kaltem Wasser geben. Wasser zum
Kochen bringen und die
Klößchen herausnehmen, sobald sie an der Oberfläche
schwimmen. Hühnerbrühe erhitzen und mit Austernsauce,
Knoblauchpulver, Salz und frisch
gemahlenem Pfeffer sowie dem
restlichen Reiswein pikant abschmecken. Bambus- und
Möhrenstreifen darin 2 Minuten
kochen, dann Gurkenstifte,
Garnelen und Fischbällchen hineingeben. Suppe mit gehackter Petersilie garniert servieren.

GRUNDREZEPT
Brühe japanisch Dashi
Japan

Zutaten
1 Stück Kombu-
Algen
(etwa 5 x 5 cm),
100 g Bonito-
flocken

EW	Fett	KH	kcal/kJ
25 g	0 g	13 g	188/784

1 l Wasser aufkochen und Kombu einlegen. Unter gelegentlichem Rühren ca. 5 Minuten
kochen. Kombu entfernen und
Bonitoflocken einstreuen. Nach
dem ersten Aufkochen Brühe
vom Herd nehmen und ca.
5 Minuten ruhen lassen. Brühe
durch ein feines Sieb passieren;
bis zum Gebrauch portionsweise einfrieren.

Tipp
Diese Brühe bildet die Grund-
lage für die verschiedensten
Gerichte. In Asienläden oder
Japan-Shops gibt es Dashi als
Instantpulver zum Anrühren.
Bonito ist getrockneter, zu
dünnen Flocken geschabter
Blaufisch.

GRUNDREZEPT
Hühnerbrühe
Thailand

Zutaten
1 Suppenhuhn,
1 Bd. Suppengrün,
1 gestrichener TL Salz,
1 EL trockener Sherry

EW	Fett	KH	kcal/kJ
27 g	29 g	1 g	403/1687

Suppenhuhn gründlich wa-
schen, in einen großen Topf legen und mit 1 1/2 l Wasser auf-

füllen. Das Huhn soll mit Wasser bedeckt sein. Aufkochen lassen, dann die Hitze reduzieren und zugedeckt 2 Stunden köcheln lassen. Suppengrün putzen, würfeln und in den letzten 20 Minuten der Garzeit zur Brühe geben. Mit Salz und Sherry würzen. Brühe durch ein Sieb gießen, abkühlen lassen. Das sich oben absetzende Fett mit einer Schaumkelle entfernen.

Vietnamesische Garnelensuppe »Hanoi«
(Abb.) – Vietnam

 Zutaten
1 grüne Paprikaschote,
50 g Champignons,
1 Zwiebel,

 1 EL Sesamöl,
1 Packung chinesische schwarze Pilze (25 g),
3/4 l Fischfond,
50 g Glasnuden,
8 geschälte gegarte Garnelen,
2 EL gehacktes Korianderkraut

EW	Fett	KH	kcal/kJ
18 g	5 g	11 g	163/681

Paprika putzen, waschen und in Streifen schneiden. Champignons putzen und in Scheiben schneiden. Zwiebel schälen und in dünne Ringe schneiden. Sesamöl in einem Topf erhitzen und Gemüse darin andünsten. Schwarze Pilze grob zerkleinern und zufügen. Fischfond angießen und Suppe bei schwacher

Hitze ca. 5 Minuten kochen. Glasnudeln und Garnelen zufügen und alles ca. 5 Minuten ziehen lassen. Suppe in Schalen mit Koriander bestreut servieren.

Reichhaltige Gemüsesuppe
China

 Zutaten
1/2 Rettich,
 2 Möhren,
1/4 Chinakohl,
1/2 Stange Lauch,
1 Tasse eingeweichte Morcheln,
1 1/2 l Brühe,
1 Tasse Bambussprossen, 3 EL Sojasauce,
2 EL Sherry,
Glutamat,
Pfeffer, Salz,
1 Tasse eingeweichte Glasnudeln,
2 EL Schnittlauchröllchen

EW	Fett	KH	kcal/kJ
6 g	2 g	10 g	97/411

Gemüse putzen und in Streifen schneiden. Morcheln abtropfen lassen und vierteln. Brühe zum Kochen bringen. Bambussprossen, Morcheln und Gemüse hineingeben, aufkochen lassen und köcheln, bis das Gemüse gar ist; würzen. Kurz vor dem Servieren Glasnudeln unterrühren, aufkochen lassen, vom Herd nehmen und heiß servieren. Mit Schnittlauch garnieren.

Misosuppe mit Gemüse
Japan

Zutaten
40 g getrocknete
Shiitake-Pilze,
1 Bd. Frühlings-
zwiebeln,
1 Möhre,
150 g Gemüse nach
Wahl (Mangold,
Spinat, Bambus- oder
Sojabohnensprossen),
1 EL Öl,
1 l Gemüsebrühe,
200 g Tofu,
1–2 EL Miso,
1/2 Bd. Schnittlauch

EW	Fett	KH	kcal/kJ
8 g	7 g	10 g	139/582

Pilze 30 Minuten in kaltem Wasser einweichen. Unter fließendem Wasser abbrausen, Stiele entfernen und Pilze in feine Streifen schneiden. Frühlingszwiebeln putzen und in feine Ringe schneiden. Möhre schälen und in feine Streifen schneiden. Restliches Gemüse putzen und mundgerecht zerteilen. Öl erhitzen und vorbereitetes Gemüse darin anbraten, mit heißer Gemüsebrühe aufgießen und etwa 10 Minuten köcheln lassen. Tofu gut abtropfen lassen und in Würfel schneiden; in die Suppe geben. Miso unter die Suppe rühren und Suppe vor dem Servieren mit Schnittlauchröllchen bestreuen.

Tipp
Miso ist eine braune Paste, die auch »braune Butter Japans« genannt wird. Das Nahrungs- und Würzmittel besteht aus Sojabohnen, Getreide und Salz. In Miso ist das lebenswichtige Vitamin B 12 enthalten.

Chinesische Nudelsuppe mit Shrimps und Tofu
China

Zutaten
300 g Eiernudeln,
250 g rohe Shrimps,
250 g Tofu,
2 TL Speisestärke,
Sojasauce,
1 EL Reiswein,
4 Morcheln,
1 Bd. Frühlings-
zwiebeln,
200 g Spinat,
3 EL Öl,
1 l Brühe,
Salz, Pfeffer,
Tabasco

EW	Fett	KH	kcal/kJ
30 g	18 g	65 g	545/2279

Nudeln mit reichlich kochendem Wasser überbrühen, 15 Minuten quellen, dann abgießen und abtropfen lassen. Shrimps waschen, schälen, vom dunklen Darm befreien und längs halbie-

ren. Tofu leicht ausdrücken und klein würfeln. Tofu und Shrimps mit Speisestärke, 2 EL Sojasauce und Reiswein vermengen, 15–20 Minuten ziehen lassen. Inzwischen Morcheln ca. 20 Minuten in heißem Wasser einweichen, dabei Wasser mehrmals wechseln. Dann unter fließendem Wasser abbrausen, trockentupfen und in Streifen schneiden. Frühlingszwiebeln putzen und in feine Ringe schneiden. Spinat verlesen, waschen, blanchieren und abtropfen lassen. Öl in einem großen Topf erhitzen und Zwiebeln darin anbraten. Tofu und Krabben zugeben und mitbraten, bis die Shrimps rosa sind. Mit Brühe aufgießen und Morcheln, Spinat und Nudeln einrühren. Mit Salz, Pfeffer, Sojasauce und Tabasco abschmecken. Sofort servieren.

Asiatische Nudelsuppe mit Tofu
China

Zutaten
4–5 getrocknete
Morcheln,
1 Stück Bambussprosse
(Dose),
1 Stück Zitronengras,
200 g Tofu,
2 EL Sojasauce,
Salz,
Pfeffer,
1 TL Speisestärke,
2 EL Öl,

1 l Gemüse- oder
Hühnerbrühe,
1 EL fein gehackte
Petersilie,
1 kleine Packung
Glasnudeln,
1 TL Tomatenmark,
2 EL Sherry,
Chiliöl

EW	Fett	KH	kcal/kJ
9 g	13 g	15 g	221/923

Morcheln in einer Schüssel mit
heißem Wasser übergießen und
20 Minuten quellen lassen, dabei mehrmals das Wasser wechseln. Unter fließendem Wasser
abbrausen, abtropfen lassen
und klein schneiden. Bambussprosse blättrig schneiden.
Vom Zitronengras nur das untere Drittel fein hacken. Tofu abtropfen lassen und in kleine
Würfel schneiden. Sojasauce
mit etwas Salz und Pfeffer in einer Schüssel verrühren, Tofuwürfel darin 10 Minuten marinieren. In einem Sieb abtropfen
lassen, mit Speisestärke bestäuben. Öl in einem großen Topf
erhitzen und Tofuwürfel darin
unter Rühren kurz anbraten.
Mit heißer Brühe aufgießen.
Morcheln, Bambussprosse, Zitronengras und Petersilie einrühren und 5 Minuten köcheln
lassen. Glasnudeln mit einer
Schere etwas zerkleinern und
mit Tomatenmark und Sherry in
die Suppe geben. Kurz aufkochen lassen und mit etwas
Chiliöl scharf abschmecken.

Fleischbällchen-suppe
China

Zutaten
250 g Schweinehack-
fleisch,
1 Ei,
1 EL Speisestärke,
Salz,
Pfeffer,
Glutamat,
4 EL Sojasauce,
2 EL Öl,
1 gepresste Knoblauch-
zehe,
1 l Brühe,
1/2 Rettich,
5 eingeweichte
Morcheln,
2 EL Sherry (oder Sake),
25 g eingeweichte
Glasnudeln,
1 EL Schnittlauchröllchen

EW	Fett	KH	kcal/kJ
20 g	20 g	9 g	376/1310

Schweinehackfleisch in eine
Schüssel geben, mit Ei, Speisestärke, Salz, Pfeffer, Glutamat
und 1 EL Sojasauce gut mischen. In einem großen Topf Öl
erhitzen, Knoblauch darin braten, bis er zu duften beginnt.
Brühe hineingießen und zum
Kochen bringen. Aus dem
Fleischteig kleine Bällchen formen, einzeln in die Brühe gleiten lassen. Brühe abschäumen.
Rettich schälen und in feine
Streifen schneiden. Morcheln
vierteln, beides in die Brühe ge-

ben, noch einige Minuten köcheln lassen, bis der Rettich
weich ist. Mit Salz, Pfeffer, restlicher Sojasauce, Sherry oder
Sake abschmecken. Kurz vor
dem Servieren die Glasnudeln in
10 cm lange Fäden schneiden
und unterrühren. Mit Schnittlauchröllchen garnieren.

Nudelsuppe mit verschiedenem Fleisch
China

Zutaten
300 g Eiernudeln,
1 kleiner Tintenfisch,
1 TL Essig,
2 TL helle Sojasauce,
150 g rohe Shrimps,
150 g Schweinefilet,
100 g Hühnerbrustfilet,
1 Frühlingszwiebel,
4 eingeweichte
Tongku-Pilze,
200 g Spinat oder
chinesisches Gemüse,
1 l Brühe,
1 EL dunkle Sojasauce,
3 EL Reiswein,
einige Tropfen Sesamöl,
1 gepresste Knoblauch-
zehe,
Salz,
Pfeffer,
Öl zum Braten,
2 TL Maisstärke

EW	Fett	KH	kcal/kJ
40 g	11 g	61 g	524/2227

Nudeln mit reichlich kochendem Wasser überbrühen, ca. 10 Minuten einweichen lassen, abgießen. Tintenfisch putzen, waschen, Außenhaut vom Körper trennen. Kopf samt Innereien herausziehen und wegwerfen. Tintenfisch sorgfältig ausspülen, in dünne Ringe schneiden, mit Essig und 1 EL heller Sojasauce marinieren. Rohe Shrimps waschen und schälen, ausnehmen, längs halbieren. Fleisch in dünne Streifen schneiden, mit Marinadenzutaten gut vermischen, 10 Minuten durchziehen lassen. Frühlingszwiebel halbieren, in 2 cm lange Stücke schneiden. Tongku-Pilze vierteln. Spinat waschen, abtropfen lassen, kurz kochen, beiseite stellen. Brühe mit dunkler Sojasauce, 2 EL Reiswein, Sesamöl und Knoblauchzehe zum Kochen bringen, mit Salz und Pfeffer abschmecken; warm halten. 2 EL Öl erhitzen, Fleisch darin kurz unter Rühren braten, bis es hell wird, herausnehmen, abtropfen lassen. Noch einmal 1 EL Öl erhitzen, Tintenfischringe und Shrimps leicht unter Rühren anbraten, mit 1 EL heller Sojasauce und 1 EL Reiswein beträufeln, rasch Fleisch, Frühlingszwiebeln und Pilze sowie Maisstärke zugeben. Ständig rühren, nach 5 Minuten vom Herd nehmen. Nudeln kurz in reichlich Wasser kochen, abgießen und in eine vorgewärmte Schüssel füllen. Fleischmischung, vorgekochten Spinat und Brühe in die Schüssel gießen.

Indonesische Glasnudelsuppe Wan Kwai
(Abb.) – Indonesien

Zutaten
10 g getrocknete schwarze Chinapilze,
100 g Glasnudeln,
250 g Hühnerfleisch,
50 g Bambusschößlinge,
1/2 Zwiebel,
1/2 Stange Lauch,
1/2 rote Paprikaschote,
1 Möhre,
1 l Hühnerbrühe (Instant),
50 g Mungbohnenkeime,
2 EL asiatisches Ketschup,
1 TL scharfe Chilisauce,
1 EL Sojasauce,
1 TL 5-Gewürze-Pulver

EW	Fett	KH	kcal/kJ
8 g	7 g	12 g	142/596

Pilze und Glasnudeln nach Packungsanweisung vorbereiten. Fleisch, Bambusschößlinge, Zwiebel, Lauch, Paprika und Möhre klein schneiden. Hühnerbrühe zum Kochen bringen. Das Fleisch in die Brühe geben und kurz garen. Nach und nach, je nach Festigkeit, Pilze und Gemüse zufügen, leicht durchkochen. Mit Ketschup, Chili-, Sojasauce und 5-Gewürze-Pulver würzen. Die eingeweichten Glasnudeln in 4 cm lange Streifen schneiden und unterrühren. Die Suppe heiß in Schalen servieren.

SUPPEN

Nudelsuppe »Bangkok«
(Abb.) – Thailand

Zutaten
3 Stängel Koriander-
kraut,
2 Knoblauchzehen,
1 TL Pfefferkörner,
3 TL Tomatenketschup,
1 EL Zucker,
1 EL Öl,
500 g Schweinefilet,
Fett zum Anbraten,
1 kleine frische Chili-
schote,
1 1/2 l Rinderbrühe,
150 g Reisnudeln,
100 g Sojabohnen-
sprossen,
100 g Bambussprossen
(Dose),
Chilisauce

EW	Fett	KH	kcal/kJ
33 g	20 g	34 g	457/1913

Koriander waschen, trockenschütteln und Blättchen abzupfen. Knoblauchzehen schälen
und fein hacken. Korianderstän-
gel mit Pfefferkörnern im Mörser zerstoßen und mit Tomatenketschup, Zucker, Öl und Knoblauch verrühren. Schweinefilet
mit kaltem Wasser abspülen,
trockentupfen, von Haut und
Sehnen befreien und längs halbieren. Mit einer Gabel einstechen, mit Ketschup-Marinade
bestreichen und ca. 2 Stunden
marinieren lassen. Fett in einer
Pfanne erhitzen, Fleisch aus der
Marinade nehmen, rundherum
kurz anbraten und im vorgeheizten Ofen bei 180 Grad ca.
15 Minuten garen. Fleisch in
dünne Scheiben schneiden. Chilischote waschen, entkernen
und in dünne Ringe schneiden.
Rinderbrühe in einen Topf geben, Reisnudeln, Sojabohnensprossen, Bambussprossen und
Chilischote hineingeben und ca.
10 Minuten köcheln lassen.
Fleisch und Korianderblättchen
zugeben und weitere 5 Minuten
ziehen lassen. Mit Chilisauce
abschmecken.

Würzbrühe
Indien

Zutaten
2 Zwiebeln,
4 Knoblauch-
zehen,
4 cm frische Ingwer-
wurzel,
30 g Ghee oder
1 1/2 EL Sesamöl,
2 EL Koriander,
1 TL Fenchelsamen,
1 Lorbeerblatt,
Salz

EW	Fett	KH	kcal/kJ
1 g	6 g	5 g	78/327

Zwiebeln, Knoblauchzehen und
Ingwerwurzel schälen und fein
hacken. Fett in einem Topf

erhitzen, Zwiebeln und Knoblauch darin glasig braten. Koriander im Mörser zerstoßen, mit Fenchelsamen, Ingwer und Lorbeerblatt in den Topf geben und kurz mitrösten. Mit 1 l Wasser aufgießen und 30 Minuten zugedeckt köcheln lassen. Mit etwas Salz abschmecken.

Fischsuppe »Shanghai«
(Abb.) – China

Zutaten für 8 Personen
100 g frische Shiitake-Pilze,
300 g Chinakohl,
300 g Rotbarsch-filet,
1 EL Zitronensaft,
1 1/2 l Hühnerbrühe,
200 g chinesische Eiernudeln,
200 g geschälte rohe Garnelen,
6 EL Sojasauce,
einige Stängel Petersilie

EW	Fett	KH	kcal/kJ
29 g	13 g	19 g	310/1295

Pilze und Chinakohl putzen und waschen, Pilze gegebenenfalls halbieren, Chinakohl in Streifen schneiden. Rotbarschfilet kalt abwaschen, trockentupfen, in Streifen schneiden und mit Zitronensaft beträufeln. Brühe erhitzen, Pilze, Chinakohl und Nudeln zugeben und ca. 5 Minuten ziehen lassen. Rotbarschstreifen und Garnelen zugeben und weitere 10 Minuten garen. Mit Sojasauce abschmecken und mit gewaschener Petersilie garniert servieren.

Kalte Joghurtsuppe
Indien

Zutaten
500 g Joghurt,
250 g Sahne,
450 ml kalte Hühnerbrühe,
1/2 TL gemahlener Kreuzkümmel,
1 EL fein gehackte frische Minze,
1 Schuss Zitronensaft,
Salz,
Pfeffer aus der Mühle

EW	Fett	KH	kcal/kJ
7 g	12 g	9 g	176/734

Joghurt mit dem Schneebesen in einer Schüssel cremig schlagen. Sahne und Hühnerbrühe unterrühren, gemahlenen Kreuzkümmel und gehackte Minze unterziehen. Mit Zitronensaft, Salz und Pfeffer nach Belieben abschmecken. Gut gekühlt servieren.

Rindfleischsuppe mit Glasnudeln
China

Zutaten
200 g Rinderfilet,
2 EL Sojasauce,
1 EL 5-Gewürze-Pulver,
2 EL Sherry,
2 EL Sesamöl,
1 rote Paprikaschote,
1 kleine Stange Lauch,
1 l Rindfleischbrühe,
200 g Erbsen,
30 g Glasnudeln,

Pfeffer,
1 Msp. Sambal
Oelek,
1 Bd. Schnittlauch

EW	Fett	KH	kcal/kJ
16 g	9 g	10 g	206/870

Rinderfilet gegen die Faser in dünne Streifen schneiden, Soja-sauce und 5-Gewürze-Pulver, Sherry und Sesamöl zu einer Marinade rühren. Rindfleisch-streifen ca. 60 Minuten darin marinieren. Paprika putzen, wa-schen und in Rauten schneiden. Lauch putzen, waschen und in Stücke schneiden. Brühe zum Kochen bringen, Fleisch, Erbsen, Lauch und Glasnudeln dazuge-ben und alles 5 Minuten ko-chen lassen. Mit restlicher Ma-rinade, Pfeffer und Sambal Oelek abschmecken. Schnitt-lauch waschen, in feine Röll-chen schneiden und vor dem Servieren in die Suppe geben.

Geflügeltopf mit Gemüse
Indonesien

Zutaten
1 fertig gegartes
Suppenhuhn,
250 g Broccoli,
300 g Erbsen
(Dose),
4 kleine Möhren,
2 Stangen Lauch,
1/2 l Hühnerbrühe,
100 g Reis,

30 g Butter,
2 EL Mehl,
1/8 l Weißwein,
2 EL Sojasauce,
1 frische Mango,
2 Kiwi,
Salz,
2 TL Curry,
2 Msp. Safran,
1/2 TL Ingwer-pulver,
100 g Sahne,
1 Eigelb,
1 Bd. Salbei

EW	Fett	KH	kcal/kJ
76 g	28 g	63 g	894/3739

Suppenhuhn häuten, Fleisch in mundgerechte Stücke teilen und warm stellen. Broccoli put-zen und in Röschen teilen; Erb-sen abtropfen, Möhren schälen, Lauch putzen und in Streifen schneiden; Gemüse in der Hüh-nerbrühe 20 Minuten garen. In-zwischen Reis nach Packungs-vorschrift zubereiten. Hühner-brühe abgießen und beiseite stellen. Gemüse warm halten. Butter erhitzen, Mehl darin an-schwitzen und mit Hühnerbrühe ablöschen. Mit Weißwein und Sojasauce aufgießen und einmal kurz aufkochen lassen. Mango- und Kiwiwürfel unter die Suppe mischen, mit den Ge-würzen abschmecken und erwärmen. Sahne mit Eigelb verquirlen und Suppe damit legieren. Nicht mehr kochen lassen. Mit gehacktem Salbei bestreut servieren.

Pekingsuppe mit Tofu süß-sauer
China

Zutaten
1/2 Brathähnchen,
150 g Tofu,
2 Möhren,
1 kleine Zwiebel,
3–4 mittelgroße
getrocknete Morcheln,
4 EL Bambussprossen
(Dose),
100 g Sojabohnen-sprossen,
1 l Hühnerbrühe,
2 cl Reiswein oder
Sherry,
3 EL Honig,
3–4 EL Essig,
etwas Tabasco

EW	Fett	KH	kcal/kJ
28 g	8 g	21 g	281/1173

Hähnchenfleisch auslösen und mit abgetropftem Tofu in mundgerechte Stücke schnei-den. Möhren und Zwiebel schä-len und in feine Streifen schnei-den. Morcheln in Wasser quel-len lassen, bis sie weich sind, dabei das Wasser mehrmals wechseln. Morcheln zum Schluss nochmals gründlich waschen. Vorbereitete Zutaten, Bambus- und Sojabohnensprossen in ei-nem Topf mit der Hühnerbrühe übergießen und 20–30 Minuten leise köcheln lassen. Mit Reis-wein, Honig, Essig und Tabasco süß-sauer abschmecken und heiß servieren.

Asiatische Gemüsesuppe
(Abb.) – *China*

Zutaten
20 g Butter,
1 TL Currypulver,
1 TL Honig,
1 Beutel chinesische Gemüsesuppe (Fertigprodukt),
200 g Sojabohnensprossen (Dose),
2 Bananen

EW	Fett	KH	kcal/kJ
4 g	7 g	19 g	168/704

Butter in einem Topf erhitzen, Currypulver darin anschwitzen, Honig zufügen. Mit 3/4 l Wasser aufgießen und Suppe zum Kochen bringen. Beutelinhalt der chinesischen Gemüsesuppe einrühren. Sojabohnensprossen abtropfen lassen, zufügen und Suppe 10 Minuten köcheln lassen. Bananen schälen, in Scheiben schneiden und in der Suppe heiß werden lassen.

Tofusuppe
Indonesien

Zutaten
400 g Tofu,
1 l Gemüse- oder Hühnerbrühe,
2 Eigelb,
2 EL Sahne,

2 TL Honig,
2 TL Currypulver,
2 TL Schnittlauchröllchen,
8 EL Maiskörner (Dose),
Salz,
Pfeffer

EW	Fett	KH	kcal/kJ
10 g	8 g	12 g	170/711

Tofu abtropfen lassen und in kleine Würfel schneiden. Brühe erhitzen und Tofu einlegen. Eigelb, Sahne, Honig, Currypulver und Schnittlauch mit einem Becher der heißen Hühnerbrühe verrühren. Mischung unter ständigem Rühren in die heiße Suppe gießen. Maiskörner zugeben und erhitzen. Tofusuppe mit Salz und Pfeffer würzen.

Scharfe Wan-Tan-Suppe »Feuergott«
China

Zutaten
1 Bd. Frühlingszwiebeln,
200 g Möhren,
2 Knoblauchzehen,
350 g Sojabohnensprossen (Glas),
230 g Bambussprossen (Dose),
1 EL Öl,
400 g Hackfleisch,
Sojasauce,
1 Msp. Sambal Oelek,
250 g Mehl,
2 Eier,
Salz,
1 l Fleischbrühe

EW	Fett	KH	kcal/kJ
39 g	24 g	58 g	727/2638

Frühlingszwiebeln putzen, waschen und in Ringe schneiden. Möhren waschen, schälen und in Streifen schneiden. Knoblauchzehen schälen und fein hacken. Sojabohnen- und Bambussprossen abtropfen lassen. Öl in einer Pfanne erhitzen, Hackfleisch darin anbraten, Gemüse dazugeben (etwas Gemüse für die Suppe zurückbehalten) und 5 Minuten dünsten. Mit 3 EL Sojasauce und Sambal Oelek abschmecken. Mehl, Eier, Salz und 1 EL Wasser zu einem geschmeidigen Teig verkneten; hauchdünn ausrollen und in Quadrate (8 x 8 cm) teilen. Gemüse-Hackfleisch-Füllung darauf verteilen und zu kleinen Säckchen (Wan-Tans) zusammendrücken. Fleischbrühe aufkochen, restliches Gemüse und Wan-Tans dazugeben, 10 Minuten bei kleiner Hitze ziehen lassen. Suppe mit Sojasauce abschmecken.

Saure Gemüsesuppe mit Tofu
China

Zutaten
1 Stange Lauch,
150 g Bambussprossen (Dose),

50 g Sojabohnensprossen,

3 getrocknete chinesische schwarze Pilze,
150 g Tofu,
1 1/2 l Hühnerbrühe,
1 Blatt Seetang (ca. 5 x 8 cm; Asienladen),
50 g Glasnudeln,
2 EL Sherry,
1 Msp. Glutamat,
3 EL Honig,
8 EL Essig,
1 Msp. 5-Gewürze-Pulver,
Salz,
je 2–5 EL Sojasauce und Chiliöl

EW	Fett	KH	kcal/kJ
11 g	6 g	29 g	224/937

Lauch putzen, gründlich waschen, in Ringe schneiden und mit Bambussprossen und Sojabohnensprossen in einem Sieb abbrausen. Pilze in einer Tasse mit heißem Wasser übergießen, 5 Minuten quellen lassen, abgießen. Vorgang dreimal wiederholen; Pilze zum Gemüse geben. Tofu abtropfen lassen und in kleine Würfel schneiden. Hühnerbrühe zum Kochen bringen und Gemüse, Pilze und Tofu einlegen. Seetang mit den Fingern zerkleinern und mit Glasnudeln in die Suppe rühren. Mit Sherry, Glutamat, Honig, Essig, 5-Gewürze-Pulver und Salz würzen. Hitze reduzieren und Suppe zugedeckt 30 Minuten ziehen lassen. Mit Sojasauce und Chiliöl pikant abschmecken. Heiß servieren.

Champignonsuppe
Thailand

Zutaten
500 g Champignons,
1/2 l Kokosmilch,
Salz,
1 Stängel Zitronengras,
4 Limettenblätter,
4 EL Limettensaft,
3 EL Fischsauce,
2 kleine frische rote Chilischoten,
1 EL gehacktes Korianderkraut

EW	Fett	KH	kcal/kJ
5 g	1 g	5 g	46/192

Pilze putzen und halbieren oder vierteln. Kokosmilch salzen und in einem Topf erhitzen. Die unteren 10 cm vom Zitronengras putzen und im Mörser zerreiben. Pilze, Zitronengras, Limettenblätter, Limettensaft und Fischsauce unter die Kokosmilch rühren und alles 5 Minuten köcheln lassen. Chilischoten längs aufschneiden, entkernen, in feine Streifen schneiden und zur Suppe geben. Champignonsuppe mit Korianderkraut bestreut servieren.

Reissuppe mit Austern und Tofu
China

Zutaten
100 g frische Champignons,

250 g Spinat,
2 cm frische Ingwer-
wurzel,
50 g roher Schinken,
200 g gekochter
Reis,
1 l Hühnerbrühe,
200 g Tofu,
220 g Austern
(Dose),
Salz,
Sojasauce,
Sesamöl,
Essig

EW	Fett	KH	kcal/kJ
16 g	10 g	24 g	256/1069

Champignons putzen, aber
nicht waschen und in nicht zu
dünne Scheiben schneiden. Spinat verlesen, waschen, abtropfen und Blätter zerteilen oder in
Streifen schneiden. Ingwerwurzel schälen und fein reiben. Rohen Schinken in Streifen schneiden. Mit Reis in der Hühnerbrühe erhitzen und 5 Minuten köcheln lassen. Tofu abtropfen lassen, in Würfel schneiden und
mit Spinat, Champignons und
Austern zugeben. 2 Minuten
weiterköcheln lassen, dabei Ingwer untermengen. Suppe mit
Salz, Sojasauce, Sesamöl und
Essig pikant abschmecken.

Tipp
Anstelle von Spinat Chinakohl
oder Eissalat verwenden.

Scharfe Chinasuppe
(Abb.) – *China*

Zutaten
30 g getrocknete
chinesische Pilze
(z. B. Shiitake, Mu-Err),
50 g Glasnudeln,
250 g Schweinefleisch,
Salz,
Pfeffer,
2 EL Sojasauce,
100 g Möhren,
1 Bd. Frühlings-
zwiebeln,
3 EL Öl,
100 g tiefgekühlte
Erbsen,
1 l Fleischbrühe,
130 g Bambussprossen
(Dose),

50 g Sojabohnen-
sprossen,
4–6 frische Chilischoten,
Sambal Oelek

EW	Fett	KH	kcal/kJ
21 g	15 g	20 g	295/1233

Chinesische Pilze nach Packungsanweisung einweichen.
Glasnudeln in reichlich kochendes Wasser geben, vom Herd
nehmen und abgedeckt ca.
4 Minuten quellen lassen. Nudeln in einem Sieb kalt abschrecken und abtropfen lassen.
Schweinefleisch trockentupfen,
in Streifen schneiden, mit Salz
und Pfeffer würzen und mit
Sojasauce beträufeln. Möhren
schälen, nach Wunsch der Län-

ge nach 4 Kerben einschneiden und Möhren in Scheiben schneiden; es entstehen Blütenblätter. Frühlingszwiebeln waschen, putzen und in Ringe schneiden. Öl in einem Topf erhitzen, Fleisch darin kurz anbraten. Vorbereitetes Gemüse und Erbsen zugeben, andünsten. Brühe angießen, aufkochen und ca. 10 Minuten köcheln lassen. Bambussprossen, Sojabohnensprossen und Chilischoten waschen, mit Glasnudeln und Pilzen in die Suppe geben und ca. 5 Minuten ziehen lassen. Suppe mit Sambal Oelek abschmecken. Wer es schärfer mag, gibt noch etwas Sambal Oelek in seine Suppentasse.

Scharf-saure Suppe »Lotos«
(Abb.) – *China*

Zutaten für 3 Personen
75 g Hähnchenbrustfilet,
1 Beutel chinesische Gemüsesuppe (Fertigprodukt),
1 EL Sojasauce,
1 EL Essig,
2 Msp. Sambal Oelek,
1 Bd. Korianderkraut

EW	Fett	KH	kcal/kJ
8 g	4 g	8 g	99/416

Hähnchenbrustfilet waschen, trockentupfen und in feine Streifen schneiden. 3/4 l Wasser

aufkochen, Fleisch einlegen und 5 Minuten garen. Chinesische Gemüsesuppe einrühren, unter Rühren aufkochen, bei schwacher Hitze 5 Minuten kochen, dabei ab und zu umrühren. Mit Sojasauce, Essig und Sambal Oelek scharf-sauer abschmecken. Korianderkraut waschen, trockenschütteln, Blättchen abzupfen und fein hacken. Scharfsaure Suppe mit Korianderkraut bestreut servieren.

Hühnersuppe mit Glasnudeln und Strohpilzen
China

Zutaten
1 gekochte Hühnerbrust,
1 Tasse Strohpilze (frisch oder aus der Dose),
Champignons oder Morcheln (Dose),
1 kleine Ingwerwurzel,
1 EL Öl,
1 Knoblauchzehe,
900 ml Brühe,
Salz, Pfeffer,
Glutamat,
3 EL helle Sojasauce,
2 EL Reiswein,
einige Tropfen Sesamöl,
1 Tasse eingeweichte Glasnudeln,
geröstete Zwiebeln zum Garnieren

EW	Fett	KH	kcal/kJ
12 g	4 g	12 g	144/602

Hühnerfleisch entbeinen, häuten und in lange, schmale Streifen zupfen. Pilze abtropfen lassen und halbieren. Ingwer schälen und in dünne Scheiben schneiden. In einem großen Topf Öl erhitzen. Knoblauch schälen, fein hacken und im Öl braten, bis er zu duften beginnt. Ingwer zugeben und erwärmen. Brühe aufgießen, aufkochen lassen und mit Salz, Pfeffer, Glutamat, Sojasauce, Reiswein und Sesamöl würzen. Strohpilze, Nudeln und Fleischstreifen zugeben und erwärmen. Falls nötig, nachwürzen. Vor dem Servieren Ingwerscheiben entfernen. Suppe heiß und mit gerösteten Zwiebeln garniert servieren.

Spargelsuppe mit Hühner- und Krebsfleisch
China

Zutaten
4 getrocknete Tongku-Pilze,
1 Frühlingszwiebel,
100 g Hühnerfleisch,
1 Tasse Bambussprossen (Dose),
4 Stangen Spargel,
Öl zum Braten,
2 cm Ingwerwurzel,
1 1/2 l Brühe,
Pfeffer,
Glutamat,
3 EL helle Sojasauce,
2 EL Sherry,

2 EL Maisstärke,
2 Eier,
1 EL Schnittlauchröllchen

EW	Fett	KH	kcal/kJ
19 g	7 g	11 g	201/841

Tongku-Pilze in Wasser einweichen. Frühlingszwiebel putzen und in Ringe schneiden. Hühnerfleisch und Bambussprossen in Streifen schneiden. Spargel schälen und in Stifte schneiden. Öl erhitzen, Fleisch darin anbraten. Ingwer schälen und in Scheiben schneiden. Mit Pilzen und Gemüse zugeben, mit Brühe aufgießen und mit Pfeffer, Glutamat, Sojasauce und Sherry würzen. Sobald die Suppe kocht, mit Maisstärke andicken. Verquirlte Eier einlaufen lassen, vorsichtig umrühren, damit sich die Eiflocken in der ganzen Suppe gleichmäßig verteilen. Mit Schnittlauchröllchen garniert servieren.

Hühnersuppe
Thailand

Zutaten
2 getrocknete Kaffir-Limettenblätter,
3 cm frische Ingwerwurzel,
1 frische rote Chilischote,
400 ml Kokosmilch,
200 g Hühnerbrustfilet,
2 EL Fischsauce,
1 EL Limettensaft,

Zitronenmelisseblättchen zum Garnieren

EW	Fett	KH	kcal/kJ
12 g	1 g	3 g	75/316

Limettenblätter 15 Minuten einweichen. Ingwer schälen und in Scheiben schneiden. Chilischote längs aufschneiden, entkernen und in feine Streifen schneiden. Kokosmilch mit 400 ml Wasser in einen Topf geben, Limettenblätter, Ingwer und Chilischote zufügen und zugedeckt zum Kochen bringen. Hitze reduzieren und 5 Minuten köcheln lassen. Inzwischen Hühnerbrustfilet waschen, trockentupfen und in 2 cm große Würfel schneiden; mit Fischsauce und Limettensaft in die Suppe geben und die Suppe noch 3–5 Minuten köcheln lassen. Suppe mit Zitronenmelisseblättchen garnieren.

Scharf-saure Suppe
China

Zutaten
1 Tasse Morcheln,
50 g Glasnudeln,
100 g Schweinefleisch,
100 g Hühnerfleisch,
2 Möhren,
1 Stange Lauch,
3 EL Maisstärke,
2 EL helle Sojasauce,
Öl zum Braten,
900 ml Hühnerbrühe,
1/2 Tasse Bambussprossen (Dose),

Pfeffer,
1 EL dunkle Sojasauce,
Salz,
Glutamat,
3 EL Sherry,
2 EL Essigessenz,
2 TL Tabasco,
1/2 TL Ingwerpulver,
1 TL Zucker,
3 Eier,
2 EL Schnittlauch-
röllchen

EW	Fett	KH	kcal/kJ
22 g	10 g	20 g	274/1145

Morcheln und Glasnudeln nach Packungsanweisung in Wasser einweichen. Fleisch in dünne Streifen schneiden. Möhren schälen und in dünne Stifte schneiden. Lauch putzen, waschen und in dünne Ringe schneiden. Fleisch mit etwas Maisstärke und 1 EL heller Sojasauce bestreichen. Öl erhitzen, Fleisch darin braten. Mit Brühe aufgießen, zum Kochen bringen, Möhren, Lauch und Bambussprossen zugeben. Morcheln in dünne Streifen schneiden und zugeben. Mit Pfeffer und dunkler Sojasauce, Salz, Glutamat, Sherry, Essigessenz, Tabasco, Ingwer und Zucker würzen und 5–10 Minuten kochen lassen. Suppe mit restlicher angerührter Maisstärke binden, bis sie dickflüssig ist. Glasnudeln zugeben, verquirlte Eier einlaufen lassen, gut umrühren und 2 Minuten kochen lassen. Mit Schnittlauchröllchen garnieren.

Rindfleischsuppe thailändisch
Thailand

Zutaten
450 g Rindfleisch zum Kochen,
2 cm frische Galgantwurzel, 1,5 cm frische Ingwerwurzel,
2 EL Sojasauce,
1 TL Salz,
1 Lorbeerblatt,
1 Stück Zimtstange (etwa 2 cm),
250 g Bleichsellerie,
150 g Chinakohl,
3 Knoblauchzehen,
Sonnenblumenöl zum Braten

EW	Fett	KH	kcal/kJ
20 g	26 g	4 g	344/1356

Rindfleisch waschen, in einen Topf geben, mit etwa 800 ml Wasser bedecken. Galgant- und Ingwerwurzel schälen und grob zerkleinern. Mit Sojasauce, Salz, Lorbeerblatt und Zimt zum Fleisch geben. Alles zum Kochen bringen und bei schwacher Hitze zugedeckt 1 1/2 Stunden garen. Bleichsellerie waschen und in Scheiben schneiden. Chinakohl waschen, putzen und in Streifen schneiden. Gemüse 10 Minuten vor Ende der Garzeit zum Fleisch geben. Knoblauch schälen und fein hacken. Etwas Öl in einer kleinen Pfanne erhitzen, Knoblauch darin goldbraun braten, beiseite stellen. Fleisch aus der Brühe nehmen, in Streifen schneiden und wieder in die Brühe geben. Knoblauch über die Suppe streuen.

Kürbissuppe
Thailand

Zutaten
350 g Kürbis,
2 kleine frische rote Chilischoten, 1 Zwiebel,
1 EL getrocknete Shrimps,
1 Kaffir-Limette,
2 EL Fischsauce,
800 ml Kokosmilch,
1 kl. Bd. Thai-Basilikum

EW	Fett	KH	kcal/kJ
4 g	1 g	9 g	60/251

Kürbis schälen und entkernen. Fruchtfleisch in kleine Würfel schneiden. Chilischoten längs aufschneiden, entkernen und in dünne Ringe schneiden. Zwiebel schälen und fein hacken. Chilischoten, Zwiebel und getrocknete Shrimps im Mörser zerreiben. Limette waschen, abtrocknen und die Schale abreiben. Mischung aus dem Mörser mit Limettenschale und Fischsauce vermengen. Kokosmilch zum Kochen bringen, Shrimpspaste und Kürbiswürfel zugeben und alles zugedeckt ca. 10 Minuten köcheln lassen. Thai-Basilikum waschen, Blättchen abzupfen und fein hacken. Suppe damit garnieren.

Chinesische Gemüse-suppe mit Wan-Tans
(Abb.) – *China*

Zutaten
100 g Mehl,
Salz, 1 Ei,
1 Stück frische Ingwer-
wurzel,
1 Knoblauchzehe,
150 g tiefgekühlter
Blattspinat,
150 g Hackfleisch,
1 EL Sojasauce, Pfeffer,
1 Frühlingszwiebel,
1/2 Stange Lauch,
1/2 rote Paprikaschote,
2 Beutel chinesische
Gemüsesuppe (Fertig-
produkt)

EW	Fett	KH	kcal/kJ
12 g	9 g	23 g	223/932

Aus Mehl, 1/4 TL Salz, Ei und 1–2 EL Wasser einen Nudelteig zubereiten, 30 Minuten zuge-deckt ruhen lassen. Teig sehr dünn ausrollen und 20–25 run-de Plätzchen (7 cm Durchmes-ser) ausstechen. Dünn mit Mehl bestäuben und übereinander le-gen, damit sie nicht austrock-nen. Für die Füllung Ingwer schälen und reiben. Knoblauch-zehe schälen und in kleine Wür-fel schneiden. Blattspinat nach Packungsanweisung auftauen, in Streifen schneiden. Vorberei-tete Zutaten mit Hackfleisch in eine Schüssel geben, mit Soja-sauce, 1/2 TL Salz und Pfeffer würzen und gut mischen. Fül-lung auf Wan-Tan-Blätter vertei-len. Teigränder hochdrücken, verschließen und Wan-Tans 15 Minuten ruhen lassen. Früh-lingszwiebel und Lauch putzen, waschen und in Ringe schnei-den. Paprikaschote putzen, wa-schen und in Streifen schnei-den. 1 1/2 l Wasser zum Ko-chen bringen. Chinesische Ge-müsesuppe einrühren. Unter Rühren aufkochen, Wan-Tans und Gemüse zufügen und bei schwacher Hitze 5 Minuten ko-chen lassen, dabei gelegentlich umrühren.

Reissuppe
Thailand

Zutaten
160 g Langkornreis,
3 cm frische Ingwer-
wurzel, 1 l Hühnerbrühe,
140 g Schweine-
hackfleisch,
2 EL Fischsauce,

Salz,
Pfeffer,
4 Eier,
1 1/2 EL Schnittlauch-
röllchen,
1 EL gehacktes
Korianderkraut

EW	Fett	KH	kcal/kJ
21 g	9 g	44 g	339/1415

Reis mit 300 ml Wasser in ca. 20 Minuten garen. Ingwer schä-
len und fein hacken. Hühner-brühe aufkochen, Reis zugeben, Hitze reduzieren und alles 2 Minuten köcheln lassen. Schweinehackfleisch zugeben und 10 Minuten garen. Mit Fischsauce, Salz und Pfeffer abschmecken. Eier in vier Sup-pentassen aufschlagen, kochen-de Suppe darüber geben. Mit Ingwer, Schnittlauchröllchen und gehackten Korianderblätt-chen bestreuen.

Asiatische Zwiebelsuppe
(Abb.) – *China*

Zutaten
500 g Zwiebeln,
100 g Frühlingszwiebeln,
50 g Butter,
10 g Knoblauchpaste oder 1 zerdrückte Knoblauchzehe,
500 g Asia-Gewürz-sauce, 1/4 l Weißwein, geröstete Weißbrot-würfel zum Garnieren

EW	Fett	KH	kcal/kJ
15 g	11 g	23 g	305/1287

Zwiebeln und Frühlingszwiebeln schälen und beides in Streifen schneiden. Butter erhitzen, Zwie-belstreifen und hellen Teil der Frühlingszwiebel darin glasig dünsten. Knoblauch und grünen Teil der Frühlingszwiebeln unter-ziehen. Mit 1/2 l Wasser ablö-schen und mit Asia-Gewürz-Sau-ce aufgießen. Kurz erhitzen und mit Weißwein abschmecken. Asiatische Zwiebelsuppe mit gerösteten Weißbrotwürfeln be-streuen und heiß servieren.

Tipp
Asiatische Zwiebelsuppe eig-net sich auch als Hauptgericht. Dazu sollte die Menge der Zu-taten verdoppelt werden. Brot nach Belieben und Reiswein ergänzen die Suppe perfekt.

Scharfe Kokossuppe
(Abb.) – Thailand

Zutaten
2 rote Chilischoten,
50 g Erdnüsse,
1 EL Butterschmalz,
400 ml ungesüßte
Kokosmilch,
1 EL getrocknetes
Zitronengras,
3/4 l Geflügelcreme-
suppe (Dose),
Salz

EW	Fett	KH	kcal/kJ
12 g	18 g	12 g	252/1052

Chilischoten abspülen, halbieren, Kerne entfernen und Schoten in feine Streifen schneiden.
Erdnüsse grob hacken. Butterschmalz erhitzen und 2/3 der
Erdnüsse darin anrösten. Mit
Kokosmilch ablöschen und mit
1/2 EL Zitronengras und Chilistreifen würzen. Geflügelcremesuppe zugeben und ca. 5 Minuten erhitzen. Mit wenig Salz abschmecken und mit den restlichen Erdnüssen sowie Zitronengras bestreut servieren.

Glasnudelsuppe
Thailand

Zutaten
80 g Glasnudeln,
100 g frischer Spinat,
80 g Sojabohnen-
sprossen,
180 g Schweinefilet,

4 EL Fischsauce,
Pfeffer,
3 Knoblauchzehen,
1 EL Öl,
2 EL gehacktes
Korianderkraut

EW	Fett	KH	kcal/kJ
15 g	10 g	17 g	222/926

Glasnudeln in einer Schüssel mit
kochendem Wasser überbrühen
und 5 Minuten quellen lassen.
Wasser abgießen, Nudeln abschrecken und mehrmals mit einer Schere durchschneiden. Spinat verlesen und waschen. Sojabohnensprossen abspülen und
abtropfen lassen. Schweinefleisch waschen, trockentupfen
und in Streifen schneiden. In einem hohen Topf 800 ml Wasser
mit der Fischsauce und etwas
Pfeffer aufkochen. Fleisch zugeben und bei schwacher Hitze
zugedeckt 15 Minuten garen.
Inzwischen Knoblauch schälen
und fein würfeln. In einer kleinen Pfanne Öl erhitzen, Knoblauch darin goldgelb braten, aus
der Pfanne nehmen und beiseite

stellen. Spinatblätter und Sojabohnensprossen in die Suppe
geben und alles zum Kochen
bringen. Glasnudeln und Knoblauch zugeben und nochmals
aufkochen lassen. Suppe mit Korianderkraut bestreut servieren.

Zitronensuppe
Thailand

Zutaten
8 Hummerkrabben-
schwänze,
2 Stängel Zitronen-
gras,
2 Zwiebeln,
2 Knoblauchzehen,
2 frische Chilischoten,
300 ml Kokosmilch,
1 TL Zucker,
Saft von 1/2 Zitrone,
2–3 EL Fischsauce,
Zitronenmelisse zum
Garnieren

EW	Fett	KH	kcal/kJ
13 g	1 g	9 g	105/438

Hummerkrabben schälen, längs
halbieren und den dunklen
Darm entfernen. Die unteren
10 cm vom Zitronengras fein
hacken. Zwiebeln und Knoblauch schälen und fein würfeln.
Chilischoten längs aufschneiden, entkernen und fein
hacken. Kokosmilch mit 400 ml
Wasser verdünnen, mit Zitronengras, Zwiebeln, Knoblauch
und Chilischoten zum Kochen
bringen. Hitze reduzieren und

Hummerkrabbenschwänze
4 Minuten in der Brühe ziehen
lassen. Suppe mit Zucker, Zitronensaft und Fischsauce würzen.
Mit Zitronenmelisseblättchen
garniert servieren.

Shrimpssuppe
Thailand

Zutaten
300 g geschälte
Shrimps,
2 Zwiebeln,
800 ml Fischbrühe,
3 EL Tamarindensaft
(aus 1 1/2 EL Tama-
rindenkonzentrat; Asien-
laden),
2 frische rote Chili-
schoten,
2 EL Fischsauce,
1 EL gehacktes
Korianderkraut

EW	Fett	KH	kcal/kJ
16 g	1 g	10 g	131/548

Shrimps abspülen, Zwiebeln
schälen und fein hacken.
Fleischbrühe zum Kochen bringen, Shrimps einlegen und
10 Minuten zugedeckt bei
schwacher Hitze köcheln
lassen. Tamarindensaft zugeben.
Chilischoten längs aufschneiden, in schmale Streifen
schneiden und in die Suppe
rühren. Shrimpssuppe mit
Fischsauce würzen und mit
gehacktem Korianderkraut
bestreut servieren.

Garnelen-Räucher-fisch-Suppe
Thailand

Zutaten
150 g Räucherfischfilet,
2 Zwiebeln,
8 Knoblauchzehen,
1 l Kokosmilch,
1 Stängel Zitronengras,
1 TL Krabbenpaste,
450 g geschälte rohe
Garnelen,
100 g Kokoscreme,
4 frische grüne
Chilischoten,
100 g Sojabohnen-
sprossen,
2 hart gekochte Eier,
ein paar Thai-Basilikum-
blätter

EW	Fett	KH	kcal/kJ
35 g	15 g	11 g	328/1373

Fischfilet mit einer Gabel zerpflücken. Zwiebeln und Knoblauch schälen und fein würfeln.
Kokosmilch zum Kochen bringen. Zwiebeln, Knoblauch, ge-
waschenes Zitronengras, Krabbenpaste und Fischfilet zufügen. Aufkochen und unter
Rühren köcheln lassen, bis sich
der Fisch aufgelöst hat. Garnelen einlegen und noch 2 Minuten köcheln lassen. Hitze abschalten, Kokoscreme un-
terrühren. Chilischoten waschen, längs aufschneiden, entkernen und fein hacken. Chilischoten und Sojabohnensprossen zugeben. Eier achteln, Basi-

likumblätter in Streifen schneiden und zur Suppe geben. Suppe weitere 2–3 Minuten ziehen
lassen. Zitronengras aus der
Suppe entfernen und Suppe
heiß servieren.

Misosuppe
Japan

Zutaten
100 g Tofu mit Kräutern,
1/2 Bd. Frühlings-
zwiebeln,
1 1/4 Dashi (siehe
Grundrezept S. 91),
2 EL rote Bohnenpaste
(Alka Miso; Asienladen)

EW	Fett	KH	kcal/kJ
34 g	2 g	19 g	269/1122

Tofu in zentimetergroße Würfel
schneiden. Frühlingszwiebeln
putzen und klein schneiden.
Dashi in einem Topf aufkochen.
Eine Schöpfkelle Dashi in einer
Schüssel mit der Bohnenpaste
verrühren und zurück in die
Suppe gießen. Frühlingszwiebeln einstreuen und Suppe
mehrmals aufkochen lassen.
Kurz vor dem Servieren Tofuwürfel einrühren.

Tipp
In der Misosuppe zusätzlich
Gemüse wie Champignons,
Möhrenstreifen oder Sojabohn-
nensprossen mitkochen.

Entensuppe mit Bambussprossen
(Abb.) – *China*

Zutaten
5 große Schalotten,
1 Ente (ca. 1,5 kg),
Salz,
Pfeffer,
2 TL Zucker,
1 rote Paprikaschote,
2 Frühlingszwiebeln,
230 g Bambussprossen (Dose),
4 EL Sojasauce,
1/4 Packung Reisnudeln (62,5 g),
2 EL gehacktes Korianderkraut

EW	Fett	KH	kcal/kJ
58 g	50 g	18 g	794/3320

Schalotten schälen und pürieren. Ente waschen, trockentupfen, mit Salz und Pfeffer einreiben und mit Schalottenpüree bestreichen. 60 Minten ziehen lassen. In einem großen Topf 2 l Wasser erhitzen, Ente einlegen und ca. 15 Minuten köcheln lassen. Zucker und etwas Salz zugeben und zugedeckt bei schwacher Hitze ca. 190 Minuten garen. Paprikaschote putzen, waschen und in große Würfel schneiden. Frühlingszwiebeln putzen, waschen und in feine Ringe schneiden. Bambussprossen abtropfen lassen. Ente aus dem Sud nehmen, Fleisch von den Knochen lösen und klein schneiden. Brühe durch ein Sieb in einen Topf gießen. Paprikawürfel, 3/4 der Frühlingszwiebeln, Bambussprossen und Sojasauce zufügen und ca. 10 Minuten leicht köchelnd garen. In einem zweiten Topf Reisnudeln nach Packungsanweisung zubereiten. Reisnudeln mit Entenfleisch auf Suppentassen verteilen und mit Brühe übergießen. Mit Korianderkraut und restlichen Frühlingszwiebeln garniert servieren.

Erbsensuppe
Indien

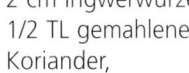

Zutaten
2 mittelgroße Kartoffeln,
2 kleine Zwiebeln,
1 l Hühnerbrühe,
2 cm Ingwerwurzel,
1/2 TL gemahlener Koriander,
1 1/2 TL gemahlener Kreuzkümmel,
1/2 TL gerösteter gemahlener Kreuzkümmel,
1/2 frische grüne Chilischote,
1 Schuss Zitronensaft,

Salz,
200 g Erbsen (Dose),
125 g Sahne

EW	Fett	KH	kcal/kJ
6 g	4 g	15 g	123/513

Kartoffeln schälen und würfeln. Zwiebeln schälen und fein hacken. Kartoffeln und Zwiebeln mit der Hühnerbrühe zum Kochen bringen. Ingwerwurzel schälen, mit Koriander und gemahlenen Kreuzkümmel zugeben. Suppe zugedeckt bei schwacher Hitze 30 Minuten köcheln lassen. Ingwerwurzel entfernen, Chilischote, gerösteten Kreuzkümmel, Zitronensaft und 1/2 TL Salz zugeben. Erbsen einstreuen und alles bei offenem Deckel 5 Minuten köcheln lassen. Suppe im Mixer pürieren, mit Sahne verfeinern und mit Salz abschmecken.

Chrysantemensuppe
China

Zutaten

1 Bd. Frühlingszwiebeln,
1/2 Bd. Korianderkraut,
2 cm frische Ingwerwurzel,
2 EL Erdnussöl,
1 l Gemüsebrühe,
3 EL Reiswein,
Sojasauce nach Belieben,
4 Eier, 1 EL Sesamöl

EW	Fett	KH	kcal/kJ
10 g	15 g	4 g	208/869

Frühlingszwiebeln putzen und klein würfeln. Korianderkraut waschen, trockenschwenken, Blättchen von den Stängeln zupfen und fein hacken. Ingwerwurzel schälen und fein hacken. Erdnussöl erhitzen. Unter ständigem Rühren Frühlingszwiebeln und Ingwer darin anbraten. Mit Gemüsebrühe aufgießen, aufkochen lassen, mit Reiswein und Sojasauce pikant abschmecken. Eier kräftig verquirlen und mit Korianderkraut in die Suppe rühren. Mit Sesamöl beträufeln und Suppe sofort servieren.

> ### Tipp
> Die Suppe hat diesen hübschen Namen bekommen, weil die Eiermischung beim Einrühren wie eine große Blume aussieht.

Indische Nationalsuppe Mulligatawny
Indien

Zutaten

1 Suppenhuhn,
Salz, 1 Bd. Suppengrün,
2 Zwiebeln,
4 Knoblauchzehen,
2 EL Ghee,
1 TL Currypulver,
je 1/2 TL gemahlener Kreuzkümmel und Koriander, Ingwerpulver, Cayennepfeffer,

gemahlene Muskatblüte,
2 Gewürznelken,
100 g Reis

EW	Fett	KH	kcal/kJ
39 g	45 g	25 g	691/2890

Suppenhuhn innen und außen waschen und in einen Topf geben. Mit soviel Wasser begießen, dass das Huhn bedeckt ist. Salzen und zum Kochen aufstellen. Suppengrün säubern, klein schneiden und beim ersten Aufkochen in die Hühnersuppe streuen. Huhn ca. 1 1/2–2 Stunden kochen, bis sich das Fleisch von den Knochen löst. Zwiebeln sowie Knoblauchzehen schälen und hacken. Huhn aus der Suppe nehmen, häuten und das Fleisch von den Knochen lösen. Hühnerfleisch in kleine Stücke schneiden. In einem Topf Ghee erhitzen und darin Zwiebel- und Knoblauchwürfel andünsten. Gewürze unter ständigem Rühren einstreuen. Hühnersuppe durch ein Sieb zu den Gewürzen gießen. Nach dem ersten Aufkochen Reis einstreuen. Hühnerbrühe weitere 20 Minuten köcheln lassen. Zuletzt Hühnerfleischwürfel einstreuen und die Suppe nochmals abschmecken.

> ### Tipp
> Es gibt unzählige Mulligatawny-Versionen, wir haben die einfachste Art für europäische Verhältnisse gewählt.

SALATE

verrühren, über den Salat gießen und untermengen. Nach Wunsch Krupuk zum Salat reichen.

Zucchinisalat
Indien

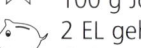

Zutaten
500 g kleine junge Zucchini,
100 g Joghurt,
2 EL gehacktes Korianderkraut oder Petersilie,
Salz,
Pfeffer,
2 EL Sesamöl,
1 1/2 TL schwarze Senfkörner,
4 getrocknete rote Chilischoten,
1 Ms. Asafoetida

EW	Fett	KH	kcal/kJ
3 g	9 g	7 g	121/507

Zucchini waschen, trockentupfen und die Enden abschneiden. Zucchini raspeln, kurz blanchieren und abtropfen lassen. Joghurt in einer Schüssel verrühren, Korianderkraut oder Petersilie, 1 Prise Salz und Pfeffer unterrühren. Zucchini untermengen. Öl in einer kleinen Pfanne erhitzen, Senfkörner darin anrösten, bis sie hochspringen, Chilischoten zugeben und rösten, bis sie sich dunkel färben. Asafoetida zugeben, alles verrühren und sofort unter den Salat mengen. Gut gekühlt servieren.

Thailändischer Salat
(Abb.) – Thailand

Zutaten
2 Gläser Chopsuey (Fertigprodukt; 350 ml),
1 Glas Sojabohnensprossen (Fertigprodukt; 350 ml),
1 Glas Bambussprossen (Fertigprodukt; 230 ml),
1 Dose Maiskörner (425 ml),
1/2 Packung chinesische schwarze Pilze (à 25 g),
1 rote Paprikaschote,
2 Möhren,
2 EL Sesamöl,
3 EL Sherryessig,
2 EL Sojasauce,
4 EL süß-saure Sauce (s. S. 39),
1 Msp. gemahlener Koriander,
1 Msp. gemahlener Kümmel,
Salz, Pfeffer

EW	Fett	KH	kcal/kJ
10 g	10 g	32 g	257/1072

Chopsuey, Sojabohnensprossen, Bambussprossen und Maiskörner abtropfen lassen. Pilze in warmem Wasser 15 Minuten quellen lassen, abspülen und klein schneiden. Paprikaschote putzen und waschen, Möhren schälen und beides in feine Streifen schneiden. Gemüse in einer Schüssel vermengen. Für das Dressing, Öl, Essig, Sojasauce, süß-saure Sauce, Koriander, Kümmel, Salz und Pfeffer

Pikanter Chinakohlsalat
(Abb.) – *China*

Zutaten
1 Chinakohl,
1 EL Salz,
2 Knoblauchzehen,
2 Frühlingszwiebeln,
100 ml Sojasauce,
125 ml Weißweinessig,
fein geriebener Ingwer,
1 EL Zucker,
1 TL scharfe Chilipaste

EW	Fett	KH	kcal/kJ
9 g	2 g	24 g	162/673

Die einzelnen Blätter des Chinakohls lösen, waschen und in nicht zu feine Streifen schneiden. Kohlstreifen mit Salz kräftig durchkneten und gut durchziehen lassen. Danach den Kohl kräftig ausdrücken. Währenddessen Knoblauch schälen und zerdrücken, Frühlingszwiebeln waschen, fein schneiden und mit restlichen Zutaten vermischen. Kohl nochmals gut ausdrücken, in die Marinade geben, vermischen und über Nacht marinieren.

Möhrensalat
Indien

Zutaten
400 g Möhren,
2 EL Sesamöl,
3/4 TL schwarze Senfkörner,

1 1/2 scharfe grüne Chilischoten,
1 Msp. Asafoetida,
1 EL Zucker,
6 Curryblätter (frisch oder getrocknet),
Salz,
1 Schuss Zitronensaft,
2 EL Joghurt,
2 EL gehackte Cashewnüsse

EW	Fett	KH	kcal/kJ
3 g	11 g	12 g	168/703

Möhren schälen und raspeln. Öl in einer Pfanne erhitzen, Senfkörner zugeben und braten, bis sie platzen. Chilischoten waschen, entkernen und in dünne Ringe schneiden. In die Pfanne geben und kurz mitbraten. Asafoetida, Zucker und Curryblätter zugeben. Zucker schmelzen lassen, Pfanne dabei rütteln. Möhren zugeben und unter Rühren wenige Minuten braten. In eine Schüssel füllen und auskühlen lassen. Mit etwas Salz, Zitronensaft und Joghurt mischen. Mit Cashewnüssen bestreuen und gekühlt servieren.

Spinatsalat
Indien

Zutaten
500 g frischer Spinat,
2 Knoblauchzehen,
500 g Joghurt,
Salz, 1 EL Sesamöl,
1/2 TL schwarze Senfkörner,

1/2 TL Kreuzkümmel-
samen,
1/2 TL gemahlener
Kreuzkümmel,
2 Nelken,
1/4 TL Cayennepfeffer,
1 EL Cashewnüsse

EW	Fett	KH	kcal/kJ
8 g	10 g	12 g	176/734

Spinat verlesen, waschen und abtropfen lassen. Knoblauch schälen und fein hacken. Spinat ohne Wasserzugabe zugedeckt ca. 8 Minuten dünsten, abtropfen lassen und grob hacken. Joghurt, 1/4 TL Salz und Knoblauch unter den Spinat mengen. In einer kleinen Pfanne Öl erhitzen, Senfkörner darin anrösten. Kreuzkümmelsamen, gemahlenen Kreuzkümmel und Nelken zugeben; unter Rühren kurz weiterbraten. Vom Herd nehmen und Cayennepfeffer unterrühren. Gewürzöl unter den Spinat rühren. Salat kühl stellen und zum Servieren mit gehackten Cashewnüssen bestreuen.

Gurkensalat
Indien

 Zutaten
 1 Salatgurke,
1 Zwiebel,
250 g Joghurt,
2 EL Sonnenblumenöl,
1/4 TL gemahlener
Kreuzkümmel,
1 Msp. Cayennepfeffer,

Salz,
2 EL gehacktes Korianderkraut oder Petersilie

EW	Fett	KH	kcal/kJ
3 g	10 g	6 g	129/540

Gurke schälen und hobeln. Zwiebel schälen und fein hacken. Joghurt mit Öl in einer Schüssel verrühren, Gurke und Zwiebel untermengen. Kreuzkümmel kurz in einer Pfanne anrösten, wenig Joghurt dazurühren und Mischung unter den Salat mengen. Mit Cayennepfeffer, etwas Salz und Korianderkraut abschmecken.

Tomatensalat
Indien

 Zutaten
 500 g Tomaten,
1 Tasse frisch geraspelte
Kokosnuss,
2 frische grüne
Chilischoten,
1/2 TL Salz,
250 g Joghurt,
2 EL Sesamöl,
1 1/2 TL schwarze Senfkörner,
1/2 TL zerstoßene
getrocknete rote
Chilischote

EW	Fett	KH	kcal/kJ
5 g	18 g	8 g	224/937

Tomaten waschen, abtrocknen, vom Stielansatz befreien und

grob würfeln. Mit Kokosraspeln vermengen. Chilischoten waschen, längs aufschneiden, entkernen und fein hacken. Mit Salz zu den Tomaten geben. Joghurt in einer Schüssel cremig rühren und Salat untermengen. Sesamöl in einer kleinen Pfanne erhitzen, Senfkörner und zerstoßene Chilischote zugeben und rösten, bis die Senfkörner platzen. Unter den Salat rühren. Salat vor dem Servieren gut kühlen.

Sojabohnensprossensalat mit Glasnudeln
China

 Zutaten
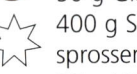 50 g Glasnudeln,
400 g Sojabohnen-
sprossen,
75 ml Essig,
1 TL Salz,
Pfeffer,
1 TL Zucker,
einige Tropfen Sesamöl,
Glutamat,
1 EL Schnittlauch-
röllchen

EW	Fett	KH	kcal/kJ
7 g	3 g	17 g	120/502

Glasnudeln nach Packungsanweisung einweichen, dann in ca. 10 cm lange Fäden schneiden. Sojabohnensprossen waschen, kurz blanchieren, abgießen und kalt stellen. Für die Sauce Essig, Salz, Pfeffer, Zucker, Sesamöl und Glutamat in einer Schüssel gut verrühren. Sojabohnensprossen, Glasnudeln und Schnittlauch untermengen. Salat vor dem Servieren kühl stellen.

Gemüse-Obst-Salat mit Cashewnüssen
(Abb.) – China

Zutaten
1 kleiner Fenchel,
150 g Bleichsellerie,
150 g Knollensellerie,
3 kleine Möhren,
1 Zucchini,
1 Dose Bambussprossen (230 g),
1 Dose Mangos (425 g),
1 Dose Ananasstücke (580 ml),
1 Banane,
Saft von 1 Orange,
1 EL Zitronensaft,
2 EL Sojasauce,
1 EL flüssiger Honig,
2 EL Sesamöl,
1 Msp. gemahlener Koriander,
1 Msp. gemahlener Kümmel,
70 g Cashewnüsse,
ein paar Pfefferminzblättchen

EW	Fett	KH	kcal/kJ
8 g	15 g	53 g	392/1640

Fenchel halbieren, vom Strunk befreien, waschen und in feine Streifen schneiden. Bleichsellerie

waschen und in sehr dünne Scheiben schneiden. Sellerieknolle und Möhren schälen und in dünne Stifte, Zucchini waschen, putzen und in Scheiben schneiden. Bambussprossen, Mangos und Ananasstücke abtropfen lassen, dabei Mango- und Ananassaft auffangen. Ananasstücke und Hälfte der Mangos mit vorbereitetem Gemüse in einer Schüssel vermengen. Für die Vinaigrette Banane mit einer Gabel zerdrücken, mit Orangen- und Zitronensaft, etwas Mango- und Ananassaft, Sojasauce, Honig, Sesamöl, Koriander und Kümmel verrühren; über das Obst und Gemüse verteilen und vorsichtig untermengen. Cashewnüsse in einer Pfanne ohne Fettzugabe rösten. Minzeblättchen und Cashewnüsse über den Salat streuen.

Tipp
Restliche Mangos als Dessert mit Sahnehaube servieren.

Blattsalate mit Honigdressing
China

Zutaten
verschiedene Blattsalate (z. B. Feldsalat, Friséesalat, Rucola, Radicchio),
4 EL Essig,

SALATE

Für den Salat Sojabohnensprossen, Bambussprossen und Mangos abtropfen lassen. Mangosaft dabei auffangen. Mangos klein schneiden. Paprikaschote und Lauch putzen und waschen. Paprikaschote in Rauten, Lauch in Ringe schneiden. Mangostückchen und Gemüse vermengen. Für das Dressing Öl, Sojasauce, 4 EL Mangosaft und Pfeffer verrühren und über den Salat gießen.

Rettichsalat japanisch
Japan

 Zutaten
250 g Weißkohl,
1 große Möhre,
1 großer weißer Rettich,
1 TL Meerrettichpulver,
2 Eigelb,
1 kräftige Prise Salz,
2 EL Reisweinessig,
1 TL Speisestärke,
1 TL Zucker

EW	Fett	KH	kcal/kJ
3 g	3 g	10 g	91/380

Weißkohl von den äußeren Blättern befreien, waschen und in feine Streifen hobeln. Möhre schälen und in feine Stifte schneiden oder hobeln. Rettich schälen und raspeln. Zutaten mit kaltem Wasser begießen und zwei Fächer Eiswürfel einrühren. Gemüse ca. 30 Minuten im Eiswasser liegen lassen.

 4 EL Speiseöl,
2 EL Sojasauce,
4 EL Honig,
2 EL Schnittlauch-röllchen,
Pfeffer

EW	Fett	KH	kcal/kJ
3 g	9 g	7 g	121/507

Blattsalate putzen, waschen und sorgfältig trockentupfen. Für das Dressing Essig, Speiseöl, Sojasauce, Honig und Schnittlauch verrühren. Mit Pfeffer würzen und mit den Salaten vermengen.

Freundschaftssalat
(Abb.) – China

 Zutaten
1 Glas Sojabohnen-sprossen (350 g),
1 Dose Bambussprossen
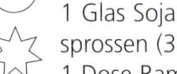 (230 g),
1 Dose Mangos (425 g),
1 rote Paprikaschote,
1 kleine Stange Lauch,
6 EL Sonnenblumenöl,
4 EL Sojasauce,
Pfeffer

EW	Fett	KH	kcal/kJ
5 g	24 g	19 g	302/1261

Meerrettichpulver, Eigelb, Salz, Reisweinessig, Speisestärke, Zucker und 1 1/2 l Wasser in einer Schüssel mit dem Handrührgerät cremig schlagen. Gemüse aus dem Eiswasser nehmen, gut abtropfen lassen und auf 4 Teller verteilen. Salatsauce löffelweise darüber geben.

Tipp
Die andere Version für die Herstellung der Sauce: Eigelb mit 4 EL Wasser über einem heißen Wasserbad cremig schlagen. Schüssel vom Wasserbad nehmen und nach und nach restliche Zutaten einrühren. Dabei den grünen Meerrettich und Maisstärke separat in etwas Wasser auflösen und erst dann einrühren.

Salat mit Sprossen und Pilzen
(Abb.) – **China**

Zutaten
50 g Sonnenblumenkerne (zum Keimen),
ca. 500 g verschiedene Blattsalate (z.B. 1 kleiner Lollo Rosso, 1 kleiner Löwenzahnsalat),
30 g Brunnen- oder Gartenkresse,
300 g Austernpilze,
1 kleine Zwiebel,
2 Knoblauchzehen,
3 EL Pflanzenöl,

Salz,
Pfeffer,
Sonnenblumenkerne zum Bestreuen
Für das Dressing:
2 EL flüssiger Honig,
4 EL Apfelessig,
2 EL Sojasauce,
8 EL Sonnenblumenöl

EW	Fett	KH	kcal/kJ
10 g	35 g	13 g	206/860

Sonnenblumenkerne 3 Tage keimen lassen. Keimlinge kalt abspülen und abtropfen lassen. Salate putzen, kurz kalt abbrausen, abtropfen lassen und in mundgerechte Stücke zupfen. Kresse abbrausen. Austernpilze putzen und je nach Größe halbieren oder vierteln, dicke Strünke wegschneiden. Zwiebel und Knoblauch fein hacken. Öl in einer großen Pfanne erhitzen

und Pilze kräftig darin anbraten. Hitze reduzieren. Zwiebel und Knoblauch hinzufügen und unter Wenden einige Minuten braten, salzen und pfeffern. Vom Herd ziehen und leicht abkühlen lassen. In der Zwischenzeit für das Dressing alle angegebenen Zutaten gut miteinander vermischen. Sonnenblumenkerne in einer Pfanne ohne Fett rösten. Salate mit Kresse und Sprossen mischen, im Dressing wenden und auf Tellern mit den Pilzen anrichten. Mit gerösteten Sonnenblumenkernen bestreuen.

Frischer Salat mit Mango
(Abb.) – Thailand

Zutaten
1 kleiner Blattsalat (z. B. Friséesalat, Lollo Bianco, Eisbergsalat),
200 g Chicorée,
1 kleine rote Paprikaschote,
150 g frische Sojasprossen,
1 reife Mango oder
1 Dose eingelegte Mangoscheiben,

1 Beet Kresse
Für das Dressing:
1 kleine Zwiebel,
5 EL Öl,
2 EL Sherryessig,
2 EL Sojasauce,
grober Pfeffer

EW	Fett	KH	kcal/kJ
5 g	16 g	11 g	220/920

Salat, Chicorée, Paprikaschote und Sojasprossen putzen und waschen. Salat in mundgerechte Stücke zupfen. Paprika in feine Streifen schneiden. Mango schälen und Fruchtfleisch in dünnen Scheiben vom Kern schneiden bzw. eingelegte Mangoscheiben abtropfen lassen. Kresse zusammen mit den anderen Salatzutaten in einer Schüssel mischen. Zwiebel abziehen, fein hacken, mit Öl, Essig, Sojasauce und Pfeffer zu einer Sauce verrühren und über den Salat geben.

Szechuansalat
China

Zutaten
1/2 Gurke,
1 Möhre,
1/2 Rettich,
5 rote Chilischoten,
300 g Chinakohl oder Weißkraut,
Salz,
5 Scheiben Ingwerwurzel,
2 EL Sojasauce,

1 EL Zucker,
4 EL Essig,
Pfeffer,
Glutamat,
2 EL Sherry oder Sake,
einige Tropfen Sesamöl

EW	Fett	KH	kcal/kJ
2 g	1 g	10 g	75/316

Gurke längs halbieren, schräg in
Scheiben schneiden. Möhre und
Rettich schälen und in Scheiben
schneiden. Chilischoten entkernen und in dünne Streifen
schneiden. Chinakohl putzen
und in 4–5 cm lange Stücke
zerteilen. Gemüse mit Salz bestreuen, einige Minuten ziehen
lassen; wenn es etwas weicher
geworden ist, Salz abspülen
und gut abtropfen lassen. Für
die Sauce restliche Zutaten mit
4 Tassen Wasser gründlich verrühren und zum Kochen bringen, kalt stellen. Gemüse dazugeben, gut umrühren, im Kühlschrank 2–3 Tage ziehen lassen.
In einem gut verschlossenen
Topf oder Glas aufbewahren.

Shiitake-Salat mit Tofucroûtons »Samurai«
(Abb.) – *Japan*

Zutaten
150 g Tofu,
1/8 l Sojaöl,
2 Knoblauchzehen,
200 g Shiitake-Pilze,
1 rote Paprikaschote,

200 g Feldsalat,
2–3 EL Apfel- oder
heller Reisessig,
2 EL Sojasauce,
schwarzer Pfeffer aus
der Mühle

EW	Fett	KH	kcal/kJ
5 g	17 g	30 g	195/815

Tofu trockentupfen und in kleine Würfel (1 cm) schneiden.
8 EL Öl in einer tiefen Pfanne
erhitzen und geschälte, halbierte Knoblauchzehen darin leicht
bräunen. Zehen herausnehmen
und Tofuwürfel im Öl unter
häufigem Wenden goldgelb
braten. Mit dem Schaumlöffel
herausheben und auf Küchenpapier abtropfen lassen. Pilze
putzen, Stiel herausdrehen.
Köpfe in Scheiben schneiden
und im heißen Knoblauchöl braten. Ebenfalls mit dem Schaumlöffel herausnehmen und abtropfen lassen. Paprikaschote
waschen, putzen und in Würfel
schneiden. Feldsalat putzen,
gründlich waschen und trocken-
schleudern. Auf 4 Tellern verteilen, Pilze und Paprikawürfel darauf geben und mit Tofu-
croûtons bestreuen. Für die Vinaigrette Essig und Sojasauce
verrühren, dann tropfenweise
restliches Sojaöl unterrühren.
Sauce über den Shiitake-Salat
träufeln und Salat nach Belieben mit Pfeffer übermahlen.

SALATE

Rindfleischsalat
Thailand

Zutaten
500 g Roastbeef,
1 Knoblauchzehe,
3 Stängel Koriander-
kraut,
1 EL Palmzucker,
1 TL Sojasauce,
1 TL Limettensaft,
Salz,
Pfeffer,
2 Frühlingszwiebeln,
2–3 frische rote
Chilischoten,
ein paar Salatblätter,
1/4 Salatgurke,
2 Tomaten

EW	Fett	KH	kcal/kJ
26 g	12 g	10 g	274/1146

Roastbeef in kleine, hauchdünne Scheiben schneiden. Knoblauch schälen und durch die
Presse drücken. Korianderblättchen abzupfen und fein hacken.
Beides im Mörser mit Palmzucker, Sojasauce, Limettensaft,
Salz und Pfeffer zu einer Marinade vermengen. Frühlingszwiebeln putzen und ohne
Grün in Scheiben schneiden.
Chilischoten längs aufschneiden, entkernen und in feine
Streifen schneiden. Roastbeef
mit der Marinade, Frühlingszwiebeln und Chilischoten vermengen. Salatblätter waschen
und trockentupfen, eine Schüssel damit auslegen und Salat
einfüllen. Gurke schälen und in

Salat mit Mungo-
bohnen und Pilzen
(Abb.) – China

Zutaten
20 g Mu-Err-Pilze,
100 g Glasnudeln,
200 g Putenfleisch,
2 EL Butterschmalz,
1 Möhre,
1 Bd. Frühlingszwiebeln,
100 g Mungobohnen-
sprossen
Für das Dressing:
4 EL Öl, 5 EL Essig,
5 EL Sojasauce,
3 EL Reiswein,
1 kleines Stück frischer
Ingwer,
1 rote Chilischote,
Salz,
Pfeffer aus der Mühle

EW	Fett	KH	kcal/kJ
14 g	15 g	5 g	220/909

Mu-Err-Pilze einweichen. Glasnudeln nach Packungsanweisung zubereiten und auf einem
Sieb abtropfen lassen. Putenfleisch kurz abspülen, trockentupfen und in Streifen schneiden. Butterschmalz erhitzen, Pu-
tenstreifen darin braten. Pilze
klein schneiden, mit einem Teil
des Einweichwassers unter das
Fleisch mischen und ca. 4 Minuten schmoren. Möhre schälen, Frühlingszwiebeln putzen,
Sprossen verlesen und waschen.
Möhre in Stifte, Frühlingszwiebeln in Ringe schneiden. Für das
Dressing Öl, Essig, Sojasauce
und Reiswein verrühren. Ingwer
schälen, Chilischote halbieren, entkernen und waschen.
Ingwer fein reiben und Chilischote fein würfeln, beides mit
den übrigen Salatzutaten und
dem Dressing vermischen und
Salat mit Salz und Pfeffer abschmecken.

Scheiben schneiden. Tomaten waschen, vom Stielansatz befreien und vierteln. Salat mit Gurkenscheiben und Tomatenvierteln garnieren.

Reissalat mit Mango
(Abb. oben) – Indien

Zutaten
250 g Patna-Langkornreis,
1 Mango,
2 Tomaten,
100 g gekochter Schinken,
2 Frühlingszwiebeln,
1 Bd. Schnittlauch,
300 g Joghurt,
Saft von 1 Zitrone,
2 EL gehackte gemischte Kräuter,
2 TL Currypulver,
Salz,
Pfeffer,
einige Salatblätter

EW	Fett	KH	kcal/kJ
13 g	7 g	5 g	365/1533

Reis nach Packungsanweisung zubereiten. Mango schälen, Fruchtfleisch vom Stein lösen, 8 schmale Fruchtspalten zuschneiden, Rest in Würfel schneiden. Tomaten waschen, Stilansatz entfernen und in Würfel schneiden. Schinken in Streifen schneiden. Frühlingszwiebeln putzen, waschen und in Ringe schneiden. Schnittlauch in Röllchen schneiden, ein paar

Halme zur Dekoration beiseite legen. Joghurt mit Zitronensaft und gehackten Kräutern verrühren, mit den Gewürzen abschmecken. Dressing unter die Salatzutaten heben und ca. 60 Minuten kühl gut durchziehen lassen. Reissalat auf 4 Tellern anrichten, mit je 2 Mangospalten, Salatblättern und Schnittlauchhalmen garnieren.

Mandel-Huhn-Salat
(Abb. unten) – Vietnam

Zutaten
150 g Glasnudeln,
4 Hühnerbrustfilets ohne Haut (à 150 g),

Salz,
Pfeffer,
3 EL Sonnenblumenöl,
1 Tomate,
1/2 gelbe Paprikaschote,
1/2 rote Paprikaschote,
100 g Chinakohl,
100 g Sojasprossen,
3 Frühlingszwiebeln,
je 1 Bd. Koriander und Brunnenkresse
Für das Dressing:
3 EL Reisessig,
3 EL Sojasauce,
1 EL Zucker,
1 EL Dijonsenf,
1 gehackte Knoblauchzehe,
1 EL gehackter Ingwer,
8 EL Sonnenblumenöl,
Salz,
Pfeffer,
1 EL Sesam
Für die Soja-Mandeln:
50 ml Sojasauce,
1 EL Zucker,
50 g ganze Mandeln,
Öl für die Folie

EW	Fett	KH	kcal/kJ
45 g	53 g	33 g	804/3362

Glasnudeln nach Packungsanweisung zubereiten, abkühlen lassen. Hühnerbrüste salzen, pfeffern und in einer Pfanne mit Sonnenblumenöl von jeder Seite 5–6 Minuten braten. Abkühlen lassen und in dünne Scheiben schneiden. Gemüse und Sprossen putzen und waschen, Tomate und Paprika entkernen und zusammen mit dem Chinakohl

SALATE

Pfeffer,
6 EL Sonnenblumenöl,
Salz,
6 Packungen Asia Nudel-
Snack »Huhn« (Fertig-
gericht),
je 1 rote und grüne
Paprikaschote,
1 mittelgroße Möhre,
2 Zwiebeln,
10 Champignons,
1 Baby-Ananas,
100 g Sojabohnen-
sprossen,
2 Frühlingszwiebeln

EW	Fett	KH	kcal/kJ
7 g	10 g	12 g	151/632

Hähnchenbrustfilet waschen, trockentupfen und in dünne Streifen schneiden. Mit Speise-stärke, Sojasauce und Pfeffer gut vermengen und zugedeckt im Kühlschrank 20 Minuten ma-rinieren lassen. 2 EL Öl in einer Pfanne erhitzen, Hähnchen-brustfiletstreifen darin gut durchbraten und abkühlen las-sen. 3 l Salzwasser zum Kochen bringen. Asia Nudel-Snack darin 2 Minuten kochen, abgießen und mit restlichem Öl mischen. Paprikaschoten putzen, wa-schen und in feine Streifen, Möhre schälen und in dünne Stifte schneiden. Zwiebeln schä-len, Champignons putzen und beides in dünne Scheiben schneiden. Ananas schälen, vierteln, Strunk entfernen und Fruchtfleisch würfeln. Sojaboh-nensprossen waschen oder gut

in möglichst feine Streifen schnei-den. Frühlingszwiebeln in feine Ringe schneiden. Gewaschenen Koriander hacken, Brunnenkres-se von den Stängeln zupfen. Al-le Zutaten für das Dressing, bis auf den Sesam, mit einem Pü-rierstab verquirlen. Mit Salz und Pfeffer abschmecken, Sesam unterrühren. Dressing mit den Salatzutaten, Hühnerbrust und Glasnudeln vermischen, kurz ziehen lassen und noch einmal abschmecken. Sojasauce und Zucker in einem kleinen Topf aufkochen, Mandeln dazugeben und unter ständigem Rühren

einkochen, bis die Mandeln von einer sirupartigen Zuckerschicht umgeben sind. Auf einer leicht geölten Alufolie abkühlen las-sen. Salat auf Tellern anrichten und mit Soja-Mandeln bestreut servieren.

Salat Asia
(Abb.) – China

 Zutaten für 16 Personen
250 g Hähnchenbrust-
 filet,
1 TL Speisestärke,
1 EL helle Sojasauce,

abtropfen lassen. Alles mischen und kühl stellen. Für das Dressing Inhalt der Asia Nudel-Snack-Beutel in ein Gefäß geben. 300 ml Wasser zum Kochen bringen, darüber gießen, alles verrühren, dann abkühlen lassen. Vor dem Servieren Dressing über die Salatzutaten verteilen, untermengen und Salat auf einer Platte anrichten. Frühlingszwiebeln waschen, putzen, in 5 cm lange Stücke schneiden, kurz in kaltes Wasser legen und Salat damit dekorieren.

Glückssalat »Himmelstempel«
(Abb.) – China

Zutaten
1 Glas Sojabohnen-
sprossen (350 g),
1 Dose Bambussprossen
(230 g),
1 rote Paprikaschote,
100 g Ananasstücke
(Dose),
6 EL Sonnenblumenöl,
5 EL Sojasauce,
4 EL Ananassaft,
Pfeffer,
150 g Putenschnitzel,
150 g Schweinefilet,
50 g fetter Bauchspeck
in dünnen Scheiben

EW	Fett	KH	kcal/kJ
20 g	32 g	14 g	428/1791

Für den Salat Sojabohnensprossen und Bambussprossen ab-

tropfen lassen. Paprikaschote putzen, waschen und in Streifen schneiden. Vorbereitetes Gemüse mit abgetropften Ananasstücken vermengen. Für das Dressing Sonnenblumenöl mit Sojasauce, Ananassaft und Pfeffer verrühren und die Hälfte davon über den Salat träufeln. Salat 30 Minuten abgedeckt ziehen lassen. Restliches Dressing als Marinade für die Satés zurückbehalten. Putenschnitzel waschen, trockentupfen und ebenso wie das Schweinefilet würfeln. Fleisch und Bauchspeck abwechselnd auf dünne Holzstäbchen stecken. Mit Marinade bestreichen und ca. 20 Minuten kalt stellen. Ofen auf 200 Grad vorheizen. Spieße auf ein Backblech legen und ca. 4 Minuten im vorgeheizten Ofen backen oder grillen.

Chinesische Salatplatte
China

Zutaten
6–8 Morcheln,
50 g Glasnudeln,
2 Stangen Bleichsellerie,
1 Möhre,
1 Bd. Radieschen,
3 Scheiben gekochter
Schinken oder Schweine-
braten,
125 g gekochte
Hühnerbrust,
150 g Sojabohnen-
sprossen,
4 EL helle Sojasauce,

SALATE

2 EL Essig,
einige Tropfen
Sesamöl,
1 TL Zucker,
Glutamat,
1–2 EL milder Senf,
300 ml Hühner-
brühe,
2 EL Sherry oder
Reiswein,
Salz,
Pfeffer,
2 Eier

EW	Fett	KH	kcal/kJ
23 g	8 g	21 g	270/1128

Morcheln und Glasnudeln nach Packungsanweisung in heißem Wasser einweichen; abtropfen lassen. Morcheln in Streifen und Glasnudeln in ca. 10 cm lange Fäden schneiden. Sellerie, Möhre, Radieschen putzen bzw. schälen, waschen und in Stifte schneiden. Schinken und Hühnerbrust in Streifen schneiden, Sojabohnensprossen gründlich waschen, ca. 10 Sekunden blanchieren und abtropfen lassen. Sellerie ebenfalls blanchieren. Für die Sauce Sojasauce, Essig, Sesamöl, Zucker, Glutamat, Senf, Hühnerbrühe, Sherry- oder Reiswein, Salz und Pfeffer verrühren und kurz aufkochen lassen. Eier gut verquirlen, mit Salz und Pfeffer würzen. Omelettes backen und in Streifen schneiden. Alle Zutaten auf einer Platte getrennt anrichten, mit reichlich kalter Sauce begießen.

Thailändischer Hähnchen-Reis-Salat
Thailand

Zutaten für 8 Personen
500 g Langkorn- und Wildreis-Mischung,
250 g grüne tiefgekühlte Bohnen,
Salz,
500 g Hähnchenbrustfilet,
5 EL Sesamöl,
50 g Mandeln,
Pfeffer, 1 Chicorée,
1 rote Chilischote,
Currypulver,
4 EL Sojasauce,
Saft von 1 Zitrone,
4 EL Kokosmilch,
2 EL gehackter Schnittlauch

EW	Fett	KH	kcal/kJ
22 g	14 g	52 g	430/1795

Reis nach Packungsanweisung garen, abgießen und abtropfen lassen. Bohnen in Salzwasser nach Packungsanweisung garen und ebenfalls abtropfen lassen. Hähnchenbrust in feine Streifen schneiden und in 2 EL Öl kräftig anbraten, Mandeln zugeben und mit anrösten. Herausnehmen, mit Salz und Pfeffer würzen und abkühlen lassen. Chicorée putzen, waschen, in Blätter teilen, gut abtropfen lassen, auf einer Platte verteilen und vorbereitete Zutaten darauf anrichten. Chilischote entkernen, in feine Ringe schneiden, mit Currypulver,

Sojasauce, Pfeffer, Zitronensaft, Kokosmilch und restlichem Öl verrühren und über den Salat träufeln. Mit Schnittlauchröllchen bestreut servieren.

Gedämpfter Hühnersalat mit Gurken
China

Zutaten
ca. 40 g Glasnudeln,
1 gegarte Hühnerbrust,
1/2 Salatgurke,
50 g gekochter Schinken, 1 EL milder Senf, 2 EL Öl,
1/2 TL Sesamöl,
2 EL helle Sojasauce,
1–2 EL Essig, Salz,
Pfeffer, 1 TL Zucker,
1/8 l Hühnerbrühe

EW	Fett	KH	kcal/kJ
12 g	10 g	10 g	178/745

Glasnudeln nach Packungsanweisung in heißem Wasser einweichen, abgießen und in ca. 10 cm lange Fäden schneiden. Hühnerfleisch von den Knochen lösen und in Streifen schneiden. Gurke schälen und in Stifte schneiden. Schinken in Streifen schneiden. Für die Sauce Senf, Öl, Sesamöl, Sojasauce, Essig, etwas Salz und Pfeffer, Zucker und Hühnerbrühe gut verrühren. Glasnudeln auf einer Platte verteilen, Gurkenstreifen, Hühnerfleisch und Schinkenstreifen darauf anrichten. Mit der Sauce übergießen.

Shrimpssalat »Li Chung«
(Abb.) – China

Zutaten
100 g Zucker,
Saft von 1 Limette,
30 ml Fischfond,
3 EL Sojasauce,
3 EL Speiseöl,
400 g gekochte
Shrimps,
2 rote Paprikaschoten,
3 Frühlingszwiebeln,
1 Glas Bohnenkeime
(350 g),
1 Dose Bambussprossen
(230 g),
Salz,
frisch gemahlener
Pfeffer

EW	Fett	KH	kcal/kJ
26 g	18 g	65 g	532/2234

Zucker in einer Pfanne schmelzen und bräunen. Mit Limettensaft, Fischfond und Sojasauce ablöschen und etwas einkochen lassen. Öl unterrühren, Shrimps dazugeben und ca. 30 Minuten im Kühlschrank ziehen lassen. Paprikaschoten halbieren, anschließend wie die Frühlingszwiebeln putzen und waschen. Paprikaschoten in feine Streifen, Frühlingszwiebeln in schmale Ringe schneiden. Bohnenkeime und Bambussprossen abtropfen lassen. Alle Zutaten mischen und mit Salz und Pfeffer abschmecken. Nach Wunsch Krupuk dazu servieren.

Tintenfischsalat
Thailand

Zutaten
2 Zwiebeln,
2 cm frische
Ingwerwurzel,
2 kleine frische
rote Chilischoten,
80 g ungesalzene
Erdnusskerne,
1 Mango,
1 Limette,
3 EL Fischsauce,
1 kleiner Kopf Endiviensalat,
1 kleiner Bd. Korianderkraut,
450 g küchenfertige
Tintenfische

EW	Fett	KH	kcal/kJ
24 g	10 g	13 g	267/1117

Zwiebeln schälen, halbieren und in dünne Halbringe schneiden. Ingwer schälen und fein würfeln. Chilischoten waschen, längs aufschneiden, entkernen und in feine Ringe schneiden. Erdnusskerne grob hacken. Mango schälen, Fruchtfleisch vom Stein schneiden und würfeln. Alle vorbereiteten Zutaten in einer Schüssel locker vermengen. Limette waschen, abtrocknen. Schale abreiben und Saft auspressen. Saft und Schale mit Fischsauce vermengen und zum Salat geben. Endivien putzen, waschen und die Blätter in Stücke zerpflücken. 4 tiefe Teller oder Schalen mit Salatblättern auslegen. Korianderkraut waschen, trockentupfen und Blättchen abzupfen. Tintenfischringe in siedendem Wasser 1 Minute blanchieren, abtropfen lassen und zum Salat geben. Alle Zutaten gründlich vermengen. Tintenfischsalat auf Endivienblättern anrichten. Mit Korianderblättchen garniert servieren.

Reisnudelsalat
(Abb. S. 111, oben) – China

 Zutaten
350 g Reisnudeln
(ca. 1/2 cm breit),
3 Knoblauchzehen,
 5 EL Pflanzenöl,
2 EL brauner Zucker,

350 g vorgegarte
Garnelen,
100 ml Gemüsebrühe,
1 EL Sojasauce,
2 Hand voll Basilikumblätter

EW	Fett	KH	kcal/kJ
23 g	22 g	33 g	420/1750

Reisnudeln in heißem Wasser 10–15 Minuten einweichen. Danach durch ein Sieb geben und gut abtropfen lassen. Mit einem Küchentuch zugedeckt beiseite legen. Knoblauch sehr fein hacken und in Öl anschwitzen. Braunen Zucker dazugeben und bei schwacher Hitze schmelzen lassen. Garnelen hinzufügen und 5 Minuten unter häufigem Rühren braten. Gemüsebrühe und Sojasauce unterrühren und kurz aufkochen. Nudeln auf einer Platte verteilen, Garnelen mit Sauce darüber gießen. Mit der Hälfte des Basilikums vermischen. Mit Sojasauce abschmecken. Vor dem Servieren mit dem restlichen Basilikum garnieren.

Tipp
Für Reisnudeln kann man ersatzweise auch breite Eiernudeln verwenden. Ebenso kann brauner Zucker ausgetauscht werden in weißen; diesen dann aber im heißen Öl karamellisieren lassen.

Sojasprossen-Crabmeat-Tofu-Salat
(Abb. S. 111, unten) – China

 Zutaten
200 g Sojasprossen,
50 g Mu-Err-Pilze,
3 EL Sojasauce,
 6 EL Pflanzenöl,
1 EL Reisessig,
100 ml Gemüsebrühe,
3 Bd. Minze,
300 g Crabmeat,
200 g Tofu

EW	Fett	KH	kcal/kJ
23 g	28 g	5 g	360/1500

Sojasprossen ca. 10 Minuten in warmes Wasser geben, danach kalt abbrausen und abtropfen lassen. Mu-Err-Pilze 10 Minuten in Wasser kochen, danach unter fließendem Wasser gründlich waschen und abtropfen lassen. In einer Salatschüssel Sojasauce mit Öl, Reisessig und Gemüsebrühe gut verrühren. Minze grob hacken und zwei Drittel der Minze dazugeben. Crabmeat in 1 cm dicke Stücke schneiden. Crabmeat, Sojasprossen und Mu-Err-Pilze mit Salatsauce gut vermischen. Tofu in 1 cm dicke Würfel schneiden und vorsichtig darunter mischen. Vor dem Servieren restliche Minze darüber streuen.

Tipp
Auch mit anderen Pilzen schmeckt dieser Salat.

Schweinefilet mit Curry
(Abb. S. 127) – China

Zutaten für 2 Personen
200 g Schweinefilet,
2 Aprikosenhälften,
2 Frühlingszwiebeln,
80 g 5-Minuten-Langkornreis,
3 EL Erbsen (Dose),
2 TL Butter,
2 TL Speiseöl,
Salz,
Pfeffer,
2 TL Currypulver,
10 EL Hühnerbrühe (Instant),
3 EL Aprikosensaft,
2 EL Sojasauce,
2 EL Speisestärke,
einige Basilikumblättchen

EW	Fett	KH	kcal/kJ
56 g	20 g	116 g	860/3612

Schweinefilet waschen, trockentupfen und in dünne Streifen schneiden. Aprikosenhälften abtropfen lassen und durchschneiden (Saft aufheben). Frühlingszwiebeln putzen, waschen, in schräge Ringe schneiden. Reis nach Packungsanweisung in Salzwasser garen, Erbsen mit Butter kurz vor Ende der Garzeit unter den Reis rühren. Öl erhitzen, Fleisch darin kurz anbraten, herausnehmen, salzen und pfeffern. Currypulver und Zwiebelringe im Bratenfond andünsten,

Hühnerbrühe, Aprikosensaft und Sojasauce dazugeben und würzen. Aufkochen lassen, mit Speisestärke verrühren, Fleisch und Aprikosen zugeben. Gericht zusammen mit dem Reis auf einem Teller anrichten und mit Basilikumblättchen garniert servieren.

Schweinefleisch in Curry-Erdnuss-Sauce
China

Zutaten
500 g mageres Schweinefleisch,
2 EL Reiswein,
2 Knoblauchzehen,
Salz,
1 TL Ingwerpulver,
Pfeffer,
Speisestärke,
3 1/2 EL Sesamöl,
1 Zwiebel,
60 g eingeweichte chinesische schwarze Pilze,
250 g Mischgemüse,
50 g Erdnusskerne,
75 ml chinesische Chilisauce,
150 ml Fleischbrühe,
1 1/2 EL Currypulver,
1 Prise gemahlene Nelken,
1 Prise gemahlener Kreuzkümmel,
2 EL Sojasauce,
2 Bananen

EW	Fett	KH	kcal/kJ
36 g	24 g	34 g	520/2175

Schweinefleisch waschen, trockentupfen, würfeln und in eine Schüssel geben. Reiswein mit ausgepresster Knoblauchzehe, Salz und Ingwerpulver vermengen, zum Schweinefleisch geben, mit Salz und Pfeffer würzen und im Kühlschrank mindestens 30 Minuten abgedeckt marinieren lassen. Fleisch nochmals mit Salz und Pfeffer würzen, mit 3 1/2 EL Speisestärke bestäuben. Sesamöl im Wok oder einer tiefen Pfanne erhitzen, Fleisch darin unter Wenden kräftig braten, herausnehmen und beiseite stellen. Zwiebel schälen, fein hacken, Pilze abtropfen und in feine Streifen schneiden. Mischgemüse putzen, waschen und klein schneiden. Zwiebeln, Pilze und Mischgemüse im verbliebenen Bratfett unter Wenden braten. Erdnusskerne mit Chilisauce und Fleischbrühe zugeben und alles zum Kochen bringen. Mit Currypulver, Nelkenpulver, gemahlenen Kreuzkümmel, Sojasauce, Salz und Pfeffer abschmecken, mit in wenig kaltem Wasser angerührter Speisestärke binden. Fleisch zugeben, Bananen schälen, in Scheiben schneiden und unterheben. Einmal aufkochen lassen, nochmals abschmecken, nach Belieben garnieren und servieren.

Filetspieße »Shanghai«
(Abb.) – China

Zutaten
10 EL Sojasauce,
5 EL Orangensaft,
3 EL Sonnenblumenöl,
400 g Schweinefilet,
200 g Spitzen-Lang-
kornreis,
1 Dose Litschis (565 g),
10 Cocktail-
tomaten,
1 Glas Sojabohnen-
sprossen (350 g),
1 Dose Bambus-
sprossen (230 g),
je 1 rote, grüne und
gelbe Paprikaschote,
5 EL Sojaöl,
etwas Zucker,
Pfeffer

EW	Fett	KH	kcal/kJ
31 g	38 g	63 g	727/3038

6 EL Sojasauce, Orangensaft
und Sonnenblumenöl für die
Marinade verrühren. Schweinefilet waschen, trockentupfen
und in Würfel schneiden. Fleisch
mit der Marinade vermengen
und ca. 30 Minuten darin ziehen lassen. Reis nach Packungsanweisung zubereiten. Litschis
abtropfen lassen, Tomaten waschen, beides abwechselnd mit
den Fleischwürfeln auf Spieße
stecken und auf dem Holzkoh-
lengrill oder in der Pfanne garen. Zwischendurch mehrmals
mit restlicher Marinade bestreichen. Für den Salat Soja-
bohnensprossen und
Bambussprossen
abtropfen
lassen.

Paprikaschoten
putzen, waschen und
in Streifen schneiden.
Sojaöl, Sojasauce, etwas
Zucker und Pfeffer mit den
Salatzutaten vermengen und
mit Filetspießen und Reis
servieren.

Tipp
Besonders einfach ist die
Zubereitung von Spitzen-
Langkornreis im praktischen
Kochbeutel. Der Reis nimmt
so genau die richtige Menge
an Flüssigkeit auf und wird
garantiert locker und
körnig.

Erdnussfleisch
Philippinen

Zutaten
2 Paprikaschoten,
1 große Zwiebel,
4 Knoblauchzehen,
2 frische Chilischoten,
500 g Schweine-
schnitzel,
1 TL Kurkuma,
150 g Erdnusskerne,
4 EL Erdnussöl,
Salz,
Pfeffer,
2 EL Erdnusscreme,
1/8 l Brühe,
200 g Sahne,
1 EL gehacktes
Korianderkraut

EW	Fett	KH	kcal/kJ
33 g	72 g	14 g	885/3700

Paprikaschoten putzen, waschen und in etwa zentimetergroße Würfel schneiden. Zwiebel und Knoblauch schälen und hacken. Chilischoten waschen und mit den Kernen sehr fein hacken. Schweineschnitzel waschen, trockentupfen, in schmale Streifen schneiden und mit

Kurkuma würzen. Erdnusskerne in ein Küchentuch wickeln und mit dem Fleischklopfer zerhacken. Im Wok oder einer tiefen Pfanne die Hälfte des Öls erhitzen und Fleischstreifen darin portionsweise von allen Seiten scharf anbraten; herausnehmen, salzen und pfeffern. Restliches Öl zugießen und unter ständigem Rühren Zwiebeln, Knoblauch und Chilischoten an-

dünsten. Paprikawürfel mitbraten, Erdnusscreme und Erdnüsse einrühren. Einige Minuten unter Rühren braten und mit Brühe sowie Sahne aufgießen. Nach dem ersten Aufkochen Hitze abdrehen und Fleischstreifen und Korianderkraut einrühren. Gericht salzen und pfeffern, heiß servieren.

Tipp
Thailändisch wird das Gericht, wenn Sie statt Sahne ungesüßte Kokosmilch verwenden.

Glasierte Schweinerippchen »Tokyo«
(Abb.) – *Japan*

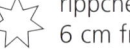

Zutaten
2 kg magere Schweinerippchen,
6 cm frische Ingwerwurzel,
1 Zitrone,
6 EL japanische Sojasauce,
3 EL Mirin (ersatzweise halbtrockener Sherry),
3 EL fester Honig,
2 EL Tomatenketschup,
1 TL Sambal Oelek

EW	Fett	KH	kcal/kJ
22 g	23 g	9 g	380/1615

Rippchen schon vom Metzger in Stücke teilen lassen, so dass jeweils 4 Rippen zusammenhängen. Rippchen mit einem Tuch abreiben und Fleisch zwischen den Knochen um zwei Drittel einschneiden und in eine flache Schüssel legen. Ingwer schälen, in kleinere Stücke schneiden und durch die Knoblauchpresse in ein Stieltöpfchen pressen. Zitrone auspressen und den Saft hinzufügen. Sojasauce, Mirin, Honig, Tomatenketschup und Sambal Oelek in den Topf geben und unter Rühren einmal aufkochen. Heiß über die Rippchen gießen und diese 30–60 Minuten marinieren, dabei häufig wenden. Rippchen flach in eine Grillschale legen, nochmals mit Marinade bestreichen und unter vorgeheiztem Grill garen. Dies dauert je nach Dicke der Rippen 20–40 Minuten. Dabei gelegentlich wenden und mit Marinade einpinseln.

Glasiertes Schweinefilet China-Art
China

Zutaten

6 getrocknete Mu-Err-Pilze,
600 g Schweinefilet,
2 EL Puderzucker,
2 EL dunkle Sojasauce,
2 Knoblauchzehen,
200 g Sojabohnensprossen,
4 EL Erdnussöl,
1 EL Reisweinessig,
1/8 l Geflügelbrühe,

Salz,
Pfeffer

EW	Fett	KH	kcal/kJ
33 g	32 g	15 g	501/2094

Pilze mit heißem Wasser begießen und ca. 20 Minuten quellen lassen. Schweinefilet waschen, trockentupfen und in ca. 2 cm dicke Scheiben schneiden. Puderzucker mit Sojasauce glatt rühren und Marinade in das Fleisch massieren. Knoblauch schälen und durch die Presse drücken. Sojabohnensprossen in einem Sieb abbrausen und abtropfen lassen. Pilze ausdrücken und etwas zerkleinern. Im Wok 2 EL Erdnussöl erhitzen. Fleischscheiben darin portionsweise auf jeder Seite kurz anbraten; herausnehmen. Restliches Öl in den Wok gießen. Knoblauch darin glasig dünsten und Pilze und Sojabohnensprossen einrühren. Nach ca. 1 Minute mit Reisweinessig und Brühe aufgießen. Salzen, pfeffern und kurz aufkochen lassen. Zuletzt Schweinefleischscheiben unterheben. Nochmals abschmecken und heiß servieren.

Schweinefleischcurry mit Erdnüssen
China

Zutaten
600 g Schweinefilet oder mageres Schweinefleisch zum Kurzbraten,

3 EL dunkle Sojasauce,
1 TL 5-Gewürze-Pulver,
1 Bd. Suppengrün,
je 1 rote, grüne und gelbe Paprikaschote,
100 g Erdnusskerne,
4 EL Erdnussöl,
1 EL Currypulver,
1 TL Zucker,
Salz,
Pfeffer,
1/8 l Gemüsebrühe

EW	Fett	KH	kcal/kJ
36 g	43 g	12 g	615/2569

Schweinefilet waschen, trockentupfen und in schmale Streifen schneiden. Sojasauce und 5-Gewürze-Pulver über das Fleisch träufeln und einziehen lassen. Suppengrün säubern, teils schälen und sehr fein würfeln. Paprikaschoten putzen, waschen und in zentimetergroße Stücke schneiden. Erdnusskerne in ein Küchentuch wickeln und mit dem Fleischklopfer klein hacken. Im Wok oder einer tiefen Pfanne 2 EL Erdnussöl stark erhitzen. Fleischstreifen darin unter Rühren 1 Minute braten; herausnehmen. Restliches Öl in den Wok gießen und Paprikawürfel und Suppengrün darin anbraten. Mit Currypulver, Zucker, Salz und Pfeffer würzen und mit Brühe aufgießen. Fleischstreifen und Erdnusskerne untermengen. Nochmals abschmecken und auf Reis servieren.

FLEISCH

Schweinefleisch mit Bambusstreifen
(Abb.) – Thailand

Zutaten
400 g Schweinerücken in Würfel geschnitten,
2 TL Goa-Würz-mischung,
1 TL Sambal Manis,
2 EL Austernsauce,
1 TL 5-Gewürze-Pulver,
4 EL Sojaöl,
250 g thailändischer Duftreis,
1 Glas Bambusschöß-linge in Streifen,
je 1 rote und gelbe Paprikaschote (in feine Streifen geschnitten),
einige Korianderblätter zur Dekoration

EW	Fett	KH	kcal/kJ
23 g	38 g	52 g	661/2763

Gewürfeltes Schweinefleisch zusammen mit der Goa-Würzmischung, Sambal Manis, Austernsauce, 5-Gewürze-Pulver und 2 EL Sojaöl in einen Frischhaltebeutel geben und gut vermengt 30 Minuten marinieren lassen. In der Zwischenzeit den Duftreis waschen und mit 450 ml kaltem Wasser auffüllen, kurz aufkochen lassen und zugedeckt auf kleinster Flamme garen, bis keine Flüssigkeit mehr vorhanden ist. Mit einer Gabel auflockern. Restliches Sojaöl im Wok erhitzen und darin das marinierte Fleisch unter ständigem Rühren anbraten. Abgetropfte Bambus-Schößlinge sowie Paprika dazugeben und mitbraten,

eventuell mit den zum Marinieren verwendeten Würzmitteln nachwürzen. Mit Korianderblättern dekorieren und mit Duftreis servieren.

Gegrillte Schweineschulter
Thailand

Zutaten
1 kg Schweineschulter (ohne Schwarte),
4 EL Sojasauce,
3 EL Reiswein oder Sherry,
2 EL Erdnussöl,
4 1/2 EL Puderzucker,
1 TL Salz,
1 TL Ingwerpulver,
2 Knoblauchzehen,
3 EL flüssiger Honig

EW	Fett	KH	kcal/kJ
42 g	64 g	39 g	957/3999

Schweinefleisch waschen, trockentupfen und in ca. 5 cm große Würfel schneiden. Sojasauce, Reiswein oder Sherry, Öl, Zucker, Salz, Ingwerpulver, ausgepressten Knoblauch und Honig zu einer Marinade verrühren. Fleisch mit Marinade einreiben und 7 Stunden zugedeckt an einem kühlen Ort marinieren lassen. Grill vorheizen und Fleischstücke unter Wenden 30 Minuten grillen, dabei immer wieder mit Marinade bestreichen. Fleisch zum Servieren in dünne Scheiben schneiden.

Schweinefleisch süß-sauer mit Chinakohl
(Abb.) – China

Zutaten für 2 Personen
250 g mageres
Schweinefleisch,
1/2 kleiner Chinakohl,
1 Glas 2-Step-Sauce
chinesisch süß-sauer
(Fertigprodukt; 400 g)

EW	Fett	KH	kcal/kJ
55 g	25 g	25 g	319/1337

Schweinefleisch waschen und trockentupfen. Chinakohl putzen, waschen und mit dem Schweinefleisch in schmale Streifen schneiden. Wok oder eine Pfanne erhitzen, oberste Schicht der 2-Step-Sauce vorsichtig aus dem Glas nehmen, in den Wok oder die Pfanne füllen, erhitzen. Schweinefleisch- sowie Chinakohlstreifen zugeben und anbraten. Restliche Sauce aus dem Glas zugeben, sorgfältig verrühren und 3–4 Minuten köcheln lassen. Mit Reis servieren und nach Wunsch mit einer geputzten Frühlingszwiebelblume garnieren.

Tipp
Für die Dekoration eine Frühlingszwiebel in Stücke schneiden, diese je bis zur Hälfte mehrmals einschneiden. Zum Kräuseln in Eiswasser legen und das Gericht anschließend damit garnieren.

Schweinefleisch-curry
Indien

Zutaten
1 kg mageres Schweine-
fleisch,
5 Knoblauchzehen,
1 TL Salz,
4 frische rote Chili-
schoten,
1/8 l Weißweinessig,
2 cm frische Ingwer-
wurzel,
1 EL gemahlener Kreuz-
kümmel,
1/2 Tasse Pfeffer,
2 EL Garam Masala,
1/4 TL Bockshornklee,
1/4 TL gemahlene
Muskatblüte,
2 EL Zucker,
4 große Zwiebeln,
1/2 TL Gewürznelken,
4 EL Ghee,
4 EL Öl

EW	Fett	KH	kcal/kJ
54 g	38 g	17 g	630/2634

Schweinefleisch waschen, trockentupfen und in ca. 2 cm

große Würfel schneiden. Knoblauchzehen schälen und mit Salz im Mörser zerreiben; mit Schweinefleisch vermengen. Chilischoten säubern, entkernen und mit Essig verrühren. Ingwer schälen und fein hacken. In einem Mixer Kreuzkümmel, Pfeffer, Garam Masala, Bockshornklee, Muskat, Zucker, in Essig eingelegte Chiliwürfel und Ingwer pürieren. Würzmischung unter die Fleischwürfel mengen. Fleisch zugedeckt mindestens 8 Stunden im Kühlschrank durchziehen lassen. Zwiebeln schälen, halbieren, in feine Streifen schneiden und mit Gewürznelken vermengen. Ghee und Öl in einem breiten Topf erhitzen und Zwiebelstreifen darin ca. 20 Minuten dünsten. Fleischwürfel leicht abstreifen und auf die Zwiebeln legen. Topfinhalt ca. 20 Minuten kräftig durchbraten. Nach und nach Marinade angießen. Schweinefleisch zugedeckt bei schwacher Hitze ca. 60 Minuten garen.

Fleischcurry mit Kartoffeln
Indien

 Zutaten
 1 kg mageres Schweinefleisch,
2 Zwiebeln,
 5 Knoblauchzehen,
2 cm frische Ingwerwurzel,
2 EL Ghee,

1 TL schwarze Senfsamen,
1 TL Kurkuma,
1 TL Garam Masala,
1 EL gemahlener Koriander,
1 TL Cayennepfeffer,
1 TL Salz,
1 EL Essig,
1 kg Kartoffeln

EW	Fett	KH	kcal/kJ
57 g	14 g	41 g	527/2202

Schweinefleisch waschen, trockentupfen und in zentimetergroße Würfel schneiden. Zwiebeln schälen, halbieren und in feine Streifen schneiden. Knoblauchzehen und Ingwerwurzel schälen und fein hacken. Ghee erhitzen und Gewürze einstreuen. Unter Rühren braten, bis sie kräftig duften und knistern. Zwiebelstreifen, Knoblauch und Ingwer einrühren und ca. 5 Minuten andünsten; Salz und Essig zufügen. Fleischwürfel nach und nach einlegen und darauf achten, dass sie im »Gewürzbad« liegen; unter Umständen mit dem Kochlöffel immer wieder nachhelfen. Löffelweise Wasser zugießen, damit am Topfboden nichts anbrennt. Nach ca. 10 Minuten 1/4 l Wasser aufgießen und Fleisch zugedeckt ca. 60 Minuten bei schwacher Hitze garen. Kartoffeln schälen, würfeln und ca. 20 Minuten vor Ende der Garzeit zugeben. Nochmals abschmecken und heiß servieren.

Tipp
In der indischen Küche werden die Gewürze überwiegend einzeln geröstet, gedünstet oder gebraten. Das heißt, dass die Gewürze nicht in Flüssigkeit eingestreut werden, sondern schon in Fett oder Ghee ihren Geschmack entfalten.

Schweinefleisch mit Cashewnüssen
China

 Zutaten
1 kleine Packung Mu-Err-Pilze,
 1 große Zwiebel,
3 Knoblauchzehen,
100 g Sojabohnensprossen,
250 g frische Bambusschößlinge,
500 g mageres Schweinefleisch,
5-Gewürze-Pulver,
1 EL Speisestärke,
4 EL Reiswein,
4 EL Sojasauce,
4 EL Erdnussöl,
150 g Cashewnüsse

EW	Fett	KH	kcal/kJ
37 g	33 g	24 g	585/2444

Pilze mit kochendem Wasser begießen und ca. 20 Minuten quellen lassen. Zwiebel und Knoblauchzehen schälen und fein hacken. Sojabohnensprossen in einem Sieb abbrausen und abtropfen lassen. Bambusschößlinge in Streifen schneiden. Schweinefleisch waschen, trockentupfen und in schmale Streifen schneiden; mit 5-Gewürze-Pulver einreiben. Eingeweichte Pilze ausdrücken und eventuell kleiner schneiden. Speisestärke in 100 ml Pilzflüssigkeit glatt rühren und Reiswein und Sojasauce zufügen. Im Wok oder einer tiefen Pfanne 2 EL Erdnussöl erhitzen. Cashewnüsse einstreuen und goldbraun braten; herausnehmen. Zwiebel- und Knoblauchwürfel im Wok anschwitzen. Fleischstreifen zugeben und kräftig durchbraten – ebenfalls herausnehmen. 2 EL Öl in den Wok geben und restliches Gemüse darin durchbraten. Mit angerührter Flüssigkeit aufgießen und einmal aufkochen lassen. Fleischstreifen und Cashewnüsse unterheben. Gericht nochmals abschmecken und auf Reis oder Nudeln servieren.

Tipp
Verwenden Sie als Variante andere Pilze, getrocknet oder frisch. Dieses Gericht schmeckt auch süß-sauer; dazu mit etwas Zucker und Essig abschmecken.

Schweinefilet mit Gemüse und Pilzen
(Abb.) – *Japan*

Zutaten
20 g getrocknete Mu-Err-Pilze,
400 g Schweinefilet,
3 EL dunkle Sojasauce,
2 EL Sake,
1 Knoblauchzehe,
1 kleine Dose Bambusschößlinge,
1 Tomate,
2 Frühlingszwiebeln,
Öl zum Braten,
2 EL Essig,
Salz

EW	Fett	KH	kcal/kJ
36 g	43 g	12 g	615/2569

Mu-Err-Pilze nach Packungsanweisung vorbereiten. Fleisch in feine Streifen schneiden und in einer Marinade aus je 2 EL Sojasauce und Sake ca. 30 Minuten ziehen lassen. Knobauchzehe fein hacken, abgetropfte Bambusschößlinge und geschälte Tomate in Streifen und Frühlingszwiebeln in Ringe schneiden. Öl in einer Pfanne oder im Wok erhitzen, Knoblauch darin andünsten, Fleisch dazugeben und von allen Seiten ca. 5 Minuten anbraten. Restliche Sojasauce, Essig, Bambusschößlinge und Pilze zugeben und alles garen, bis die Flüssigkeit eingekocht ist. Eventuell noch mit Salz abschmecken und mit Frühlingszwiebelringen und Tomatenstreifen angerichtet servieren. Als Beilage Reis reichen.

FLEISCH

Schweinefleisch süß-sauer
(Abb.) – *China*

Zutaten für 3 Personen
1 EL Sonnen-
blumenöl,
350 g Schweinege-
schnetzeltes oder
Schnitzel,
1/2 Bd. Frühlings-
zwiebeln,
200 g Champignons,
2 EL Erdnusskerne,
1 Beutel China-Pfanne
(Fertigprodukt),
1 kleine Dose Ananas-
stücke (430 g)

EW	Fett	KH	kcal/kJ
34 g	18 g	43 g	468/1955

Öl in einem Wok oder einer tiefen Pfanne erhitzen. Geschnetzeltes darin gut anbraten, herausnehmen. Frühlingszwiebeln
und Champignons putzen, waschen und in Scheiben schneiden. Erdnusskerne grob hacken.
Alles im Wok anbraten. 3/8 l
Wasser angießen, Fleisch zugeben und Fix für China-Pfanne
einrühren; aufkochen lassen.
Ananasstücke abtropfen lassen,
zugeben und alles 10 Minuten
köcheln lassen. Dazu schmecken Glasnudeln.

Tipp
Statt Schweinefleisch
schmeckt auch Hühnerbrust
sehr gut. Wer mag, kann einen Teil des Wassers durch
Ananassaft ersetzen.

Schweinefleisch mit Gemüse
Thailand

Zutaten
300 g mageres
Schweinefleisch,
120 g Champignons,

120 g Weißkohl,
120 g grüne
Bohnen,
3 frische rote Chili-
schoten,
3 EL Öl,
3 EL rote Currypaste,
2 1/2 EL Fischsauce,
1 TL Palmzucker,
1 TL fein gehacktes
Zitronengras,
Salz,
Pfeffer,
ein paar Blättchen
frische Minze
zum Garnieren

EW	Fett	KH	kcal/kJ
19 g	14 g	8 g	230/961

Schweinefleisch waschen, trockentupfen und in dünne Scheiben schneiden. Pilze putzen und
in Scheiben schneiden. Weißkohl putzen, waschen und in
Streifen schneiden. Bohnen putzen, waschen und in Stücke
schneiden. Chilischoten längs
halbieren, entkernen und in feine Streifen schneiden. Gemüse
15 Minuten in kaltes Wasser legen. Öl im Wok oder einer tiefen Pfanne erhitzen, Currypaste
darin 5 Minuten schmoren lassen. Fleischscheiben und Fischsauce zugeben und alles 5 Minuten mitbraten. Gemüse abtropfen lassen, zugeben und alles unter Rühren weitere 3 Minuten baten. Mit Palmzucker,
Zitronengras, Salz und Pfeffer
würzen und mit Minzeblättchen
garniert servieren.

Schweinefleisch in Kokossauce
Thailand

 Zutaten
 6 große getrocknete
Mu-Err-Pilze,
500 g mageres
Schweinefleisch,
1 TL Speisestärke,
1 rote Paprikaschote,
2 EL Erdnussöl,
3/8 l Kokosmilch,
2 EL Austernsauce,
Salz,
Pfeffer aus der Mühle,
Palmzucker,
einige Koriander-
blättchen

EW	Fett	KH	kcal/kJ
28 g	12 g	9 g	257/1074

Pilze mit 1/2 l kochendem Wasser übergießen und 25 Minuten
quellen lassen. Schweinefleisch
waschen, trockentupfen, in
dünne Streifen schneiden und
in Speisestärke wenden. Paprikaschote putzen, waschen, halbieren und in Streifen schneiden. Pilze gut ausdrücken und
halbieren. Einweichwasser an-
derweitig verwenden. Öl in einer tiefen Pfanne oder im Wok
erhitzen, Fleisch darin kräftig
anbraten, aus der Pfanne nehmen und warm stellen. Pilze
und Paprikastreifen im Bratfett
kurz stark anbraten. Fleisch zugeben, mit Kokosmilch ablöschen und mit Austernsauce,
Salz, Pfeffer und Palmzucker ab-

schmecken. Ca. 5 Minuten
köcheln lassen. Gericht mit fein
gehackten Korianderblättchen
bestreut servieren.

Schweinefleisch mit Kürbis
Thailand

 Zutaten
 500 g mageres
Schweinefleisch,
1 EL Erdnussöl,
1 1/4 EL rote Currypaste,
1/4 l Kokosmilch,
400 g Kürbis,
5 Kaffir-Limetten-
blätter,
60 g Kokoscreme,
1 EL Fischsauce,
1 TL Palmzucker,
2 frische rote Chili-
schoten

EW	Fett	KH	kcal/kJ
28 g	8 g	8 g	213/890

Schweinefleisch waschen, trockentupfen und in Würfel
schneiden. In einem Topf Öl erhitzen, rote Currypaste darin
unter Rühren 1 Minute anbraten. Schweinefleisch zugeben
und unter Wenden kräftig anbraten. Mit Kokosmilch und
1/8 l Wasser ablöschen und bei
reduzierter Hitze 5 Minuten
köcheln lassen. Inzwischen Kürbis schälen, entkernen und
Fruchtfleisch in sehr kleine Würfel schneiden. Mit Limettenblät-
tern zum Fleisch geben und

FLEISCH

alles weitere 15 Minuten köcheln lassen. Kokoscreme, Fischsauce und Zucker kräftig einrühren. Chilischoten längs aufschneiden, entkernen und in schmale Ringe schneiden. Gericht damit bestreuen und heiß servieren.

Koreanische Schweinerippchen
(Abb.) – *Korea*

 ### Zutaten
30 g frischer Ingwer,
 1 Knoblauchzehe,
 4 EL Sesamöl,
4 EL Sojasauce,
3 EL Sesamsamen,
1/2 TL Sambal Oelek,
1 kg Schweinerippchen in kleine, einzelne Stücke geteilt,
15 g getrocknete

Mu-Err-Pilze,
400 g Broccoli,
4 Frühlingszwiebeln,
2 frische Chilischoten,
Salz,
200 g Langkornreis,
1/2–1 TL Kurkuma

EW	Fett	KH	kcal/kJ
22 g	23 g	9 g	380/1615

Ingwer schälen, Knoblauch abziehen, beides fein hacken und mit je 1 EL Sesamöl, Sojasauce und Sesamsamen sowie Sambal Oelek zu einer Marinade verrühren. Rippchen trockentupfen, mit der Marinade bestreichen und ca. 60 Minuten im Kühlschrank durchziehen lassen. In der Zwischenzeit Pilze nach Packungsanweisung quellen lassen, Broccoli waschen, putzen und in kleine Röschen zerteilen. Frühlingszwiebeln waschen und putzen, Chilischoten halbieren,

entkernen, waschen und mit den abgetropften Pilzen in feine Ringe bzw. Streifen schneiden. Broccoli in kochendem Salzwasser ca. 5 Minuten blanchieren. Restliches Sesamöl in einem Wok oder einer tiefen Pfanne erhitzen, Rippchen darin anbraten, 1/8 l Wasser angießen und ca. 30 Minuten schmoren. Gemüse und restliche Sesamsamen dazugeben, mit verbliebener Sojasauce abschmecken und weitere ca. 20 Minuten schmoren. In der Zwischenzeit Reis nach Packungsanweisung zubereiten, mit Kurkuma würzen und mit den Rippchen und Gemüse auf Teller anrichten.

Chopsuey
China

 ### Zutaten
1 kleine Packung getrocknete Mu-Err-Pilze,
300 g Schweinefilet (auch Lendchen oder Schnitzelfleisch),
200 g Champignons,
200 g frische Bambusschößlinge,
100 g Sojabohnensprossen,
1 große Zwiebel,
4 EL Öl,
Salz,
Pfeffer,
Sojasauce,
1 Prise Zucker,
1 TL Speisestärke,

2 EL Reiswein,
1 TL Sesamöl

EW	Fett	KH	kcal/kJ
20 g	27 g	12 g	383/1602

Mu-Err-Pilze mit kochend heißem Wasser übergießen und ca. 20 Minuten quellen lassen. Schweinefilet waschen, trockentupfen und in sehr feine Streifen schneiden. Champignons putzen und vierteln. Bambusschößlinge waschen und in feine Scheiben schneiden. Sojabohnensprossen in einem Sieb abbrausen und abtropfen lassen. Zwiebel schälen, halbieren und in nicht zu dünne Streifen schneiden. Eingeweichte Pilze gut ausdrücken und etwas kleiner schneiden. Vom Pilzsud einige Esslöffel aufbewahren. Im Wok oder in einer tiefen Pfanne 2 EL Öl erhitzen und Fleischstreifen darin portionsweise scharf anbraten; herausnehmen, salzen und pfeffern. Restliches Öl in den Wok geben und Zwiebelstreifen darin ca. 2 Minuten kräftig durchbraten. Eingeweichte Pilze, Champignons, Sojabohnensprossen und Bambusschößlinge einstreuen und mit einem Holzspatel kräftig hin- und herrühren. Mit Sojasauce, Salz, Pfeffer und Zucker pikant abschmecken. Speisestärke mit Reiswein glatt rühren und über den Wokinhalt gießen. Fleischstreifen unterheben, nochmals abschmecken und mit Sesamöl »vollenden«.

Schneller Schweinefleischwok
(Abb.) – China

Zutaten für 3 Personen
50 g Glasnudeln,
350 g Schweineschnitzel,
150 g Staudensellerie,
1 EL Sonnenblumenöl,
2 Beutel China-Pfanne (Fertigprodukt),
100 g Sojabohnenkeimlinge,
Sojasauce,
Essig,
1 Prise Zucker

EW	Fett	KH	kcal/kJ
31 g	9 g	35 g	356/1490

Glasnudeln nach Packungsanweisung zubereiten. Schweineschnitzel waschen, trockentupfen und in feine Streifen schneiden. Staudensellerie putzen, waschen und in Stücke schneiden. Öl im Wok oder einer tiefen Pfanne heiß werden lassen. Fleisch darin kurz anbraten, Sellerie zugeben und mitdünsten. 3/8 l Wasser zugießen. China-Pfanne einrühren, zum Kochen bringen und 10 Minuten kochen lassen. Dabei gelegentlich umrühren. Gekochte Glasnudeln und Sojabohnenkeimlinge unterrühren, heiß werden lassen. Wokinhalt mit Sojasauce, Essig und Zucker würzen und abschmecken.

Schweinefleisch mit Pfeffer
(Abb.) – *China*

Zutaten
400 g mageres
Schweinefleisch,
2 EL Sake,
4 EL Sojasauce,
1/2 TL Ingwerpulver,
1 Schalotte oder
1 kleine Zwiebel,
Öl zum Braten,
1 EL Zucker, 1 EL grüner
Pfeffer, Salz

EW	Fett	KH	kcal/kJ
22 g	55 g	5 g	607/2541

Schweinefleisch in mundgerechte Würfel schneiden und in einer Marinade aus Sake, Sojasauce, Ingwer und fein gehackter Schalotte oder Zwiebel 30 Minuten ziehen lassen. Öl in einer Pfanne oder im Wok erhitzen, Fleisch aus der Marinade nehmen (Marinade aufheben) und von allen Seiten braun braten. Anschließend herausnehmen. Restliche Marinade in die Pfanne oder den Wok geben und mit Zucker kurz aufkochen lassen. Fleisch sofort wieder dazugeben, mit grünem Pfeffer würzen und nach Belieben mit Salz abschmecken. Als Beilage Reis reichen.

Tipp
Das Fleisch kann auch über Nacht im Kühlschrank mariniert werden: Schüssel mit einem Teller abdecken.

FLEISCH

Schweinefleisch-streifen scharf
China

Zutaten
500 g Schweinefilet,
2 EL Hoisinsauce,
1 EL geschrotete
schwarze Pfefferkörner,
1 TL 5-Gewürze-
Pulver,
3 1/2 EL Sesamöl,
1 Zwiebel,
je 1 rote und gelbe
Paprikaschote,
200 g Chinakohl,
300 ml Gemüsebrühe,
4 EL Sojasauce,
1 TL Chiliöl,
1 1/2 EL brauner
Zucker,
Salz,
Pfeffer,
Speisestärke zum
Binden,
2 EL gehacktes
Korianderkraut

EW	Fett	KH	kcal/kJ
27 g	27 g	17 g	436/1824

Schweinefilet waschen, trocken-tupfen, in mundgerechte Würfel schneiden. Hoisinsauce, ge-schroteten Pfeffer und 5-Ge-würze-Pulver in das Fleisch ein-massieren. Öl im Wok oder ei-ner tiefen Pfanne erhitzen und Fleisch darin unter Rühren bra-ten; herausnehmen und beiseite stellen. Zwiebel und Paprika-schoten putzen, waschen und in feine Streifen schneiden. Im Bratfett unter ständigem Rühren braten. Chinakohl putzen, wa-schen und in mundgerechte Stücke teilen, zugeben, kurz braten und mit Gemüsebrühe und Sojasauce aufgießen. Mit Chiliöl, braunem Zucker, Salz und Pfeffer abschmecken und mit in wenig kaltem Wasser an-gerührter Speisestärke binden. Fleisch unter das Gemüse he-ben, nochmals abschmecken, anrichten und mit Koriander-kraut bestreuen. Nach Belieben garnieren und servieren.

Schweinecurry süß-sauer
China

Zutaten
500 g Schweine-nacken,
2 EL Hoisinsauce,
2 EL Pflaumensauce,
Salz,
2 1/2 EL Speise-stärke,
3 1/2 EL Sesamöl,
2 Zwiebeln,
je 1 rote und gelbe
Paprikaschote,
1 Stück Lauch,
2 Scheiben Ananas
(Dose),
100 g Litschifrüchte,
150 ml chinesische
Chilisauce,
1 EL Currypulver,
150 ml Gemüsebrühe,
Speisestärke zum
Binden,
Sojasauce und
Weinessig zum Ab-schmecken,
1 1/2 EL Honig

EW	Fett	KH	kcal/kJ
25 g	44 g	40 g	677/2830

Schweinenacken waschen, tro-ckentupfen, in mundgerechte Würfel schneiden und in eine Schüssel geben. Hoisin- und Pflaumensauce untermengen, mit Salz würzen und 10–15 Mi-nuten abgedeckt im Kühl-schrank ziehen lassen. Dann Fleisch mit Speisestärke bestäu-ben. Sesamöl im Wok oder ei-ner tiefen Pfanne erhitzen, Fleisch unter Rühren kräftig bra-ten, herausnehmen und beiseite stellen. Zwiebeln schälen, Papri-kaschoten und Lauch putzen und waschen. Gemüse in mundgerechte Würfel schnei-den und im verbliebenen Brat-fett unter Rühren braten. Ananasscheiben abtropfen las-sen, würfeln und mit halbierten Litschifrüchten zum Gemüse ge-ben. Chilisauce, Currypulver und Gemüsebrühe einrühren und unter ständigem Rühren er-hitzen. Mit in wenig kaltem Wasser angerührter Speisestärke leicht binden, mit Sojasauce, Weinessig und Honig süß-sauer abschmecken. Fleisch in die Sauce geben, nochmals erhit-zen, abschmecken. Nach Belie-ben mit dünnen Möhrenschei-ben garnieren.

Fleisch in 1 cm große Würfel schneiden und 3 Stunden in Gewürzketschup marinieren. Paprikaschoten in 2 cm große Rauten, Zwiebel in feine Streifen schneiden. Für den Teig Mehl mit Eigelb, Sesamöl und 100 ml Wasser verrühren. Eiweiß steif schlagen und unter den Teig heben. Fleisch aus der Marinade nehmen und in den Teig geben. Marinade aufbewahren. Fleischstücke mit einem Holzlöffel vorsichtig einzeln aus dem Teig herausnehmen und in heißem Öl goldgelb backen. Zwiebelwürfel und Paprikarauten in Margarine dünsten, nach ca. 5 Minuten mit der Marinade auffüllen und mit Essig abschmecken. Weitere 2 Minuten unter Rühren köcheln. Gemüse auf eine Platte geben und Fleischstücke darauf verteilen.

Gebratene Schweine-rippchen Kanton-Art
China

Zutaten
ca. 500–750 g Schweinerippchen,
1 TL Zucker,
1/2 TL Fleischzart-macher,
5 EL helle Sojasauce,
Pfeffer,
Glutamat,
2 EL Reiswein,
1 gepresste Knoblauchzehe,
2 EL Maisstärke,
Öl zum Frittieren,

Gebackenes Schweinefleisch
(Abb.) – *China*

Zutaten
600 g Schweinelende,
500 g Curry-Gewürzketschup,
250 g bunt gemischte Paprikaschoten,

1 große Zwiebel,
250 g Mehl,
2 Eier, getrennt,
1 TL Sesamöl,
1 l Öl zum Frittieren,
50 g Margarine,
1 TL Fruchtessig

EW	Fett	KH	kcal/kJ
29 g	52 g	4 g	616/2579

2 TL Worcestersauce,
2 EL Ketschup,
1/2 TL Zucker

EW	Fett	KH	kcal/kJ
36 g	45 g	16 g	607/2538

Schweinerippchen in mundgerechte Stücke schneiden. Aus Zucker, Fleischzartmacher, Sojasauce, Pfeffer, Glutamat, Reiswein, Knoblauchzehe und Maisstärke eine Marinade rühren; mit dem Fleisch gut vermischen und ca. 30 Minuten stehen lassen. Öl erhitzen, Fleisch bei Mittelhitze ca. 4 Minuten darin frittieren, bis es goldbraun ist; herausnehmen und abtropfen lassen. Öl nochmals stark erhitzen, gebratenes Fleisch zugeben, ca. 1 Minute frittieren. Für die Sauce Worcestersauce, Ketschup und Zucker mit 3 EL Wasser verrühren und bei starker Hitze kochen lassen. Gebratene Rippchen in die Sauce geben. Kurz unter ständigem Rühren braten, so dass sie ganz von der Sauce durchtränkt werden. Sofort heiß servieren.

Gebratenes Schweinefleisch mit Sojabohnensprossen
China

Zutaten
250 g mageres Schweinefleisch,
3 EL helle Sojasauce,

4 TL Maisstärke,
Öl zum Braten,
2 EL Sherry oder Reiswein,
250 g Sojabohnensprossen,
4 eingeweichte Morcheln,
1 gepresste Knoblauchzehe,
1/4 l Brühe,
Salz,
Pfeffer

EW	Fett	KH	kcal/kJ
16 g	31 g	5 g	372/1556

Schweinefleisch in dünne Scheiben schneiden, in eine Schüssel geben und mit einer Marinade aus 1 EL heller Sojasauce, 2 TL Maisstärke, 1 TL Öl, 1 EL Sherry oder Reiswein übergießen. Fleisch gut durchmischen, ca. 15 Minuten stehen lassen. Sojabohnensprossen waschen, abtropfen lassen. Morcheln in Streifen schneiden. Öl erhitzen, Fleisch darin leicht anbraten, ständig rühren, damit die Scheiben nicht aneinander kleben. Fleisch nur kurz anbraten, herausheben. Wok sauber reiben, 2 EL Öl erhitzen. Knoblauch darin braten, bis er duftet, Fleisch, Morcheln, Brühe, restliche helle Sojasauce, restlichen Reiswein, Salz und Pfeffer zufügen, aufkochen lassen. Sojabohnensprossen zugeben und rasch umrühren. Mit in Wasser verrührter restlicher Maisstärke binden.

Gebratenes Schweinefleisch Peking-Art
China

Zutaten
5 Schweinekoteletts,
3 EL helle Sojasauce,
Pfeffer,
1/2 TL Fleischzartmacher,
2 TL 5-Gewürze-Pulver,
1 gepresste Knoblauchzehe,
1 EL Reiswein,
1 TL Zucker,
1 TL Essig,
1 Ei,
Maisstärke,
Öl zum Braten
Für die Sauce:
2 EL gehackter Lauch,
1 TL Ingwerpulver,
1 gepresste Knoblauchzehe,
4 EL helle Sojasauce,
1/2 TL Zucker,
2 TL Essig,
1 TL Tabasco

EW	Fett	KH	kcal/kJ
42 g	37 g	28 g	619/2588

Fleischscheiben auf beiden Seiten durchklopfen. Aus Sojasauce, Pfeffer, Fleischzartmacher, 5-Gewürze-Pulver, gepresster Knoblauchzehe, Reiswein, Zucker, Essig und Ei eine Marinade rühren, mit dem Fleisch gut vermengen und 30 Minuten stehen lassen. Fleisch abtropfen lassen, in Maisstärke wälzen.

FLEISCH

Öl in einer Pfanne erhitzen. Fleisch bei starker Hitze braten, bis es auf der Unterseite braun ist, dann wenden. So lange braten, bis das Fleisch goldbraun ist. Fertiggebratene Fleischscheiben in 1–2 cm breite Streifen schneiden, auf einer Platte anrichten. Aus gehacktem Lauch, Ingwerpulver, gepresster Knoblauchzehe, heller Sojasauce, Zucker, Essig und Tabasco eine Sauce rühren, zum Fleisch reichen.

Schweinefleisch mit Erdnüssen
China

 Zutaten
600 g Schweinebauch,
2 EL Hoisinsauce,
2 EL flüssiger Honig,
3 1/2 EL Sojasauce,
Salz,
Szechuanpfeffer,
4 EL Sesamöl,
1 Zwiebel,
3 Stangen Bleichsellerie,
2 Möhren,
1 Tasse Erdnusskerne,
2 EL Tomatenmark,
1/4 l Fleischbrühe,
Speisestärke zum Binden,
Sojasauce zum Abschmecken,
2 EL Schnittlauchröllchen

EW	Fett	KH	kcal/kJ
29 g	78 g	22 g	961/4018

Schweinebauch waschen, trockentupfen, würfeln und beiseite stellen. Hoisinsauce mit Honig und Sojasauce verrühren, Fleisch damit einreiben. Mit Salz und Pfeffer würzen und im Kühlschrank abgedeckt 10–15 Minuten ziehen lassen. Öl im Wok oder einer tiefen Pfanne erhitzen, Fleisch darin unter Wenden kräftig braten; herausnehmen und warm stellen. Zwiebel, Bleichsellerie und Möhren schälen bzw. putzen und waschen, würfeln und im verbliebenen Öl braten. Erdnusskerne und Tomatenmark untermengen und mit Fleischbrühe aufgießen. Alles bei schwacher Hitze 6–8 Minuten köcheln lassen, dann mit kalt angerührter Speisestärke leicht binden. Fleisch unter die Sauce heben, nochmals erhitzen, mit Salz, Pfeffer und Sojasauce abschmecken. Schweinefleisch mit Erdnusskernen anrichten und mit Schnittlauchröllchen bestreut servieren.

Suki-Yaki
China

 Zutaten für 3 Personen
300 g Schweinefleisch,
1 Knoblauchzehe,
2 EL Sojasauce,
 2 EL Weinessig,
1/2 TL brauner Zucker,
1/2 TL Sambal Oelek,
250 g Zwiebeln,
250 g Lauch,

3 EL Sojaöl,
1 Beutel China-Pfanne (Fertigprodukt)

EW	Fett	KH	kcal/kJ
25 g	24 g	19 g	399/1670

Schweinefleisch waschen, trockentupfen und in feine Streifen schneiden. Knoblauchzehe schälen, durch die Presse drücken, mit Sojasauce, Weinessig, braunen Zucker und Sambal Oelek vermengen. Marinade mit den Fleischstreifen vermengen und ca. 6 Stunden abgedeckt ziehen lassen, dabei öfter umrühren. Marinade abgießen und beiseite stellen. Zwiebeln schälen und in dünne Ringe schneiden. Lauch putzen, waschen und in 1 cm breite Stücke schneiden. Sojaöl im Wok oder einer tiefen Pfanne erhitzen, Fleisch darin anbraten. Zwiebel und Lauch zugeben, kurz mitbraten, dabei öfter wenden. Fleisch und Gemüse aus dem Wok nehmen. Marinade mit Wasser auf 3/8 l auffüllen und in den Wok gießen. Beutelinhalt für China-Pfanne einrühren, aufkochen und zugedeckt 10 Minuten kochen lassen. Fleisch und Gemüse untermengen und heiß werden lassen.

Tipp
Eine „liebliche" Variante: 200 g Zwiebeln, 200 g Lauch, 100 g getrocknete Pflaumen.

Schweinerippchen in Honigmarinade vom Rost
(Abb.) – *China*

Zutaten
1 kg Schweinerippchen,
2 EL Zucker,
Öl zum Braten,
6 EL Bienenhonig,
6 EL Sojasauce,
2 EL Hoisinsauce,
1 TL scharfe Chilisauce,
3 EL Sake,
2 EL Essig,
1/2 TL 5-Gewürze-Pulver,
2 fein gehackte Knoblauchzehen,
1/2 TL Salz,
1/2 TL Pfeffer

EW	Fett	KH	kcal/kJ
37 g	33 g	24 g	585/2444

Fleisch in mundgerechte Stücke schneiden, kreuzweise einritzen, mit Zucker einreiben und ca. 30 Minuten ziehen lassen. Aus Bienenhonig, Sojasauce, Hoisinsauce, Chilisauce, Sake, Essig, 5-Gewürze-Pulver, Knoblauchzehen, Salz und Pfeffer eine Marinade anrühren. Fleisch darin 2 Stunden einlegen, gelegentlich wenden. Rippchen aus der Marinade nehmen (Marinade aufheben) und auf einen geölten Bratrost geben. Schweinerippchen auf der mittleren Schiene im gut vorgeheizten Ofen bei 180 Grad knusprig braun braten. Während des Bratens ab und zu wenden und mit Marinade und Öl bepinseln. Als Beilage Reis reichen oder einen Salat aus Chinakohl- und Möhrenstreifen.

Scharf-würzige Spieße
China

Zutaten
600 g Schweinefleisch,
2 Frühlingszwiebeln,
1 Peperoni,
1 EL 5-Gewürze-
Pulver,
1 Msp. Sambal Oelek,
1 TL Zucker,
3 cl Kokosnuss-
Likör,
4 EL Sojasauce,
150 g gesalzene
geröstete Erdnüsse,
Salz,
Cayennepfeffer,
1 TL Kurkuma,
4 EL Zitronensaft,
4 EL Orangensaft,
350 g Sojabohnen-
sprossen (Dose),
230 g Bambussprossen
(Dose),
420 g Maiskörner
(Dose),
2 Möhren,
1 rote Paprikaschote,
5 EL Erdnussöl,
1 EL Essig,
Pfeffer,
1 EL Tomaten-
ketschup

EW	Fett	KH	kcal/kJ
49 g	53 g	51 g	948/3982

Schweinefleisch mundgerecht würfeln. Frühlingszwiebeln putzen, waschen und in feine Ringe schneiden. Peperoni fein ha-

cken. Mit 5-Gewürze-Pulver, Sambal Oelek und 1/2 TL Zucker vermischen. 1 EL Kokosnuss-Likör und 1 EL Sojasauce unterrühren. Für den Dip Erdnüsse fein mahlen, mit Salz, restlichem Zucker, Cayennepfeffer, 1 EL Sojasauce, restlichem Kokosnuss-Likör, Kurkuma, Zitronen- und Orangensaft vermischen. Hälfte des Dips unter die Marinade rühren und Fleischwürfel ca. 30 Minuten darin marinieren. Auf Holzspießchen stecken und in eine feuerfeste Form legen, Marinade dazugeben und 4–8 Minuten im vorgeheizten Backofen bei 200 Grad garen. Für den Salat Sojabohnen-, Bambussprossen und Mais abtropfen lassen. Möhren waschen und schälen, Paprikaschote halbieren, putzen und waschen, beides in Streifen schneiden. Gemüse in eine Schüssel geben. Für das Dressing Öl mit Essig, Salz, Pfeffer, restlicher Sojasauce, Tomatenketschup und nach Wunsch Sambal Oelek vermischen und über den Salat gießen. Spieße mit restlichem Dip und Salat servieren.

Spießchen »Himmelstempel« mit Fruchtsalat
Indonesien

Zutaten
350 g Sojabohnen-
sprossen,

230 g Bambussprossen
(Glas),
1 rote Paprikaschote,
100 g Ananasstücke
(Dose),
6 EL Öl,
5 EL Sojasauce,
4 EL Ananassaft,
je 150 g Schweinefilet
und Putenschnitzel,
50 g fetter Bauchspeck

EW	Fett	KH	kcal/kJ
38 g	48 g	18 g	674/2819

Beide Sprossen abtropfen lassen. Paprikaschote waschen, putzen und in Streifen schneiden. Paprika, Sprossen und abgetropfte Ananasstücke vermischen. Aus Öl, Sojasauce und Ananassaft ein Dressing herstellen und die Hälfte über den Salat geben; mit Pfeffer abschmecken. Salat 30 Minuten ziehen lassen. Dressing als Marinade für die Spieße zurückbehalten. Schweinefilet in dünne Scheiben, Putenschnitzel in etwa 2 x 3 cm breite Stücke schneiden. Fleisch und Speckstreifen zieharmonikaartig auf Holzstäbchen stecken. Mit Marinade bestreichen und 20 Minuten kühl stellen. Bei 200 Grad 4–8 Minuten backen. Fleischspießchen mit Fruchtsalat auf Tellern anrichten.

Tipp
Einen grünen Salat anstelle des Fruchtsalats reichen.

Schweinefleisch mit Kohlgemüse
China

Zutaten
600 g Schweinefilet,
2 Knoblauchzehen,
Salz,
2 1/2 EL Pflaumensauce,
2 1/2 EL Hoisinsauce,
2 EL Honig,
2 1/2 EL Essig,
2 1/2 EL Sojasauce,
5 EL Sesamöl,
200 g Blumenkohl-
röschen,
200 g Broccoliröschen,
1/4 l Fleischbrühe,
400 g Chinakohl,
Speisestärke zum
Binden,
75 ml chinesische
Chilisauce,
Szechuanpfeffer,
2 EL Schnittlauch-
röllchen

EW	Fett	KH	kcal/kJ
33 g	34 g	25 g	560/2341

Filet waschen, trockentupfen, in mundgerechte Stücke schneiden und in eine Schüssel geben. Knoblauchzehen schälen, mit 1 TL Salz zerreiben, mit Pflaumen- und Hoisinsauce, Honig, Essig und Sojasauce vermengen. Mit dem Fleisch gründlich mischen und im Kühlschrank abgedeckt 60 Minuten ziehen lassen. Sesamöl im Wok oder einer tiefen Pfanne erhitzen und Fleisch darin kräftig braten; he-rausnehmen, beiseite stellen. Blumenkohl- und Broccoliröschen putzen, waschen und im verbliebenen Fett unter ständigem Rühren braten. Mit etwas Brühe ablöschen und bissfest dünsten. Chinakohl putzen, waschen und in Stücke schneiden, zum Gemüse geben und anbraten. Mit der restlichen Brühe auffüllen und aufkochen. Mit etwas kalt angerührter Speisestärke binden. Chilisauce einrühren, Fleisch unterheben, nochmals erhitzen und mit Salz und Pfeffer abschmecken. Mit Schnittlauch bestreut servieren.

Rot gegrilltes Schweinefleisch Kanton-Art
China

Zutaten
ca. 600 g Schweine-
lende,
1 EL Zucker,
Salz,
Pfeffer,
Glutamat,
1 gepresste Knoblauch-
zehe,
1/2 TL Ingwerpulver,
5 EL helle Sojasauce,
2 EL Reiswein,
2 TL 5-Gewürze-
Pulver,
1/3 TL rote Lebensmittel-
farbe,
1 EL fein gehackter
Lauch,
1 EL Honig,
1 EL Öl

EW	Fett	KH	kcal/kJ
29 g	22 g	11 g	362/1515

Schweinelende in etwa 4 cm dicke Scheiben schneiden, mit der Gabel ringsum einstechen. Mit sämtlichen Zutaten, außer Honig und Öl, ca. 60 Minuten marinieren. Fleischscheiben aufhängen und ca. 30 Minuten an der Luft trocknen lassen. Ofen vorheizen, Fleisch eng zusammen legen, ca. 20 Minuten im Ofen bei 180 Grad backen. Von Zeit zu Zeit mit Honig und Öl einpinseln. Das Fleisch ist fertig, wenn es eine rotbraune Kruste hat. Mit restlichem Honig bestreichen, im Ofen lassen, bis der Honig getrocknet ist. In dünne Scheiben schneiden, kalt oder heiß servieren.

Rot geschmortes Schweinefleisch mit Eiern
China

Zutaten
500 g Schweineschulter,
2 EL Öl zum Braten,
1 gehackte Zwiebel,
2 gepresste Knoblauch-
zehen,
6 gekochte Eier,
5 eingeweichte Tongku-
Pilze,
1 Sternanis,
1 TL Zucker,

125 ml dunkle Soja-
sauce,
4 EL helle Sojasauce,
1 TL Essig,
Salz, Pfeffer,
Glutamat,
3 EL Reiswein

EW	Fett	KH	kcal/kJ
32 g	45 g	8 g	571/2390

Schweinefleisch in ca. 2 cm
große Würfel schneiden. Öl in
einem Topf erhitzen, Zwiebel
und Knoblauch zugeben, unter
Rühren braten, bis sie duften.
Fleisch, halbierte Eier und Tongku-Pilze zugeben, weiter bei
starker Hitze unter Rühren braten, bis das Fleisch halb gar ist.
Restliche Zutaten zugeben, kurz
umrühren. Ca. 750 ml Wasser
zugießen, zum Kochen bringen,
Hitze herunterschalten. Zugedeckt 1–2 Stunden köcheln lassen, bis das Fleisch weich ist. Ab
und zu wenden.

Frittierte Schweine-
fleischbällchen mit
süß-saurer Sauce
China

Zutaten
450 g Schweinehack-
fleisch,
1 EL gehackter Lauch,

1 gepresste Knoblauch-
zehe,
1 EL Sherry oder
Reiswein,

2 EL helle Sojasauce,
1 Ei,
1 EL Maisstärke,
Salz, Pfeffer,
Glutamat,
Sesamöl,
Öl zum Frittieren

EW	Fett	KH	kcal/kJ
22 g	55 g	5 g	607/2541

Schweinehackfleisch in eine
Schüssel geben, mit den Zutaten gut vermischen, bis sie glatt
und weich sind. Eventuell einige
Tropfen Sesamöl hinzufügen.
Den glatten Fleischteig zu kleinen Bällchen formen. Mit der
linken Hand ein wenig von der
Masse abnehmen, die Hand zur
Faust schließen und dabei das
Fleisch zwischen Zeigefinger
und Daumen herausdrücken.
Entstandenes Bällchen mit einem eingeölten Teelöffel abnehmen und im heißen Öl frittieren.
Zuerst kurz frittieren und abtropfen lassen. Das Öl wieder
stark erhitzen, die Bällchen
nochmals frittieren, bis sie ganz
knusprig sind.

Gegrilltes Schweine-
fleisch mit Chili-
schoten
China

Zutaten
450 g Schweinefilet,
1 EL helle Sojasauce,
2 EL Maisstärke,

Öl zum Braten,
1 EL Reiswein,
2 EL dunkle Sojasauce,
Salz, Glutamat,
1/2 TL Zucker,
1/4 TL Essig,
5 getrocknete Chili-
schoten oder eingelegte
Peperoni,
4 Scheiben Ingwer-
wurzel,
4 EL geröstete Erdnüsse

EW	Fett	KH	kcal/kJ
27 g	44 g	7 g	532/2225

Fleisch in kleine Stücke schneiden, mit heller Sojasauce und
1 EL Maisstärke ca. 20 Minuten
marinieren. Fleischstücke in
heißem Öl kurz frittieren; abtropfen lassen, beiseite stellen.
Reiswein, dunkle Sojasauce,
Salz, 1 EL Wasser, Glutamat,
Zucker, 1 TL Maisstärke und Essig zur Sauce verrühren. Chilischoten in 1 cm lange Stücke
teilen. 2 EL Öl im Wok erhitzen,
Chilischoten und Ingwer zugeben, unter Rühren braten, bis
sie braun werden. Fleischstücke
hineingeben, bei starker Hitze
weiterbraten. Vorbereitete
Sauce darübergießen und Erdnüsse zugeben, kurz aufkochen,
heiß servieren.

Tipp
Wer es weniger scharf mag,
bereitet das Gericht ohne
Chilischoten zu. Als Beilage
passt Reis.

Rindfleisch mit grünen Bohnen
(Abb. S. 149) – *China*

Zutaten
300 g Rinderlende,
1 EL Speisestärke,
3 EL Sojasauce,
1/2 TL Backpulver,
2 EL Sesamöl,
250 g grüne Bohnen,
1/2 Bd. Frühlings-
zwiebeln,
Salz,
1 Knoblauchzehe,
1 Stück frischer Ingwer,
1 rote Paprikaschote,
200 g Pilze
(z. B. Austernpilze,
Shiitake-Pilze),
2 cl trockener Sherry,
100 ml Hühnerbrühe,
1/2 TL 5-Gewürze-
Pulver,
Pfeffer,
6 EL Öl

EW	Fett	KH	kcal/kJ
18 g	27 g	12 g	384/1607

Fleisch quer zur Faser in feine Streifen schneiden und mit Speisestärke, 1 EL Sojasauce, Backpulver und Sesamöl vermengen. 60 Minuten zugedeckt in den Kühlschrank stellen. In der Zwischenzeit Bohnen und Frühlingszwiebeln putzen und waschen. Bohnen halbieren, in kochendem Salzwasser ca. 5 Minuten blanchieren, eiskalt abschrecken und abtropfen lassen. Frühlingszwiebeln schräg in Rin-

ge schneiden. Knoblauchzehe und Ingwer schälen und beides fein hacken. Paprikaschote putzen, waschen und in Rauten schneiden. Pilze putzen und in mundgerechte Stücke schneiden. Restliche Sojasauce, Sherry, Brühe, 5-Gewürze-Pulver und Pfeffer verquirlen. Öl in einer tiefen Pfanne oder dem Wok erhitzen und Frühlingszwiebeln, Knoblauch und Ingwer kurz darin schwenken. Fleisch zufügen und kräftig anbraten. Bohnen, Paprika und Pilze unterrühren und mitbraten. Würzsauce angießen und alles einmal aufkochen lassen.

Fleischbällchen süss-sauer-scharf
China

Zutaten
600 g Rinderhackfleisch,
2 Zwiebeln,
2 Eier,
Salz,
Szechuanpfeffer,
1 TL 5-Gewürze-
Pulver,
2 EL Hoisinsauce,
2 EL scharfe Chilisauce,
Paniermehl zum Binden,
3–4 EL Erdnussöl,
1 frische Chilischote,
1 Möhre,
je 1 gelbe, rote und
grüne Paprikaschote,
2 Tassen gebundene
Tomatensauce,

75 ml chinesische Chili-
sauce,
2 1/2 EL Sojasauce,
2 1/2 EL flüssiger Honig,
3 1/2 EL Weinessig,
4 Scheiben Ananas
(Dose)

EW	Fett	KH	kcal/kJ
39 g	29 g	40 g	607/2537

Rinderhackfleisch in eine Schüssel geben. 1 Zwiebel schälen, fein hacken und mit Hackfleisch und Eiern vermengen. Mit Salz, Szechuanpfeffer, 5-Gewürze-Pulver, Hoisinsauce und Chilisauce abschmecken und mit Paniermehl binden. Mit feuchten Händen aus dem Fleischteig Bällchen formen. Erdnussöl im Wok oder einer tiefen Pfanne erhitzen. Fleischbällchen darin rundherum braun braten, herausnehmen und das Fett auf Küchenpapier abtropfen lassen. Restliche Zwiebel schälen, mit entkernter Chilischote fein hacken, im verbliebenen Fett braten. Möhre schälen und in Scheiben schneiden. Paprikaschoten putzen, waschen und in mundgerechte Stücke schneiden. Beides zur Zwiebel geben und mitbraten. Mit Tomaten-, Chili- und Sojasauce auffüllen und köcheln lassen. Mit Honig und Weinessig süss-sauer abschmecken und gewürfelte Ananasscheiben unterheben. Fleischbällchen in die Sauce legen, nochmals erhitzen, abschmecken und heiß servieren.

Hackfleischbällchen mit Gemüse
(Abb.) – *Indonesien*

Zutaten
1 kleine Zwiebel,
500 g Rinderhackfleisch,
1 Ei, Salz,
Pfeffer,
3 EL Sojasauce,
Currypulver,
Paprikapulver,
je 1 kleine rote, gelbe
und grüne Paprika-
schote, 2 Möhren,
1 kleine Stange Lauch,
3 EL Öl,
170 g Sojabohnen-
sprossen (Glas),
150 g Bambussprossen
(Dose),
Cayennepfeffer,
2 EL Speisestärke,
125 g Gewürzketschup,
Sambal Oelek

EW	Fett	KH	kcal/kJ
38 g	23 g	24 g	469/1961

Zwiebel schälen, würfeln, mit Hackfleisch und Ei mischen und mit Salz, Pfeffer, 1 EL Sojasauce sowie je 1/2 TL Curry- und Paprikapulver abschmecken. Hackfleischmasse zu kleinen Bällchen rollen. Paprikaschoten putzen, waschen und in kleine Stücke schneiden. Möhren schälen, Lauch putzen und waschen. Möhren und Lauch längs halbieren und in Streifen schneiden. Öl in einem Wok oder einer tiefen Pfanne erhitzen. Hackfleischbällchen ca. 5 Minuten darin braten, herausnehmen. Das Fett auf Küchenpapier abtropfen lassen und Bällchen warm stellen. Paprika, Möhren und Lauch im verbliebenen Öl ca. 3 Minuten unter ständigem Rühren braten. Soja- und Bambussprossen abtropfen lassen, zufügen und weitere 3 Minuten unter Rühren mitbraten. Alles mit restlicher Sojasauce, Currypulver, Paprikapulver und Cayennepfeffer würzen, mit 1/8 l Wasser ablöschen und aufkochen lassen. Speisestärke in etwas Wasser glatt rühren und Gemüsesauce damit binden. Gewürzketschup unterrühren und mit Salz und Sambal Oelek abschmecken. Hackfleischbällchen auf das Gemüse legen und bei schwacher Hitze 2–3 Minuten erwärmen. Nach Wunsch mit Reis servieren.

Hackfleischbällchen thailändisch
Thailand

Zutaten
500 g Rinderhackfleisch,
Salz,
Pfeffer,
2 EL Mehl,
2 EL Erdnussöl,

2 1/2 EL rote Currypaste,
300 ml Kokosmilch,
2 1/2 EL Erdnuss-
butter,
1 EL Palmzucker,
1 EL Fischsauce,
einige Koriander-
blättchen

EW	Fett	KH	kcal/kJ
21 g	45 g	13 g	561/2346

Hackfleisch mit Salz und Pfeffer würzen und zu Bällchen von 2 1/2 cm Durchmesser formen. Fleischbällchen im Mehl wenden. Öl in einer tiefen Pfanne erhitzen und die Bällchen darin rundherum anbraten; aus der Pfanne nehmen und beiseite

stellen. Im verbliebenen Öl Currypaste bei schwacher Hitze 2 Minuten schmoren lassen, Kokosmilch zugießen und Erdnussbutter, Palmzucker und Fischsauce unterrühren. Bällchen in die Sauce legen und bei schwacher Hitze ca. 20 Minuten garen. Mit Korianderblättchen garniert servieren.

Scharfer Rind-
fleischwok
mit Gemüsesauce
(Abb.) – *China*

Zutaten
400 g Rinderfilet,
1 Zwiebel,

2 Knoblauchzehen,
je 1 rote und gelbe
Paprikaschote,
1 rote Chilischote,
1/2 Chinakohl,
2 Frühlingszwiebeln,
1/2 Zucchini,
1 große Möhre,
100 g Bambussprossen
(Glas),
2 EL Erdnussöl,
Salz, Pfeffer,
Cayennepfeffer,
Ingwerpulver,
2 EL Sojasauce,
1 TL Essig,
etwas Zucker

EW	Fett	KH	kcal/kJ
21 g	10 g	10 g	225/942

FLEISCH

Rinderfilet trockentupfen und in Streifen schneiden. Zwiebel und Knoblauch schälen, Zwiebel in Ringe schneiden und Knoblauch fein hacken. Paprikaschoten und Chilischote putzen, mit dem Chinakohl waschen und alles in Streifen schneiden. Frühlingszwiebeln und Zucchini waschen und putzen, Möhre schälen, Bambussprossen abtropfen lassen. Frühlingszwiebeln in Ringe, Möhre in Stifte, Zucchini längs halbieren und in Scheiben schneiden. Öl im Wok oder einer tiefen Pfanne erhitzen, Fleisch darin anbraten und auf eine Seite des Woks schieben. Gemüse im restlichen Öl in 5–10 Minuten bissfest dünsten, mit dem Fleisch vermengen und mit Cayennepfeffer, Ingwer, Sojasauce, Essig und Zucker pikant abschmecken.

Rindfleisch mit Sesam
China

Zutaten
600 g Rindfleisch zum Kurzbraten (Steak, Lende oder Filet),
4 Knoblauchzehen,
2 cm frische Ingwerwurzel, 1 TL Zucker,
1 TL Reisweinessig,
2 EL Sojasauce,
4 frische Eiweiß,
2 EL Speisestärke,
50 g Sesam,
1/2 l Erdnussöl

EW	Fett	KH	kcal/kJ
35 g	25 g	13 g	434/1813

Rindfleisch in gleich große dünne Scheibchen schneiden. Knoblauchzehen und Ingwerwurzel schälen und sehr fein hacken. Mit Zucker, Reisweinessig und Sojasauce verrühren. Mischung in das Rindfleisch einmassieren. Eiweiß mit Speisestärke schaumig schlagen. Zuletzt Sesam unterziehen. Erdnussöl im Wok oder einer tiefen Pfanne sehr stark erhitzen. Rindfleischscheiben in die Eiweißmischung tauchen und im heiß siedenden Öl portionsweise 2–3 Minuten frittieren. Mit einem Schaumlöffel herausnehmen, auf Küchenpapier entfetten und sofort servieren.

Rindfleischcurry thailändisch
Thailand

Zutaten
500 g Rindfleisch zum Braten,
400 ml Kokosmilch,
2 EL Erdnussöl,
3 EL gelbe Currypaste,
3 EL Palmzucker,
3 EL Fischsauce,
Salz, 12 Cocktailtomaten

EW	Fett	KH	kcal/kJ
25 g	28 g	15 g	423/1770

Rindfleisch waschen, trockentupfen und in Streifen schneiden. Kokosmilch in einem großen Topf zum Kochen bringen, Fleisch einlegen und zugedeckt bei schwacher Hitze 60 Minuten garen. Kokosmilch in eine Schüssel abgießen, Fleisch beiseite stellen. Öl erhitzen, Currypaste kurz darin anbraten, mit Kokosmilch ablöschen. Palmzucker, Fischsauce und Salz unterrühren. Tomaten waschen, mit dem Fleisch in die Sauce geben und alles ca. 4 Minuten kochen lassen.

Tipp
Gelbe Currypaste durch rote ersetzen.

Rindfleischcurry indonesisch
Indonesien

Zutaten
1/2 kg mageres Rindfleisch,
4 Zwiebeln,
6 Knoblauchzehen,
Erdnussöl zum Braten,
50 g Kokosraspel,
1 1/2 EL Kreuzkümmel,
1 EL Koriander,
1 1/2 EL Chilipulver,
1 EL Zimt,
Salz

EW	Fett	KH	kcal/kJ
24 g	23 g	6 g	341/1424

Rindfleisch in feine Streifen schneiden. Zwiebeln schälen

FLEISCH

Rindersteak mit Gemüse
Thailand

Zutaten
300 g Rindersteak,
4 Knoblauchzehen,
1 Scheibe frische Ingwer-
wurzel,
1 EL Palmzucker,
1 1/2 EL Sojasauce,
1 EL Speisestärke,
125 g Maiskölbchen
(Dose),
1 gelbe Paprikaschote,
2 frische rote Chili-
schoten,
125 g Champignons,
1 Zwiebel,
3 EL Öl,
150 ml Fleischbrühe,
1 EL Fischsauce,
2 EL Austernsauce

EW	Fett	KH	kcal/kJ
19 g	15 g	21 g	302/1264

Rindersteak waschen, trockentupfen und in hauchdünne
Scheiben schneiden. Knoblauch
schälen und fein hacken. Ingwer schälen und im Mörser zerreiben. Ingwer, Palmzucker, Sojasauce, Knoblauch und Speisestärke zu einer Marinade rühren. Rindersteak in der Marinade wenden und 60 Minuten abgedeckt ziehen lassen. Maiskölbchen abtropfen lassen,
längs halbieren. Paprikaschote
putzen, waschen und in Streifen
schneiden. Chilischoten waschen, längs aufschneiden, ent-

und passend zum Fleisch
schneiden. Knoblauchzehen
schälen und durch die Presse
drücken. Erdnussöl erhitzen,
Zwiebeln und Knoblauch darin
glasig schwitzen; Kokosraspel
einstreuen. Nach einigen Minuten Fleisch und Gewürze hinzufügen. Sobald alles gut durch-
geröstet ist, mit 1/8 l Wasser
aufgießen.

Teriyaki-Steak à la Japan
(Abb.) *– Japan*

Zutaten
5 Knoblauchzehen,
80 g Speckwürfel,
5 EL Öl,
800 g Kalbslende in
dünne Scheiben ge-
schnitten,
40 ml japanische Soja-

sauce,
80 ml lieblicher Rotwein,
50 g Butter,
schwarzer Pfeffer

EW	Fett	KH	kcal/kJ
46 g	39 g	8 g	575/2410

Knoblauchzehen fein hacken.
Knoblauch und Speckwürfel im
Öl kurz anbraten, aus dem Fett
nehmen. Kalbfleischscheiben
darin ca. 2 Minuten braten.
Kalbfleisch aus der Pfanne nehmen, in Alufolie warm halten.
Bratfond mit der japanischen
Sojasauce aufgießen. Kurz aufkochen, Rotwein, Knoblauch
und Speck dazugeben und ca. 5
Minuten kochen. Pfanne vom
Herd nehmen und Butter in die
Sauce schlagen. Mit Pfeffer abschmecken. Fleisch anrichten,
mit Sauce überziehen. Dazu
passen Reis und Salat.

kernen und fein hacken. Champignons putzen und in Scheiben schneiden. Zwiebel schälen, halbieren und in Halbringe schneiden. In einer Pfanne Öl erhitzen, Fleisch darin unter Wenden 2 Minuten braten. Gemüse zugeben und 1 Minute mitbraten. Mit Fleischbrühe ablöschen. Alles aufkochen lassen und zugedeckt bei schwacher Hitze 3 Minuten köcheln lassen. Gericht mit Fisch- und Austernsauce abschmecken.

Beefsteak »Hongkong« (Abb.) – China

Zutaten
1 Zwiebel,
1 Möhre,
1 rote Paprikaschote,
25 g Fett,
4 Beefsteaks (à 200 g),
Salz,
Pfeffer,
280 g Sojabohnenkeime (Dose),
Sambal Oelek,
6 EL Sahne,
1 Bd. Petersilie

EW	Fett	KH	kcal/kJ
44 g	28 g	7 g	475/1986

Zwiebel schälen und fein würfeln, Möhre schälen und grob raspeln, Paprikaschote waschen und in feine Streifen schneiden. Fett erhitzen und die Steaks von jeder Seite ca.3 Minuten darin

braten. Mit Salz und Pfeffer würzen und auf einer Platte warm stellen. Vorbereitetes Gemüse im Bratfond andünsten; abgegossene Sojabohnenkeime dazugeben und mit Salz, Pfeffer und Sambal Oelek abschmecken. Den Fleischsaft, der sich auf der Platte gesammelt hat, dazugeben und die Sauce mit Sahne verfeinern. Gehackte Petersilie unterrühren. Gemüse auf den Beefsteaks anrichten.

Gebratenes Rindfleisch mit Gemüse
China

Zutaten
250 g Rinderfilet,
1 Frühlingszwiebel,
Öl zum Braten,

2 gepresste Knoblauchzehen,
1 Tasse Bambussprossen,
5 eingeweichte Morcheln in Streifen,
1 Paprikaschote in Streifen,
1 Tasse eingeweichte Glasnudeln
Für die Marinade:
1 EL Maisstärke,
1 EL helle Sojasauce,
1 EL Reiswein,
1 EL Öl
Für die Sauce:
2 EL helle Sojasauce,
1 EL dunkle Sojasauce,
1/2 TL Zucker,
1/4 TL Essig,
1 EL Reiswein,
1 Tasse Brühe,
1 TL Maisstärke,
Pfeffer,

FLEISCH

1 TL Tabasco oder
Chilisauce

EW	Fett	KH	kcal/kJ
18 g	11 g	29 g	307/1293

Fleisch in dünne Streifen schneiden. Frühlingszwiebel längs halbieren, dann in 4 cm lange Stücke schneiden. Fleisch mit Marinadenzutaten gut vermischen, ca. 30 Minuten stehen lassen. Saucenzutaten in einer Schüssel verrühren, beiseite stellen. Reichlich Öl im Wok erhitzen. Fleisch darin braten, bis es hell wird; herausnehmen und abtropfen lassen. 2 EL frisches Öl erhitzen. Knoblauch darin braten, bis er goldbraun ist. Gemüse zugeben, ständig unter Rühren braten, bis es weich ist. Fleisch und Saucenzutaten zugeben und kurz durchbraten. Vor dem Servieren Glasnudeln hineingeben, rasch verrühren, vom Herd nehmen und sofort Gericht servieren.

Steak chinesische Art
China

 Zutaten
 600 g Rinderfilet,
500 g grüne Bohnen,
 Öl zum Braten,
Salz,
Pfeffer
Für die Marinade:
2 EL helle Sojasauce,
2 TL Maisstärke,
1 EL Öl, Pfeffer

Für die Sauce:
2 EL Tomatenketschup,
2 EL Reiswein,
3 EL Sojasauce,
1 TL Zucker,
1/8 l Brühe,
1 TL Maisstärke,
Glutamat,
1 EL Worcestersauce

EW	Fett	KH	kcal/kJ
33 g	23 g	15 g	398/1664

Rindfleisch in kleine Scheiben schneiden. Marinadenzutaten mit 1 EL Wasser verrühren. Fleisch ca. 30 Minuten darin ziehen lassen. Saucenzutaten gut verrühren. Bohnen waschen, mit 1 EL Öl im Wok braten, Salz, Pfeffer und 1 Tasse Wasser zugeben, warm stellen. Fleisch bei starker Hitze mit 2 EL Öl im Wok braten. Sauce im Wok anrühren, rasch aufkochen. Fleisch in die Sauce geben, kurz dünsten, sofort auf den Bohnen anrichten.

Geschnetzeltes Rindfleisch mit Paprika
China

 Zutaten
 250 g mageres Rindfleisch,
1 Stange Lauch oder
1 Frühlingszwiebel,
2 grüne Paprikaschoten,
1 Tasse Bambussprossen,
Öl zum Braten,
1 gepresste Knoblauch-

zehe
Für die Marinade:
1 EL Reiswein,
1 EL Öl,
2 EL helle Sojasauce,
1 EL Maisstärke,
1 EL Wasser
Für die Sauce:
1 TL Zucker,
2 EL dunkle
Sojasauce,
1 EL Reiswein,
Salz, Pfeffer,
Glutamat,
1 TL Maisstärke,
1/2 Tasse Brühe

EW	Fett	KH	kcal/kJ
16 g	17 g	12 g	270/1129

Fleisch in feine Streifen, Lauch in Ringe schneiden. Paprikaschoten und Bambussprossen in feine Streifen schneiden. Saucenzutaten gut vermischen, beiseite stellen. Fleisch ca. 15 Minuten mit Marinadenzutaten ziehen lassen. 3 EL Öl erhitzen, Fleisch darin unter Rühren braten; sobald es hell wird, herausnehmen. Im gleichen Öl den Knoblauch rasch anbraten, das Gemüse zugeben. Bei starker Hitze rasch unter Rühren braten. Wenn das Gemüse halb gar ist, Rindfleisch zugeben, kurz durchbraten. Saucenzutaten zugießen, rasch unterrühren, damit Fleisch und Gemüse das Aroma gleichmäßig aufnehmen. Ist die Sauce zu dünnflüssig, kann sie mit Maisstärke angedickt werden.

Rindfleisch mit Mango
(Abb.) – Indonesien

Zutaten
500 g mageres Rind-
fleisch,
1 Dose Mango-Früchte
in Stücken,
Öl zum Braten,
3 fein gehackte Knob-
lauchzehen,
4 Frühlingszwiebeln in
2 cm dicke Ringe ge-
schnitten (grün und
weiß getrennt),
1 TL Ingwerpulver,
1 EL Sake
Für die Marinade:
1 TL helle Sojasauce,
1 TL dunkle Soja-
sauce,
1 TL Sake,
1 1/2 TL Speisestärke
in 3 EL Wasser
aufgelöst,
1/2 TL Zucker,
je 1 Prise Salz und
Pfeffer
Für die Sauce:
2 TL Austernsauce,
1 TL helle Soja-
sauce,
1/2 TL Speisestärke

EW	Fett	KH	kcal/kJ
33 g	18 g	34 g	448/1881

Marinadenzutaten verrühren
und das in 1 cm dicke Streifen
geschnittene Fleisch darin einlegen; 30 Minuten kalt stellen.
Saucenzutaten mit 3 EL Wasser
vermischen, Mango-Früchte abtropfen lassen. Öl in einer Pfan-

ne oder im Wok erhitzen, Knoblauch, weiße Zwiebelringe und Ingwerpulver darin kurz pfannenrühren. Fleischstreifen mit Marinade zugeben und von allen Seiten gut anbraten. Sake einrühren, alles herausnehmen und warm stellen. Nochmals Öl erhitzen und Mango-Stücke zugedeckt 1 Minute braten. Anschließend die angerührte Sauce darübergießen und alles aufkochen lassen. Grüne Zwiebelringe untermischen, über das Fleisch geben und sofort servieren. Als Beilage Reis und Salat reichen.

Geschnetzeltes Rindfleisch Szechuan-Art
China

Zutaten
500 g mageres Rindfleisch,
Öl zum Braten,
1 gepresste Knoblauchzehe,
2 Scheiben Ingwerwurzel,
100 g Stangensellerie,
100 g Möhren,
2 Chilischoten,
Salz,
Glutamat,
Pfeffer,
2 EL Sojasauce,
1 EL Reiswein
Für die Marinade:
2 EL helle
Sojasauce,

1 EL Reiswein,
1 EL Öl,
1 TL Zucker

EW	Fett	KH	kcal/kJ
29 g	23 g	9 g	367/1537

Rindfleisch in dünne Streifen schneiden, ca. 30 Minuten in der Marinade ziehen lassen. Reichlich Öl im Wok erhitzen, bei starker Hitze das Fleisch frittieren; herausnehmen und abtropfen lassen. 2 EL Öl erhitzen, Knoblauch und Ingwer darin braten, bis sie duften. In Streifen geschnittenes Gemüse zugeben, bei starker Hitze rasch unter Rühren braten. Wenn das Gemüse halb gar ist, Rindfleisch und restliche Zutaten zugeben, kurz durchbraten, eventuell nachwürzen.

Gebratenes Rindfleisch mit Austernsauce
Vietnam

Zutaten
500 g mageres Rindfleisch (Lende),
1 Frühlingszwiebel,
300 g Broccoli,
Öl zum Braten,
1/2 TL Salz,
1/2 TL Zucker,
1 EL Reiswein,
1 EL helle Sojasauce,
1 gepresste Knoblauchzehe,

4 Scheiben Ingwer
Für die Marinade:
1 TL Zucker,
1 EL Maisstärke,
2 EL helle Sojasauce,
1 EL Reiswein, 1 EL Öl,
1 EL Wasser
Für die Sauce:
2 EL Austernsauce,
125 ml Brühe,
2 EL Sojasauce,
2 EL Reiswein,
1 TL Maisstärke

EW	Fett	KH	kcal/kJ
30 g	23 g	14 g	393/1644

Rindfleisch in mundgerechte Stücke schneiden, mit Marinadenzutaten gut mischen, ca. 30 Minuten stehen lassen. Frühlingszwiebel in 1 cm lange Stücke, Broccoli in Stückchen schneiden. 1 EL Öl im Wok erhitzen, Broccoli zugeben, mit Salz, Zucker, 1 EL Reiswein, heller Sojasauce und 1/2 Tasse Wasser vermengen. Ca. 2 Minuten dünsten. Broccoli auf eine warme Platte legen. Saucenzutaten in einer Schüssel verrühren, beiseite stellen. Öl mäßig erhitzen, Rindfleisch kräftig anbraten. Abtropfen lassen, beiseite stellen. 1 EL Öl im Wok erhitzen, Knoblauch und Ingwer darin braten, bis sie zu duften beginnen. Rindfleisch zugeben, Saucenmischung zugießen, alles gut durchrühren und 3 Minuten dünsten. Sofort das Fleisch auf dem Broccoli anrichten.

Fleischröllchen »Taiwan«
(Abb.) – China

Zutaten
1 Banane,
1 EL Zitronensaft,
125 g gekochter
Schinken,
2 Knoblauchzehen,
Salz, Currypulver,
4 Rouladen (à 150 g),
Ingwerpulver,
2 EL Sojasauce,
Fett zum Braten,
2 EL Speisestärke,
1 Prise Zucker

EW	Fett	KH	kcal/kJ
41 g	20 g	12 g	423/1770

Banane sehr klein würfeln, sofort mit Zitronensaft beträufeln. Schinken ebenfalls fein würfeln, zusammen mit den geschälten und zerdrückten Knoblauchzehen unter die Banane mischen. Mit Salz und Curry pikant abschmecken. Fleisch von beiden Seiten mit Salz und Ingwerpulver würzen, mit 1 EL Sojasauce bestreichen. Füllung darauf verteilen, Fleisch aufrollen. Mit Rouladennadeln feststecken oder mit einem Faden umwickeln. In heißem Fett von allen Seiten gut anbraten. Mit 1/2 l Wasser ablöschen, restliche Sojasauce zugeben, ca. 90 Minuten garen. Speisestärke in etwas Wasser anrühren, Sauce damit binden. Mit den Gewürzen und etwas Zucker abschmecken. Dazu

passt Reis und ein Salat mit Sojasprossen.

Rindfleischcurry indisch
Indien

Zutaten
1 kg Rindfleisch,
3 cm frische Ingwerwurzel,
1 EL gemahlener Koriander,
1 EL Kurkuma,
1 TL gemahlener Kreuzkümmel, Salz,
5 Knoblauchzehen,
2 Zwiebeln,
1 Schuss Weinessig,
80 g Ghee oder

geklärtes Butterschmalz,
5 Lorbeerblätter

EW	Fett	KH	kcal/kJ
51 g	31 g	3 g	523/2186

Fleisch waschen, trockentupfen, würfeln. Ingwer schälen, raspeln. Mit Koriander, Kurkuma, Kreuzkümmel und 1 TL Salz vermengen. Knoblauchzehen und Zwiebeln schälen, fein hacken. Mit Gewürzen und Essig zu einer Paste verrühren. Fleischwürfel mit Paste einreiben, 1 Tag im Kühlschrank marinieren lassen. Am nächsten Tag im heißen Fett rundherum anbraten, Lorbeerblätter zugeben und bei schwacher Hitze zugedeckt köcheln lassen, bis das Fleisch weich ist.

FLEISCH

Abb. 1

Abb. 2

Abb. 3

Abb. 4

Abb. 5

Abb. 6

Rindfleisch-Wok mit knusprigen Pastinaken
(Abb. 1–6 und S. 161) – China

Zutaten

350 g Pastinaken,
450 g Rinderlende,
450 g Lauch,
2 rote Paprikaschoten,
350 g Zucchini,
90 ml Pflanzenöl,
2 zerdrückte Knoblauch-
zehen,
Salz,
schwarzer Pfeffer

aus der Mühle,
3 EL Hoisinsauce

EW	Fett	KH	kcal/kJ
27 g	28 g	17 g	440/1839

Pastinaken schälen, längs halbieren und fein würfeln (Abb. 1). Unter kaltem Wasser kurz abwaschen und gut abtropfen lassen. Rinderlende in Streifen schneiden. Lauch putzen, waschen und in Ringe schneiden. Geputzte Paprikaschoten grob würfeln. Gewaschene Zucchini in dünne Scheiben schneiden

(Abb. 2). Pflanzenöl in einem Wok oder einer großen Pfanne erhitzen, Pastinaken portionsweise darin kross anbraten (Abb. 3), mit einem Schaumlöffel herausnehmen und gut abtropfen lassen. Rindfleisch im verbliebenen Öl unter Rühren ebenfalls scharf anbraten (Abb. 4) und abtropfen lassen. Anschließend Knoblauch, Lauch, Paprika und Zucchini ca.10 Minuten unter Rühren bissfest garen (Abb. 5), mit Salz und Pfeffer würzen und das gebratene Fleisch sowie die Hoisinsauce hinzufügen (Abb. 6). Kurz erhitzen und mit krossen Pastinakenwürfeln servieren.

Rindfleisch mit Pilzen
Korea

Zutaten
1 Packung getrocknete Pilze (Baumpilze, Tongku- oder Mu-Err), 400 g Rindfleisch zum Grillen, 250 g Champignons, 1 Bd. Frühlingszwiebeln, 1/2 Bd. Koriander-

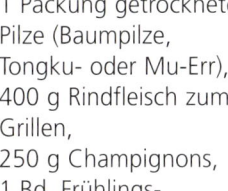

kraut, 4 Knoblauchzehen, 2 cm frische Ingwerwurzel, 1 Zwiebel, 2 EL Öl, Salz, Pfeffer, 1/8 l Fleischbrühe, 2 EL Sojasauce

EW	Fett	KH	kcal/kJ
24 g	12 g	10 g	257/1075

Pilze mit heißem Wasser begießen und ca. 20 Minuten quellen lassen. Rindfleisch waschen, trockentupfen und in schmale Streifen schneiden.

Champignons putzen und feinblättrig schneiden oder vierteln. Frühlingszwiebeln putzen und quer in etwa 3 cm lange Stücke schneiden. Korianderkraut waschen, trockenschwenken und mit den Stängeln grob zerschneiden. Knoblauchzehen schälen und vierteln. Ingwer schälen und in Scheibchen schneiden. Zwiebel schälen und in Ringe schneiden. Eingeweichte Pilze fest ausdrücken und, je nach Größe, etwas kleiner schneiden. Heiße Grillplatte einölen und salzen. Gemischte Zutaten auf die Platte geben; pfeffern und mit Brühe und Sojasauce beträufeln.

FLEISCH

Rindfleisch mit Austernpilzen
(Abb.) – *China*

Zutaten
400 g Rinderfilet oder Rinderhüfte,
2 TL 5-Gewürze-Pulver,
1 TL Sambal Oelek,
3 EL Austernsauce,
4 EL Sesamöl,
4 fein gehackte Knoblauchzehen,
200 g Glasnudeln,
1 Bd. Frühlingszwiebeln,
200 g Austernpilze,
2 grüne Peperoni,
1 TL fein gewürfelter frischer Ingwer

EW	Fett	KH	kcal/kJ
28 g	20 g	30 g	427/1784

Rinderfilet in feine Streifen schneiden, mit 5-Gewürze-Pulver, Sambal Oelek, Austernsauce und Knoblauch würzen. 2 EL Öl dazugeben und das Ganze gut vermengt 20 Minuten ziehen lassen. Glasnudeln ca. 10 Minuten in warmes Wasser legen, abtropfen lassen und mehrmals mit der Küchenschere durchschneiden. Frühlingszwiebeln längs halbieren und in 2–4 cm lange Stücke schneiden. Austernpilze zerpflücken, Peperoni längs halbieren und vierteln. Restliches Öl im Wok erhitzen, Ingwer und mariniertes Fleisch darin anbraten. Peperoni, Austernpilze und Frühlingszwiebeln dazugeben, mitbraten. Anschließend Glasnudeln darunter heben, mit Austernsauce nachwürzen und noch einige Minuten mitbraten.

Rindfleischcurry mit Joghurt
Indien

Zutaten
750 g Rindfleisch (zum Schmoren),
80 g Ghee oder
4 EL Sesamöl,
4 Zwiebeln,
4 Knoblauchzehen,
1/4 TL Ingwerpulver,
1/4 TL Cayennepfeffer,
3/4 EL Paprikapulver edelsüß,
1/4 TL Pfeffer,
200 g Joghurt,
Salz

EW	Fett	KH	kcal/kJ
40 g	29 g	7 g	474/1982

Fleisch waschen, trockentupfen und würfeln. Im heißen Fett rundherum anbraten, beiseite stellen. Zwiebeln und Knoblauchzehen schälen, fein hacken und im verbliebenen Fett anschwitzen. Fleisch wieder zugeben und mit Ingwer, Cayennepfeffer, Paprikapulver und Pfeffer würzen. Joghurt löffelweise untermengen. Zugedeckt im Rohr bei 160 Grad 90 Minuten garen. Mit etwa 1 1/2 TL Salz abschmecken. Falls das Fleisch noch nicht ganz weich ist, etwas Wasser zugießen und ca. 20 Minuten weiterschmoren.

Tipp
Sie können das Gericht statt mit Rindfleisch auch mit Lammfleisch zubereiten.

Pfannengerührtes Rindfleisch süß-sauer
(Abb.) – *Indonesien*

Zutaten
600 g Rindfleisch (Rinderkeule),
Salz,
1 Ei,
1 1/2 EL Speisestärke,
Öl zum Ausbacken,
2 EL Erdnussöl,
1 Bd. Frühlingszwiebeln,
je 1 rote und grüne Paprikaschote,
2 Scheiben Ananas (Dose),
3 EL süß-saure Sauce (Fertigprodukt),
3 EL Sojasauce,
1 Msp. Sambal Oelek,
3 EL Obstessig,
2 EL Mango-Chutney,
2 EL Zucker,
150 ml Orangensaft

EW	Fett	KH	kcal/kJ
40 g	14 g	29 g	424/1773

Fleisch waschen, trockentupfen, in Würfel schneiden und mit Salz würzen. Ei verquirlen und unter das Fleisch mengen, mit 1 EL Speisestärke bestäuben. Im Kühlschrank 60 Minuten ziehen lassen. Fleisch in heißem Öl ausbacken, herausnehmen. Erdnussöl im Wok oder einer tiefen Pfanne erhitzen, Rindfleisch zugeben. Frühlingszwiebeln putzen, waschen und in Ringe, Paprikaschoten putzen, waschen und in Rauten, Ananas in Stücke schneiden. Alles zum Fleisch geben und ca. 3 Minu-ten dünsten; dabei immer wieder vorsichtig umrühren. Süß-saure Sauce, Sojasauce, Sambal Oelek, Essig, Chutney und Zucker verrühren, zum Fleisch geben. Orangensaft mit restlicher Speisestärke glatt rühren und das Ganze damit binden. Mit Salz abschmecken und nach Wunsch mit Reis servieren.

Tipp
Knuspriger wird's, werden die Fleischwürfel vor dem Ausbacken in Paniermehl gewendet.

FLEISCH

FLEISCH

Rindfleischküchlein mit Tofu
Korea

Zutaten
100 g Tofu,
600 g Rinderhack-
fleisch,
Salz,
2 EL Sojasauce,
2 Knoblauchzehen,
2 Frühlingszwiebeln,
1 EL gerösteter
Sesam,
1 EL Sesamöl,
Pfeffer,
Mehl zum Wenden,
2 Eier,
Erdnussöl zum Braten

EW	Fett	KH	kcal/kJ
39 g	23 g	12 g	429/1795

Tofu mit Küchenpapier trockentupfen und fein zerdrücken. Mit
Rinderhackfleisch, Salz und Sojasauce verkneten. Knoblauchzehen schälen und mit 1 Prise
Salz im Mörser zerdrücken.
Frühlingszwiebeln putzen und
klein hacken. Knoblauch, Frühlingszwiebeln, Sesam, Sesamöl
und Pfeffer mit dem Inhalt der
Schüssel verarbeiten und kräftig
abschmecken. Mit angefeuchteten Händen kleine, flache Frikadellen formen, im Mehl wenden, durch die verquirlten Eier
ziehen. In einer Pfanne Erdnussöl erhitzen und Frikadellen darin
auf beiden Seiten knusprig und
goldbraun braten. Küchlein mit
Sojasauce servieren.

Kari-Kari – Buntes Allerlei mit Rindfleisch
Philippinen

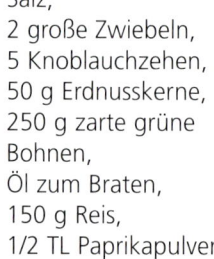

Zutaten
1,5 kg Rindfleisch zum
Kochen (halb zerhackter
Ochsenschwanz, halb
Beinscheiben),
Salz,
2 große Zwiebeln,
5 Knoblauchzehen,
50 g Erdnusskerne,
250 g zarte grüne
Bohnen,
Öl zum Braten,
150 g Reis,
1/2 TL Paprikapulver,
Fischsauce

EW	Fett	KH	kcal/kJ
46 g	56 g	40 g	901/3767

Rindfleisch sehr gründlich waschen (Knochensplitter!) und in
einen Topf geben. Mit etwa 2 l
Wasser aufgießen und aufkochen lassen. Nach dem ersten
Aufkochen das Wasser wechseln, salzen und bei schwacher
Hitze in ca. 1 1/2–2 Stunden
gar kochen (Kochzeit hängt
sehr von der Fleischqualität ab).
Fleisch herausnehmen und Brühe mindestens 5 Stunden in
den Kühlschrank stellen. Fleisch
in mundgerechte Stücke schneiden, am besten ohne Knochen.
Erstarrtes Fett von der Oberfläche der Brühe abnehmen. Zwiebeln und Knoblauchzehen schä-

len und fein hacken. Erdnusskerne in einer heißen, ungefetteten Pfanne kurz anrösten, bis
sie duften. Bohnen putzen, waschen und abtropfen lassen. In
einem größeren Topf einige EL
Öl erhitzen. Fleischteile portionsweise im heißen Öl von
allen Seiten kräftig anbraten;
herausnehmen. In den Bratensatz Zwiebel- und Knoblauchwürfel streuen und andünsten.
Reis einstreuen, 1 Minute
durchrösten und mit Paprikapulver würzen. Erkaltete Brühe auf
1 1/2 l mit Wasser auffüllen und
in den Topf gießen. Nach dem
ersten Aufkochen Rindfleisch
zufügen und offen köcheln lassen. Inzwischen Erdnusskerne in
ein Küchentuch hüllen und mit
dem Fleischklopfer solange be-
arbeiten, bis sie grob zermahlen
sind. Mit Bohnen in den Topf
geben. Das Gericht ist fertig,
wenn der Reis gar und das
Fleisch weich ist. Kari-Kari
nochmals mit Salz, Pfeffer und
Fischsauce abschmecken.

Tipp
Für die Würze und Färbung
dieses Gerichtes bildet Annato-Samen einen festen Be-
standteil. Da es sehr schwer
ist, Annato-Samen zu bekommen, färbt und würzt man mit
Paprikapulver. Kari-Kari ist ein
„Sonntagsgericht", das zwar
viel Zeit braucht, aber nicht
unbedingt viel Arbeit macht.

Rinderfilet »Szechuan« mit Gemüsereis
(Abb.) – China

Zutaten
400 g Rinderfilet,
3 EL Speiseöl,
Salz,
grober Pfeffer,
2 EL Sherry,
Ingwerpulver,
Knoblauchpulver,
1 Kochbeutel Naturreis (125 g),
1 Packung getrocknete schwarze Pilze (25 g),

1 kleiner Chinakohl,
100 g Bohnenkeimlinge,
1 rote Paprikaschote,
1 Bd. Frühlingszwiebeln,
2 Knoblauchzehen,
1 Dose Maiskölbchen (400 g),
1 Msp. Sambal Oelek,
1 TL 5-Gewürze-Pulver,
2 Gläser Fix für Fleischpfanne »Chinesisch Szechuan« (à 400 g)

EW	Fett	KH	kcal/kJ
70 g	27 g	60 g	871/3658

Rinderfilet in hauchdünne Scheiben schneiden und in einer Marinade aus 2 EL Öl, Salz, Pfeffer, Sherry, Ingwerpulver und Knoblauchpulver ca. 20 Minuten einlegen. Naturreis und schwarze Pilze nach Packungsanweisung zubereiten. In der Zwischenzeit Außenblätter vom Chinakohl entfernen, Kohlkopf vierteln und Strunk herausschneiden. Chinakohl in grobe Streifen schneiden, gemeinsam mit den Bohnenkeimlingen in ein Sieb füllen und kurz waschen. Paprikaschote und Frühlingszwiebeln putzen, waschen,

FLEISCH

Paprika in Streifen, Frühlingszwiebeln in Ringe schneiden. Knoblauchzehen abziehen und zerdrücken. Maiskölbchen abtropfen lassen. Restliches Öl im Wok oder in der Pfanne erhitzen, Gemüse nach und nach darin bissfest garen und mit Salz, Pfeffer, Sambal Oelek und 5-Gewürze-Pulver abschmecken. Gegarten Reis dazugeben und nochmals kurz erhitzen. Rinderfilet in einer erhitzten Pfanne ohne Fett kurz anbraten und warm stellen. Fix für Fleischpfanne unter Rühren erhitzen und mit Rinderfilet und Gemüsereis auf Tellern anrichten.

Gegrillte Rindfleischstreifen
Japan

Zutaten
600 g Rinderlende oder Rinderfilet,
2 cm frische Ingwerwurzel,
2 Knoblauchzehen,
1 kräftige Prise Salz,
1 EL Zucker, 5 EL Mirin,
8 EL Sojasauce,
1/8 l Dashi (s. S. 91),
2 EL Erdnussöl,
1 EL Speisestärke

EW	Fett	KH	kcal/kJ
34 g	14 g	13 g	356/1489

Rindfleisch in gleich große Streifen schneiden. Ingwer schälen und raspeln. Knoblauchzehen

schälen und im Mörser mit Salz zerreiben. Mit Zucker, Ingwer, Mirin, Sojasauce und Dashi verrühren, über die Fleischstreifen gießen und ca. 30 Minuten marinieren lassen. Fleischstreifen aus der Marinade nehmen und Marinade abstreifen. In einer Pfanne Erdnussöl stark erhitzen, Fleischstreifen portionsweise darin kurz anbraten. Marinade aufkochen, Speisestärke mit etwas Wasser glatt rühren und Flüssigkeit damit binden. Gebratene Fleischstreifen auf Reis anrichten und mit Sauce überziehen.

Gebratenes Rindfleisch mit Tongku-Pilzen
China

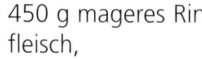

Zutaten
450 g mageres Rindfleisch,
4 EL helle Sojasauce,
2 EL Reiswein,
Glutamat,
Pfeffer, 1/2 TL Zucker,
1 1/2 EL Speisestärke,
1 Eiweiß,
1 EL Öl,
1 EL dunkle Sojasauce,
1 EL Austernsauce,
1 Tasse Brühe,

6 eingeweichte Tongku-Pilze,
Öl zum Braten,
2 gepresste Knoblauchzehen,
100 g Bambussprossen (Dose)

EW	Fett	KH	kcal/kJ
26 g	13 g	10 g	278/1160

Fleisch in dünne Scheiben schneiden, mit 2 EL heller Sojasauce, 1 EL Reiswein, Glutamat, Pfeffer, Zucker, 1 EL Speisestärke, Eiweiß und 1 EL Öl gut vermengen; ca. 30 Minuten ziehen lassen. Inzwischen für die Sauce 2 EL helle Sojasauce, dunkle Sojasauce, 1 EL Reiswein, Austernsauce, Brühe und 1/2 EL Speisestärke in einer Schüssel gut verrühren; beiseite stellen. Tongku-Pilze abtropfen lassen, von den Stielen befreien und halbieren. Reichlich Öl im Wok oder einer tiefen Pfanne erhitzen. Fleisch darin unter ständigem Rühren braten, darauf achten, dass die Stücke nicht zusammenkleben. Wenn es hell wird, herausnehmen und abtropfen lassen. 2 EL Öl erhitzen, gepressten Knoblauch darin braten, bis er duftet. Bambussprossen abtropfen lassen und in dünne Scheiben schneiden. Fleisch, Bambussprossen und Pilze in den Wok oder die Pfanne geben, bei starker Hitze unter Rühren anbraten. Angerührte Sauce darüber gießen, kurz durchbraten und Gericht sofort servieren.

Lamm mit Lauch
(Abb. S. 167) – China

Zutaten
500 g Lammkeule ohne Knochen,
400 g dünne Lauchstangen,
5 Knoblauchzehen,
1 Dose Bambussprossen (230 g),
2 TL Speisestärke,
2 Eiweiß,
2 EL Reiswein,
Salz,
1 l Öl,
4 EL Sojasauce,
4 EL fernöstlicher Ketschup

EW	Fett	KH	kcal/kJ
28 g	30 g	17 g	477/1993

Lammfleisch waschen, trockentupfen, von den Sehnen befreien und in ca. 4 cm lange und 2 cm breite Streifen schneiden. Lauchstangen putzen, waschen und schräg in ca. 1 cm dicke Scheiben schneiden. Knoblauch schälen und in feine Scheiben schneiden. Bambussprossen abtropfen lassen. Speisestärke mit 4 EL Wasser anrühren. Eiweiß mit Reiswein, etwas Salz, Hälfte der angerührten Stärke und 2 TL Öl verrühren, über das Fleisch geben und vermengen. Sojasauce mit restlicher angerührter Speisestärke, 6 EL Wasser und fernöstlichem Ketschup verrühren. Öl in der Fritteuse oder einem großen Topf erhitzen. Es ist heiß genug, wenn an einem ins Öl getauchten Holzstäbchen kleine Bläschen aufsteigen. Fleisch hineingeben, ca. 4 Minuten frittieren und Fett auf Küchenpapier abtropfen lassen. Vom Öl 2 EL abnehmen und erhitzen. Knoblauch darin goldgelb anbraten. Lauch und Bambussprossen zugeben und alles unter vorsichtigem Wenden ca. 3 Minuten braten. Angerührte Sauce kurz darin aufkochen lassen. Fleisch mit Gemüsemischung und Sauce auf einer vorgewärmten Platte anrichten.

Kaschmirtopf
Indien

Zutaten
1 kg Lammschulter oder -nacken,
3/4 EL Fenchelsamen,
550 g Joghurt,
100 g Ghee oder 5 EL Sesamöl,
1 1/2 cm Zimtstange,
3 Nelken,
1 Msp. Asafoetida, Salz,
3 TL Paprika edelsüß,
1/2 TL Cayennepfeffer,
1 TL Ingwerpulver,
1 Msp. Garam Masala

EW	Fett	KH	kcal/kJ
48 g	62 g	7 g	823/3442

Fleisch waschen, trockentupfen und würfeln. Fenchelsamen in einer Kaffeemühle oder im Mörser zerkleinern. Joghurt mit dem Schneebesen cremig rühren. Fett in einem Topf erhitzen, Zimt und Nelken kurz darin anbraten, Asafoetida zugeben. Fleisch mit knapp 2 TL Salz zufügen und unter Rühren anbraten. Paprika und Cayennepfeffer unter Rühren zugeben. Joghurt löffelweise unterrühren. Die Flüssigkeit bei offenem Topf eindampfen lassen. Fenchel und Ingwerpulver unterrühren, 600 ml Wasser zugießen und alles 30 Minuten köcheln lassen. Dabei den Topf leicht geöffnet lassen. Dann zugedeckt weitere 45 Minuten köcheln lassen. Ab und zu umrühren. Mit Garam Masala abschmecken.

Lammhackfleisch-röllchen
Indien

Zutaten
675 g Lammhackfleisch,
3 cm frische Ingwerwurzel, 3/4 EL gemahlener Kreuzkümmel,
3/4 EL gemahlener Koriander,
1 Msp. gemahlene Nelken,
1 Msp. gemahlener Zimt,
1 Prise Muskatnuss,
1 Msp. Pfeffer,
1 Prise Cayennepfeffer,
4 EL Joghurt, 3/4 TL Salz,
6 EL Sesamöl,
1/2 Zimtstange,
4 Kardamomkapseln,

1 1/2 Lorbeerblätter,
4 Nelken

EW	Fett	KH	kcal/kJ
30 g	49 g	1 g	591/2471

Fleisch in eine große Schüssel füllen. Ingwer schälen und fein reiben. Fleisch mit Ingwer, Kreuzkümmel, Koriander, Nelken, Zimt, Muskatnuss, Pfeffer, Cayennepfeffer, 2 EL Joghurt und Salz gründlich vermengen. Etwa 6 cm lange und 2,5 cm breite Röllchen aus dem Fleischteig formen. Sesamöl in einer Pfanne erhitzen. Zimtstange, Kardamomkapseln, Lorbeerblätter und Nelken kurz darin anbraten. Fleischröllchen einlegen und rundherum anbraten. Restlichen Joghurt mit 175 ml warmem Wasser verschlagen und über die Röllchen verteilen. Zugedeckt bei schwacher Hitze 30 Minuten köcheln lassen, dabei die Fleischröllchen ab und zu wenden.

Roter Lammtopf
Indien

Zutaten
700 g Lammkeule oder -schulter,
4 cm frische Ingwer-

wurzel,
5 Knoblauchzehen,
140 g Ghee oder
7 EL Sesamöl,
7 Kardamomkapseln,
1 1/2 Lorbeerblätter,
4 Nelken,
7 Pfefferkörner,
1/2 Zimtstange,
4 Zwiebeln,
3 TL Paprikapulver edelsüß,
1/2 TL Cayennepfeffer,
3/4 TL gemahlener Koriander,
1 1/2 TL gemahlener Kreuzkümmel,
Salz, 4 EL Joghurt,
1 Msp. Garam Masala,
Pfeffer

EW	Fett	KH	kcal/kJ
32 g	53 g	7 g	667/2787

Fleisch waschen, trockentupfen und würfeln, Ingwer und Knoblauchzehen schälen und hacken. Mit 3 EL Wasser im Mixer pürieren. In einem Topf das Fett erhitzen, Fleisch rundherum darin anbraten und auf einem Teller beiseite stellen. Kardamom, Lorbeerblätter, Nelken, Pfefferkörner und Zimtstange im verbliebenen Fett kurz anbraten. Zwiebeln schälen, fein hacken, zugeben und unter Rühren anschwitzen. Gewürzpaste unterrühren, dann Paprika, Cayennepfeffer, Koriander, Kreuzkümmel und 3/4 TL Salz zugeben und unterrühren. Fleisch zugeben, kurz unter Rühren anbraten.

Joghurt löffelweise einrühren. 175 ml Wasser zugießen, mit der Sauce verrühren und alles zugedeckt bei schwacher Hitze 60 Minuten köcheln lassen. Dabei ab und zu umrühren. Bei offenem Topf noch etwas einkochen lassen. Das Fett abschöpfen. Mit Garam Masala und schwarzem Pfeffer abschmecken.

Mandel-Lamm-Curry
Indien

Zutaten
750 g Lammschulter oder -keule,
75 g Mandeln,

2 cm frische Ingwerwurzel,
6 Knoblauchzehen,
100 g Ghee oder
5 EL Sesamöl,
7 Kardamomkapseln,
4 Nelken,
1,5 cm Zimtstange,
3/4 TL gemahlener Koriander,
1 1/2 TL gemahlener Kreuzkümmel,
1/4 TL Cayennepfeffer,
Salz,
200 g Sahne,
1 Msp. Garam Masala

FLEISCH

EW	Fett	KH	kcal/kJ
37 g	65 g	7 g	799/3341

Fleisch waschen, trockentupfen und würfeln. Mandeln überbrühen, häuten und grob hacken. Ingwerwurzel und Knoblauchzehen schälen. Mandeln mit Ingwer, Knoblauch und 4 EL Wasser im Mixer zu einer glatten Paste zerkleinern. Fett in einem Topf erhitzen. Fleisch darin rundherum anbraten, herausnehmen und beiseite stellen. Kardamom, Nelken und Zimtstange im Fett kurz anbraten. Gewürzpaste, Koriander, Kreuzkümmel, Cayennepfeffer und knapp 1 TL Salz zugeben und unter Rühren leicht bräunen. Fleisch wieder zugeben und Sahne sowie 4 EL Wasser zugießen. Alles zugedeckt bei schwacher Hitze 60 Minuten köcheln lassen, umrühren. Zum Schluss Fett abschöpfen und mit Garam Masala bestreuen.

Lammcurry mit Mango-Chutney
(Abb.) – *Indien*

 Zutaten

1 kg gewürfeltes mageres Lammfleisch,
4 EL Currypulver,
4 EL Erdnussöl,
2 TL gehackter Knoblauch,
4 dünn geschnittene kleine rote Zwiebeln,
Salz,
Pfeffer,
400 ml Geflügelbrühe,
150–200 g Kokoscreme,
250 g Basmatireis,
etwas ungespritzte Zitronenschale,
2 kleine Pfefferschoten,
Basilikumblätter,
1 kleines Glas Mango-Chutney

EW	Fett	KH	kcal/kJ
49 g	90 g	65 g	1315/5519

Lammfleisch mit Curry, Öl, Knoblauch, Zwiebeln, Salz und Pfeffer vermischen und scharf anbraten. Mit Geflügelbrühe und Kokoscreme aufgießen und alles bei geschlossenem Topf und schwacher Hitze ca. 60 Minuten köcheln lassen. In der Zwischenzeit Reis nach Packungsanweisung garen. Fertiges Curry herausnehmen und zusammen mit Reis auf vorgewärmten Tellern anrichten. Zitronenschale sowie Pfefferschoten in hauchdünne Streifen schneiden und damit das Curry bestreuen. Gericht mit Basilikumblättern vollenden und mit Mango-Chutney servieren.

Lammcurry mit Kartoffeln
Indien

 Zutaten

750 g Lammschulter ohne Knochen,
350 g Kartoffeln,
200 g Tomaten,
3 Zwiebeln,
1/2 grüne Chilischote,
4 Knoblauchzehen,
100 g Ghee oder 5 EL Sesamöl,
3/4 EL gemahlener Kreuzkümmel,
3/4 EL gemahlener Koriander,
1/4 TL Kurkuma,
1/2 TL Cayennepfeffer,
Salz, 2 EL gehacktes Korianderkraut

EW	Fett	KH	kcal/kJ
35 g	50 g	19 g	696/2907

Fleisch waschen, trockentupfen und würfeln. Kartoffeln schälen, halbieren oder vierteln. Tomaten überbrühen, häuten, vom Stielansatz befreien und würfeln. Zwiebeln schälen und fein hacken. Chilischote fein hacken. Knoblauchzehen schälen und fein hacken. Ghee oder Sesamöl in einem Topf erhitzen. Zwiebeln, Chilischote und Knoblauch unter Rühren im Fett anschwitzen. Fleisch zugeben und rundherum anbraten. Tomaten, Kreuzkümmel, Koriander, Kurkuma, Cayennepfeffer und 1 1/2 TL Salz zugeben und 15 Minuten bei offenem Topf einkochen lassen. Kartoffeln und 1/2 l Wasser zugeben. Bei schwacher Hitze ca. 70 Minuten köcheln, dabei den Topf leicht geöffnet lassen. Mit Korianderkraut bestreut servieren.

Lammspießchen mit Cashewkern-Reis
(Abb.) – China

Zutaten für 2 Personen
125 g Naturreis,
1 TL Currypulver,
Salz,
200 g Lammhackfleisch,
1 TL Paniermehl,
1 Ei,
1 EL Korinthen,
1 gehackte Knoblauchzehe,

je 1 Msp. Koriander, Piment, Kreuzkümmel und Cayennepfeffer,
40 g Butter,
1 EL Olivenöl,
50 g Cashewkerne,
frische Zitronenmelisse

EW	Fett	KH	kcal/kJ
30 g	53 g	63 g	880/3704

Reis nach Packungsanweisung garen, mit Curry und Salz würzen. Hackfleisch mit Paniermehl, Ei, Korinthen, Knoblauch und Gewürzen vermengen. Aus der Masse kleine Bällchen formen und auf Holzspießchen stecken. Butter und Öl in einer Pfanne erhitzen, Lammspießchen darin goldbraun braten, herausnehmen und mit dem Reis anrichten. Cashewkerne in derselben Pfanne kurz anrösten und mit der fein geschnittenen Zitronenmelisse über das Gericht geben.

Pikantes Lammfleisch mit Mandeln
Indien

Zutaten
1/2 Bd. frische Minze,
1 kg mageres Lammfleisch ohne Knochen,
500 g Joghurt,
2 große Zwiebeln,
5 Knoblauchzehen,
2 cm frische Ingwerwurzel, 3 EL Ghee,
1 TL gemahlener Kreuzkümmel,
1 TL Pfeffer,
1/4 TL Cayennepfeffer,
1/4 TL gemahlene Nelken,
1 TL Garam Masala,
2 EL Weißweinessig,
Saft von 1/2 Zitrone,
2 Döschen Safran,
1 TL Salz, 1 EL Honig,
100 g gemahlene Mandeln

Abb. 1

Abb. 2

Abb. 3

Abb. 4

EW	Fett	KH	kcal/kJ
52 g	65 g	20 g	934/3905

Minze waschen, trockenschwenken, Blättchen von den Stängeln zupfen und grob zerschneiden. Lammfleisch waschen, trockentupfen und in 2–3 cm große Stücke schneiden. Mit Minze und Joghurt in einer Schüssel vermengen. Zugedeckt mindestens 2 Stunden in den Kühlschrank stellen (noch besser 1–2 Tage). Zwiebeln schälen und in Streifen schneiden. Knoblauchzehen und Ingwerwurzel schälen

und fein hacken. Ghee in einem breiten Topf erhitzen. Unter ständigem Rühren Kreuzkümmel, Pfeffer, Cayennepfeffer, Nelken und Garam Masala darin leicht rösten. Zwiebeln, Knoblauch und Ingwer zugeben und mitdünsten. Fleischstücke aus der Marinade nehmen, etwas abtropfen lassen und zur Gewürzmischung geben. Essig und Zitronensaft darüber träufeln und Fleischstücke unter Rühren ca. 10 Minuten braten. Joghurtmarinade mit Safran, 1/4 l heißem Wasser, Salz, Honig und gemahlenen

Mandeln verrühren. Über das Fleisch gießen, mehrmals durchrühren und das Ganze bei geschlossenem Topf ca. 60–90 Minuten garen. Nochmals abschmecken und nach Belieben mit Rosinenreis servieren.

Masala-Lamm
(Abb. 1–4 und S. 173) – Indien

Zutaten
5 EL Sonnenblumenöl,
2 gehackte Zwiebeln,
1 Knoblauchzehe,
1 EL geriebener Ingwer,
6 getrocknete rote Chilischoten,
3 Kardamomkapseln,
2 Stangen Zimt,
6 schwarze Pfefferkörner, 3 Nelken,
Salz, 450 g Lammfleisch aus der Keule,
2 frische grüne Chilischoten,
2 EL gehackter Koriander

EW	Fett	KH	kcal/kJ
20 g	37 g	3 g	433/1810

Öl in einem großen Topf erhitzen, Zwiebeln hinzufügen und leicht anbräunen (Abb. 1). Knoblauchzehe schälen, in feine Scheiben schneiden und die Hälfte davon mit 1/2 EL Ingwer zu den Zwiebeln geben. 3 rote Chilischoten, Kardamom, Zimt, Pfefferkörner, Nelken und Salz hinzufügen und gut umrühren. Lammfleisch würfeln und unter Rühren

5 Minuten kräftig anbraten (Abb. 2). 600 ml Wasser angießen und abgedeckt bei mittlerer Hitze 35–40 Minuten garen. Grüne Chilischoten waschen, in dünne Ringe schneiden und mit restlichem Knoblauch, Ingwer, roten Chilischoten und Koriander in den Topf geben (Abb. 3). Unter ständigem Rühren weiterkochen, bis die Flüssigkeit weitgehend verdampft ist. Auf vorgewärmten Tellern servieren (Abb. 4).

Lammragout süß-sauer
China

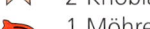

Zutaten
600 g Lammschulter,
2 Zwiebeln,
2 Knoblauchzehen,
1 Möhre,
1 dünne Stange Lauch,
300 ml Fleischbrühe,
2 EL Essigessenz (25 %),
1 Lorbeerblatt,
5 Pfefferkörner,
1 EL Speisestärke,
4 EL trockener Sherry oder Reiswein,
2 EL helle Sojasauce,
120 g Ananasstücke (Dose), 2 EL brauner Zucker, Salz, Pfeffer

EW	Fett	KH	kcal/kJ
19 g	16 g	16 g	313/1308

Lammfleisch waschen, trockentupfen, häuten und in ca. 3 cm große Würfel schneiden. Zwiebeln und Knoblauch schälen und in feine Würfel schneiden. Möhre schälen und in dünne Scheiben schneiden. Lauch putzen, waschen und in schmale Ringe schneiden. Brühe im Wok oder einem großen Topf mit Essigessenz, Lorbeerblatt und Pfefferkörnern aufkochen. Fleisch einlegen, aufkochen und 90 Minuten leise kochen lassen. 20 Minuten vor Ende der Garzeit Zwiebeln, Knoblauch, Möhre und Lauch zugeben. Lorbeerblatt und Pfefferkörner entfernen. Speisestärke mit Sherry und Sojasauce glatt rühren, unter die Brühe rühren, Ananaswürfel und Zucker zugeben und alles aufkochen lassen. Mit Salz und Pfeffer abschmecken. In einer Schüssel heiß servieren.

Gebackene Lammkugeln
Indien

Zutaten
600 g durchwachsenes Lammfleisch,
2 Schalotten,
1 Knoblauchzehe,
1 Stück frische Ingwerwurzel, 2 Stängel Petersilie, 2 Eier,
3–4 EL Sojasauce,
2 EL Pflaumensauce,

2 EL Hoisinsauce,
3 1/2 EL Speisestärke,
Salz, Szechuanpfeffer,
1 Prise Cayennepfeffer,
1 TL gerebelte Pfeffer-
minze,
4 1/2 EL Erdnussöl

EW	Fett	KH	kcal/kJ
32 g	32 g	18 g	516/2158

Lammfleisch waschen, trockentupfen und würfeln, Schalotten
und Knoblauch schälen und fein
hacken. Ingwerwurzel schälen
und grob würfeln. Petersilie waschen und Blättchen abzupfen.
Fleisch, Schalotten, Knoblauch,
Ingwer und Petersilie durch die
feine Scheibe des Fleischwolfs
drehen und in eine Schüssel füllen. Eier, Sojasauce, Pflaumensauce und Hoisinsauce zugeben
und alles gut vermengen. Mit
Speisestärke binden und mit
Salz, Pfeffer und Cayennepfeffer
sowie Pfefferminze kräftig abschmecken. Mit feuchten Händen aus der Masse kleine Kugeln
abdrehen, Öl im Wok oder einer
tiefen Pfanne erhitzen und
Lammkugeln darin unter ständigem Rühren braten, das Fett auf
Küchenkrepp abtropfen lassen.

Lammhackfleisch
in Curry
Indien

Zutaten
2 EL Ghee,
2 rote Chilischoten,

 2 cm frische Ingwer-
wurzel, 800 g Lamm-
hackfleisch, 1 TL gemah-
lener Koriander,
1/2 TL Garam Masala,
1 TL Salz,
1/4 TL Pfeffer,
1 kräftige Prise Cayenne-
pfeffer, 250 g Joghurt,
1/4 TL gemahlener
Kardamom, Saft von
1/2 Zitrone, 1 TL Zucker

EW	Fett	KH	kcal/kJ
37 g	40 g	7 g	566/2366

Ofen auf 200 Grad vorheizen
und eine feuerfeste breite Form
mit etwas Ghee auspinseln. Chilischoten säubern, entkernen
und fein hacken. Ingwerwurzel
schälen und fein raspeln. Lammhackfleisch mit restlichem Ghee,
Koriander, Garam Masala, Salz,
Pfeffer, Cayennepfeffer, Chilischoten und Ingwer kräftig
durchkneten. Mit angefeuchteten Händen zu gleich großen
Bällchen formen. Joghurt mit
1 Prise Salz, Kardamom, Zitronensaft und Zucker verrühren
und die Hälfte davon auf den
Boden der feuerfesten Form
gießen. Fleischbällchen in die
Form setzen. Restlichen Joghurt
mit 2 cl kochend heißem Wasser verrühren und über die
Fleischbällchen gießen. Form
mit einem Deckel verschließen
und 45 Minuten in den Ofen
stellen. Nach der Hälfte der
Garzeit Fleischbällchen wenden
und den Deckel entfernen.

Lammfleisch mit
grünen Bohnen
China

Zutaten für 6 Personen
1 kg Lammfleisch,
2 Knoblauchzehen,
 4 EL dunkle Sojasauce,
2 EL trockener Sherry,
 1 EL brauner Zucker,
3 EL Sojaöl,
1 Zwiebel,
500 g grüne Bohnen,
Salz, Pfeffer

EW	Fett	KH	kcal/kJ
20 g	23 g	14 g	349/1459

Lammfleisch waschen und trockentupfen. Mit einem scharfen
Messer gegen die Faserrichtung
in dünne Scheiben schneiden.
Für die Marinade Knoblauch
schälen, fein würfeln und mit
Sojasauce, Sherry und Zucker in
einer Schüssel verrühren. Lamm-
fleischscheiben in die Marinade
legen und zugedeckt 60 Minuten kalt stellen, ab und zu wenden. Öl im Wok oder einer tiefen Pfanne erhitzen und Fleisch,
ohne Marinade, unter Rühren
2 Minuten scharf anbraten.
Zwiebel schälen und fein würfeln. Grüne Bohnen putzen und
waschen. Zwiebel und Bohnen
mit Marinade zum Fleisch geben und 3 Minuten pfannenrühren, eventuell mit Salz und
Pfeffer abschmecken. Gericht
auf einer vorgewärmten Platte
sofort servieren.

FLEISCH

Saté-Spieße mit Erdnussmus
(Abb. S. 175) – Thailand

Zutaten
600 g Hähnchen-
brustfilet,
1 Chilischote,
4 EL Sojasauce,
3 EL Pflanzenöl,
1 TL Zitronensaft,
Salz,
weißer Pfeffer
Für das Erdnussmus:
1 Knoblauchzehe,
1 Zwiebel,
1 Chilischote,
100 g geröstete
Erdnüsse,
3 EL Pflanzenöl,
200 g Sahne,
1 Bd. Koriander,
eventuell Schale von
1 unbehandelte
Zitrone

EW	Fett	KH	kcal/kJ
54 g	28 g	10 g	490/2058

Hähnchenbrustfilet kurz waschen, trockentupfen und längs in etwa 1 cm breite Streifen schneiden. Fleisch in eine Schüssel geben. Chilischote halbieren, entkernen, waschen und sehr fein hacken. Mit Sojasauce, Öl und Zitronensaft verrühren und über die Hähnchenstreifen geben. Salzen und pfeffern, alles gut miteinander mischen und ca. 30 Minuten marinieren. Für das Erdnussmus Knoblauchzehe

und Zwiebel schälen und würfeln. Chilischote halbieren, entkernen, waschen und fein hacken. Erdnüsse grob hacken. Knoblauch- und Zwiebelwürfel sowie Chili in heißem Öl andünsten. Erdnüsse zufügen und Sahne angießen. Alles kurz aufkochen lassen und im Mixer oder mit einem Schneidstab pürieren. Koriander waschen, fein hacken und unter das Erdnussmus geben. Fleischstreifen aus der Marinade nehmen und trockentupfen. Auf 16 Holzspieße stecken und unter dem vorgeheizten Grill ca. 5 Minuten rundherum goldbraun grillen. Saté-Spieße nach Belieben mit Zitronenschalenstreifen bestreuen und mit Erdnussmus servieren. Dazu schmeckt Reis.

Hühnerfleisch süß-sauer
China

Zutaten
500 g Hühnerfleisch,
2 EL helle Sojasauce,
2 gepresste Knoblauchzehen,
Salz,
Pfeffer,
Glutamat,
3 EL Weizenmehl,
2 1/2 EL Maisstärke,
1 Ei,
1 EL Pflanzenöl,
Öl zum Braten,
1 EL Zucker,
3 Ingwerscheiben,

125 ml Ananassaft,
1 EL dunkle Sojasauce,
1 EL Reiswein,
1 EL Essig,
4 EL Tomatenketchup,
2 EL Worcestersauce

EW	Fett	KH	kcal/kJ
31 g	20 g	40 g	485/2033

Hühnerfleisch in mundgerechte Stücke schneiden. Mit 1 EL heller Sojasauce, 1 gepressten Knoblauchzehe, 1/2 TL Salz, Pfeffer und Glutamat vermischen und ca. 20 Minuten ziehen lassen. Weizenmehl, 1 EL Maisstärke, Ei, 1 EL helle Sojasauce, Pfeffer, Salz, Wasser und Pflanzenöl zu einem glatten Teig verrühren (so dünn wie Pfannkuchenteig). Reichlich Öl im Wok erhitzen. Hühnerfleischstücke einzeln in den Teig tauchen, dann ins heiße Öl gleiten lassen. So lange backen, bis die Fleischstücke goldgelb und knusprig sind. Auf einer warmen Platte anrichten. Sauce zubereiten. Dazu Öl erhitzen, Zucker hinzufügen, karamellisieren lassen. Restlichen Knoblauch und Ingwer zugeben, einige Sekunden unter Rühren braten. Ananassaft, dunkle Sojasauce, Reiswein, Essig, Salz, Pfeffer, Glutamat, Tomatenketchup, restliche Maisstärke und Worcestersauce gut verrühren. Zum Knoblauch-Ingwer-Gemisch zugießen, köcheln lassen, bis die Sauce angedickt ist. Hühnerfleischstücke mit Sauce übergießen und servieren.

Hähnchenpfanne mit Broccoli
(Abb.) – China

Zutaten
250 g Hähnchen-
brustfilet,
2 EL Maiskeimöl,
1 Beutel Gewürz-
mischung für
China-Pfanne,

300 g Broccoli in
Röschen zerteilt,
2–3 EL Mandelblättchen
oder -stifte

EW	Fett	KH	kcal/kJ
17 g	14 g	4 g	219/918

Hähnchenbrustfilet waschen,
trockentupfen, in Streifen
schneiden und in heißem

Maiskeimöl anbraten. 300 ml
kaltes Wasser dazugießen. Gewürzmischung für China-Pfanne
einrühren und aufkochen. Broccoli hinzufügen und zugedeckt
bei schwacher Hitze in 10 Minuten garen. Gelegentlich umrühren. Mandelblättchen in
einer Pfanne ohne Fett goldbraun rösten und über das
Fleisch geben. Dazu passt Reis.

FLEISCH

Hähnchen mit Gemüse »Ginza«
(Abb.) – *Japan*

Zutaten
6 getrocknete Shiitake-Pilze,
2 Hühnerbrüstchen ohne Haut und Knochen,
4–5 Blätter Chinakohl oder zarter Wirsing,
250 g Zuckerschoten (oder grüne Erbsen),
1 Stange Staudensellerie,
50 g Bambussprossen,
6 Kirschtomaten,
1 Stück frische Ingwerwurzel,
1 Knoblauchzehe,
2 TL Speisestärke,
1 EL Sake oder trockener Sherry,
2 EL Erdnussöl,
200 ml Hühnerbrühe,
trockener Sherry zum Beträufeln,
3 EL Sojasauce,
Pfeffer,
1 Prise Zucker
Für die Marinade:
3 EL Sojasauce,
2 EL trockener Sherry

EW	Fett	KH	kcal/kJ
20 g	9 g	21 g	262/1101

Pilze in kaltem Wasser einweichen, Hühnerbrüstchen in 1 cm große Würfel schneiden. Fleisch in eine Marinade aus Sojasauce und trockenem Sherry geben. Ca. 2 Stunden ziehen lassen. Chinakohl zerteilen, waschen, in kleine viereckige Stücke schneiden, dabei die Rippen entfernen. Zuckerschoten waschen und putzen, große halbieren, kleine ganz lassen. Staudensellerie und Bambussprossen waschen, in kleine Stücke schneiden. Kirschtomaten halbieren. Ingwerwurzel schälen, reiben und geschälte Knoblauchzehe fein hacken. Speisestärke mit Sake gut verrühren. 1 EL Öl in den Wok geben und erhitzen. Ingwer und Knoblauch hinzufügen und umrühren, kurz andünsten. Chinakohl, abgetropfte Pilze und Staudensellerie dazugeben. 1–2 Minuten unter ständigem Rühren dünsten. 4–5 EL Hühnerbrühe hinzugießen und weiterdünsten. Das Gemüse soll knackig bleiben. Anschließend aus dem Wok nehmen. Restliches Öl erhitzen, Hühnerbrüstchenstücke hineingeben. Ca. 1 Minute dünsten, dann mit restlichem Sherry beträufeln. Gemüse, Zuckerschoten und Kirschtomaten kurz miterhitzen. Angerührte Speisestärke hinzugeben, durchrühren, köcheln lassen, bis die Flüssigkeit bindet. Nach und nach etwas Hühnerbrühe zugeben, bis die Sauce flüssiger und klar wird. Mit Sojasauce, Pfeffer und Zucker abschmecken. Mit Reis servieren.

Putenschnitzel süß-sauer
Thailand

Zutaten
4 Putenschnitzel (à 150 g),
Salz,

weißer Pfeffer,
1 Ei,
50 g Kokosflocken,
50 g Sonnenblumenöl
Für die Sauce:
1 Zwiebel,
1 Knoblauchzehe,
1 rote Chilischote,
1 kleine rote Papri-
kaschote,
50 g Lauch,
2 Scheiben
Ananas (Dose),
1 EL Sonnenblumenöl,
1/8 l Ananassaft,
5 EL Weißweinessig,
3 EL Zucker,
5 EL Tomaten-
ketschup,
1 EL Kartoffelstärke,
Salz, Pfeffer,
evtl. Knoblauchblüten
zum Garnieren

EW	Fett	KH	kcal/kJ
35 g	20 g	33 g	476/1992

Putenschnitzel trockentupfen, salzen und pfeffern. Ei auf einem Teller verquirlen, Schnitzel in Ei und Kokosflocken wenden. Sonnenblumenöl in einer großen Pfanne erhitzen und Putenschnitzel von jeder Seite ca. 4 Minuten braten. Für die Sauce Zwiebel und Knoblauch schälen und fein hacken. Chilischote längs aufschneiden, die Kerne entfernen, fein würfeln. Paprika und Lauch putzen und waschen. Paprika in feine Streifen, Lauch in dünne Ringe schneiden. Ananasscheiben in kleine Stücke schneiden. Sonnenblumenöl in einem Topf erhitzen. Zwiebel, Knoblauch und Chilischoten darin andünsten. Mit 1/8 l Wasser ablöschen. Ananassaft, Essig, Zucker und Ketschup zufügen. Alles kurz aufkochen lassen. Gemüse und Ananasstücke zufügen und ca. 3 Minuten bei mittlerer Hitze garen. Kartoffelstärke mit etwas kaltem Wasser glatt rühren, zur Sauce geben und alles nochmals kurz aufkochen lassen. Sauce mit Salz und Pfeffer abschmecken. Putenschnitzel mit der Sauce auf Tellern anrichten und nach Belieben mit Knoblauchblüten garnieren. Dazu schmeckt thailändischer Duftreis.

Chinapfanne mit Ananas
(Abb.) – China

Zutaten
250 g Hähnchen-
brustfilet,
2 EL Maiskeimöl,
 1 Beutel Gewürz-
mischung für China-
Pfanne (Fertigprodukt),
50 g Staudensellerie,
50 g Ananasstücke,
3–4 EL Tomaten-
ketschup,
1–2 EL Sherry

EW	Fett	KH	kcal/kJ
14 g	8 g	6 g	166/697

Hähnchenbrustfilet in dünne Scheiben schneiden und in heißem Maiskeimöl anbraten. 300 ml kaltes Wasser dazugießen, Gewürzmischung einrühren und aufkochen. Staudensellerie waschen, in Stücke schneiden, zum Fleisch geben und bei schwacher Hitze in 10 Minuten garen. Ananasstücke hinzufügen und Gericht mit Tomatenketschup und Sherry abschmecken. Dazu Reis servieren.

Kokoshuhn
(Abb.) – *Thailand*

 Zutaten für 2 Personen
400 g Hähnchen-
brustfilet,

 Salz,
Pfeffer,
 2 EL Pflanzenöl,
1 rote Peperoni,
1 grüne Peperoni,
100 g Zuckerschoten,
125 ml Kokosmilch,
425 ml Geflügel-
cremesuppe,
Ingwerpulver,
1 EL Sojasauce,
2 EL Erdnusskerne,
Korianderblättchen zum
Garnieren

EW	Fett	KH	kcal/kJ
53 g	27 g	9 g	485/2031

Fleisch abtupfen, grob würfeln, salzen, pfeffern und im heißen Öl goldbraun anbraten. Pepero-

ni in feine Ringe schneiden und mit gewaschenen Zuckerschoten zufügen. Kokosmilch und Geflügelcremesuppe angießen, kurz aufkochen lassen, mit Ingwerpulver, Sojasauce, Salz und Pfeffer abschmecken und ca. 7 Minuten köcheln lassen. Mit gehackten Erdnusskernen und Koriander bestreut servieren. Dazu schmeckt Basmatireis.

Putenröllchen
Thailand

 Zutaten
50 g Lauch,
50 g rote Paprikaschote,
100 g Sojasprossen,
1 Stück Ingwerwurzel,
8 Putenschnitzel
(à 60 g),
Salz, Pfeffer,
1 Glas Asia-Sauce
(Fertigprodukt)

EW	Fett	KH	kcal/kJ
29 g	6 g	7 g	197/824

Gemüse putzen und waschen. Lauch und Paprika in sehr feine Streifen schneiden. Sojasprossen gut abtropfen lassen. Ingwer schälen und sehr fein hacken. Putenschnitzel leicht salzen und pfeffern. Gehackten Ingwer und Gemüse darauf verteilen. Putenschnitzel aufrollen und mit einem Holzspieß feststecken. Unter dem vorgeheizten Grill ca. 9 Minuten grillen. Röllchen mit Asia-Sauce servieren.

Poulardenbrust mit pikantem Wirsinggemüse
(Abb.) – *China*

Zutaten
2 Poulardenbrüste
ohne Haut und
Knochen,
1 TL Speisestärke,
2 TL Chinagewürz,
4 EL dunkle Sojasauce,
1 TL Öl,
1 Kopf Wirsing,
750 g Fleischtomaten,
1/4 l Geflügelfond,
1 TL Sambal Oelek
Als Hilfsmittel:
1 Bratschlauch

EW	Fett	KH	kcal/kJ
23 g	4 g	15 g	193/811

Poulardenbrüste in feine Streifen schneiden, leicht mit Speisestärke bestäuben und mischen. 1 TL Chinagewürz, Sojasauce und Öl über das Fleisch geben, vermengen und zugedeckt durchziehen lassen. Inzwischen Wirsing putzen und waschen, achteln und in feine Streifen schneiden. Fleischtomaten enthäuten, entkernen und ebenfalls in Streifen schneiden. Ein etwa 50 cm langes Stück vom Bratschlauch abschneiden, an einem Ende fest zusammendrehen und mit dem beiliegenden Verschlussstreifen verschließen. Mariniertes Fleisch mit der Flüssigkeit in den Beutel geben und gleichmäßig auf dem Boden verteilen. Wirsing und Tomaten auf das Fleisch geben und mit 1 TL Chinagewürz bestreuen. Geflügelfond mit Sambal Oelek verrühren und aufgießen. Bratschlauch auf der anderen Seite ebenfalls verschließen, dabei die Luft nicht aus dem Bratschlauch streichen. Auf einen kalten Ofenrost legen. Oben mit einer Schere ca. 1 cm einschneiden. Auf der untersten Schiene in den auf 175–200 Grad vorgeheizten Backofen schieben und 30–40 Minuten garen. Die letzten 10 Minuten Backofen ausschalten. Nach der Garzeit Folie aufschneiden, Gemüse mit den Fleischstreifen locker mischen, eventuell nachwürzen.

Tipp
Sehr delikat zu Reis und frischem Weißbrot.

Hühnchen »Yakitori«
(Abb. S. 182) – *Japan*

Zutaten
75 ml japanische
Sojasauce,
40 g Zucker,
2 EL Reiswein,
1 EL Weizenmehl,
7-Gewürze-Pulver
(Shichimi),
6 ausgelöste Hühnchenschenkel,
6 Schalotten

FLEISCH

Abb. 1

Abb. 2

Abb. 3

EW	Fett	KH	kcal/kJ
40 g	6 g	16 g	302/1264

Für die Yakitori-Sauce Sojasauce, Zucker, Reiswein und

Weizenmehl verrühren und ca. 10 Minuten unter Rühren köcheln lassen, bis sich die Flüssigkeit um etwa ein Drittel reduziert hat (Abb. 1). Sauce vom

Herd nehmen und nach Geschmack mit 7-Gewürze-Pulver abschmecken. Hühnchenfleisch in mundgerechte Stücke schneiden (Abb. 2). Schalotten schälen und vierteln (Abb. 3). Fleisch und Schalotten abwechselnd auf Spieße stecken und im vorgeheizten Grill ca. 10 Minuten garen. Gelegentlich mit etwas Sauce einpinseln. Spieße mit Yakitori-Sauce servieren.

Gebratenes Huhn in pikanter Sauce
China

Zutaten
ca. 1 kg Brathähnchen in kleine Stücke zerhackt (s. S. 184),

3 Zwiebeln,
Öl zum Frittieren,
2 EL Butter oder Margarine
Für die Marinade:
2 TL Salz, Pfeffer,
2 EL Essig
Für die Sauce:
2 EL Tomatenketschup,

1 EL helle Sojasauce,
1 TL Zucker,
1 EL dunkle Sojasauce,
2 TL Chilisauce,
2 EL Reiswein

EW	Fett	KH	kcal/kJ
53 g	41 g	8 g	617/2580

Brathähnchen mit Marinadenzutaten gut vermischen, ca. 30 Minuten ziehen lassen. Zwiebeln in Ringe schneiden. Reichlich Öl im Wok erhitzen, Fleischstücke portionsweise frittieren, bis sie gar, goldbraun und knusprig sind; abtropfen lassen. Butter oder Margarine schmelzen lassen, Zwiebelringe zugeben, darin braten, bis sie glasig sind, Brathähnchen hinzufügen. Saucenzutaten mit 2 Tassen Wasser verrühren und zum Huhn geben. Bei schwacher Hitze alle Zutaten ca. 30 Minuten schmoren lassen. Nach Belieben nachwürzen.

Teriyaki-Hähnchen auf Sojasprossen
(Abb.) – Japan

Zutaten
6 EL japanische Sojasauce,
1 TL Sesamöl,
Zucker,
4 EL Reiswein oder Sherry,
4 Hühnerbrustfilets mit Haut, 2 EL neutrales Öl,
2 cm Ingwerwurzel,
1 Knoblauchzehe,
1 Schalotte,

1 Stange Lauch,
500 g Sojasprossen,
4 EL Hühnerbrühe,
Pfeffer,
2 Frühlingszwiebeln

EW	Fett	KH	kcal/kJ
35 g	22 g	33 g	480/2016

Für die Marinade 4 EL Sojasauce, Sesamöl, 4 TL Zucker und Reiswein aufkochen, bis der Zucker restlos aufgelöst ist. Etwas abkühlen lassen. Hühnerbrüstchen mit der Marinade übergießen. Am nächsten Tag Hühnerbrüstchen auf Küchenpapier abtropfen lassen. Im heißen Öl auf beiden Seiten anbraten, dabei immer wieder mit der Marinade einpinseln. Die

Hühnerbrüstchen in Folie eingewickelt noch einige Minuten ziehen lassen. Inzwischen geschälten, fein gehackten Ingwer, gehackten Knoblauch und gehackte Schalotte kurz in der Pfanne anbraten. Gewaschenen, in schmale Ringe geschnittenen Lauch hinzufügen. Sojasprossen 1 Minute lang mitbraten. Restliche Sojasauce und Hühnerbrühe angießen. Mit 1 Prise Zucker und Pfeffer würzen. Die gewaschenen, fein geschnittenen Frühlingszwiebeln hinzufügen. Pfanneninhalt auf eine große, tiefe Platte breiten. Die quer in 1/2 cm dünne Scheiben geschnittenen Hühnerbrüstchen dachziegelartig darauf anrichten und sofort servieren.

FLEISCH

PRAXISTIPP
Huhn richtig zerlegen

Mit folgender Methode erhalten Sie acht gleiche Portionen Huhn.

1. Legen Sie das Huhn mit der Brust nach oben auf ein Hackbrett. Spreizen Sie eine

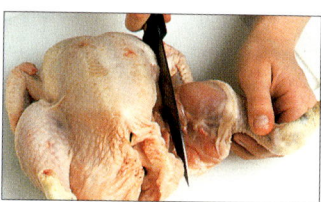

Keule leicht vom Rumpf ab und schneiden Sie mit einem Messer am Brustbein entlang, so dass das Gelenk zum Vorschein kommt. Wenn Sie die Gelenkpfanne sehen, durchtrennen Sie den Knochen vollständig, so dass die Keule vom Rumpf abgetrennt wird. Wiederholen Sie den Vorgang auch beim anderen Schenkel.

2. Trennen Sie das unterste Stück des Schenkelknochens mit dem Messer ab. Durch-

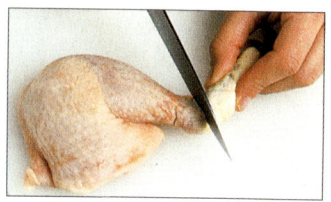

trennen Sie nun die Keule im Gelenk. Wiederholen Sie den Vorgang mit der anderen Keule.

3. Zerteilen Sie den Rumpf entlang des Brustbeins in zwei Hälften. Trennen Sie die beiden Brusthälften mit den Flügeln vom Rückgrat.

4. Zerlegen Sie die beiden Brusthälften in je zwei Teile.

Tipps vom Koch

- Das Rückgrat können Sie für die Zubereitung von Fonds verwenden. Geben Sie Zwiebel, Sellerie und, je nach Rezept, ein Stück Ingwer hinzu.
- Sollten Sie mehr Geflügelstücke benötigen, z. B. für Wok-Rezepte, so können Sie die Geflügelteile noch weiter zerlegen.

Geschmortes Huhn mit Pilzen
China

Zutaten
ca. 1 kg Brathähnchen,
1 Zwiebel,
1 Knoblauchzehe,
4 eingeweichte Tongku-Pilze, 4 eingeweichte Morcheln,
Öl zum Braten,
1 Dose ganze Champignons,
1 Frühlingszwiebel
Für die Marinade:
1 EL helle Sojasauce,
1 TL Salz, 2 EL Essig,
Pfeffer
Für die Sauce:
500 ml Brühe,
2 EL helle Sojasauce,
2 EL dunkle Sojasauce,
5 EL Reiswein,
2 EL Austernsauce,
Pfeffer, Glutamat

EW	Fett	KH	kcal/kJ
56 g	38 g	7 g	637/2666

Brathähnchen in kleine Stücke zerlegen, mit Marinadenzutaten gut vermischen und ca. 30 Minuten ziehen lassen. Öl erhitzen, Fleischstücke frittieren, bis sie goldbraun und gar sind; abtropfen lassen. Zwiebel und Knoblauch fein hacken. Tongku Pilze halbieren. Morcheln vierteln. 2 EL Öl in einem Topf erhitzen. Zwiebeln und Knoblauch darin braten, bis sie duften. Hähnchenstücke und Pilze zugeben,

Saucenzutaten zugießen, kurz aufkochen lassen, weitere 45 Minuten bei schwacher Hitze köcheln lassen. Vor dem Servieren die in 2 cm lange Stücke geschnittene Frühlingszwiebel zugeben, kurz aufkochen lassen.

Putenfleisch in Limonen-Kokos-Creme
(Abb.) – Thailand

 Zutaten
750 g Putenbrustfilet,
Salz,

 Pfeffer aus der Mühle,
1 Knoblauchzehe,
2 Stängel Zitronengras,
1 Chilischote,
1 EL Pflanzencreme,
1 TL Sesamöl,
1 Limone,
400 ml Kokosmilch

EW	Fett	KH	kcal/kJ
26 g	61 g	14 g	710/2269

Fleisch kurz waschen, trockentupfen, in Würfel schneiden, salzen und pfeffern. Knoblauch schälen und fein hacken. Vom Zitronengras die äußeren Blätter entfernen und den Stängel in feine Scheiben schneiden. Chilischote entkernen und in kleine Streifen schneiden. Pflanzencreme und Sesamöl erhitzen. Putenwürfel darin rundherum anbraten. Knoblauch, Chilischote und Zitronengras zufügen, kurz anschmoren. Limone heiß waschen, in Scheiben schneiden und die Scheiben vierteln. Limonenecken und Kokosmilch zum Fleisch geben. Alles aufkochen lassen und 7 Minuten garen. Das Gericht nochmals pikant abschmecken und mit Basmatireis servieren.

FLEISCH

Hähnchenschenkel mit Chili-Sojasauce
(Abb.) – *Thailand*

Zutaten
4 Hähnchen-
schenkel,
1 Knoblauch-
zehe,
30 g frische Ingwer-
wurzel,
1 Bd. Koriander-
kraut,
je 1 grüne und rote
Chilischote,

Abb. 1

2 EL Fischsauce,
4 EL Sojasauce,
3 EL Currypulver,

Abb. 2

5 EL Öl,
Salz,
Pfeffer,
1 Kopfsalat

EW	Fett	KH	kcal/kJ
28 g	23 g	3 g	338/1412

Hähnchenschenkel waschen und trockentupfen. Knoblauchzehe und Ingwer schälen, Koriander-kraut waschen und alles fein hacken. Chilischoten entkernen, waschen und in dünne Ringe schneiden. Alles mit Fischsauce, Sojasauce, Currypulver, 2 EL Öl, Salz und Pfeffer vermengen und Hähnchenschenkel darin ca. 2 Stunden marinieren lassen. Hähnchenschenkel auf ein mit 3 EL Öl eingefettetes Backblech geben, mit Marinade übergießen und im vorgeheizten Backofen bei 200 Grad in 35–40 Minuten goldbraun braten. Hähnchen-schenkel auf Salatblättern an-richten und nach Wunsch mit Lauch oder Chilischoten dekorie-ren. Dazu schmecken Glasnudeln mit Paprikastreifen.

Frittierte Hähnchenschenkel
(Abb.) – *Thailand*

Zutaten
1 Chilischote,
5 EL Pflanzenöl,
Saft von 2 Limonen,
Salz, weißer Pfeffer aus
der Mühle,
1 Msp. Ingwerpulver,
8 Hähnchenschenkel
(à ca. 100 g),
4 EL Mehl, 2 Eier,
50 g Kokosraspel,
Pflanzenfett zum
Frittieren,
2 Mangos,
2 EL Chilisauce,
1 Prise Zucker

EW	Fett	KH	kcal/kJ
45 g	68 g	20 g	927/3885

Für die Marinade Chilischote halbieren und fein hacken. Mit Öl und Saft von 1 Limone verrühren, mit Salz, Pfeffer und Ingwerpulver würzen. Hähnchenfleisch waschen, trockentupfen und in der Marinade 2 Stunden durchziehen lassen. Fleisch herausnehmen, trockentupfen und mit Mehl bestäuben. Dann in verschlagenen Eiern und Kokosraspeln wenden. Pflanzenfett in einer Fritteuse oder einem großen Topf auf 170 Grad erhitzen und die Hähnchenschenkel darin ca. 8 Minuten goldbraun frittieren. Herausnehmen, auf Küchenpapier abtropfen lassen. Für die Sauce Mangos schälen, Fruchtfleisch ablösen und im Mixer oder mit dem Schneidstab des Handrührgerätes pürieren. Mangomus mit restlichem Limonensaft, Chilisauce, Zucker und Salz pikant-scharf abschmecken. Mangosauce mit den Hähnchenschenkeln servieren. Nach Belieben mit Limonenscheiben und Mangospalten garnieren. Dazu schmeckt thailändischer Duftreis.

Gebratenes Hühnerfleisch mit Paprika
China

Zutaten
450 g Hühnerfleisch
(Brustfilet),

1 grüne Paprikaschote,
Öl zum Braten,

2 gepresste Knoblauchzehen,
3 Scheiben Ingwer,
3 rote Chilischoten,
1 Frühlingszwiebel
Für die Marinade:
1 Eiweiß,
2 EL helle Sojasauce,
1 EL Reiswein,
1 EL Stärke
Für die Sauce:
1 EL helle Sojasauce,
1 EL Reiswein,
Salz, Glutamat,
Pfeffer,
1 Tasse Brühe,
1/2 TL Essig,
1 TL Maisstärke,
1/2 TL Zucker

FLEISCH

EW	Fett	KH	kcal/kJ
28 g	29 g	8 g	407/1704

Hühnerbrust schräg in dünne Scheiben schneiden. Fleisch mit Marinadenzutaten gut vermischen, ca. 30 Minuten ziehen lassen. Paprikaschote halbieren, entkernen, in Würfel schneiden. Saucenzutaten gut verrühren, beiseite stellen. Reichlich Öl im Wok erhitzen, Fleisch darin frittieren, dabei ständig umrühren, damit es nicht anhängt. Vorsichtig herausheben und abtropfen lassen. 2 EL Öl im Wok erhitzen, Knoblauch und Ingwer darin braten, bis sie duften. Paprika, zerkleinerte Chilischoten und Frühlingszwiebel zugeben, durchbraten, bis die Paprikawürfel weich sind. Hühnerfleisch zufügen. Sauce darüber gießen, bei starker Hitze unter Rühren aufkochen.

Dreierlei Curry-Pfanne
(Abb.) – *Indien*

 Zutaten
 500 g Hähnchenbrustfilet, 4 EL Sesamöl, 4 Scheiben gekochter

 Schinken, 200 g küchenfertige Shrimps, 2 Gläser Gemüse-Pfanne »Curry« (Fertigprodukt, à 350 g), 250 g Reisnudeln, 2 Eier, Salz, Pfeffer, 2 EL gehackte Petersilie

EW	Fett	KH	kcal/kJ
59 g	35 g	48 g	764/3194

Hähnchenbrustfilet waschen, trockentupfen, in Streifen schneiden und in 2 EL heißem Sesamöl anbraten. Schinken in Streifen schneiden, einen Teil zur Seite legen und mit Shrimps zum Hähnchenfleisch geben. Gemüse-Pfanne zufügen und erhitzen. In der Zwischenzeit Reisnudeln nach Packungsanweisung zubereiten. Restliches Öl in einer Pfanne erhitzen, Eier verrühren, mit Salz und Pfeffer würzen und anbraten. Nudeln mit gebratenen Eiern und Petersilie mischen. Currypfanne mit restlichen Schinkenstreifen dekorieren und mit gebratenen Eier-Reisnudeln servieren. Nach Wunsch mit »Lauchpinsel« und Gemüsefiguren garnieren.

Tipp
Für die Gemüsefiguren kann man beispielsweise Plätzchenausstecher verwenden, mit denen aus dünnen Gemüsescheiben kleine Figuren ausgestochen werden.

Gebratenes Hühnerfleisch mit Champignons und Blumenkohl
China

Zutaten
400 g Hühnerbrustfilet,
1 Dose ganze Champignons,
1 kleiner Blumenkohl,
100 g gekochter Schinken,
Öl zum Braten,
1 gepresste Knoblauchzehe
Für die Sauce:
2 EL helle Sojasauce,
250 ml Brühe,
2 TL Maisstärke,
2 EL Reiswein,
Salz,
Pfeffer,
Glutamat
Für die Marinade:
1 Eiweiß,
2 EL helle Sojasauce,
1 EL Maisstärke,
Pfeffer,
1 EL Reiswein

EW	Fett	KH	kcal/kJ
33 g	13 g	8 g	305/1281

Hühnerbrustfilet schräg in dünne Scheiben schneiden, mit Marinadenzutaten vermischen; 20 Minuten ziehen lassen. Champignons abtropfen lassen, Blumenkohl in kleine Röschen brechen, gekochten Schinken in Streifen schneiden. Reichlich Öl im Wok erhitzen, Hühnerfleisch

darin frittieren, ständig umrühren, damit es nicht anhängt oder bräunt. 2 EL Öl erhitzen, Knoblauch unter Rühren braten, bis er duftet. Schinkenstreifen, Champignons und Blumenkohl zugeben, unter Rühren durchbraten. Hühnerfleisch zugeben, Sauce zugießen. Alle Zutaten noch einmal bei starker Hitze durchbraten, bis der Blumenkohl gar, aber nicht zu weich ist.

Bamigoreng mit Putenbrust
(Abb.) – Indonesien

Zutaten
400 g Putenbrustfilet,
4 EL Sojasauce,
1 TL Speisestärke,
2 TL Zucker,

1 Packung chinesische schwarze Pilze (25 g),
je 1 kleine rote und grüne Paprikaschote,
3 Frühlingszwiebeln,
350 g Sojabohnensprossen (Glas),
250 g China-Mie-Eiernudeln,
3 EL Sonnenblumenöl,
1 Msp. Sambal Oelek,
1 Msp. gemahlener Koriander,
1 Msp. gemahlener Kümmel,
2 EL fernöstlicher Ketschup,
Pfeffer

EW	Fett	KH	kcal/kJ
36 g	15 g	54 g	501/2095

Putenbrustfilet waschen, trockentupfen und in Streifen

FLEISCH

Abb. 1

Abb. 2

Abb. 3

schneiden. 1 EL Sojasauce mit Speisestärke und Zucker verrühren. Fleischstreifen ca. 20 Minuten darin marinieren lassen. Schwarze Pilze 15 Minuten im warmen Wasser quellen lassen, abspülen und in kleine Stücke schneiden. Paprikaschoten und Frühlingszwiebeln putzen und waschen. Paprikaschoten in Streifen, Frühlingszwiebeln in Ringe schneiden. Sojabohnensprossen abtropfen lassen. Eiernudeln nach Packungsanweisung zubereiten, abgießen und abschrecken. Sonnenblumenöl im Wok oder einer tiefen Pfanne erhitzen, Fleisch unter Rühren darin anbraten, herausnehmen und zur Seite stellen. Vorbereitetes Gemüse andünsten, mit restlicher Sojasauce, 1/8 l Wasser, Sambal Oelek, Koriander, Kümmel, fernöstlichem Ketschup und Pfeffer würzen. Zum Schluss Eiernudeln und Fleisch zugeben und nochmals 5 Minuten erhitzen.

Pfannengerührtes Gewürzhühnchen
(Abb. 1–6 und S. 191) – China

 Zutaten

1/2 TL Kurkuma,
1/2 TL geriebener Ingwer, Salz,
schwarzer Pfeffer aus der Mühle,
1 EL Kreuzkümmel,
1 EL gemahlener Koriander,

Abb. 4

Abb. 5

Abb. 6

1 EL Puderzucker,
450 g Hähnchenbrust
ohne Haut,
1 Bd. Frühlingszwiebeln,
4 Stangen Sellerie,
2 rote Paprikaschoten,
1 gelbe Paprikaschote,
175 g Zucchini,
175 g Zuckerschoten,
2 EL Sonnenblumenöl,
1 EL Zitronensaft,
1 EL Honig

EW	Fett	KH	kcal/kJ
31 g	9 g	22 g	299/1250

Kurkuma, Ingwer, Salz, Pfeffer,
Kreuzkümmel, Koriander und
Puderzucker in einer Schüssel
gut vermischen (Abb. 1). Hähnchenfleisch in mundgerechte
Stücke schneiden, mit der Gewürzmischung vermengen und
beiseite stellen (Abb. 2). Frühlingszwiebeln sowie Sellerie putzen und mit gewaschenen Paprikaschoten in 5 cm lange
Streifen schneiden. Zucchini und
Zuckerschoten waschen und abtropfen lassen. Zucchini in dünne Scheiben schneiden, von den
Zuckerschoten die Enden abschneiden (Abb. 3). Sonnenblumenöl in einem Wok oder einer
großen Pfanne erhitzen und die
gewürzten Hähnchenstreifen
darin unter Rühren goldgelb
braten (Abb. 4). Herausnehmen
und warm stellen. Im verbliebenen Bratfett Sellerie, Paprika
und Zucchini unter Rühren ca.
8 Minuten bissfest garen, Zuckerschoten hinzufügen und

weitere 2 Minuten pfannenrühren (Abb. 5). Hähnchenstreifen wieder dazugeben, mit Zitronensaft und Honig würzen
und kurz erhitzen (Abb. 6).

Hühnerlebercurry
Thailand

Zutaten
6 getrocknete
Mu-Err-Pilze,
6 getrocknete Shiitake-
Pilze,
1 EL Palmzucker,
2 EL Essig,
3 cm frische
Ingwerwurzel,
1 Bd. Frühlingszwiebeln,

1 Stange Lauch,
2 kleine Zwiebeln,
4 frische rote
Chilischoten,
je 1 rote und gelbe
Paprikaschote,
500 g Hühner-
leber, 4 EL Erdnussöl,
2 1/2 EL Fischsauce,
Salz

EW	Fett	KH	kcal/kJ
33 g	22 g	22 g	433/1810

Mu-Err-Pilze in lauwarmem
Wasser einweichen und ca. 60
Minuten quellen lassen, Shiita-
ke-Pilze 15 Minuten in lauwar-
mem Wasser quellen lassen.
Mu-Err-Pilze in einem Sieb ab-

spülen, abtropfen lassen, Einweichwasser auffangen. Harte Stiele der Shiitake-Pilze entfernen. Beide Pilzsorten in schmale Streifen schneiden. Palmzucker in Essig auflösen. Ingwer schälen und fein würfeln. Frühlingszwiebeln und Lauch putzen, waschen und in Ringe schneiden. Zwiebeln schälen und fein würfeln. Chilischoten längs aufschneiden, entkernen und fein hacken. Paprikaschoten putzen, waschen und klein würfeln. Hühnerleber waschen, trockentupfen und in mundgerechte Stücke schneiden. Erdnussöl in einer Pfanne oder im Wok erhitzen, Zwiebeln darin goldbraun braten. Ingwer, Frühlingszwiebeln, Lauch, Chilischoten, Pilze und Paprikaschoten zugeben und die Mischung unter Rühren 4 Minuten braten. Leber zufügen, kurz anbraten. Zucker-Essig-Mischung und 4 EL Pilzeinweichwasser einrühren und alles ca. 8 Minuten garen. Mit Fischsauce und Salz abschmecken.

Knusprige Geflügelsaté mit Erdnusssauce
(Abb.) – Thailand

Zutaten
4 Hühnerbrüstchen
ohne Haut,
Öl zum Braten,
frische Korianderblätter
Für die Marinade:
2 EL Sojasauce,
2 EL trockener Sherry,
je 2 TL Curry und
Ingwerpulver,
1 Prise Zucker,
2 EL Sesamöl,
Pfeffer
Für die Sauce:
200 g ungesalzene
Erdnüsse,
2 EL Honig,
200 ml Geflügelfond,
6 EL Portwein,
1 kleines Stück
frischer Ingwer,
2 EL Sesamöl

EW	Fett	KH	kcal/kJ
39 g	46 g	19 g	724/3049

Hühnerbrüstchen längs zur Faser in 1/2 cm breite Streifen schneiden. Die Marinade verrühren und die Fleischstreifen 1–2 Stunden ziehen lassen. Für die Sauce Erdnüsse mit Honig erhitzen, Geflügelfond und Portwein zugeben und um die Hälfte reduzieren. Alles im Mixer zusammen mit dem Ingwer fein pürieren und das Öl zugeben. Das Fleisch auf Holzspießchen stecken und im heißen Öl kross braten; mit Korianderblättern bestreuen. Die Spießchen mit der Erdnusssauce als Dip servieren. Dazu passt ein Glas eiskalter Lychee-Wein oder ein Bier.

Hühnerfleisch mit Austernsauce
China

Zutaten
ca. 1 kg Brathähnchen,
Salz,
Pfeffer,
2 EL Essig,
2 Knoblauchzehen,
1 Zwiebel,
1 grüne Paprikaschote,
1 Rettich,
Öl zum Braten,
3 EL Sojasauce,
2 EL Austernsauce,
1 EL Reiswein,
Glutamat, 1/4 l Brühe,
1 EL gehackter
Schnittlauch

EW	Fett	KH	kcal/kJ
54 g	35 g	4 g	548/2291

Brathähnchen waschen, in kleine Stücke zerteilen (s. S. 184), mit 1 TL Salz, Pfeffer und Essig einreiben; ca. 20 Minuten stehen lassen. Knoblauch und Zwiebel fein hacken. Paprikaschote entkernen, in Würfel schneiden. Rettich schälen, in 1/2 cm dicke, runde Scheiben schneiden. Brathähnchenstücke in wenig Öl braten, bis sie bräunlich sind; herausnehmen, abtropfen lassen. 2 EL Öl im Wok erhitzen, Knoblauch und Zwiebel darin braten, bis sie duften, Hähnchenstücke und Rettich zugeben, unter Rühren braten. Paprikaschote, Sojasauce, Austernsauce, Reiswein, Pfeffer und Glutamat zugeben, kurz umrühren. Brühe zugießen, gut untermischen, zum Kochen bringen, die Hitze reduzieren und zugedeckt ca. 15 Minuten köcheln lassen. Vor dem Servieren mit Salz, Sojasauce und Pfeffer abschmecken. Fein gehackten Schnittlauch darüber streuen.

Hähnchenbrustfilets in Curry-Sauce
(Abb.) – Thailand

Zutaten
4 Hähnchenbrustfilets,
3 EL Maiskeimöl,
Salz, Pfeffer,
240 g Reis,
1 Beutel Feinschmecker Curry-Sauce (Fertigprodukt),
300 g tiefgekühlter

Broccoli,
1–2 EL Kokosraspel

EW	Fett	KH	kcal/kJ
34 g	18 g	50 g	504/2124

Hähnchenbrustfilets in heißem Öl von beiden Seiten braun braten, salzen, pfeffern, in Alufolie wickeln und warm stellen. Reis in genügend Salzwasser garen. Curry-Sauce in 300 ml Wasser unter Rühren aufkochen und bei milder Hitze ca. 10 Minuten köcheln lassen. Gelegentlich umrühren. Broccoli unaufgetaut mit 100 ml Wasser in einen Topf geben. Aufkochen und bei schwacher Hitze garen. Den fertigen Reis mit Kokosraspeln mischen, Hähnchenbrust in Scheiben schneiden. Curry-Sauce und Broccoli zum Geflügel servieren.

Hühnercurry
Thailand

Zutaten
1 Hähnchen,
1/2 l Kokosmilch,
2 Stängel Zitronengras,
2 1/2 EL Erdnussbutter,
1 EL gelbe Currypaste,
1 TL Zimtpulver,
1 TL gemahlener Kardamom,
Zitronensaft,
Palmzucker,
Zitronenmelisseblättchen zum Garnieren

EW	Fett	KH	kcal/kJ
59 g	35 g	48 g	764/3194

FLEISCH

Hähnchen putzen, waschen, trockentupfen, von den Knochen lösen und Fleisch in mundgerechte Stücke schneiden (s. S. 184). Hähnchenstücke mit Kokosmilch, Zitronengras und Erdnussbutter in einen Topf geben und zugedeckt 45 Minuten köcheln lassen. Fleisch aus der Sauce nehmen und beiseite stellen. Zitronengrasstängel entfernen. Currypaste, Zimtpulver und Kardamom unterrühren. Flüssigkeit bei offenem Topf etwa um die Hälfte einkochen lassen und mit Zitronensaft und Palmzucker abschmecken. Hähnchenfleisch wieder einlegen, nochmals erwärmen und mit Zitronenmelisseblättchen garniert servieren.

Huhn mit Gemüse süß-sauer
Thailand

Zutaten
500 g Hühnerbrust ohne Haut und Knochen,
1 Gurke,
1 Gemüsezwiebel,
4 Tomaten,
1 gelbe und 1 grüne Paprikaschote,
3 Knoblauchzehen,
6 EL Essig,
6 EL Zucker,
3 EL Sojasauce,
2 EL Öl,
Salz, Pfeffer,
1 TL Speisestärke

EW	Fett	KH	kcal/kJ
31 g	9 g	33 g	354/1480

Hühnerbrust waschen und trockentupfen, quer zur Faser in dünne Scheiben schneiden. Gurke schälen und würfeln. Gemüsezwiebel schälen und grob hacken. Tomaten waschen, vom Stielansatz befreien und in große Würfel schneiden. Paprikaschoten putzen, waschen und in Streifen schneiden. Knoblauchzehen schälen und durch die Presse drücken. Essig, Zucker und Sojasauce verrühren. Öl in einer tiefen Pfanne oder im Wok erhitzen, Knoblauch darin goldgelb braten. Hühnerbrust zugeben und unter Rühren bei starker Hitze durchbraten. Gemüse zugeben und unter ständigem Rühren 1 Minute mitbraten. Süß-saure Sojamischung zugießen und mit Salz und Peffer abschmecken. Zugedeckt noch 4 Minuten weiterbraten. Speisestärke mit 2 EL kaltem Wasser anrühren, unter Rühren zugießen und das Gericht damit binden. Gericht heiß servieren.

Frittierte Hähnchenschenkel Shanghai-Art
China

Zutaten
4 Hähnchenschenkel,
Maisstärke,
Öl zum Frittieren

Für die Marinade:
1 EL Reiswein,
2 TL Essig,
4 EL helle Sojasauce,
2 TL 5-Gewürze-Pulver,
2 gepresste Knoblauchzehen,
Glutamat,
Pfeffer, 1 EL Worcestersauce,
1/2 TL Salz

EW	Fett	KH	kcal/kJ
24 g	24 g	9 g	348/1456

Hähnchenschenkel waschen, putzen und trockentupfen, dann Hauptgelenk der Schenkel durchtrennen. Fleisch einschneiden. Marinadenzutaten gut vermischen und Hähnchenschenkel darin wenden; ca. 30 Minuten ziehen lassen. Fleischstücke einzeln in Maisstärke wälzen. Reichlich Öl im Wok erhitzen; wenn das Öl heiß genug ist, die Hühnerteile einzeln hineingleiten lassen. Hitze herunterschalten (Elektroherd auf Stufe 2). Wenn das Fleisch fast gar ist, Hitze hochschalten und noch so lange braten, bis es goldbraun und knusprig ist. Hähnchenschenkel vor dem Servieren kurz auf Küchenpapier abtropfen lassen.

Tipp
Dazu passt Langkornreis sowie eine Chinakohl-Möhren-Gemüsemischung, die süß-sauer abgeschmeckt wurde.

FLEISCH

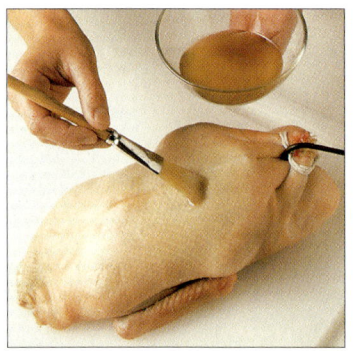

Abb. 1

Abb. 2

Abb. 3

Abb. 4

Pekingente mit Mandarinen-Pfannkuchen
(Abb. 1–4 und S. 195) – China

Zutaten für 8 Personen
1 Ente (ca. 2 1/2 kg),
3 EL Honig,

1 TL Salz,

1 Bd. Frühlingszwiebeln,
1/2 Gurke
Für die Pfannkuchen:
250 g Weizenmehl,
1 TL Salz,
3 EL Erdnussöl

Für die Dips:
60 ml Hoisinsauce,
60 ml Pflaumensauce

EW	Fett	KH	kcal/kJ
35 g	34 g	38 g	613/2564

Wasser in einem großen Topf aufkochen. Ente auf einen Dämpfeinsatz legen und mit kochendem Wasser überbrühen. Ente sorgfältig abtrocknen. Schenkel mit Küchengarn fest zusammenbinden und mittels eines Metzgerhakens an einem

kühlen Ort aufhängen, darunter eine Schüssel stellen. Am nächsten Tag Honig mit 2 EL Wasser und Salz verrühren und mit der Hälfte der Mischung die Ente gut einpinseln (Abb. 1). Ente wieder aufhängen und 2–3 Stunden trocknen lassen. Vorgang wiederholen und nochmals 3–4 Stunden völlig trocknen lassen. Für die Pfannkuchen Mehl und Salz in eine Schüssel sieben, 1 EL Öl hinzufügen und nach und nach etwa 1 Tasse heißes Wasser einrühren. Es soll ein weicher, nicht klebender Teig entstehen. 2–3 Minuten kräftig kneten (Abb. 2) und 30 Minuten ruhen lassen. Teig nochmals kräftig durchkneten und in 24 Stücke teilen. Jedes Stück zu Kreisen ausrollen, der Durchmesser sollte etwa 15 cm betragen. 12 Kreise mit Öl einstreichen (Abb. 3) und die anderen darauf setzen. Pfannkuchenpaare nacheinander in einer leicht geölten Pfanne bei mittlerer Hitze garen, aber nicht bräunen. Pfannkuchen aus der Pfanne nehmen und trennen. Fertig gebratene Pfannkuchen auf eine Platte stapeln, dabei jeden mit Backpapier belegen, damit sie nicht zusammenkleben. Auskühlen lassen, in Folie wickeln und beiseite stellen. Herd auf 230 Grad vorheizen. Ente auf einen Bratrost legen und über der Saftpfanne in den vorgeheizten Herd stellen. Temperatur sofort auf 175 Grad reduzieren und die Ente, ohne mit

Fett zu begießen, ca. 1 3/4 Stunden braten. Falls die Haut danach noch nicht ganz knusprig sein sollte, Temperatur auf 250 Grad erhöhen und weitere 15 Minuten braten. Frühlingszwiebeln putzen, in Streifen schneiden und in eiskaltes Wasser legen. Gurke waschen, in streichholzgroße Streifen schneiden und mit Küchenpapier trockentupfen. Pfannkuchen über Wasserdampf wieder erhitzen, Dips in kleine Schälchen verteilen. Ente in mundgerechte Stücke schneiden (Abb. 4). Bei Tisch nimmt sich jeder Gast einen Pfannkuchen, gibt etwas von den Dips darauf, legt Entenfleisch und Gemüsestreifen darüber und rollt den Pfannkuchen auf. Gegessen wird die Pekingente mit den Fingern.

Entenröllchen
süß-sauer *Thailand*

Zutaten
4 Entenbrustfilets ohne Haut, 1 TL gemahlener Koriander, 1 TL Pfeffer, 1 TL Salz, 1 TL gemahlener Kreuzkümmel, Öl zum Braten, 4 Reispapierblätter, 4 Frühlingszwiebeln, 1 Bd. Korianderkraut, 3 Möhren, Öl zum Ausbacken, 4 Shiitake-Pilze, 2 EL eingelegter Ingwer, 1 dünne Stange Lauch,

2 EL Palmzucker, 3 EL Essig, 3 1/2 EL Sojasauce, 2 EL Speisestärke

EW	Fett	KH	kcal/kJ
34 g	38 g	71 g	796/3328

Entenbrustfilets waschen und trockentupfen. Gewürze vermengen und Fleisch damit einreiben. In heißem Öl von allen Seiten gut durchbraten. Fleisch in feine Streifen schneiden und beiseite stellen. Reispapierblätter in heißem Wasser einweichen. Frühlingszwiebeln putzen, waschen und in Ringe schneiden. Korianderkraut waschen, trockentupfen und Blättchen hacken. Möhren schälen und in feine Stifte schneiden. Vorbereitetes Gemüse, Korianderblättchen und Fleischstreifen vermengen. Reichlich Öl in einer tiefen Pfanne oder im Wok erhitzen. Reispapierblätter mit Küchenpapier trockentupfen. Füllung gleichmäßig darauf verteilen und Päckchen im Öl in ca. 10 Minuten knusprig ausbacken, warm stellen. Für die Sauce Pilze putzen und fein hacken. Ingwer fein würfeln. Lauch putzen, waschen und in feine Ringe schneiden. Pilze, Ingwer und Lauch mit Zucker, Essig, Sojasauce, 3 EL Wasser und Speisestärke zum Kochen bringen und 10 Minuten bei mittlerer Hitze köcheln lassen. Entenröllchen mit süß-saurer Sauce servieren.

Gebratene Ente
Thailand

Zutaten
1 Ente mit Entenklein, Salz, 35 g getrocknete Shiitake-Pilze, 3 EL Öl, 2 Zwiebeln, 2 Knoblauchzehen, 1/2 TL Pfeffer, 3 EL Sojasauce, 100 g Reis, 3/8 l Hühnerbrühe

EW	Fett	KH	kcal/kJ
49 g	53 g	27 g	814/3403

Ente waschen, abtropfen lassen und mit Küchenpapier trockentupfen; außen mit Salz einreiben. Pilze 20 Minuten in heißem Wasser einweichen. Dann Stiel entfernen und Hüte in schmale Streifen schneiden. In einer tiefen Pfanne oder im Wok Öl erhitzen, Entenklein darin unter Wenden 10 Minuten anbraten. Aus der Pfanne nehmen und etwas abkühlen lassen. Fleisch von den Knochen lösen und in kleine Stücke schneiden. Zwiebeln und Knoblauch schälen und fein hacken; im Bratfett glasig braten. Entenklein zugeben, salzen, pfeffern und Sojasauce sowie Reis zufügen. Alles 3 Minuten unter Rühren braten. Pilzstreifen zugeben, 1 Minute unter Rühren braten. Brühe zugießen und die Mischung bei schwacher Hitze köcheln lassen, bis die Flüssigkeit fast verdampft ist. Ente mit der Masse füllen, mit Küchengarn zunähen und im vorgeheizten Ofen bei 220 Grad 90 Minuten braten. Ab und zu mit Bratensaft übergießen. Ente tranchieren und auf einer vorgewärmten Platte anrichten. Entfetteten Bratenfond salzen, pfeffern und zur Ente servieren.

Gans »Shanghai«
(Abb.) – China

Zutaten für 8 Personen

2 große Äpfel,
4 mittelgroße Möhren,
2 Dosen Litschis

(à 565 g),
30 g frische Ingwerwurzel,
Salz,
Pfeffer,
1/2 TL Anis,
3 EL Sojasauce,
1 unbehandelte Orange,
1 küchenfertige Gans
(ca. 4 kg),
4 EL Öl,
1 EL Honig,
1/2 TL Currypulver,
1/2 TL Paprikapulver,
500 g chinesische
Eiernudeln,
1 Bd. Frühlingszwiebeln,
1 EL Butter,
3 EL Öl,
2 Eier

EW	Fett	KH	kcal/kJ
60 g	110 g	72 g	1587/6633

Äpfel waschen, schälen, halbieren und entkernen. Möhren schälen und wie Äpfel in Scheiben schneiden. Litschis abtropfen lassen und zugeben. Ingwer schälen und fein würfeln. Alles mischen und mit Salz, Pfeffer, Anis und Sojasauce abschmecken. Orange waschen, Schale dünn abschneiden, in feine Streifen schneiden und unter die Füllung mengen. Gans unter fließend kaltem Wasser abspülen, trockentupfen, Füllung hineingeben und mit Holzspießen zustecken. Öl, Honig, Salz, Pfeffer, Curry- und Paprikapulver verrühren und Gans damit bepinseln. Im vorgeheizten Ofen ca. 3 1/2 Stunden bei 160 Grad braten, dabei gelegentlich begießen. Eiernudeln nach Packungsanweisung zubereiten. Frühlingszwiebeln putzen, waschen und in Ringe schneiden. Fett erhitzen, Nudeln, Frühlingszwiebeln und verquirlte Eier hineingeben und ca. 5 Minuten unter Rühren braten. Pikant mit den Gewürzen abschmecken und zur Gans servieren. Gans nach Wunsch mit Litschis, Zitronenmelisse und Orangenschale garnieren.

Entenkeulen in Pflaumenwein
(Abb.) – China

Zutaten
4 Entenkeulen (à 200 g),
Salz,
2 EL Öl,
200 g 10-Minuten-Spitzen-Langkornreis,
2 mittelgroße Zwiebeln,
1/2 TL Honig,
1/2 TL gemahlener Anis,
200 ml Pflaumenwein,
2 EL Johannisbeergelee,
Pfeffer,
700 g chinesische Gemüsemischung (Dose),
2 EL Sojasauce

EW	Fett	KH	kcal/kJ
32 g	42 g	69 g	800/3343

Entenkeulen waschen, trockentupfen und mit Salz einreiben. Öl in einem Bräter erhitzen, Entenkeulen ca. 10 Minuten mit der Hautseite nach unten bei mittlerer Hitze anbraten und im vorgeheizten Ofen bei 200 Grad 20–30 Minuten braten; zwischendurch mit Bratenfond begießen. Reis nach Packungsanweisung zubereiten. Entenkeulen aus dem Bräter nehmen und warm stellen. Zwiebeln schälen, fein würfeln. Bratfett bis auf ca. 1 EL abgießen und Zwiebelwürfel bei mittlerer Hitze darin andünsten. Honig, Anis, Pflaumenwein und Johannisbeergelee zugeben, unter Rühren etwas einkochen lassen und mit Pfeffer abschmecken. Gemüsemischung abtropfen lassen, erwärmen, mit Sojasauce würzen, mit Reis vermengen und zu den Entenkeulen servieren. Gericht nach Wunsch mit Lauchstreifen garnieren.

Entenwürfel mit Pilzen
China

Zutaten
4 Entenbrustfilets,
75 ml Sojasauce,
75 ml chinesische Chilisauce,

2 EL Pflaumensauce,
2 EL flüssiger Honig,
Salz,
Szechuanpfeffer,
5 EL Sojaöl,
1 Zwiebel,
3 Frühlingszwiebeln,
50 g eingeweichte
Tongku-Pilze,
50 g eingeweichte
Mu-Err-Pilze,
1/4 l Gemüsebrühe,
Speisestärke zum Binden,
einige Tropfen Chiliöl

EW	Fett	KH	kcal/kJ
43 g	49 g	30 g	769/3213

Entenbrustfilets waschen, trockentupfen und würfeln. Sojasauce, Chilisauce, Pflaumensauce und Honig verrühren, Entenwürfel darin marinieren lassen. Entenwürfel mit Salz und Pfeffer würzen. Sojaöl im Wok oder einer tiefen Pfanne erhitzen, Entenfleisch darin unter Rühren braten, herausnehmen. Zwiebel und Frühlingszwiebeln putzen, in Streifen schneiden und im Bratfett unter Rühren anschwitzen. Pilze in Streifen schneiden, zu den Zwiebeln geben, erhitzen und mit Gemüsebrühe aufgießen. Alles zum Kochen bringen, mit kalt angerührter Speisestärke binden. Fleisch zugeben, nochmals erhitzen, mit Salz, Szechuanpfeffer und Chiliöl abschmecken. Entenwürfel mit Pilzen anrichten, nach Wunsch garnieren und sofort servieren.

Abb. 1

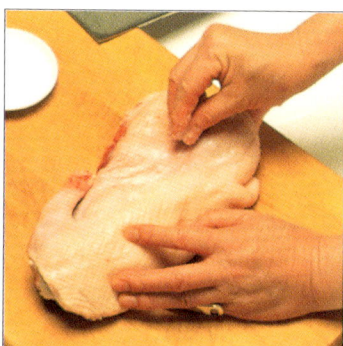

Abb. 2

Abb. 3

Aromatische Knusperente
(Abb. 1–6 und S. 201) – China

Zutaten für 6 Personen
1 Ente (ca. 2 kg),
2 TL Salz,
10 Frühlingszwiebeln,
5 Sternanis,
1 EL Szechuanpfeffer,
1 TL Nelken,
2 Zimtstangen,
4 Scheiben ungeschälter Ingwer,
80 ml Reiswein,
Pflanzenöl zum Frittieren,
einige Blätter Kopfsalat,
20–24 dünne Pfannkuchen,
1/8 l Entensauce,
1/2 klein geschnittene Gurke

EW	Fett	KH	kcal/kJ
40 g	40 g	33 g	698/2917

Flügel von der Ente abtrennen. Ente längs des Rückenknochens halbieren (Abb. 1). Beide Hälften kräftig mit Salz einreiben (Abb. 2). Frühlingszwiebeln putzen und klein schneiden. Die Hälfte der Frühlingszwiebeln mit Sternanis, Pfeffer, Nelken, Zimt und Ingwer auf die Entenhälften verteilen und mit Reiswein begießen (Abb. 3). Zugedeckt mindestens 5 Stunden marinieren. In einen Wok 2 cm hoch Wasser einfüllen und aufkochen. Ente in einen Dämpfeinsatz geben, in den Wok stellen

Abb. 4

Abb. 5

Abb. 6

(Abb. 4), zugedeckt 3–4 Stunden dämpfen. Ente herausnehmen und 5–6 Stunden trocknen lassen, anderenfalls wird die Haut nicht knusprig. Öl in einem Wok bis zum Rauchpunkt erhitzen, Ententeile mit der Hautseite nach unten 5–6 Minuten frittieren, bis die Haut knusprig braun ist (Abb. 5). Ente herausnehmen (Abb. 6), Fleisch von den Knochen lösen und auf Salatblättern anrichten. Mit Pfannkuchen, Entensauce, Gurke und restlichen Frühlingszwiebeln servieren.

Entencurry
Thailand

Zutaten
1 küchenfertige Ente
(ca. 2 kg),
3 EL Öl,
5 EL grüne Currypaste,
1 l Kokosmilch,
Salz,
7 Zitronenblätter,
30 g Zitronengras,
2 1/2 EL Fischsauce,
2 grüne und 1 rote
Paprikaschote,

FLEISCH

FLEISCH

10 Blätter Thai-
Basilikum,
5 Stängel Korianderkraut

EW	Fett	KH	kcal/kJ
47 g	53 g	8 g	733/3062

Sichtbares Fett von der Ente entfernen und Ente in 8 Stücke teilen. In einer tiefen Pfanne oder im Wok Öl erhitzen und Entenstücke darin rundherum scharf anbraten. Grüne Curry-paste zugeben und alles unter Rühren noch 3 Minuten braten. Mit Kokosmilch ablöschen, sal-zen, Zitronenblätter, Zitronen-gras und Fischsauce zufügen. Alles bei halb geöffnetem De-ckel ca. 60 Minuten garen. Das Fleisch soll weich und die Ko-kosmilch etwas eingekocht sein. Inzwischen Paprikaschoten put-zen, waschen und in Würfel schneiden. Zum Fleisch geben

und 5 Minuten mitgaren. Sauce bei Bedarf mit etwas Kokos-milch verdünnen. Pfanne beisei-te stellen und Gericht etwas ab-kühlen lassen. Zitronenblätter und Zitronengras entfernen. Fett abnehmen und alles noch-mals erwärmen. Thai-Basilikum waschen, trockentupfen und Blätter in Streifen schneiden. Korianderblättchen abzupfen. Thai-Basilikum unter die Sauce rühren und Gericht mit Korian-derblättchen garnieren.

Ente kantonesisch
(Abb.) – China

 Zutaten
200 g Basmati- und
 Thaireis,
4 ausgelöste Enten-
 brüste, 4 EL Sojasauce,
100 ml Reiswein,

200 g Chinakohl,
200 g Lauch,
40 g Mandelblättchen,
4 EL Öl, Salz, Pfeffer,
1 TL Sambal Oelek,
2 Gläser süß-saure
Gemüse-Pfanne (Fertig-
produkt; à 300 g)

EW	Fett	KH	kcal/kJ
55 g	71 g	53 g	1153/4821

Basmati- und Thaireis nach Packungsanweisung zubereiten. Entenbrüste waschen und tro-ckentupfen. Sojasauce mit Reis-wein verrühren und Entenfleisch ca. 60 Minuten darin einlegen. Inzwischen Chinakohl und Lauch putzen, waschen und in schmale Streifen bzw. Ringe schneiden. In einer Pfanne ohne Fett Mandelblättchen goldbraun rösten. Entenfleisch aus der Ma-rinade nehmen, im heißen Öl mit der Hautseite nach unten anbraten. Ca. 10 Minuten schmoren lassen, dabei noch zweimal wenden, herausneh-men und warm stellen. China-kohl und Lauch im Bratfett an-dünsten. Marinade, Salz, Pfef-fer, Sambal Oelek und Gemüse-Pfanne zugeben und kurz düns-ten. Entenbrüste schräg in dün-ne Scheiben schneiden. Man-delblättchen unter das Gemüse mengen. Entenstreifen mit Ge-müse und nach Wunsch mit »Lauchpinsel« und Chinakohl auf einem großen Teller anrich-ten und mit Basmati- und Thai-reis servieren.

Huan-Ente
(Abb.) – China

Zutaten
1 Ente (ca. 2 kg),
2 EL schwarze Pfeffer-
körner,
5 Schalotten,
40 g frische Ingwer-
wurzel,
5 EL Sojasauce,
2 Msp. gemahlener
Koriander,
2 Msp. gemahlener
Kümmel,
200 g Basmati- und
Thaireis,
2 Gläser 2-Step-Sauce
»Bombay Curry«
(Fertigprodukt;
à 400 g),
20 g gerösteter
Sesam

EW	Fett	KH	kcal/kJ
76 g	67 g	53 g	1196/4997

Ente waschen und trockentupfen. Pfefferkörner in einem Wok
oder einer tiefen Pfanne ohne
Fett unter ständigem Rühren
rösten und anschließend zerstoßen. Schalotten schälen und
würfeln. Ingwer schälen, fein
reiben und mit zerstoßenem
Pfeffer, Schalottenwürfeln, Sojasauce, Koriander und Kümmel
vermengen. Ente von innen und
außen mit der Gewürzmi-
schung einreiben, in eine Schüssel legen, abdecken und ca. 6
Stunden kalt stellen. Ofen auf
200 Grad vorheizen. Ente auf
einen Rost legen und über einer
mit Wasser gefüllten Fettpfanne
ca. 90 Minuten braten. Nach
der Hälfte der Bratzeit Ente mit
entstandenem Bratenfond aus
dem Ofen übergießen. Reis und
2-Step-Sauce nach den jeweiligen Packungsanweisungen zubereiten und zur Ente servieren.
Reis mit geröstetem Sesam bestreuen und Ente nach Wunsch
mit Zitronenmelisse garnieren.

Glasiertes Entenfleisch
China

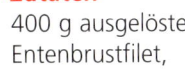

Zutaten
400 g ausgelöstes
Entenbrustfilet,
Salz,
Pfeffer,
1 EL brauner Zucker,
4 EL dunkle Sojasauce,
200 g frische Soja-

bohnensprossen,
200 g frische Bambus-
schößlinge (ersatzweise
aus der Dose),
200 g Zuckerschoten,
1 Stange Lauch (nur das
Weiße),
3 Knoblauchzehen,
4 EL Erdnussöl,
200 ml Gemüsebrühe,
1 EL Speisestärke,
3–4 EL Reiswein,
1 EL Sesamöl

EW	Fett	KH	kcal/kJ
27 g	35 g	23 g	549/2293

Entenfleisch in vier 100 g Stücke schneiden, dabei die Entenhaut kreuzweise einschneiden.
Salzen und pfeffern. Zucker mit
Sojasauce glatt rühren und Marinade in das Entenfleisch massieren. Sojabohnensprossen waschen und gut abtropfen lassen.
Bambusschößlinge in dünne
Stückchen schneiden. Zuckerschoten putzen, waschen und je
nach Größe quer halbieren oder
dritteln. Lauch putzen, längs
halbieren, zwischen den Blattschichten gründlich waschen
und quer in etwa zentimeterbreite Stücke schneiden. Knoblauch schälen und in dünne
Scheiben schneiden. 2 EL Erdnussöl im Wok oder einer tiefen
Pfanne stark erhitzen. Fleischstücke mit der Haut nach unten
einlegen und auf jeder Seite
3–4 Minuten braten; herausnehmen und abgedeckt warm
stellen. Restliches Öl in den

Wok gießen. Knoblauch und
Lauch einstreuen und 1 Minute
in der Pfanne unter Rühren braten. Sojabohnensprossen, Zuckerschoten und Bambusschößlinge zufügen; leicht salzen und
pfeffern. Gemüsebrühe mit
Speisestärke und Reiswein glatt
rühren. Über das Gemüse gießen und kurz aufkochen lassen.
Entenfleischstücke in dünne
Scheiben schneiden und auf
vorgewärmten Tellern anrichten.
Bratensaft zum Gemüse geben,
nochmals abschmecken und
Gemüse über dem Entenfleisch
verteilen. Jede Portion mit etwas Sesamöl beträufeln.

Tipp
Entenfleisch in schmale Streifen schneiden, wie oben beschrieben braten, warm stellen
und zuletzt unter das Gemüse
mengen.

Ente mit Früchten
China

Zutaten

600 g Entenbrust,
5 EL Sojasauce,
1 EL Sherry oder

Reiswein,
1 TL Ingwerpulver,
2 EL brauner Zucker,
Salz,
2 Knoblauchzehen,
4 EL Sesamöl,
1 Zwiebel,
1 Staudensellerie,

2 Ananasscheiben
(Dose),
1/2 Honigmelone,
50 g Litschis (Dose),
2 EL Hoisinsauce,
1/8 l Hühnerbrühe,
1 Döschen Tomaten-
mark,
1/2 Tasse Essig,
2 EL Speisestärke,
Pfeffer

EW	Fett	KH	kcal/kJ
30 g	39 g	32 g	639/2671

Entenbrust waschen, trockentupfen und in schmale Streifen
schneiden. Für die Marinade
3 EL Sojasauce, Sherry, Ingwer,
1 EL Zucker und 1 Prise Salz
verrühren. Entenbruststreifen
60 Minuten abgedeckt darin
marinieren lassen. Knoblauch
schälen und in dünne Scheiben
schneiden. Öl im Wok oder einer tiefen Pfanne erhitzen,
Knoblauch darin anbraten.
Entenfleisch mit Marinade zugeben, 2 Minuten pfannenrühren,
bis das Fleisch hell wird, herausnehmen und warm stellen.
Zwiebel schälen und hacken.
Staudensellerie putzen, waschen und mit dem Grün in
dünne Streifen schneiden. Zwiebel und Sellerie im Wok 2 Minuten pfannenrühren. Ananas
würfeln, Melone von den Kernen befreien und Fruchtfleisch
in mundgerechte Würfel schneiden. Ananas, Melone und Litschis zum Gemüse geben und
unter Rühren aufkochen lassen.

Mit 2 EL Sojasauce, Hoisinsauce und Hühnerbrühe ablöschen. Tomatenmark, Essig, 1 EL Zucker und in etwas kaltem Wasser angerührte Speisestärke zugeben, köcheln lassen, bis die Sauce eine sämige Konsistenz bekommt. Mit Salz und Pfeffer abschmecken. Entenstreifen zugeben, nochmals unter Rühren erhitzen und sofort servieren.

Entenbrust mit Gemüse scharf
(Abb.) – *China*

Zutaten
4 küchenfertige Entenbrüste,
Salz,
Pfeffer aus der Mühle,
6 EL Pflanzenöl,
100 g Sojasprossen,
100 g Möhren,
1/2 Bd. Frühlingszwiebeln,
50 g Wasserkastanien (Dose),
50 g Bambussprossen (Dose),
100 g kleine Maiskölbchen (Dose),
100 g Zuckerschoten,
1 TL frisch geriebener Ingwer,
1/2 rote Chilischote,
1 EL gehackter Koriander,
300 ml Gemüsebrühe,
75 g Basis für braune Saucen,
1 Schalotte,

FLEISCH

Koriander unterziehen. Gemüsebrühe aufkochen und Basis für braune Saucen hineinrühren. Nochmals kurz aufkochen, umrühren und beiseite stellen. Für die Pfeffersauce Schalotte klein schneiden und mit Szechuanpfeffer im restlichen Öl anschwitzen, mit Rotwein, vorbereiteter brauner Sauce und Austernsauce ablöschen, etwas einkochen lassen und durch ein Sieb passieren. Sauce mit Margarine oder Butter abschmecken und zu der Entenbrust mit Gemüse reichen.

Gänsebrust aus dem Wok mit Mango und Ingwer
(Abb.) – *Indonesien*

Zutaten
600 g Gänsebrust,
3 Stangen Lauch,
1 unbehandelte Limette,
1 EL grüner Pfeffer (frisch oder aus dem Glas),
1 Mango,
2 EL Sesamöl,
Salz,
2 EL brauner Zucker,
1 EL frisch geriebener Ingwer,
200 ml Geflügelbrühe,
100 g Knoblauchbutter,
Muskat

1 EL Szechuanpfeffer,
1/4 l Rotwein,
4 EL Austernsauce,
1 EL kalte Margarine oder Butter

EW	Fett	KH	kcal/kJ
166 g	80 g	10 g	1594/6659

Entenbrüste von beiden Seiten salzen und pfeffern und in 3 EL heißem Öl anbraten. Im vorgeheizten Backofen bei 200 Grad noch 5–8 Minuten weitergaren. Für das Gemüse alle Gemüsesorten säubern und klein schneiden. Im Wok oder einer großen Pfanne in 2 EL Öl anbraten, mit Salz und Pfeffer würzen sowie mit Ingwer und in feine Würfel geschnittener Chilischote abschmecken. Zum Schluss

EW	Fett	KH	kcal/kJ
29 g	70 g	15 g	800/3300

Gänsebrust trockentupfen und mit einem scharfen Messer die Haut zuerst ablösen, dann in schmale Streifen schneiden. Fleisch in 2 cm große Würfel schneiden und zugedeckt beiseite stellen. Lauch der Länge nach aufschlitzen, unter fließendem Wasser waschen, dunkelgrünen Teil entfernen, Rest in Ringe schneiden. Schale der Limette gründlich abreiben. Limette schälen, halbieren und auspressen. Pfefferkörner mit der flachen Seite eines großen Messers leicht quetschen. Mango schälen, Fruchtfleisch vom Kern lösen und in kleine Würfel schneiden. Sesamöl im Wok erhitzen, Hautstreifen zufügen, salzen. Bei mittlerer Hitze ca. 10 Minuten auslassen, bis die Hautstreifen eine hellgelbe Farbe angenommen haben. Mit einem Schaumlöffel herausnehmen und auf Küchenpapier abtropfen lassen, noch einmal leicht salzen. 2–3 EL vom ausgetretenen Gänseschmalz im Wok lassen, Rest wegschütten. Gänsebrustwürfel im Wok bei großer Hitze unter gelegentlichem Rühren 4–5 Minuten braten. Fleisch aus dem Wok nehmen und auf einem Teller kurz ruhen lassen. Lauch 2 Minuten im Wok unter Rühren anbraten. Hitze reduzieren, Zucker, Pfeffer, Ingwer und Limettenschale zufügen und kurz anschwitzen. Mit Limettensaft ablöschen, fast vollständig einkochen und mit Geflügelbrühe aufgießen.

10 Minuten kochen, bis der Lauch fast weich und die Hälfte der Flüssigkeit verkocht ist. Mangowürfel und Gänsebrust zum Lauchgemüse geben, aufkochen. Knoblauchbutter in Stücke schneiden, in den Wok geben und so lange rühren, bis die Butter sich vollständig aufgelöst hat. Mit Salz und etwas Muskat abschmecken und auf Teller oder Schälchen verteilen; mit den knusprigen Streifen der Gänsehaut bestreut servieren.

Tipp
Zu diesem Gericht passt natürlich Reis oder Wildreis, sehr lecker schmeckt auch Grünkern.

Gänsebrust »Kanton«
(Abb.) – China

Zutaten für 6 Personen
1 Gänsebrust (ca. 1 kg),
1 EL Ingwersirup,
1 EL Sonnenblumenöl,
3 eingelegte Ingwerpflaumen,
1 Knoblauchzehe,
1 Beutel China-Pfanne (Fertigprodukt)

EW	Fett	KH	kcal/kJ
27 g	54 g	8 g	629/2635

Gänsebrust waschen, trockentupfen und mit Ingwersirup einreiben. Öl in einer Pfanne heiß

die Pfanne geben und anbraten. Verbliebene Sauce aus dem Glas zufügen, sorgfältig verrühren und 3–4 Minuten köcheln lassen; dabei gelegentlich umrühren. Würzreis portionsweise in spitze Förmchen oder Gläser füllen, gut andrücken, auf Teller stürzen und Kanton-Ente dazu anrichten. Gericht nach Wunsch mit gefärbten Kohlrabirosen und einigen Lauchstreifen garniert servieren.

Tipp
Für die Dekoration eignet sich Kohlrabi: in sehr feine Scheiben schneiden und zu Röschen zusammendrehen. Ränder mit Lebensmittelfarbe betupfen. Aus Lauch dazu »Blätter« ausschneiden, waagerecht und senkrecht einschneiden und zum Öffnen in Eiswasser legen.

werden lassen. Gänsebrust darin rundherum braten. Ingwerpflaumen klein schneiden. Knoblauch schälen, fein hacken und mit Ingwerpflaumen zur Gänsebrust geben. 3/8 l Wasser zugießen, China-Pfanne einrühren und zum Kochen bringen. Zugedeckt ca. 45 Minuten köcheln lassen, gelegentlich umrühren, eventuell etwas Wasser nachgießen.

Kanton-Ente mit Würzreis
(Abb.) – China

Zutaten für 3 Personen
150 ml Kokosmilch,
etwas abgeriebene unbehandelte Zitronenschale,

 1 TL Kurkuma,
Salz,
150 g Basmatireis,
250 g Entenbrust,
1 Glas 2-Step-Sauce »Kanton« asiatisch-würzig (Fertigprodukt, 400 g)

EW	Fett	KH	kcal/kJ
51 g	57 g	41 g	625/2633

Kokosmilch mit 150 ml Wasser, Zitronenschale, Kurkuma und etwas Salz aufkochen. Basmatireis zugeben und ca. 10 Minuten garen. Entenbrust waschen, trockentupfen und in schmale Streifen schneiden. Einen Wok oder eine tiefe Pfanne erhitzen, oberste Schicht der 2-Step-Sauce vorsichtig aus dem Glas nehmen, mit Entenbruststreifen in den Wok oder

Gewürzente
China

 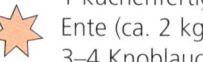 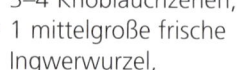

Zutaten für 6 Personen
1 küchenfertige frische Ente (ca. 2 kg),
3–4 Knoblauchzehen,
1 mittelgroße frische Ingwerwurzel,
2 Zwiebeln,
1 Stück getrocknete Mandarinenschale,
2 Sternanis,
6 EL gelbe Bohnensauce,

5 EL Hoisinsauce,
1 EL Sesampaste,
1 EL 5-Gewürze-Pulver,
1 EL Ingwerpulver,
Salz,
2 EL brauner Zucker,
1 1/2 EL Gin,
1 Bd. Frühlingszwiebeln,
500 g Taro (Wurzel-
gemüse),
1 EL dunkle Sojasauce

EW	Fett	KH	kcal/kJ
40 g	34 g	17 g	574/2398

Ente innen und außen waschen, von eventuellen Federkielen befreien, trockentupfen und Flügelenden abschneiden. Knoblauchzehen schälen und durch die Presse drücken. Ingwer schälen und hacken. Zwiebeln schälen und würfeln. Mandarinenschale, Knoblauch, Ingwer, Zwiebeln, Sternanis, gelbe Bohnensauce, Hoisinsauce, Sesampaste, 5-Gewürze-Pulver, Ingwerpulver, 2 TL Salz, Zucker und Gin zu einer Füllung vermengen. Frühlingszwiebeln putzen, weißen Teil in Pinsel schneiden und in kaltes Wasser legen. Taros schälen, erst in Scheiben, dann in Würfel schneiden, auf eine feuerfeste Platte, in der Größe des Dämpfers, legen. Haut am Hals der Ente zunähen und Ente füllen. Sterz der Ente zunähen und Ente mit der Brust nach unten auf die Taro-Platte legen. Platte in den mit 2 cm Wasser gefüllten Dämpfer setzen und in ca. 90 Minuten gar

dämpfen. Ente aus dem Dämpfer nehmen, mit Sojasauce einstreichen, am Sterz öffnen und Füllung in eine Schüssel laufen lassen. Taros auf einer Platte anrichten und warm stellen. Bratflüssigkeit entfetten, mit Entenfüllung in einen kleinen Topf geben. 15 Minuten einkochen lassen, durch ein Sieb gießen, in den Topf zurückgeben und aufkochen lassen. Die Gewürzente auf chinesische Art zerlegen, mit Sauce begießen und mit abgetropften Frühlingszwiebeln garnieren.

Tipp
Anstelle von Taro können auch fest kochende Kartoffeln verwendet werden.

Entenbrust mit gebratenen Nudeln
(Abb.) – *China*

Zutaten
2 Entenbrüste (à 200 g),
30 g frische Ingwerwurzel, 2 Knoblauchzehen, 2 Chilischoten,
je 1 rote und gelbe Paprikaschote,
1 Bd. Frühlingszwiebeln,
200 g Zuckerschoten,
3 EL Sesamöl,
2 EL Sonnenblumenöl,
250 g chinesische Eiernudeln,
60 ml Sojasauce,
1/8 l Gemüsebrühe,
50 g Rettichsprossen (ersatzweise Sojasprossen)

FLEISCH

EW	Fett	KH	kcal/kJ
30 g	38 g	55 g	685/2865

Entenhaut rautenförmig einschneiden. Ingwer und Knoblauchzehen schälen, fein hacken, Chilischoten entkernen und in feine Streifen schneiden. Paprikaschoten putzen, waschen und in breite Streifen schneiden. Frühlingszwiebeln putzen und in Ringe schneiden. Zuckerschoten putzen und waschen. Öl in einem Wok oder einer tiefen Pfanne erhitzen und Entenbrüste mit der Hautseite nach unten bei schwacher Hitze darin knusprig anbraten, nach ca. 10 Minuten wenden und noch 3 Minuten garen. Entenbrüste herausnehmen und ruhen lassen. Eiernudeln nach Packungsanweisung zubereiten. Überschüssiges Öl aus dem Wok oder der Pfanne abgießen. Ingwer, Knoblauchzehen, Chilischoten, Paprikaschoten, Frühlingszwiebeln und Zuckerschoten im Wok oder der Pfanne anbraten, mit Sojasauce ablöschen, mit Gemüsebrühe auffüllen und mit Nudeln vermengen. Entenbrüste in breite Streifen schneiden, vorsichtig unterheben und alles nochmals kurz erhitzen. Mit Sprossen garniert servieren.

Ente auf Ingwer-Gemüse-Nudeln
(Abb.) – China

Zutaten
2 Entenbrüste (à 250 g),
5 EL Sojasauce,
1/4 TL Sambal Oelek,
4 EL Sesamöl,
1 EL Honig,
1 kleines Stück frische Ingwerwurzel,
1 Packung chinesische Eiernudeln (250 g),
1/2 TL Kurkuma,
1 Bd. Frühlingszwiebeln,
6 Möhren,
1 Glas Chopsuey (350 g),
2 EL Öl,
100 ml Gemüsebrühe,
Salz, Pfeffer,
Ingwerpulver

EW	Fett	KH	kcal/kJ
36 g	37 g	56 g	737/3081

Entenbrust waschen, trockentupfen und die Haut rautenförmig einschneiden. Für die Marinade Sojasauce, Sambal Oelek, Sesamöl und Honig verrühren, Entenbrust damit einstreichen und 60 Minuten ziehen lassen. Ingwer schälen und reiben. Eiernudeln nach Packungsanweisung mit Ingwer und Kurkuma im Kochwasser zubereiten. Frühlingszwiebeln putzen, Möhren schälen. Frühlingszwiebeln in Ringe, Möhren in Streifen schneiden. Chopsuey abtropfen lassen. Entenbrust mit Marinade

FLEISCH

von beiden Seiten scharf anbraten und im vorgeheizten Ofen bei ca. 150 Grad 10–15 Minuten ziehen lassen. In der Zwischenzeit Öl im Wok erhitzen, Frühlingszwiebeln und Möhren darin andünsten. Gegarte Eiernudeln und Chopsuey zufügen und anbraten. Gemüsebrühe angießen und alles mit Salz, Pfeffer und Ingwerpulver abschmecken. Entenbrust in dünne Scheiben schneiden und auf den Ingwer-Gemüse-Nudeln anrichten.

Anita Wong's Ente
China

Zutaten
1 Ente mit Innereien
(ca. 2 1/2 kg),
1 Zwiebel,
4 EL Pflanzenöl,
2 gehackte Knoblauchzehen,
3 cm frischer Ingwer in Scheiben geschnitten,
3 EL Bohnenpaste,
2 EL helle Sojasauce,
1 EL dunkle Sojasauce,
1 EL Zucker,
1/2 TL 5-Gewürze-Pulver,
3 Sternanis,
gehackte Schalotten
zum Garnieren

EW	Fett	KH	kcal/kJ
64 g	72 g	7 g	988/4131

Für die Brühe Innereien mit 250 ml Wasser und geschälter

Zwiebel aufkochen, 20 Minuten köcheln lassen. Etwas abkühlen lassen und entfetten. Brühe durch ein Sieb in eine Kanne gießen. Pflanzenöl in einem großen Bräter erhitzen, Knoblauch darin kurz anbraten. Ente

hinzufügen und ringsum anbräunen. Ente auf eine Platte geben. Ingwer und Bohnenpaste in den Bräter rühren, 1 Minute braten, dann beide Sojasaucen, Zucker und 5-Gewürze-Pulver dazugeben. Ente wieder in den Bräter geben und ringsum weiterbraten, bis sie überall von Sauce überzogen ist. Anis und Brühe hinzufügen, salzen, nochmals abschmecken. Bräter abdecken und ca. 2–2 1/2 Stunden braten. Sauce entfetten und Ente im Bräter abkühlen lassen. Ente in Portionsstücke teilen, mit der Sauce begießen. Mit Schalotten garnieren und kalt servieren.

Ente mit Gemüse nach Taiwan-Art
China

Zutaten für 6 Personen
1 küchenfertige Ente
(2 kg),
Salz,

1/4 l dunkle Sojasauce,
4 getrocknete chine-
sische schwarze Pilze,
5 Möhren,
1 rote und 1 grüne
Paprikaschote,
1 Bd. Frühlingszwiebeln,
120 g Champignons,
250 g Sojabohnen-
sprossen,
4 EL Sesamöl,
1/4 l Entenbrühe,
4 EL helle Sojasauce,
1 EL Speisestärke,
3/4 l Öl

EW	Fett	KH	kcal/kJ
42 g	48 g	13 g	690/2882

Ente innen und außen waschen, von eventuellen Federkielen befreien und Flügelenden abschneiden. In einem Bräter 2 l Wasser mit 1 TL Salz und dunkler Sojasauce aufkochen. Ente einlegen, aufkochen lassen und 35 Minuten im Sud garen; auskühlen lassen. Pilze ca. 30 Minuten in heißem Wasser einweichen, ausdrücken und in feine Streifen schneiden. Möhren schälen und in feine Stifte schneiden. Paprikaschoten putzen, waschen und in feine Streifen schneiden. Frühlingszwiebeln putzen, waschen und in Ringe schneiden. Champignons putzen und feinblättrig schneiden. Sojabohnensprossen waschen und abtropfen lassen. Sesamöl im Wok oder einer breiten tiefen Pfanne erhitzen und Möhren, schwarze Pilze, Paprika und Frühlingszwiebeln zugeben; 2 Minuten pfannenrühren und mit Entenbrühe aufgießen. Champignons, Sojabohnensprossen und helle Sojasauce zugeben; 1 Minute pfannenrühren. Speisestärke mit 2 EL kaltem Wasser glatt rühren, unter das Gemüse mischen, nochmals aufkochen lassen, bis die Sauce eindickt. Gemüse herausnehmen und warm stellen. Gegarte Ente längs halbieren, Fleisch von den Knochen lösen und in große Stücke teilen. Wok bis zur Hälfte mit Öl füllen und Öl auf 190 Grad erhitzen; die Löffelprobe machen. Entenstücke 3–4 Minuten im heißen Fett knusprig braten, mit einer Schöpfkelle oder einem Sieb herausnehmen und auf Küchenpapier abtropfen lassen. Stücke in Streifen schneiden und auf einer vorgewärmten Platte mit dem Gemüse anrichten.

Knusprig gebratene Ente
China

Zutaten für 6 Personen
1 Ente (ca. 2 kg),
2 EL helle Sojasauce,

Öl zum Braten
Für die Marinade:

2 Frühlingszwiebel,
4 Scheiben Ingwer,
3 EL Reiswein,
3 TL Salz,
1/2 TL Pfeffer,
1 Sternanis,
2 TL 5-Gewürze-
Pulver,
1 grpresste Knoblauch-
zehe,
3 EL Essig

EW	Fett	KH	kcal/kJ
91 g	106 g	4 g	1344/5625

Ente putzen, waschen und abtrocknen. Bürzel und überschüssiges Fett entfernen. Frühlingszwiebeln und Ingwer fach klopfen, mit den restlichen Marinadenzutaten gut verrühren. Ente innen und außen mit dieser Mischung gleichmäßig bestreichen, gut einreiben und 2 Stunden in der Marinade ziehen lassen. Ente auf einem feuerfesten Teller in den Dampftopf stellen, ca. 2 Stunden dämpfen, bis sie ganz zart ist. Ente herausnehmen, abtropfen lassen, trockentupfen, rasch mit der Sojasauce außen gleichmäßig bestreichen, dann abkühlen lassen. Reichlich Öl im Wok stark erhitzen, die Ente darin braten, bis die Haut gebräunt und sehr knusprig ist. Immer gut mit Öl begießen. In kleine, dicke Stücke schneiden, auf einer warmen Platte anrichten. Dazu passt eine Szechuan-Pfeffer-Salz-Mischung.

Makrelenauflauf mit Sojasauce
Korea

Zutaten
500 g Makrelenfilets,
1 Stange Lauch,
2 Zwiebeln,
1 Knoblauchzehe,
200 g Rettich,
200 g Sojabohnen-
keime,
1 EL Zucker,
4 EL Sojasauce,
3 cm frischer geraspelter
Ingwer,
1 TL gemahlene Piment-
körner,
1 TL Sesamsamen,
schwarzer Pfeffer

EW	Fett	KH	kcal/kJ
29 g	16 g	13 g	329/1375

Fischfilets waschen, trockentupfen und in grobe Würfel schneiden, in eine feuerfeste Form legen. Lauch putzen, waschen und
in Streifen schneiden. Zwiebeln
schälen, in Würfel schneiden.
Knoblauchzehen schälen, zerdrücken. Rettich schälen, in
Streifen schneiden. Sojabohnenkeime putzen, waschen, trockentupfen. Gemüse auf den
Fischwürfeln verteilen. Zucker
mit Sojasauce, Ingwer, Piment-
pulver und Sesamsamen gründlich durchmischen und zugießen,
pfeffern. Den Auflauf im
Backofen bei 175 Grad ca. 25
Minuten garen lassen. Frischen
Salat dazureichen.

Fischröllchen mit Bananen
(Abb.) – Indien

Zutaten für 2 Personen
250 g Schollenfilet,
1 Prise Salz,
weißer Pfeffer,
Saft von 1/2 Zitrone,
1 Banane,
1 kleine Stange Lauch,
20 g Butter,
1/2 TL Curry,
1 Prise Zucker,
135 g Sahne

EW	Fett	KH	kcal/kJ
18 g	11 g	15 g	236/988

Schollenfilets waschen, trockentupfen. Mit Salz, Pfeffer und Zitronensaft würzen. Banane
schälen, in Stücke schneiden, mit
je einem Schollenfilet umwickeln
und feststecken. Lauch putzen,
waschen und in feine Streifen
schneiden. In einer Pfanne Butter
heiß werden lassen, Lauch darin
dünsten. 200 ml Wasser einrühren, zum Kochen bringen.
Curry, Zucker und 100 g Sahne
einrühren, noch einmal abschmecken. Schollenfilet-Röll-
chen einlegen und 10 Minuten
ziehen lassen. Kurz vor Ende der
Garzeit restliche Sahne in die
Sauce rühren und servieren.

Tipp
Als typisch indische Beilage
empfiehlt sich Reis, der nach
dem Kochen mit einem Hauch
Safran veredelt wurde.

Fischfilets im Teigmantel
Thailand

Zutaten
5 Shiitake-Pilze,
3 Frühlingszwiebeln,
5 cm frischer Ingwer,
2 EL Erdnussöl,
2–3 EL Zucker,
3 EL Reisweinessig,
1 EL Sojasauce,
1 EL Speisestärke,
4 Schellfisch- oder
Dorschfilets (je 250 g),
250 g Mehl,
1 TL Salz,
1 EL Sesamöl,
Öl zum Ausbacken

EW	Fett	KH	kcal/kJ
52 g	13 g	64 g	606/2534

Pilze putzen und in Streifen schneiden. Frühlingszwiebeln waschen und in Stücke schneiden. Ingwer schälen, in feine Streifen zerteilen. Erdnussöl im Wok erhitzen, Gemüse dazugeben, anbraten. Zucker mit Essig, Sojasauce, Speisestärke und 250 ml Wasser verrühren, zum Gemüse in den Wok gießen. Kurz aufkochen und zu einer dicklichen Sauce einköcheln lassen. Fischfilets waschen und trockentupfen. Mehl mit Salz vermischen, Sesamöl unterrühren, mit etwas Wasser zu einem dickflüssigen Teig rühren. Öl in einer Pfanne erhitzen. Fischfilets durch den Teig ziehen, im heißen Öl knusprig braun ausbacken. Z. B. mit Ingwersauce servieren.

Frittierter Fisch pikant
Thailand

Zutaten
1 ganzer Süßwasserfisch
(ca. 1 kg) mit festem
Fleisch, gesäubert und
geschuppt,
Öl zum Frittieren,
4 Frühlingszwiebeln,
5 cm frische Ingwerwurzel,
2–3 TL frische grüne
Pfefferkörner,
2 rote Chillis,
125 ml Kokosmilch,
1 EL Tamarindenkonzentrat,
1 EL Fischsauce

EW	Fett	KH	kcal/kJ
48 g	16 g	6 g	377/1575

Fisch auf beiden Seiten leicht einschneiden. Flossen mit einer Küchenschere oder einem scharfen Messer abschneiden. Öl in einem großen Wok erhitzen. Fisch 8–10 Minuten auf jeder Seite anbraten. Aus dem Wok nehmen, auf Küchenpapier abtropfen lassen und warm stellen. Öl bis auf einen kleinen Rest abgießen. Frühlingszwiebeln hacken, Ingwer reiben, Pfefferkörner zerdrücken, Chillis hacken. Den Wok wieder erwärmen, vorbereitete Zutaten hineingeben und 3 Minuten unter ständigem Rühren anbraten. Kokosmilch, Tamarindenkonzentrat und Fischsauce einrühren und kurz kochen lassen. Frittierten Fisch auf eine vorgewärmte Platte legen und Sauce darüber gießen.

Paniertes Fischfilet
China

Zutaten
ca. 600 g weißes
Fischfilet,
1 Ei,
4 EL Maisstärke,
Salz, Pfeffer,
Paniermehl,
Öl zum Frittieren,
fertige Tomatensauce
Für die Marinade:
2 EL helle Sojasauce,
1 EL Reiswein,
1/2 TL Salz,
3 EL Zitronensaft,
Pfeffer,
2 EL gehackter Lauch

EW	Fett	KH	kcal/kJ
34 g	24 g	47 g	541/2262

Fischfilet in große Stücke schneiden. Marinadenzutaten mischen, das Fischfilet damit bedecken, ca. 15 Minuten ziehen lassen. Ei, Maisstärke, Salz und Pfeffer mischen, Fischfilet im Teig wenden, dann in Paniermehl wälzen. Fischstücke im heißen Öl frittieren. Mit Tomatensauce anrichten.

Fisch mit Zitrone
(Abb.) – Indien

Zutaten
1/2 Tasse Sake
(Reiswein),
1/2 Tasse Zitronensaft,
1/2 EL Zucker,
2 EL Mango-Chutney,
1 Prise Salz,
1/2 TL Galgant,
500 g Fischfilet
(z. B. Seelachs, Kabeljau),

Öl zum Braten,
1/2 Tasse Fleischbrühe
(Instant),
Speisestärke

EW	Fett	KH	kcal/kJ
24 g	9 g	9 g	216/907

Aus Sake, Zitronensaft, Zucker, Mango-Chutney, Salz und Galgant eine Marinade rühren. Gewaschenen Fisch trockentupfen und in mundgerechte Würfel schneiden. 10–15 Minuten in der Marinade ziehen lassen. Öl in einer Pfanne oder im Wok erhitzen, Fisch aus der Marinade nehmen, gut abtropfen lassen (Marinade aufheben) und von allen Seiten kurz anbraten. Restliche Marinade mit Fleischbrühe verrühren, zum Fisch geben, aufkochen lassen und mit Speisestärke binden. Sofort servieren. Als Beilage Reis und Salat reichen.

Foliengegarter Fisch
Japan

Zutaten
8 getrocknete
Shiitake-Pilze,
4 küchenfertige
Fischfilets (à 200 g),
2 EL helle Sojasauce,
2 EL Mirin (oder Sherry),
1 EL Erdnussöl,
8–12 Gingkonüsse

EW	Fett	KH	kcal/kJ
43 g	30 g	9 g	487/2037

Ofen auf 180 Grad vorheizen.
Shiitake-Pilze mit kochend heißem Wasser begießen und ca.
20 Minuten quellen lassen.
Fischfilets waschen, trockentupfen und mit Sojasauce und
Mirin beträufeln. Pilze ausdrücken und harte Stiele abschneiden. Vier große Blätter
Alufolie mit Erdnussöl einpinseln. Je ein Fischfilet darauf
legen, Pilze und Gingkonüsse
darüber verteilen. Folien gut
verschließen und die Päckchen
auf ein Backblech legen. Im vorgeheizten Ofen ca. 20 Minuten
garen. In der Folie servieren.

Tipp
Die Gingkonuss ist der Frucht-
kern des Gingkobaumes, der
in Japan beheimatet ist. Die
Nüsse werden entweder ge-
röstet gegessen oder zum
Würzen in Speisen verwendet.
Gingkonüsse sind in Japan-
Shops in Dosen erhältlich.

Gedämpfter Fisch mit Ingwer
(Abb.) – China

Zutaten für 2 Personen
2 küchenfertige Forellen
oder Seebarsch (ca. 500 g),
Salz, 15 ml Sesamöl,
1 Bd. Frühlingszwiebeln,
30 ml helle Sojasauce,
30 ml Reiswein,
1 EL geriebener Ingwer,
30 ml Pflanzenöl

EW	Fett	KH	kcal/kJ
60 g	30 g	6 g	581/2428

Fisch sorgfältig waschen, trockentupfen und auf beiden Seiten mit einem scharfen Messer
mehrmals einschneiden. Fisch
innen und außen mit Salz und
Sesamöl einreiben. Geputzte
Frühlingszwiebeln in Streifen
schneiden, die Hälfte davon auf
einen feuerfesten Teller geben
und den Fisch darauf legen.
Sojasauce mit Reiswein und Ingwer verrühren und über den
Fisch gießen. Wasser in einem
großen Topf oder Wok mit
Dämpfeinsatz erhitzen. Teller
vorsichtig auf den Dämpfeinsatz
stellen und den Fisch im geschlossenen Topf ca. 15 Minuten garen. Pflanzenöl in einem
kleinen Topf erhitzen und über
den gegarten Fisch träufeln.
Sofort servieren.

Frittierter Fisch
(Abb.) – *Indonesien*

Zutaten
800 g Fischfilet,
Zitronensaft,
5 EL Sojasauce,
2 EL Sherryessig,
1/2 TL 5-Gewürze-
Pulver,

1 Msp. Sambal Oelek,
100 g Speisestärke,
Fett zum Frittieren,
250 g 10-Minuten-Reis,
2 EL Pinienkerne,
2 Gläser Fix für Fleisch-
pfanne »Indisch Curry«

EW	Fett	KH	kcal/kJ
38 g	15 g	89 g	664/2776

Fischfilet waschen, trockentupfen, mit Zitronensaft beträufeln und in Streifen schneiden. Aus Sojasauce, Sherryessig, 5-Gewürze-Pulver und Sambal Oelek eine Marinade rühren, Fisch ca. 30 Minuten darin marinieren lassen. Fisch in Speisestärke wenden, in heißem Fett frittieren und warm stellen. 10-Minuten-Reis nach Packungsanweisung zubereiten. Pinienkerne in einer Pfanne ohne Fett rösten und unter den gegarten Reis mischen. Fix für Fleischpfanne »Indisch Curry« erhitzen und mit Pinienkern-Reis und frittierten Fischstreifen auf Tellern anrichten. Nach Wunsch mit Krupuk servieren.

Tipp
Dazu schmecken besonders gut in Butter gebratene und mit Kokosflocken bestreute Ananasscheiben und Bananenhälften.

Gebratener Fisch indische Art
Indien

Zutaten
4 Fischfilets (festes weißes Fischfleisch nach Wahl; à 200–250 g),
Saft von 1 Zitrone,
2 cm frische
Ingwerwurzel,
1 Zwiebel,
2 Knoblauchzehen,

1 TL Salz,
1/2 TL Kurkuma,
1/4 TL Pfeffer,
1 TL Garam Masala,
3 EL Öl, 4 EL Ghee

EW	Fett	KH	kcal/kJ
34 g	19 g	3 g	322/1345

Fischfilets unter fließendem kaltem Wasser waschen, trockentupfen und mit Zitronensaft beträufeln. Ingwer, Zwiebel und Knoblauch schälen und mit den Gewürzen und Öl im Küchenmixer zu einer Paste verarbeiten. Fischfilets damit bestreichen. In einer größeren Pfanne Ghee erhitzen und Fischfilets einlegen. Bei mittlerer Hitze ca. 10 Minuten braten.

Tipp
Die gebratenen Fischfilets auf Gemüsereis servieren.

Roher Fisch Sashimi
Japan

Zutaten
800 g Fischfilet
(z. B. Lachs, Thunfisch, Wolfsbarsch, Steinbutt),
1 kleiner weißer Rettich,
1 TL grünes Meerrettichpulver (Wasabi),
Sojasauce,
Salz- und Pfeffermühle
bereitstellen

EW	Fett	KH	kcal/kJ
21 g	13 g	1 g	220/917

Fischfilets von eventuell noch vorhandenen Gräten und Häuten befreien, unter fließendem kaltem Wasser abspülen und trockentupfen. Fischfilets in hauchdünne Scheiben schneiden (geht am besten, wenn der Fisch kurz angefroren wurde) und auf vier Tellern dekorativ anrichten. Rettich schälen und in sehr feine Streifen schneiden; locker über die Fischfilets streuen. Meerrettichpulver mit etwa 5 EL kaltem Wasser glatt rühren und in vier Dipschälchen verteilen. Sojasauce ebenfalls für jeden Tischgast in ein Schälchen gießen. Jeder Gast tunkt seinen Fisch in Wasabi oder Sojasauce und würzt mit Salz und Pfeffer.

Tipp
Für rohe Fischgerichte muss der Fisch absolut frisch sein. Kaufen Sie die Zutaten in einem Fischgeschäft Ihres Vertrauens. Sushi in der hier beschriebenen Form ist das asiatische Pendant zu unserem europäischen Carpaccio. Servieren Sie zum Sushi Tee, warmen Sake oder auch einen gut gekühlten, trockenen Weißwein. Nach Belieben Krabbenbrot, Krupuk, dazureichen.

Fisch-Curry mit Pistazienreis
(Abb.) – Indien

Zutaten
250 g Parboiled Reis,
2 rote Zwiebeln,
3 Möhren,
1 säuerlicher Apfel,
750 g Kabeljaufilet,
Saft von 1 Zitrone,
1 EL Butter,
1 EL Öl,
Salz,
Pfeffer,
1 TL Currypulver,
1/2 TL Zucker,
1/8 l Apfelsaft,
1 EL Kokosraspel,
1/2 EL gehackte Pistazien,
Petersilie

EW	Fett	KH	kcal/kJ
40 g	21 g	50 g	512/2143

Parboiled Reis nach Packungsanweisung garen. Zwiebeln schälen und achteln. Möhren und Apfel waschen, Möhren schälen und in Stifte, Apfel halbieren, entkernen und in Scheiben schneiden. Kabeljaufilet waschen, trockentupfen, mit Zitronensaft beträufeln und würfeln. Butter und Öl erhitzen. Zwiebeln und Möhren ca. 5 Minuten darin dünsten. Apfelscheiben und Fischwürfel dazugeben, alles mit Salz, Pfeffer, Currypulver und Zucker würzen. Apfelsaft angießen und das Fisch-Curry abgedeckt bei geringer Hitze 8–10 Minuten garen. Kokosraspel in einer Pfanne ohne Fett rösten. Gegarter Reis mit gehackten Pistazien vermischen. Fisch-Curry mit gerösteten Kokos-

raspeln bestreuen und mit Petersilie garnieren. Dazu den Pistazienreis servieren.

Fischspieße indische Art
(Abb.) – Indien

Zutaten
450 g tiefgekühlte Fischstäbchen,
1 Dose Ananas in Scheiben (580 ml),
4 kleine Zwiebeln,
1 rote Paprika,
2 EL Sonnenblumenöl,
1 Packung Delikatess Currysauce

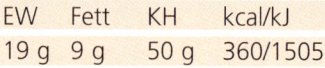

EW	Fett	KH	kcal/kJ
19 g	9 g	50 g	360/1505

Fischstäbchen antauen lassen. Ananas abtropfen lassen, halbieren, 1 Scheibe in Würfel schneiden. Zwiebeln schälen und in Stücke schneiden. Paprikaschote putzen, waschen und in gleich große Stücke schneiden. Auf 8 Spieße abwechselnd halbierte Ananas, Fischstäbchen, Zwiebeln und Paprika stecken. In einer Pfanne Öl heiß werden lassen und Spieße darin rundherum braten, aus der Pfanne nehmen. 1/4 l Wasser in das Bratfett gießen, zum Kochen bringen. Delikatess Currysauce einrühren, 1 Minute kochen lassen. Ananaswürfel zufügen und zu den Fischspießen reichen. Mit Reis anrichten.

Fisch-Curry
Indien

Zutaten
800 g festes weißes Fischfilet,
Saft von 1 Limette,
1 große Zwiebel,
2 Knoblauchzehen,
4 EL Öl, 1 EL frisch geraspelter Ingwer,
1 TL gemahlener Koriander,
1 EL Kreuzkümmel,
1 TL Cayennepfeffer,
1 TL gemahlener Bockshornklee,
1/2 l Brühe,

150 g Kokoscreme,
Salz, Pfeffer,
frische und getrocknete
Curryblätter

EW	Fett	KH	kcal/kJ
25 g	21 g	5 g	300/1253

Fischfilet unter fließendem kaltem Wasser waschen, trockentupfen, in gleich große Streifen schneiden und mit Limettensaft säuern. Zwiebel und Knoblauchzehen schälen und fein hacken. Im Wok oder einer tiefen Pfanne 2 EL Öl erhitzen und Fischstreifen darin rundherum scharf anbraten; sofort wieder herausnehmen. In den Bratensatz restliches Öl nachgießen und Zwiebel, Knoblauch sowie Ingwer andünsten. Sämtliche Gewürze einstreuen und durchbraten. Mit Brühe aufgießen und Kokoscreme mit einem Messer dazuschaben. Nach dem ersten Aufkochen Fischstücke einlegen und bei schwacher Hitze in einigen Minuten gar ziehen lassen. Mit Salz, Pfeffer und Curryblättern abschmecken und mit Reis servieren.

Goldbarsch mit Ingwer und Sonnenblumensprossen
(Abb.) – China

Zutaten
1 Bd. Frühlingszwiebeln,

1 Zucchini,
2 Chillis,
2 mittelgroße Möhren,

200 g Sonnenblumensprossen, 150 g Shiitake-Pilze, Sonnenblumenöl,
Salz, Pfeffer,
20 g Ingwerknolle,
3 EL Sake,
4 Goldbarschfilets

EW	Fett	KH	kcal/kJ
33 g	34 g	44 g	645/2694

Gemüse klein schneiden und putzen. Zusammen mit Sprossen und Pilzen in einen Schmortopf geben und mit Sonnenblumenöl kräftig anbraten. Salzen, pfeffern und geriebenen Ingwer untermengen. Mit Sake ablöschen. Den Backofen auf 200 Grad vorheizen. Den Fisch salzen und pfeffern und vorsichtig auf das Gemüse geben. Das Ganze im geschlossenen Schmortopf bei 200 Grad 10–15 Minuten garen.

Rotes Fischfilet
Thailand

Zutaten
800 g Fischfilet
(z. B. Dorsch, Kabeljau),
3 Zwiebeln,

500 g Tomaten,
4 frische rote Chilischoten,
Öl zum Braten,
3 EL Weißweinessig,
1 Prise Salz,
Chilipulver,
Pfeffer,
1 Prise Zucker

EW	Fett	KH	kcal/kJ
26 g	9 g	9 g	234/980

Fisch waschen und in Streifen schneiden. Zwiebeln schälen und hacken. Tomaten überbrühen, häuten und Fruchtfleisch würfeln. Chilischoten längs aufschneiden, entkernen und quer in Stückchen schneiden. Öl erhitzen, Zwiebeln darin glasig schwitzen. Chilistücke, Essig und Gewürze hinzufügen und ca. 15 Minuten köcheln lassen. Fischstreifen einlegen, ziehen lassen, nochmals abschmecken und im Topf servieren.

Lachs mit Teriyaki-Marinade
(Abb.) – Japan

Zutaten
1 Limone,
200 ml Teriyaki-Marinade (Fertigprodukt),
8 Lachsfiletscheiben
(à 100 g),
200 g frischer Rettich,
Fett für das Backblech,
1/2 Bd. Koriander,
120 ml Sojasauce

EW	Fett	KH	kcal/kJ
40 g	16 g	7 g	330/1390

Limone auspressen, den Saft mit Teriyaki-Marinade verrühren. Lachsscheiben in eine Schüssel legen und mit der Marinade begießen. Zugedeckt im Kühlschrank marinieren. In der Zwischenzeit den Rettich schälen, fein reiben und auf einem Sieb abtropfen lassen. Ofen auf 230 Grad vorheizen. Lachsfilet aus der Marinade nehmen und auf ein gefettetes Blech legen. Im vorgeheizten Ofen 5–8 Minuten garen. Je zwei Lachsfiletscheiben mit einem Häufchen Rettich anrichten, mit Korianderblättchen und einer kleinen Schale Sojasauce servieren. Dazu passt Reis oder ein leichter Gemüsesalat.

Kokosfischcurry
Indien

Zutaten
800 g küchenfertiges Fischfilet (z. B. Seelachs, Seehecht, Seezunge),
Saft von 2 Limetten oder Zitronen,
1 Zwiebel,
2 cm frische Ingwerwurzel,
2 frische rote Chilischoten,
2 Knoblauchzehen,
1 TL Salz,
einige Stängel Korianderkraut,
100 g Kokoscreme,
1/2 l heiße Fischbrühe,
2 EL Ghee,
einige gerebelte Curryblätter,
1/2 TL Kurkuma

EW	Fett	KH	kcal/kJ
28 g	8 g	6 g	214/893

Fischfilet unter fließendem kaltem Wasser waschen und trockentupfen. Leicht salzen und mit Limetten- oder Zitronensaft beträufeln. Zwiebel und Ingwerwurzel schälen und fein

hacken. Chilischoten längs aufschneiden, entkernen und fein hacken. Knoblauchzehen schälen und im Mörser mit Salz zerreiben. Korianderkraut waschen, trockenschwenken, Blättchen von den Stängeln zupfen und fein hacken. Kokoscreme in die heiße Fischbrühe schaben und unter Rühren auflösen. In einem breiten Topf Ghee erhitzen. Darin unter ständigem Rühren Knoblauch, Zwiebel, Ingwer und Chilischoten andünsten. Curryblätter und Kurkuma mitbraten. Mit Kokosfischbrühe aufgießen und aufkochen lassen. Hitze reduzieren und Fischfilets einlegen. Bei schwacher Hitze ca. 10 Minuten garen. Fischfilets auf vorgewärmte Teller legen, leicht mit Sauce beträufeln und mit Korianderkraut bestreuen. Für jeden Gast ein Schüsselchen Sauce daneben stellen.

Tipp
1/2 l ungesüßte Kokosmilch (Dose) kaufen, dafür die Fischbrühe weglassen. Zum Tunken der Sauce Chapatis, dünne Teigfladen (Asia-Shops), reichen.

Heilbutt-Curry
Indien

Zutaten
4 Heilbutt-Steaks (à 250 g),
Saft von 1 Zitrone,

Salz,
Pfeffer,
1 große Zwiebel,
350 g Tomaten,
1 Bd. Petersilie,
80 g Ghee oder geklärtes Butterschmalz,
1/4 TL Cayennepfeffer,
1/4 TL Kurkuma,
2 TL gemahlener Koriander,
1/4 TL Garam Masala,
Zitronenscheiben zum Garnieren

EW	Fett	KH	kcal/kJ
50 g	22 g	5 g	441/1841

Fischsteaks kalt waschen und trockentupfen. Mit Zitronensaft beträufeln, salzen, pfeffern und 15 Minuten ziehen lassen. Zwiebel schälen und fein hacken, Tomaten waschen, vom Stielansatz befreien und würfeln. Petersilie waschen, trockenschütteln und hacken. Ghee oder Butterschmalz in einer Pfanne erhitzen, Zwiebel darin goldbraun braten. 1/2 TL Salz, Cayennepfeffer, Kurkuma und Koriander zugeben und kurz anbraten. Tomaten und 2 EL Petersilie untermengen. Pfanneninhalt in eine Schüssel füllen. Restliches Fett in der Pfanne verteilen, Fisch einlegen und mit Tomatenmasse gleichmäßig bestreichen. Mit Garam Masala bestreuen. Zugedeckt bei schwacher Hitze 10 Minuten garen. Zum Servieren mit restlicher Petersilie bestreuen.

Gegrillte Brasse à la Suzi-Wan
(Abb. oben u. S. 213) – *China*

Zutaten
1 küchenfertige Brasse
(ca. 1 kg),
Saft von 1/2 Zitrone,
Salz,
Pfeffer,
550 g Litschis (Dose),
20 g frischer Ingwer,
1 EL Honig,
1 EL Sherryessig,
1 Msp. Sambal Oelek,
1 EL Sojasauce,
1 EL Erdnussöl,
700 g Chopsuey (Fertig-
produkt),
420 g Maiskörner (Dose),
1 unbehandelte Limette,
1 Bd. Petersilie

EW	Fett	KH	kcal/kJ
55 g	20 g	78 g	731/3066

Brasse waschen, trockentupfen,
mit Zitronensaft säuern und mit
Salz und Pfeffer innen und außen einreiben. Litschis abtropfen lassen, dabei Saft auffangen. 4 Litschis pürieren. Ingwer
schälen und fein hacken.
Litschipüree mit Ingwer, Honig,
Sherryessig, Sambal Oelek, Sojasauce, Erdnussöl und 2 EL
Litschisaft verrühren. Brasse
damit innen und außen bestreichen, in Alufolie wickeln und
fest verschließen. Fisch im
vorgeheizten Backofen bei
175 Grad 30–40 Minuten garen. Chopsuey und Maiskörner
abtropfen lassen, erwärmen
und nach Belieben würzen.
Gemüse anrichten, Brasse
darauf legen, mit restlichen
Litschis, Limettenscheiben
und Limettenschalenstreifen
verzieren. Mit Petersilie garnieren.

Gebackenes Fisch-filet Szechuan
China

Zutaten
1 kg Fischfilet (z. B. Karpfen, Seezunge,
Seelachs),
6 EL Reiswein,
2 EL helle Sojasauce,
1 EL Speisestärke,
5 Knoblauchzehen,
1 Bd. Frühlingszwiebeln,
2 EL Miso,
1 EL Zucker,
3 EL dunkle Sojasauce,
200 ml Öl

EW	Fett	KH	kcal/kJ
48 g	10 g	15 g	381/1595

Fischfilet unter fließendem kaltem Wasser abspülen und
trockentupfen; quer halbieren.
Für die Marinade 4 EL Reiswein,
helle Sojasauce, Speisestärke
und 2 EL Wasser glatt rühren.
Fischfilets damit begießen und
ca. 20 Minuten marinieren
lassen. Knoblauchzehen schälen
und fein hacken. Frühlingszwiebeln putzen und klein würfeln.
Miso mit Zucker, 2 EL Reiswein,
dunkler Sojasauce und 1/4 l
Wasser glatt rühren. Im Wok Öl
heiß siedend erhitzen. Fischfilets
einlegen (Marinade aufheben)
und auf beiden Seiten ca.
6 Minuten ausbacken. Das Fett
auf Küchenpapier abtropfen lassen und Filets warm stellen. Einen Großteil des Öls abgießen,
bis nur noch wenig Öl zum An-

dünsten im Wok ist. Knoblauch und Frühlingszwiebeln darin unter Rühren anbraten. Mit restlicher Marinade und Misosauce aufgießen. Ein paar Mal aufkochen lassen und den Inhalt des Wok über die Fischfilets gießen; sofort servieren.

Pfannengerührtes Fischfilet mit Zuckerschoten
(Abb.) – *China*

Zutaten
300 g Fischfilet
(z. B. Kabeljau),
Saft von 1/2 Zitrone,
1 EL Speisestärke,
1 Eiweiß,
4 EL Sojasauce,
je 1 Msp. Koriander und Kümmel (gemahlen),
2 EL Sherry,
Salz,
25 g chinesische schwarze Pilze,
150 g Bambussprossen (Dose),
1 Glas Sojabohnensprossen (350 g),
1 rote Paprikaschote,
2 Stangen Bleichsellerie,
1 Frühlingszwiebel,
1 Knoblauchzehe,
30 g frische Ingwerwurzel,
4 EL Sesamöl,
150 g tiefgekühlt Zuckerschoten

EW	Fett	KH	kcal/kJ
24 g	14 g	19 g	304/1271

Fischfilet waschen, trockentupfen, mit Zitronensaft beträufeln und in mundgerechte Stücke schneiden. Speisestärke mit Eiweiß, 1 EL Sojasauce, Koriander, Kümmel und Sherry glatt rühren und mit Salz würzen. Fischstücke darin wenden und ca. 30 Minuten abgedeckt im Kühlschrank ziehen lassen. Schwarze Pilze nach Packungsanweisung in warmem Wasser quellen lassen. Bambus- und Sojabohnensprossen abtropfen lassen. Paprikaschote, Bleichsellerie und Frühlingszwiebel putzen und waschen. Sellerie in Scheiben, Paprikaschote in Streifen, Frühlingszwiebel in Ringe schneiden. Knoblauchzehe schälen und zerdrücken, Ingwer schälen und fein reiben, alles in 2 EL Öl in einem Wok oder in einer tiefen Pfanne anbraten. Vorbereitetes Gemüse mit Zuckerschoten unter Rühren ca. 5 Minuten im Öl dünsten, herausnehmen und warm stellen. Restliches Öl erhitzen und Fischstücke unter vorsichtigem Schwenken ca. 4 Minuten braten. Gemüse wieder zufügen und mit restlicher Sojasauce abschmecken. Mit Reis servieren.

Fisch mit Gemüse
Thailand

Zutaten
800 g Fischfilet (z. B. Kabeljau oder Schellfisch),
1 Zwiebel,

3 Knoblauchzehen,
2 kleine frische grüne Chilischoten,
150 g grüne Bohnen,
1/2 Kopf Blumenkohl,
100 g Bambussprossen (Dose),
3 EL Öl,
1 EL Krabbenpaste,
10 Champignons,
1 EL Fischsauce,
Salz,
weißer Pfeffer,
Korianderblätter

EW	Fett	KH	kcal/kJ
30 g	13 g	8 g	272/1138

Fischfilet waschen und trockentupfen. In einem Sieb über einem Wasserbad, mit Alufolie abgedeckt, in ca. 20 Minuten garen. Eventuell vorhandene Gräten entfernen. 100 g Fischfilet mit einer Gabel zerkleinern, restliches Fischfilet in Würfel schneiden. Zwiebel und Knoblauchzehen schälen und fein hacken. Chilischoten längs aufschneiden, entkernen und in feine Ringe schneiden. Gemüse waschen und putzen. Bohnen in ca. 2 cm lange Stücke schneiden, Blumenkohl in Röschen teilen, Bambussprossen abtropfen lassen und in Scheiben

schneiden. In einer Pfanne Öl erhitzen, Zwiebel, Knoblauch und Chilischoten darin kurz anbraten. Krabbenpaste untermengen und alles unter Rühren 5 Minuten weiterbraten. Mischung aus der Pfanne nehmen und mit zerkleinertem Fischfilet vermengen. In einem Topf 1/2 l Wasser aufkochen, Fischpaste einrühren. Bohnen und Blumenkohl in die Brühe geben und 5 Minuten köcheln lassen. Bambussprossen und Pilze zugeben und alles weitere 5 Minuten köcheln lassen. Mit Fischsauce, Salz und Pfeffer abschmecken. Fischwürfel einlegen und alles nochmals aufkochen. Bei schwacher Hitze weitere 3 Minuten garen. Fisch mit Korianderblättchen garniert servieren.

Gedämpfter Fisch mit Gemüsesauce
(Abb. S. 227) – China

Zutaten
1–2 Karpfen (ca. 1,2 kg),

3 cm frischer Ingwer,

4 Schalotten, Salz,
350 g süße Mixedpickles (Asialaden),
2 TL Reisweinessig,
1 gehäufter TL Zucker,
1 TL Speisestärke,
1 TL helle Sojasauce,
1 TL Reiswein,

1 grüne Paprikaschote,
1 Möhre,
1 Tomate

EW	Fett	KH	kcal/kJ
42 g	11 g	14 g	341/1424

Fisch innen und außen gut abwaschen und trockentupfen. Ingwer und Schalotten schälen, Ingwer in dünne Scheiben, Schalotten in Ringe schneiden. Karpfen innen salzen und Ingwer sowie Schalotten in die Bauchhöhle geben (Abb. 1). Fisch auf ein großes Stück Alufolie betten, überstehende Folie über den Fisch schlagen. In einem länglichen Fischtopf mit Dämpfeinsatz etwa 1 cm hoch kochendes Wasser einfüllen. Karpfen auf den Dämpfeinsatz legen (Abb. 2) und bei großer Hitze kurz aufkochen lassen, dann zugedeckt bei geringer Hitze 20–25 Minuten gar dämpfen. Bei Bedarf etwas Wasser angießen. Für die Sauce Mixedpickles über einem Sieb abtropfen lassen, dabei die Flüssigkeit auffangen. Mixedpickels halbieren (Abb. 3). In einer Pfanne eine Tasse Wasser mit Reisweinessig und Zucker unter Rühren aufkochen. Speisestärke mit 20 ml Wasser in einem Schälchen verrühren, Sojasauce sowie Reiswein hinzufügen (Abb. 4). Gemüse putzen und waschen. Paprikaschote entkernen und würfeln. Möhre schälen und in Stifte schneiden. Tomate heiß

Abb. 1

Abb. 2

Abb. 3

Abb. 4

Abb. 5

überbrühen, schälen und in Würfel schneiden. Die Sojasauce-Reiswein-Mischung in die Pfanne zur Sauce geben und unter Rühren aufkochen. Weiter köcheln lassen, bis die Sauce gebunden ist, Mixedpickles samt aufgefangener Flüssigkeit sowie das Gemüse hinzufügen (Abb. 5) und weitere 2 Minuten köcheln lassen. Ge-

garten Fisch vorsichtig aus dem Topf nehmen, auf einer Platte anrichten und mit der heißen Sauce beträufeln.

Tipp
Auch eine große Forelle kann man auf diese Weise pikant zubereiten.

Seelachs mit Curry-Gemüse-Pfanne
(Abb.) – *China*

Zutaten
4 Seelachsfilets (800 g),
1 EL Zitronensaft,
Salz,
Pfeffer,
4 EL Öl,
1/4 l Gemüsebrühe,
350 g Sojabohnen-
sprossen (Glas),
1 Bd. Frühlingszwiebeln,
1 Stange Lauch,
1/2 rote Paprikaschote,
1/2 grüne Paprikaschote,
425 g Mango (Dose),
230 g Bambussprossen
(Dose),
1 Glas Gemüse-Pfanne
»Curry« (350 g),
250 g Reisnudeln

EW	Fett	KH	kcal/kJ
42 g	21 g	54 g	585/2444

Seelachsfilets waschen, trocken-tupfen, mit Zitronensaft beträu-feln und mit Salz und Pfeffer würzen; von beiden Seiten in 2 EL heißem Öl anbraten. Brühe zufügen und bei mittlerer Hitze in ca. 8 Minuten gar ziehen lassen. Bohnensprossen abtrop-fen lassen. Frühlingszwiebeln und Lauch waschen und put-zen, in Ringe schneiden. Restli-ches Öl in einer Pfanne erhitzen und vorbereitetes Gemüse darin andünsten. Rote und grüne Pa-prikaschote putzen, waschen und in Würfel schneiden.

Fischragout
Thailand

Zutaten
800 g Rotbarschfilet,
1 gelbe Paprikaschote,
4 Frühlingszwiebeln,
2 Zitronenblätter,
1 EL Öl,
2 EL rote Currypaste,
400 ml Kokosmilch,
4 EL Fischsauce,
1 EL Palmzucker,
1 EL Zitronensaft

EW	Fett	KH	kcal/kJ
26 g	9 g	11 g	237/990

Rotbarschfilet abspülen, tro-ckentupfen und würfeln. Papri-kaschote putzen, waschen und in schmale Streifen schneiden. Früh-lingszwiebeln putzen, waschen und mit einem Teil des Grüns in Ringe bzw. Scheiben schneiden. Zitronenblätter mit einer Schere in dünne Streifen schneiden. In einer tiefen Pfanne oder im Wok Öl er-hitzen, Currypaste darin anbraten. Mit Kokosmilch ablöschen und mit Fischsauce, Zucker und Zitronensaft würzen. Paprika und Frühlingszwiebeln zugeben und alles aufkochen lassen. Fischwür-fel einlegen und bei schwacher Hitze ca. 3–4 Minuten darin zie-hen lassen. Fischragout mit Zitro-nenblättern garniert möglichst heiß servieren.

Mango und Bambussprossen abtropfen lassen. Mango in Würfel und Sprossen in Stifte schneiden. Paprika, Mango und Bambussprossen in die Pfanne geben und leicht anbräunen. Gemüse-Pfanne »Curry« unterrühren. Reisnudeln nach Packungsanweisung zubereiten. Curry-Gemüse auf Tellern anrichten, Seelachsfilet darauf legen und Reisnudeln dazureichen.

Rotbarsch in Sesamkruste
(Abb.) – China

Zutaten
100 g getrocknete
Shiitake-Pilze,
800 g Rotbarschfilet,
Salz,
Pfeffer,
4 EL Mehl,
100 g Paniermehl,
2 EL Sesam,
2 Eier, 3 EL Öl,
1 TL Kurkuma,
1/2 TL gemahlener
Kreuzkümmel,
200 g Reis,
2 Zwiebeln,
1 rote Paprika,
200 g Bambus-
sprossen,
Schale und Saft von
1/2 Zitrone,
4 EL Sojasauce,
1 EL Butterschmalz

EW	Fett	KH	kcal/kJ
50 g	30 g	95 g	829/3472

Shiitake-Pilze mit Wasser bedecken und mindestens 30 Minuten einweichen. Fisch salzen und pfeffern und in Mehl wenden. Paniermehl und Sesam vermischen. Eier verrühren. Fischfilet in verschlagenem Ei, dann in der Paniermehlmischung wenden. Shiitake-Pilze aus dem Einweichwasser nehmen, das Wasser aufbewahren. 2 EL Öl in einem Topf erhitzen, Kurkuma und Kreuzkümmel einstreuen und den Reis darin wenden; mit 1/2 l Wasser aufgießen und bei mittlerer Hitze garen. Zwiebeln schälen und in Halbkreise schneiden, Paprika in grobe Würfel, Bambussprossen und Shiitake-Pilze in Scheiben schneiden. Zwiebeln und Paprika im restlichen Öl anbraten, Bambussprossen und Pilze mitdüns-

ten. Etwas Zitronenschale zugeben und mit dem Zitronensaft und etwas Einweichwasser ablöschen. Mit Sojasauce abschmecken. Butterschmalz in einer Pfanne erhitzen und den Fisch von jeder Seite ca. 5 Minuten braten. Mit Gemüse und Reis servieren.

Fischfilet mit Kokosmilch
Vietnam

Zutaten
2 große frische grüne
Chilischoten,
2 kleine frische rote
Chilischoten,
800 g festes Fischfilet,
2 Stängel Zitronengras,

2 Korianderwurzeln,
2 cm Ingwerwurzel,
3 Frühlingszwiebeln,
3 Kaffir-Limettenblätter,
1 TL Palmzucker,
275 ml Kokosmilch,
100 g Kokoscreme,
1 1/2 EL Fischsauce,
3 EL Limettensaft,
Salz, Korianderblättchen
zum Garnieren

EW	Fett	KH	kcal/kJ
26 g	6 g	9 g	190/792

In einer heißen Pfanne Chilischoten ohne Fett braun rösten.
Pfanne vom Herd nehmen.
Grüne Chilischoten herausnehmen und in feine Ringe schneiden. Fischfilet waschen, trockentupfen und in Würfel schneiden.
Zitronengras putzen und den
weißen Teil im Mörser zerdrücken. Korianderwurzeln waschen
und hacken, Ingwer schälen und
fein würfeln, Frühlingszwiebeln
putzen und nur den weißen Teil
in dünne Scheiben schneiden.
Zitronengras, Korianderwurzeln,
Limettenblätter, Ingwer, Frühlingszwiebeln, Palmzucker und
Kokosmilch zu den roten Chilischoten geben und alles zum
Kochen bringen. Bei reduzierter
Hitze 2 Minuten köcheln lassen.
Fischwürfel einlegen und 3 Minuten garen. Kokoscreme unterrühren. Mit grünen Chilischoten, Fischsauce, Limettensaft und
Salz abschmecken. Zitronengras
und rote Chilischoten vor dem
Servieren herausnehmen.

Abb. 1

Abb. 2

Abb. 3

Gedämpfte Fischpäckchen
(Abb. 1–3 und S. 231) – *China*

Zutaten
2 Frühlingszwiebeln,
2 cm frischer Ingwer,
225 g Krabbenfleisch,
50 g gehacktes
Garnelenfleisch,
6 gehackte Wasser-
kastanien, 2 EL gehackte
Bambussprossen,
1 EL Sojasauce,
1 EL Fischsauce,
12 Reisblätter,
2 Bananenblätter,
Öl, 2 rote gehackte
Chilischoten, Koriander-
blättchen zum Garnieren

EW	Fett	KH	kcal/kJ
17 g	12 g	52 g	388/1621

Frühlingszwiebeln putzen, Ingwer schälen. Beides fein hacken
und mit Krabbenfleisch, Garnelenfleisch, Wasserkastanien und
Bambussprossen in eine Schüssel
geben. Soja- und Fischsauce hinzufügen und alles gut mischen.
Reisblätter einzeln in warmes
Wasser tauchen (Abb. 1) und
auf einer ebenen Unterlage etwas quellen lassen. Jedes Reis-
blatt mit etwas Füllung belegen
und zu quadratischen Päckchen
falten (Abb. 2). Dämpfeinsatz
mit Bananenblättern auslegen,
mit etwas Öl bestreichen und die
Päckchen mit der Naht nach unten auf die Blätter legen (Abb.
3). Mit etwas Wasser im ge-

schlossenen Dampftopf 6–8 Minuten garen. Fischpäckchen auf Tellern anrichten und mit Chili und Koriander garnieren.

Fisch in Tomaten-Chili-Sauce
Thailand

Zutaten
800 g Fischfilet,
4 reife Fleischtomaten,
3 Zwiebeln,
2 Knoblauchzehen,
3 frische rote Chilischoten,
2 EL Öl, 2 EL Essig,
1 TL Salz, Pfeffer,
Palmzucker,
Korianderblättchen zum Garnieren

EW	Fett	KH	kcal/kJ
25 g	13 g	10 g	257/1072

Fischfilet abspülen, trockentupfen und in mundgerechte Stücke schneiden. Tomaten überbrühen, häuten, vom Stielansatz befreien und würfeln. Zwiebeln und Knoblauch schälen und fein hacken. Chilischoten längs aufschneiden, entkernen und in feine Streifen schneiden. In einem Topf Öl erhitzen, Zwiebeln und Knoblauch darin glasig braten. Tomaten, Chilischoten und Essig zugeben. Mit Salz, Pfeffer und etwas Palmzucker abschmecken. Alles zugedeckt 20 Minuten bei schwacher Hitze köcheln lassen, dabei ab und zu umrühren. Fisch in die Sauce legen und ca. 10 Minuten garen. Mit Korianderblättchen garniert servieren.

Gebratener Fisch
Thailand

Zutaten
1 küchenfertiger
Meeresfisch (ca. 1 kg),
Salz,
Zitronensaft,
2 Frühlingszwiebeln,
2 frische rote
Chilischoten,
5 Knoblauchzehen,
1 cm frische Ingwer-
wurzel,
1 EL Tamarinden-
konzentrat,
4 EL Öl,
2 EL Sojasauce,
1 EL Fischsauce,
1 EL Palmzucker

EW	Fett	KH	kcal/kJ
34 g	26 g	12 g	435/1817

Fisch waschen, trockentupfen, salzen und mit Zitronensaft beträufeln. Frühlingszwiebeln putzen, längs halbieren und in ca. 2 cm lange Stücke schneiden. Chilischoten längs aufschneiden, entkernen und in feine Streifen schneiden. Knoblauch schälen und fein hacken. Ingwer schälen und fein reiben. Tamarindenkonzentrat in einer Tasse mit lauwarmem Wasser 10 Minuten einweichen, durchkneten und durch ein Sieb passieren. Flüssigkeit beiseite stellen. In einer großen Pfanne Öl erhitzen, Fisch darin beidseitig in 25 Minuten goldbraun braten. Auf eine Platte legen, mit

Tamarindenmark bestreichen und warm stellen. Frühlingszwiebeln im verbliebenen Bratfett glasig braten, Knoblauch, Chilischoten und Ingwer zugeben und unter Rühren kurz schmoren lassen. Tamarindenwasser, Sojasauce, Fischsauce und Palmzucker einrühren, alles aufkochen und 2 Minuten köcheln lassen. Sauce zum Fisch servieren.

Pesa (gekochter Fisch)
Philippinen

Zutaten
800 g küchenfertige
Fischfilets,
Salz,
Saft von 1 Limette,
500 g Langkornreis,
1 Zwiebel,
6 EL Olivenöl,
1 Döschen Safran,
1 l Brühe,
1 Bd. Frühlingszwiebeln,
4 cm frische Ingwer-
wurzel,
1/2 Bd. Korianderkraut,
Pfeffer

EW	Fett	KH	kcal/kJ
49 g	32 g	103 g	888/3714

Fischfilets waschen und trockentupfen. Salzen und mit Limettensaft beträufeln. Reis in einer Schüssel mit kaltem Wasser begießen, gut durchrühren, dann 1/2 l Reiswasser abgießen und

beiseite stellen. Reis gründlich spülen und abtropfen lassen. Zwiebel schälen und fein hacken. In einem Topf 3 EL Olivenöl heiß siedend erhitzen. Zwiebelwürfel einstreuen und glasig dünsten. Reis und Safran einrühren, 1–2 Minuten durchrösten und mit Brühe aufgießen. Nach dem ersten Aufkochen Reis bei schwacher Hitze in ca. 15 Minuten fertig garen; zwischendurch ein paar Mal umrühren. Frühlingszwiebeln putzen und klein würfeln. Ingwer schälen und raspeln. Korianderkraut waschen, trockenschwenken, Blättchen von den Stängeln zupfen und fein hacken. In einer großen Pfanne restliches Olivenöl erhitzen, Ingwer darin andünsten und Fischfilets einlegen. Auf beiden Seiten anbraten und mit Reiswasser aufgießen. Frühlingszwiebeln einstreuen, alles mit Salz und Pfeffer abschmecken. Gegarte Fischfilets auf vorgewärmte Teller legen und löffelweise mit der (dünnen) Sauce überziehen. Mit gehacktem Korianderkraut bestreuen.

Tipp
Saucen können auf verschiedene Art gebunden werden. Für dieses Fischgericht wird Reis gewaschen und das aufgefangene Reiswasser für die Sauce verwendet.

FISCH

Schalotten-Locken

1. Schneiden Sie die grünen Blätter so weit wie möglich ab. Lassen Sie ca. 7–8 cm über der Zwiebel stehen.

2. Schneiden Sie die Schalotten mit einem scharfen Messer bis ca. 1,5 cm über dem Zwiebelende in dünne Scheiben.

3. Geben Sie die eingeschnittenen Schalotten in eine Schüssel mit eisgekühltem Wasser und lassen Sie sie 15–20 Minuten darin liegen. Die eingeschnittenen Enden rollen sich nun ein.

Langustinen mit Safransauce
Vietnam

Zutaten

250 g Wildreis,
1/4 l Kalbsfond,
1/4 l Weißwein,
250 g Crème fraîche,
12 geschälte rohe Langustinen,
5–6 EL Erdnussöl,
1 Prise Salz, Pfeffer,
eisgekühlte Butter,
4 Briefchen Safranfäden,
2 TL rosa Pfeffer,
frische Estragonblätter

EW	Fett	KH	kcal/kJ
15 g	52 g	51 g	759/3188

Den Reis nach Packungsanleitung garen. Für die Sauce Kalbsfond und Weißwein um 3/4 einkochen und mit Crème fraîche verrühren. Sauce bis zur Weiterverarbeitung warm stellen. Langustinen in Erdnussöl ca. 5 Minuten von jeder Seite braten, mit Salz und Pfeffer würzen und mit dem Reis auf vorgewärmten Tellern anrichten. Vorbereitete Sauce erneut erhitzen und mit dem Schneebesen eiskalte Butterstückchen einrühren, bis die Sauce gebunden ist. Ganz zum Schluss Safranfäden hinzugeben und die Sauce zu den Langustinen und dem Reis gießen. Mit Estragonblättern und rosa Pfeffer bestreut servieren.

Garnelen in pikanter Sauce
China

Zutaten

15 große rohe Garnelen,
4 EL Sojasauce,
1 Knoblauchzehe,
1–2 TL 5-Gewürz-Pulver,
1 EL Sake,
Pfeffer,
2 EL Zitronensaft,
1/4 TL Salz,
1/2 Gurke,
Öl zum Braten,
3 EL Butter,
1 TL Zucker,
1 EL Worcestersauce,
1 TL Chilisauce,
3 EL Würzmischung

EW	Fett	KH	kcal/kJ
12 g	8 g	6 g	182/765

Garnelen waschen, Kopf entfernen, mit 2 EL Sojasauce, Knoblauch, 5-Gewürze-Pulver, Sake, Pfeffer, Zitronensaft und Salz gut vermischen, etwa 60 Minuten ziehen lassen. Gurke in Scheiben schneiden, auf einer warmen Platte anrichten; warm halten. Öl im Wok stark erhitzen, Garnelen dazugeben, bis sie sich rosa färben, herausnehmen. Butter im Wok erhitzen, bis sie hell und sehr heiß ist. Garnelen und restliche Zutaten hineingeben, nur kurz unter Rühren braten. Wok vom Herd nehmen, Garnelen auf den Gurkenscheiben anrichten.

Gefüllte Garnelen mit Salat
(Abb.) – Philippinen

Zutaten
1 kleine Stange Lauch,
1 Knoblauchzehe,
Paprikapulver,
1 TL Zucker,
6 EL Maiskeimöl,
4 EL Essig,
6 EL Sojasauce,
350 g Sojabohnen-
sprossen (Glas),
230 g Bambussprossen
(Dose),

15 rohe geschälte
Riesengarnelen,
Salz, Pfeffer, 1 Eiweiß,
2 EL Speisestärke,
1/4 Salatgurke,
1 kleine Möhre,
Öl zum Ausbacken

EW	Fett	KH	kcal/kJ
16 g	24 g	16 g	354/1482

Lauch putzen, waschen und in feine Ringe schneiden. Knoblauch schälen und zerdrücken. Lauch und Knoblauch mit Paprikapulver, Zucker, Maiskeimöl, Essig und 2 EL Sojasauce ver-

rühren. Dressing ca. 30 Minuten ziehen lassen. In der Zwischenzeit Sojabohnensprossen und Bambussprossen abtropfen lassen. Garnelen waschen, der Länge nach halbieren, aber nicht ganz durchtrennen. Innenseiten der Garnelen salzen, pfeffern und mit restlicher Sojasauce beträufeln. Eiweiß mit Speisestärke verrühren und Garnelen damit bestreichen. Gurke und Möhre schälen, beides in sehr feine Streifen schneiden und in die Garnelenritze legen. Restliche Gurken- und Möhrenstreifen unter den Salat he-

FISCH

ben. Öl erhitzen, Garnelen darin ca. 1 Minute ausbacken, herausnehmen und abkühlen lassen. Garnelen nochmals im heißen Fett 1 Minute ausbacken, damit sie knuspriger werden; mit dem Salat servieren.

Gedämpfte Riesengarnelen
Korea

Zutaten
12 Riesengarnelen mit Schalen,
150 g Rinderhackfleisch,
Pfeffer,
1 EL gerösteter Sesam,
1–2 EL Sojasauce,
1 Möhre,
2 Frühlingszwiebeln,
3 EL Öl,
2 Eier

EW	Fett	KH	kcal/kJ
47 g	21 g	3 g	402/1682

Riesengarnelen schälen, ohne Kopf und Schwanz zu entfernen. Mit einem scharfen Messer Garnelen am Rücken entlang tief einschneiden, dabei entdarmen und unter fließendem kaltem Wasser gründlich waschen. Rinderhackfleisch mit Pfeffer, Sesam und Sojasauce würzen. Gewürztes Hackfleisch in die Einschnitte der Riesengarnelen füllen. Einen Topf mit Wasser zum Kochen aufstellen und ein Sieb mit einem Tuch darüber hängen; Riesengarnelen

einlegen, Topf mit einem Deckel verschließen, in ca. 15 Minuten fertig dämpfen. In der Zwischenzeit Möhre schälen, zuerst längs, dann quer in dünne Stifte schneiden. Frühlingszwiebeln putzen und in dünne Streifen schneiden. Je drei Stück der fertigen Shrimps mit der Füllung nach oben auf einen vorgewärmten Teller legen. Möhren und Frühlingszwiebeln in einer Pfanne portionsweise braten. Dazu etwas Öl erhitzen, erst die Frühlingszwiebeln andünsten, dann die Möhrenstreifen. Zuletzt Eigelb verrühren, in die Pfanne gießen und durch Schwenkbewegungen verlaufen lassen. Sobald die Masse stockt, vorsichtig auf eine Arbeitsplatte geben; aufrollen und in dünne Streifen schneiden. Mit dem Eiweiß genauso verfahren. Auf jede Riesengarnelenportion die vier Zutaten getrennt nach Farben nebeneinander quer über die Füllung geben.

Tipp
Die Riesengarnelen können nach Geschmack auch gebraten werden.

Gebratene Shrimps mit scharfer Sauce
Vietnam

Zutaten
ca. 500 g rohe Shrimps,
1/2 Gurke,

Öl zum Braten,
2 Scheiben Ingwerwurzel,
2 EL fein gehackter Lauch
Für die Marinade:
1 Eiweiß,
2 EL Zitronensaft,
1 EL Reiswein,
2 EL helle Sojasauce,
2 EL Maisstärke
Für die Sauce:
2 TL Tabasco oder Chilisauce,
2 EL Tomatenketschup,
2 EL helle Sojasauce,
1/2 TL Zucker,
Salz,
Pfeffer,
Glutamat,
1/2 Tasse Brühe,
2 TL Maisstärke,
einige Tropfen Sesamöl

EW	Fett	KH	kcal/kJ
25 g	22 g	19 g	382/1600

Shrimps schälen, ausnehmen, mit Marinadenzutaten gut vermischen, 10 Minuten ziehen lassen. Gurke waschen, in dünne Scheiben schneiden, auf einer Platte anrichten. Saucenzutaten verrühren, beiseite stellen. Ausreichend Öl im Wok erhitzen, Shrimps darin unter Rühren frittieren, bis sie sich rosa färben, herausheben, abtropfen lassen (abgekochte Shrimps nur ganz kurz frittieren). 2 EL Öl erhitzen, Ingwer und Lauch zugeben, unter Rühren braten, bis sie duften. Die Saucenzutaten

FISCH

zugießen und aufkochen lassen. Frittierte Shrimps zugeben, kurz unter Rühren anbraten, sofort auf den Gurkenscheiben anrichten.

Garnelen aus dem Wok
(Abb.) – China

Zutaten
8 EL Sojasauce,
8 EL Sherry,

2 Msp. Ingwerpulver,
2 Msp. Sambal Oelek,
400 g gegarte Garnelen,
200 g thailändischer Duftreis, Salz,
2 mittelgroße Möhren,
2 grüne Paprikaschoten,
200 g Bambussprossen (Dose), 2 cm frische Ingwerwurzel,
4 Knoblauchzehen,
6 EL Öl

EW	Fett	KH	kcal/kJ
27 g	17 g	46 g	490/2050

Sojasauce, Sherry, Ingwerpulver und Sambal Oelek gut verrühren. Garnelen zugeben und in der Marinade ca. 15 Minuten ziehen lassen. Reis mit ca. 400 ml Wasser und 1 Prise Salz aufkochen, bei schwacher Hitze zugedeckt ca. 20 Minuten ausquellen lassen. In der Zwischenzeit Möhren schälen, waschen und in Stifte, Paprikaschoten putzen, waschen und in Streifen schneiden. Bambussprossen abtropfen lassen. Ingwer und Knoblauch schälen und beides

FISCH

fein hacken. Öl in einem Wok erhitzen, Ingwer und Knoblauch darin schwenken, Möhren zugeben und ca. 5 Minuten unter Rühren andünsten. Paprikastreifen zufügen und weitere 5 Minuten garen. Garnelen mit Bambussprossen unter das Gemüse heben, kurz erhitzen und zu dem Duftreis servieren.

Frittierte Hummerkrabben im Teigmantel
China

Zutaten
8–10 rohe Hummerkrabben,
Maisstärke zum Wälzen,
Öl zum Braten
Für die Marinade:
2 EL helle Sojasauce,
1 Prise Salz,
Pfeffer,
1 EL Reiswein,
2 EL Zitronensaft,
1 EL fein gehackter Lauch
Für den Ausbackteig:
1 Ei,
2 EL helle Sojasauce,
Glutamat,
Pfeffer,
1 EL Maisstärke,
1 EL Öl,
100 g Weizenmehl,
1 TL Backpulver,
Eiswasser

EW	Fett	KH	kcal/kJ
29 g	29 g	21 g	462/1933

Hummerkrabben aus der Schale lösen, Köpfe entfernen, Schwänze daran lassen. Am Rücken tief einschneiden, ohne den Körper dabei ganz zu durchtrennen. Hummerkrabben waschen, abtrocknen, mit den verrührten Marinadenzutaten einreiben, 30 Minuten ziehen lassen. Teigzutaten glatt rühren, ca. 5 Minuten stehen lassen. Hummerkrabben auseinander geklappt einzeln in Maisstärke wälzen und in den Ausbackteig tauchen; vorsichtig ins heiße Öl gleiten lassen und frittieren, bis sie goldgelb und knusprig sind.

Garnelen in grünem Curry
Thailand

Zutaten
250 g Jasminreis,
1 Schalotte,
2 Knoblauchzehen,
1 cm Ingwerwurzel,
1 Stück unbehandelte Limonenschale,
2–3 frische Chilischoten,
40 g Kokosfett,
1 EL grüne Currypaste,
je 1 rote, grüne und gelbe Paprikaschote,
400 ml Kokosmilch (Dose),
600 g geschälte rohe Riesengarnelen,
1 TL brauner Zucker,
2 EL Limonensaft,
2 EL Fischsauce,

1 Hand voll Korianderblätter,
Basilikum und Zitronenblätter

EW	Fett	KH	kcal/kJ
26 g	17 g	63 g	568/2390

Jasminreis nach Packungsvorschrift garen. Schalotte, Knoblauch und Ingwer schälen, ebenso wie Limonenschale und Chilischoten sehr fein hacken; ins heiße Kokosfett geben und kurz anschwitzen. Currypaste dazugeben und bei mittlerer Hitze so lange braten, bis sich alles zu einer dicken, duftenden Sauce verbunden hat. Paprikaschoten putzen, waschen und in gleichmäßige Rauten schneiden. Zur Sauce geben und mit Kokosmilch aufkochen. Garnelen entschalen und unter die Sauce rühren; mit Zucker, Limonensaft und Fischsauce abschmecken. Grob gezupfte Kräuterblätter untermengen. Mit dem Jasminreis servieren.

Knusprige Hummerkrabben mit süß-saurer Sauce
China

 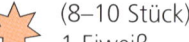

Zutaten
600 g Hummerkrabben (8–10 Stück),
1 Eiweiß,
5 EL Sojasauce,
2 EL Sake,
1 EL Zitronensaft,

2 EL Maisstärke,
5 eingeweichte
Morcheln,
Öl zum Braten,
1 Knoblauchzehe,
2 Scheiben Ingwer,
1 EL Zucker,
1 EL Worcestersauce,
Pfeffer,
1 TL Essig,
1/8 l Brühe,
3 EL vorgekochte Erbsen,
3 EL vorgekochte
Möhren (in Streifen),
Maisstärke zum
Wenden

EW	Fett	KH	kcal/kJ
32 g	8 g	22 g	312/1308

Rohe Hummerkrabben schälen, Köpfe und Eingeweide entfernen, die Schwänze bleiben daran. Am Rücken tief einschneiden, ohne den Körper ganz durchzutrennen. Hummerkrabben abspülen, abtrocknen, mit Eiweiß, 2 EL Sojasauce, 1 EL Sake, Zitronensaft und 1 EL Maisstärke gut vermischen; 15 Minuten ziehen lassen. Morcheln in Streifen schneiden. 2 EL Öl erhitzen. Gepressten Knoblauch und Ingwer darin braten, bis sie duften. Morcheln, 3 EL Sojasauce, Zucker, Worcestersauce, Pfeffer, Essig, Brühe, 1 EL Maisstärke und 1 EL Sake dazugeben und aufkochen lassen. Erbsen und Möhren dazugeben, kurz köcheln lassen, vom Herd nehmen. Hummerkrabben einzeln in Maisstärke wälzen, bis

sie gründlich damit überzogen sind. Ausreichend Öl zum Frittieren erhitzen, Hummerkrabben einzeln hineingleiten lassen, dabei am Schwanz festhalten. Wenn sie gegart sind, herausnehmen, abtropfen lassen. Saucenmischung kurz erwärmen, Hummerkrabben dazugeben, rasch untermengen. Sofort auf einer warmen Platte anrichten und servieren.

Tintenfisch mit verschiedenem Gemüse
China

Zutaten
500 g Tintenfisch,
100 g Bambussprossen,
4 eingeweichte
Tongku-Pilze,
5 eingeweichte
Morcheln,
100 g Strohpilze (Dose),
1 Frühlingszwiebel,
Öl zum Braten,
2 gepresste Knoblauchzehen,
3 Scheiben Ingwer,
3 EL vorgekochte Erbsen
oder 100 g Zuckererbsen
Für die Marinade:
2 EL Zitronensaft,
Salz,
Pfeffer
Für die Sauce:
2 EL helle Sojasauce,
1 EL Reiswein,
1 Tasse Brühe,

Glutamat,
Pfeffer,
Salz,
1 TL Chilisauce oder
Tabasco,
2 TL Maisstärke

EW	Fett	KH	kcal/kJ
23 g	15 g	13 g	276/1156

Tintenfisch gut waschen, Fangarme abschneiden, die dünne Außenhaut ablösen, ausnehmen, Kopf und Innereien wegwerfen. Tintenfisch gut ausspülen, trockentupfen, seitlich aufschlitzen, flach ausbreiten. Mit der Innenseite nach oben auf ein Brett legen, gitterartig einritzen und in etwa 2 cm große Quadrate schneiden; mit Marinadenzutaten gut vermischen. Tintenfischstücke in kochendem Wasser blanchieren, nach ein paar Sekunden herausnehmen, abtropfen lassen. Bambussprossen in dünne Scheiben schneiden, Tongku-Pilze vierteln, Morcheln in Streifen schneiden, Strohpilze halbieren. Frühlingszwiebel in 2 cm lange Stücke schneiden. Saucenzutaten verrühren, beiseite stellen. 2 EL Öl im Wok erhitzen, Knoblauch und Ingwer darin braten, bis sie duften, das Gemüse der Reihe nach zugeben: Erbsen, Bambussprossen, Tongku-Pilze, Morcheln, Strohpilze, Frühlingszwiebel, dann die Saucenmischung zugießen. Tintenfisch zugeben, alles bei starker Hitze unter Rühren durchbraten.

Garnelenspieße mit Chili-Limonen-Dip
(Abb.) – *Thailand*

Zutaten
600 g geschälte
rohe Garnelen,
1 Knoblauch-
zehe,

1 Bd. Basilikum,
4 Limonen,
4 EL Öl,
1 Chilischote,
200 g Frischkäse,
100 ml Kefir,
Salz,
weißer Pfeffer,
Zucker

EW	Fett	KH	kcal/kJ
33 g	25 g	7 g	387/1709

Garnelen waschen und trockentupfen. Knoblauchzehe schälen und fein hacken. Basilikum waschen, trockenschütteln und bis auf zwei Blätter fein schneiden. Limonen heiß waschen. Von 2 Limonen die Schale abreiben und Früchte anschließend auspressen. Knoblauch, jeweils die Hälfte des Basilikums und des Limonensaftes mit dem Öl verrühren. Die Garnelen darin marinieren. In der Zwischenzeit die Chilischote abspülen, halbieren, entkernen und fein hacken. Mit Frischkäse, abgeriebener Limonenschale, Kefir, restlichem Limonensaft sowie Basilikum verrühren. Den Dip mit Salz, Pfeffer und Zucker pikant abschmecken und mit den in Streifen geteilten Basilikumblättern garnieren. Die restlichen 2 Limonen in Scheiben schneiden, Limonenscheiben halbieren. Garnelen aus der Marinade nehmen und mit den halbierten Limonenscheiben auf 8 Holzspieße stecken. Unter dem vorgeheizten Grill von jeder Seite ca. 3 Minuten grillen. Die Garnelen mit Chili-Limonen-Dip servieren.

Tipp
Papaya-Salat dazureichen: Papayascheiben mit Limonensaft und Zucker abschmecken, mit gehackten Erdnüssen bestreuen.

Tintenfisch in würziger Sauce
China

Zutaten
ca. 700 g–1 kg Tintenfisch, 1/2 TL Salz, Pfeffer, 2 EL Essig, 3 EL Butter oder Margarine, 2 gepresste Knoblauchzehen
Für die Sauce:
3 EL helle Sojasauce, 1/2 TL Zucker, 2 EL Reiswein, 1 EL Worcestersauce, 3 EL Maggiwürze

EW	Fett	KH	kcal/kJ
39 g	9 g	4 g	254/1063

Tintenfisch waschen, die Fangarme vom Körper trennen, in 1–2 cm große Stücke schneiden. Den Kopf samt Mittelknochen und Innereien herausziehen und wegwerfen. Tintenfisch gut ausspülen und in 1 cm dicke Ringe schneiden. Mit Salz, Pfeffer und Essig ca. 15 Minuten marinieren. Tintenfisch in sprudelnd kochendem Wasser kurz aufkochen (ca. 5 Minuten), abgießen. Butter oder Margarine im Wok erhitzen, Knoblauch darin anbraten, bis er duftet. Tintenfischringe zugeben, unter ständigem Rühren durchbraten. Die Saucenzutaten zugießen, 1–2 Minuten unter Rühren braten, damit sich die Aromastoffe vermischen. Auf warmer Platte anrichten.

Gebackene Scampi
(Abb.) – *China*

Zutaten
500 g geschälte rohe Scampi, 5 EL Sojasauce, 2 Zwiebeln, je 1 rote und grüne Paprikaschote, Pflanzenöl zum Braten und Frittieren, 1 kleines Stück Ingwer, 1 TL Zucker, 1 TL Speisestärke, 100 ml Hühnerbrühe, Currypulver, Pfeffer, Mehl zum Bestäuben
Für den Teig:
1 Ei, 1 TL Öl, 1 Prise Salz, 150 g Mehl

EW	Fett	KH	kcal/kJ
16 g	8 g	17 g	210/870

Scampi in 2 EL Sojasauce marinieren. Zwiebeln schälen, Paprikaschoten halbieren, putzen, waschen und alles würfeln. 2 EL

Öl in einer Pfanne erhitzen und Gemüse darin andünsten. Ingwer schälen, fein hacken und mit Zucker zugeben. Mit Speisestärke bestäuben, mit restlicher Sojasauce und Brühe ablöschen, gut durchkochen lassen. Mit Currypulver und Pfeffer abschmecken. Scampi gut abtropfen lassen und mit Mehl bestäuben. Für den Teig Ei, Öl, Salz und 200 ml eiskaltes Wasser vermischen, Mehl zusieben und alles glatt rühren. Scampi in den Teig tauchen, in heißem Öl goldbraun braten und auf Küchenpapier abtropfen lassen. Gebackene Scampi mit Paprikasauce servieren.

Gebratener Tintenfisch scharf
China

Zutaten
500 g Tintenfisch, Salz, Pfeffer, 4 getrocknete Chilischoten oder 3 TL Tabascosauce, 1 rote Paprikaschote, 5 eingeweichte Morcheln, 1 Zwiebel, 2 Knoblauchzehen, 1 Frühlingszwiebel, 50 g Cashewkerne, 3 EL Sojasauce, 2 EL Sake, 1 TL Essig, 1 TL Zucker,

Glutamat,
Pfeffer,
1/8 l Brühe,
2 TL Maisstärke,
Öl zum Braten

EW	Fett	KH	kcal/kJ
24 g	14 g	15 g	304/1276

Tintenfisch waschen, Fangarme, Kopf, Mittelknochen und Innereien wegwerfen. Dünne Außenhaut ablösen. Fisch gut abspülen und trockentupfen, gitterartig einritzen und in 3 cm große Quadrate schneiden; mit Salz und Pfeffer würzen. Chilischoten halbieren, Paprikaschote entkernen, in kleine Würfel schneiden. Morcheln in Stücke teilen. Zwiebel längs in 8 Teile schneiden, Zwiebelschichten voneinander lösen. Knoblauchzehen schälen und hacken. Frühlingszwiebel halbieren, in 3 cm lange Stücke schneiden. Cashewkerne halbieren. Restliche Zutaten, bis auf das Öl, gut verrühren, beiseite stellen. Im Wok 2 EL Öl erhitzen, Tintenfisch darin unter Rühren leicht anbraten, abtropfen lassen. Noch einmal 3 EL Öl erhitzen, Knoblauch und Zwiebel darin anbraten. Chilischoten, Morcheln, Paprikaschote und Frühlingszwiebel dazugeben, kurz durchbraten, Tintenfisch hinzufügen. Bei starker Hitze unter Rühren braten. Sauce dazugießen, untermischen. Mit Cashewkernen bestreut sofort servieren.

Gebratene Hummerkrabben
China

Zutaten
500 g Hummerkrabben,
1/2 Gurke,
100 g gekochter Schinken,
Öl zum Braten,
4 eingeweichte Tongku-Pilze,
100 g Champignons
Für die Marinade:
1 Eiweiß,
2 EL Sojasauce,
1 EL Reiswein,
1 EL Zitronensaft,
Pfeffer,
1 EL Maisstärke
Für die Sauce:
125 ml Brühe,
2 EL Reiswein,
2 EL helle Sojasauce,
Salz,
Pfeffer,
2 TL Maisstärke,
einige Tropfen Sesamöl

EW	Fett	KH	kcal/kJ
31 g	13 g	16 g	340/1425

Hummerkrabben waschen, schälen, längs halbieren, mit Marinadenzutaten gut vermischen. Ca. 15 Minuten ziehen lassen. Gurke der Länge nach in Scheiben schneiden, dann in mundgerechte Stücke teilen. Schinken in Streifen schneiden. Saucenzutaten anrühren, beiseite stellen. Reichlich Öl im Wok

erhitzen, Hummerkrabben darin unter Rühren frittieren, bis sie gar sind; herausnehmen, abtropfen lassen. 3 EL Öl erhitzen, Schinken, halbierte Tongku-Pilze, Champignons und Gurke zugeben, kurz unter Rühren anbraten. Saucenmischung zugießen, kurz aufkochen lassen. Frittierte Hummerkrabben zugeben, schnell untermischen, sofort servieren.

Muschel-Curry
Thailand

Zutaten
2 kg Miesmuscheln,
1 frische grüne Chilischote, 2 cm frische Ingwerwurzel,
6 Knoblauchzehen,
3 Zwiebeln,
3 EL Sesamöl,
1/4 TL Kurkuma,
1 1/2 TL gemahlener Kreuzkümmel,
1/4 frische Kokosnuss,
Salz

EW	Fett	KH	kcal/kJ
20 g	19 g	7 g	246/1036

Muscheln gründlich waschen, geöffnete Muscheln aussortieren. Chilischote fein hacken. Ingwerwurzel schälen und grob hacken. Knoblauchzehen schälen, mit Ingwer und 4 EL Wasser im Mixer zu einer Paste zerkleinern. Zwiebeln schälen und fein hacken. Öl in einem großen

FISCH

Topf erhitzen, Zwiebeln unter Rühren darin glasig braten. Ingwer-Knoblauch-Paste, Chilischote, Kurkuma und Kreuzkümmel dazugeben. 1 Minute unter Rühren anbraten. Kokosnuss fein raspeln, mit 1/2 TL Salz in den Topf geben, mit 1/4 l Wasser aufgießen, verrühren und aufkochen lassen. Muscheln dazugeben, alles vermischen, nochmals aufkochen lassen. Zugedeckt bei schwacher Hitze 10 Minuten garen. Wenn sich alle Muscheln geöffnet haben, servieren. (Geschlossene aussortieren.)

Frittierte Garnelen mit Erdbeer-Ingwer-Sauce
(Abb. unten u. S. 233) – China

Zutaten
Für die Sauce:
300 g Erdbeeren,
20 g frische Ingwerwurzel,
30 g Margarine,
Zucker,
2 EL Himbeeressig,
1/8 l Sherry,
Saft von 1 Limone,
Salz,

Cayennepfeffer
Für die Garnelen:
1 kg Pflanzenfett zum Frittieren,
1 Eigelb,
50 g Mehl,
50 g Speisestärke,
20 geschälte rohe Garnelen,
1 Bd. Minze

EW	Fett	KH	kcal/kJ
22 g	22 g	35 g	484/2023

Für die Sauce Erdbeeren putzen, waschen und bis auf 50 g klein schneiden. Ingwer schälen und in hauchdünne Scheiben schneiden. Margarine mit 2 EL Zucker so lange unter Rühren erhitzen, bis der Zucker ganz gelöst ist und die Masse eine goldgelbe Farbe annimmt. Himbeeressig, Sherry und Limonensaft angießen, Erdbeerstücke zufügen und aufkochen. Etwa 4 Minuten köcheln lassen. Erdbeeren samt Flüssigkeit schwach pürieren, durch ein feines Sieb gießen und die Sauce wieder in den Topf geben. Ingwerscheiben zufügen und weitere 3 Minuten köcheln lassen. Sauce mit Salz, Cayennepfeffer und Zucker pikant abschmecken. Restliche Erdbeeren in Scheiben schneiden und unterheben. Pflanzenfett in einer Fritteuse oder einem Topf auf 180 Grad erhitzen. Eigelb mit Mehl, Speisestärke und 100 ml eiskaltem Wasser verrühren. Die Garnelen fast vollständig in den Teig eintauchen und im heißen Frittierfett ca. 2 Minuten goldbraun ausbacken. Minze ebenfalls durch den Ausbackteig ziehen und frittieren. Garnelen mit Erdbeer-Ingwer-Sauce und Minze auf Tellern anrichten und sofort servieren. Die Erdbeer-Ingwer-Sauce kann warm oder kalt gegessen werden.

Tipp
Schneller geht's wenn statt der frischen Erdbeeren Erdbeerpüree aus dem Glas verwendet wird.

FISCH

Gebratene Garnelen
Thailand

Zutaten
4 Knoblauchzehen,
2 cm frische Ingwerwurzel,
3 Korianderpflanzen mit Wurzel,
2 Frühlingszwiebeln,
450 g geschälte rohe Riesengarnelen,
4 EL Öl,
2 EL Fischsauce,
1 EL Austernsauce,
1 1/2 EL Palmzucker,
Pfeffer,
3 EL Reiswein

EW	Fett	KH	kcal/kJ
22 g	17 g	12 g	306/1277

Knoblauch und Ingwer schälen, beides getrennt fein hacken. Koriander waschen. Wurzeln fein würfeln, vom Kraut die Blättchen abzupfen und beiseite legen. Frühlingszwiebeln putzen, waschen und mit dem Grün in Ringe bzw. Scheiben schneiden. Garnelen abspülen und abtropfen lassen. In einer Pfanne Öl erhitzen, Knoblauch und Korianderwurzeln darin anbraten. Garnelen zugeben und beidseitig je 2 Minuten braten. Mit Fischsauce, Austernsauce, Palmzucker, Pfeffer und Reiswein abschmecken. Ingwer und Frühlingszwiebeln unterrühren und alles 3 Minuten köcheln lassen. Mit Korianderblättchen bestreut servieren.

Garnelentopf
Indien

Zutaten
2 Zwiebeln,
2 Knoblauchzehen,
2 cm frische Ingwerwurzel,
2 frische rote Chilischoten,
800 g geschälte rohe Garnelen,
Saft von 1 Limette,
3 EL Ghee,
1 TL Kurkuma,
1 TL gerebelte Curryblätter, 1/2 TL Salz,
1 kräftige Prise Pfeffer,
1/2 l Kokosmilch

EW	Fett	KH	kcal/kJ
37 g	12 g	6 g	301/1259

Zwiebeln, Knoblauch sowie Ingwer schälen und sehr fein hacken. Die Chilischoten säubern, längs aufschneiden, entkernen und fein würfeln. Garnelen entdarmen, gründlich waschen und trockentupfen. In einer Schüssel mit Limettensaft beträufeln. Ghee erhitzen und unter Rühren darin Zwiebeln, Knoblauch, Ingwer und Chilischoten andünsten. Gewürze kurz mitdünsten, mit Kokosmilch aufgießen. Sobald die Flüssigkeit aufkocht, Garnelen einlegen und die Hitze reduzieren. Garnelen ca. 5–8 Minuten garen. Nochmals abschmecken und mit reichlich Reis servieren.

Venusmuscheln mit Basilikum
Thailand

Zutaten
2 kg Venusmuscheln mit Schale,
1 gelbe Paprikaschote,
3 Knoblauchzehen,
1 kleiner Bd. Thai-Basilikum, 2 EL Öl,
1 EL rote Currypaste,
2 1/2 EL Fischsauce

EW	Fett	KH	kcal/kJ
21 g	10 g	3 g	195/816

Muscheln unter fließendem Wasser waschen. Geöffnete Muscheln wegwerfen, sie sind ungenießbar. Paprikaschote putzen, waschen und würfeln. Knoblauchzehen schälen und fein wiegen. Basilikum waschen, Blätter fein hacken. In einem großen Topf Öl erhitzen, Currypaste darin anbraten. Paprika, Knoblauch und Fischsauce zugeben, kurz mitbraten. Muscheln in den Topf geben und alles zugedeckt 3–4 Minuten kochen, den Topf dabei öfter rütteln. Muscheln auf tiefen Tellern anrichten, mit Basilikum garnieren.

Tipp
Muscheln, die sich nach dem Garen nicht geöffnet haben, aussortieren, sie sind ungenießbar. Rohe Muscheln müssen geschlossen sein.

Gebratene Garnelen aus Burma
Indien

Zutaten
12 Riesengarnelen mit Schalen,
1/2 TL Kurkuma,
1/2 TL Cayennepfeffer,
Salz,
Saft von 1/2 Limette,
2 EL Erdnussöl,
2 EL Sesamöl

EW	Fett	KH	kcal/kJ
36 g	17 g	1 g	318/1328

12 Holzspieße in kaltes Wasser legen – so können sie später nicht anbrennen und die Riesengarnelen nicht austrocknen. Riesengarnelen schälen, dabei den Schwanz nicht entfernen. Garnelen längs am Rücken einschneiden, entdarmen, waschen und trockentupfen. Kurkuma, Cayennepfeffer, Salz, Limettensaft und Erdnussöl verrühren. Je eine Garnele auf einen Holzspieß stecken und mit der Marinade rundherum bepinseln. Auf einem Tischgrill oder der Grillstufe im Backofen grillen oder in einer Pfanne kurz anbraten. Vor dem Servieren mit Sesamöl bestreichen.

Tipp
In Burma werden die Garnelen auf Bambusspießchen gesteckt, die beim Grillen einen wunderbaren Geschmack entfalten.

Gedünstete Muscheln mit Wein
Thailand

Zutaten
2 kg Miesmuscheln,
2 kleine Zwiebeln,
5 Knoblauchzehen,
2 Stängel Zitronengras,
2 frische rote Chilischoten,
1 1/2 EL Öl,
1/4 l Weißwein,
1 EL Fischsauce,
1 kleiner Bd. Thai-Basilikum

EW	Fett	KH	kcal/kJ
20 g	9 g	5 g	224/937

Geöffnete Muscheln aussortieren und wegwerfen. Sie sind ungenießbar. Äußere Muschelschalen mit einer Bürste säubern, die Bärte entfernen. Muscheln 10 Minuten mit kaltem Wasser bedeckt einweichen, abtropfen lassen. Zwiebeln und Knoblauch schälen und fein würfeln. Zitronengras putzen, den weißen Teil fein hacken. Chilischoten längs aufschneiden, entkernen und in feine Streifen schneiden. In einer tiefen Pfanne oder im Wok das Öl erhitzen. Zwiebeln, Knoblauch, Zitronengras und Chilischoten darin ca. 4 Minuten unter Rühren anbraten. Mit Wein und Fischsauce ablöschen und noch ein paar Minuten köcheln lassen. Muscheln zugeben und 4 Minuten kochen lassen, bis

FISCH

FISCH

sie sich öffnen. Muscheln, die sich nicht geöffnet haben, wegwerfen. Basilikum waschen, trockentupfen und die Blätter in Streifen schneiden. Basilikum zugeben und untermengen.

Tipp
Wer es lieblicher mag, tauscht Wein gegen Kokosmilch.

Scharfe Tintenfischringe nach Peking-Art
China

Zutaten
500 g Tintenfischringe,
Salz,
Pfeffer,
je 1 grüne und rote Paprikaschote,
2 Knoblauchzehen,
1 große Zwiebel,
4 EL Erdnussöl,
3 EL Sojasauce,
1 EL Sambal Oelek,
2 EL Reiswein,
1 EL Essig,
1 EL brauner Zucker,
1/8 l Gemüsebrühe,
1 Glas Chopsuey (350 g)

EW	Fett	KH	kcal/kJ
25 g	12 g	17 g	289/1208

Tintenfischringe waschen, trockentupfen, leicht salzen und pfeffern. Paprikaschoten putzen, waschen und in grobe Würfel schneiden. Knoblauchzehen und Zwiebel schälen und fein hacken. Erdnussöl im Wok oder in einer tiefen Pfanne erhitzen. Tintenfischringe darin rundherum goldgelb braten und warm stellen. Im verbliebenen Fett Zwiebel, Knoblauch und Paprikawürfel andünsten. Mit Sojasauce, Sambal Oelek, Reiswein, Essig und Zucker würzen, Brühe angießen und alles in 5 Minuten garen. Tintenfischringe und abgetropftes Chopsuey zufügen, erhitzen und alles scharf abschmecken. Nach Wunsch mit Langkornreis und roter Chilischote servieren.

Tipp
Für dieses Gericht eignen sich auch tiefgefrorene Tintenfischringe. Sie sollten zum Braten völlig aufgetaut sein.

Shrimps mit Erbsen und Cashewnüssen
(Abb.) – China

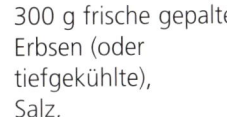

Zutaten
300 g frische gepalte
Erbsen (oder
tiefgekühlte),
Salz,
400 g geschälte rohe
Shrimps,
6 EL Erdnussöl,
60 g Cashewnüsse,
1/2 fein geschnittene
rote Pfefferschote,
2 EL gehackte Petersilie,
300 g gekochter
abgekühlter Reis,
1 EL Sojasauce

EW	Fett	KH	kcal/kJ
18 g	29 g	15 g	522/2190

Erbsen in ausreichend Salzwasser 5 Minuten kochen und kalt abschrecken. Shrimps waschen, trockentupfen. Öl stark erhitzen und Shrimps 3 Minuten darin braten. Nüsse, Pfefferschote und Petersilie hinzugeben, kurz weiterbraten, herausnehmen. In gleicher Pfanne den Reis 3 Minuten stark anbraten, Shrimps, Nüsse und Erbsen hinzugeben. Alles erhitzen und mit Sojasauce abschmecken.

Shrimps mit gebratenen Bohnensprossen
China

Zutaten
500 g Sojabohnensprossen,
1 Frühlingszwiebel,
2 Stangen Lauch,
3 EL Öl zum Braten,
1 gepresste
Knoblauchzehe,
100 g Hackfleisch,
100 g geschälte rohe
Shrimps,
Salz, Pfeffer, Glutamat,
1/2 TL Zucker,
4 EL helle Sojasauce,
2 EL Reiswein

EW	Fett	KH	kcal/kJ
16 g	20 g	6 g	279/1166

Gemüse waschen, Frühlingszwiebel und Lauch in Ringe schneiden. Öl im Wok erhitzen, Knoblauch darin unter Rühren braten, bis er duftet. Hackfleisch, Shrimps, Zwiebel- und Lauchringe zugeben, mit Salz und Pfeffer würzen, umrühren. Dann mit Sojabohnensprossen und den restlichen Zutaten vermischen. Alles braten, bis die Bohnensprossen gar sind.

Tipp
Ananasstücke unterrühren, mit Zucker und Essig süß-sauer abschmecken.

EW	Fett	KH	kcal/kJ
13 g	12 g	3 g	174/728

Garnelen waschen und trockentupfen. Joghurt in einer Schüssel cremig rühren. Ingwer schälen und fein reiben. Knoblauchzehen schälen und fein hacken. Ingwer und Knoblauch unter den Joghurt rühren. Zitronensaft, Kreuzkümmel, Garam Masala, Speisefarben, etwas Pfeffer und 1/4 TL Salz zugeben und gut verrühren. Sauce 15 Minuten ziehen lassen; durch ein Sieb in eine zweite Schüssel füllen. Garnelen in der Joghurtmarinade 30 Minuten ziehen lassen. Das Fett in einer Pfanne erhitzen. Garnelen aus der Marinade nehmen und abtropfen lassen. Marinade in die Pfanne füllen und gut mit dem heißen Fett verrühren. Garnelen zugeben und ein paar Minuten ziehen lassen.

Shrimps-Curry-Pfanne
(Abb.) – *China*

Zutaten
250 g Tofu,
2 EL Margarine,
1 EL Curry,
1/2 TL Kreuzkümmel,
425 ml Broccolicremesuppe (Fertigprodukt),
200 g geschälte rohe Shrimps

EW	Fett	KH	kcal/kJ
16 g	8 g	18 g	211/886

Tofu in kleine Würfel schneiden und in der Margarine andünsten. Mit Curry und Kreuzkümmel bestäuben. Broccolicremesuppe angießen, aufkochen lassen und 12 Minuten garen. 5 Minuten vor Ende der Garzeit die Shrimps zufügen. Shrimps-Curry-Pfanne nochmals abschmecken. Dazu passt Reis.

Marinierte Garnelen
Indien

Zutaten
250 g geschälte rohe Garnelen,
5 EL Joghurt,
2,5 cm frische Ingwerwurzel,
2 Knoblauchzehen,
2 EL Zitronensaft,
1 1/2 TL Kreuzkümmel (geröstet und gemahlen),
1/4 TL Garam Masala,
2 TL gelbe Speisefarbe,
1 TL rote Speisefarbe,
Pfeffer, Salz,
50 g Ghee oder Butter

Jakobsmuscheln in weißer Sauce
China

Zutaten
500 g ausgelöste Jakobsmuscheln,
Saft von 1 Limette,
4 EL Sojasauce,
2 EL Austernsauce,
2 1/2 EL Pflaumensauce,
4 EL Erdnussöl,
1 mittelgroße Zwiebel,
1–2 Knoblauchzehen,
1 Stück frische

Ingwerwurzel,
2 Möhren,
1 Stück Knollensellerie,
3 weiße Rübchen,
1 Stück Salatgurke,
45 g eingeweichte
chinesische schwarze
Pilze,
1/8 l Fischbrühe,
1/4 l Milch,
Speisestärke zum
Binden,
Salz,
Szechuanpfeffer

EW	Fett	KH	kcal/kJ
20 g	17 g	20 g	324/1353

Jakobsmuscheln waschen, in einer Schüssel mit 2/3 des Limettensafts, 3 EL Sojasauce, Austernsauce und Pflaumensauce beträufeln, alles gut vermengen und im Kühlschrank 10–15 Minuten abgedeckt marinieren lassen. Erdnussöl im Wok oder einer tiefen Pfanne erhitzen, Zwiebel, Knoblauch und Ingwer schälen, fein hacken und im heißen Öl unter Rühren braten. Möhren, Sellerie und Rübchen schälen, in mundgerechte Würfel schneiden, zugeben und alles unter Rühren weiterbraten. Salatgurke schälen, halbieren, entkernen, in Scheiben schneiden, abgetropfte Pilze in Streifen schneiden, beides zum Gemüse geben, alles weiterbraten. Jakobsmuscheln zugeben, mit Fischbrühe und Milch aufgießen und aufkochen lassen. Etwas Speisestärke kalt an-

rühren, Gericht damit leicht binden, mit restlichem Limettensaft, Sojasauce, Salz und Pfeffer abschmecken und anrichten. Sofort servieren.

Tempura mit Garnelen und Tintenfisch
(Abb.) – *Japan*

Zutaten
60 g Lauch,
60 g Möhren,
120 g Rettich,
100 g Shiitake-Pilze,
8 Garnelenschwänze,
150 g Tintenfisch (oder tiefgekühlte Tintenfischringe),
Frittierfett
Für den Teig:
3 Eigelb,
100 g Mehl

Für den Dip:
200 ml Gemüse-/Fischfond,
4 EL Mirin (ersatzweise Sherry),
5 EL japanische Sojasauce,
1 EL fein geriebener Rettich,
5 cm fein geriebener frischer Ingwer

EW	Fett	KH	kcal/kJ
27 g	8 g	27 g	300/1240

Alle Zutaten für den Teig mit 160 ml eiskaltem Wasser kurz verrühren und kalt stellen. Das Gemüse putzen, waschen und in mundgerechte Stücke schneiden. Von den Pilzen die harten Stiele entfernen, Hüte ganz lassen. Garnelen, Tintenfisch und Gemüse im Teig drehen und

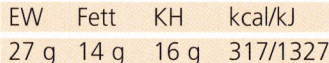

FISCH

schwimmend im heißen Fett goldgelb ausbacken. Auf Küchenpapier abtropfen lassen. Für den Dip Gemüse-/Fischfond, Mirin und Sojasauce verrühren, erwärmen und rasch auf vier Schälchen verteilen. Den Rettich in die Mitte der Sauce geben und mit geriebenem Ingwer bestreuen. Frittierten Fisch und Gemüse nach Belieben hineintauchen. Das Gericht sollte rasch serviert werden. Als Beilage eignet sich Spargelsalat mit Tofuwürfeln.

Tintenfische mit Chinakohl
China

Zutaten
500 g gekochte Tintenfische,
Sojasauce,
2 EL Austernsauce,
Salz,
Szechuanpfeffer,
4 EL Sesamöl,
2 Knoblauchzehen,
1 Stück frische Ingwerwurzel,
1 kleiner Bd. Frühlingszwiebeln,
1 kleiner Chinakohl,
220 g Zuckerschoten,
1/4 l Fischbrühe,
1 TL 5-Gewürze-Pulver,
Speisestärke zum Binden,
5 cl Reiswein

EW	Fett	KH	kcal/kJ
27 g	14 g	16 g	317/1327

Tintenfische klein schneiden, mit 3 1/2 EL Sojasauce und Austernsauce beträufeln, mit Salz und Pfeffer würzen und 10–15 Minuten abgedeckt marinieren lassen. Sesamöl im Wok oder einer tiefen Pfanne erhitzen. Knoblauch und Ingwer schälen, Knoblauch fein hacken, Ingwer reiben und beides im Öl unter Rühren anbraten. Frühlingszwiebeln putzen, in mundgerechte Stücke schneiden, zugeben und mitbraten. Chinakohl und Zuckerschoten putzen und waschen. Chinakohl in mundgerechte Stücke zerpflücken, mit Zuckerschoten zu den Zwiebeln geben und alles weiterbraten. Dabei häufig umrühren. Tintenfische zugeben, mit Fischbrühe aufgießen und mit 5-Gewürze-Pulver, Sojasauce, Salz und Pfeffer abschmecken. Etwas Speisestärke kalt anrühren, Gericht damit binden. Reiswein zugeben und nochmals abschmecken. Auf vier Tellern anrichten, nach Wunsch garnieren und servieren.

Meeresfrüchte im Teig
Indonesien

Zutaten
250 g geschälte rohe Garnelen,
150 g küchenfertige

kleine Tintenfische,
200 g ausgelöste Jakobsmuscheln,
200 g Rotbarsch- oder Seelachsfilet,
200 g Kabeljaufilet,
75 g Mehl,
3 EL Speisestärke,
1 TL Backpulver,
Salz,
1 EL Erdnussöl,
3/4 l Öl zum Frittieren,
Saft von 1 Zitrone

EW	Fett	KH	kcal/kJ
47 g	21 g	8 g	410/1722

Garnelen, Tintenfische, Jakobsmuscheln und Fischfilets abspülen und trockentupfen. Fischfilets in 2–3 cm große Stücke teilen. Für den Ausbackteig Mehl, Speisestärke, Backpulver und Salz in einer Schüssel vermengen. Erdnussöl und etwas heißes Wasser zugeben und alles zu einem nicht zu dünnflüssigen Teig verrühren. Fische und Meeresfrüchte nacheinander im Teig wenden. Öl zum Frittieren in einem hohen Topf oder einer Fritteuse auf 180 Grad erhitzen. Fische und Meeresfrüchte portionsweise mit einem Löffel in das Öl gleiten lassen und in 3–5 Minuten goldgelb frittieren (Vorsicht, Spritzgefahr!). Frittierte Fische und Meeresfrüchte mit einem Schaumlöffel herausheben und das Fett auf Küchenpapier abtropfen lassen. Mit Zitronensaft beträufeln und sofort servieren.

GEMÜSE

PRAXISTIPP

Frische Chilischoten vorbereiten

1. Entfernen Sie die Stiele und schneiden Sie die Chilischoten der Länge nach auf.

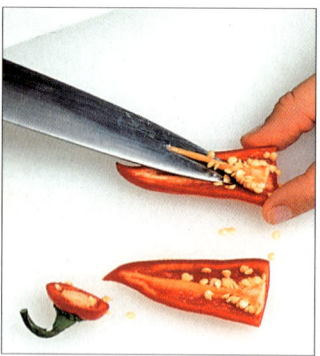

2. Schaben Sie den Samenstand und die Kerne aus den Schoten heraus und schneiden oder hacken Sie diese dann in beliebig große Stücke. Die Kerne können Sie entweder wegwerfen oder, je nach Rezept, mit in das Gericht integrieren.

Getrocknete Chilischoten vorbereiten

1. Entfernen Sie Stiele sowie Samen und zerteilen Sie die Chilischoten in 2–3 Teile.

2. Geben Sie die Chilistücke in eine tiefe Schüssel, übergießen Sie das Ganze mit heißem Wasser, bis die Chillis bedeckt sind, und lassen Sie sie 30 Minuten so stehen. Gießen Sie das Wasser ab. Die Chilistücke können entweder in dieser Form weiterverarbeitet oder zunächst in noch kleinere Stücke zerhackt werden.

Gegrilltes Gemüse mit Zitronen-Soja-Vinaigrette

(Abb. S. 251) – *Indonesien* – **Beilage**

Zutaten

4 Bd. Lauchzwiebeln,
2 mittelgroße Zucchini,
2 unbehandelte Äpfel
(z. B. Cox Orange),
6 EL Olivenöl,
3 EL Zitronensaft,
6 EL Sojasauce,
schwarzer Pfeffer,
2 Thymianzweige,
1 Schale Kresse

EW	Fett	KH	kcal/kJ
4 g	20 g	15 g	255/1071

Dunklen Teil und Wurzeln der Lauchzwiebeln entfernen, dickere Zwiebeln der Länge nach halbieren. Zucchini schräg in 0,5 cm dicke Scheiben schneiden. Äpfel vierteln, Kernhaus entfernen, jedes Viertel in 3 Spalten schneiden. Gemüse und Apfelstücke in einer Schüssel mit der Hälfte des Öls mischen. Eine Soja-Vinaigrette vorbereiten: Zitronensaft, Sojasauce und 3 EL Olivenöl verrühren, mit schwarzem Pfeffer würzen. Thymianblättchen zupfen und in die Sauce geben. Gemüse in einer Grillpfanne oder auf dem Grill von beiden Seiten je 4 Minuten garen. Mit Kresse bestreuen und mit Soja-Vinaigrette servieren.

Balinesische Gurken in Kokossauce
Indonesien – Beilage

Zutaten
2 Salatgurken,
1 große Zwiebel,
2 Knoblauchzehen,
2 frische rote
Chilischoten,
2 EL Erdnussöl,
1 TL Krabben-
paste,
Salz,
Pfeffer aus
der Mühle,
50 g Kokoscreme,
1/8 l heiße Gemüse-
oder Geflügelbrühe

EW	Fett	KH	kcal/kJ
2 g	14 g	6 g	164/687

Gurken schälen, längs halbieren und mit einem Löffel die Kerne entfernen. Gurkenhälften quer in dünne Scheiben schneiden und in eine Schüssel legen. Zwiebel und Knoblauchzehen schälen und fein würfeln. Chilischoten entkernen und fein hacken (s. S. 252). In einer Pfanne Erdnussöl erhitzen. Zwiebel-, Knoblauch- und Chiliwürfel einstreuen und glasig dünsten. Krabbenpaste, Salz und Pfeffer einrühren. Kokoscreme in die Brühe schaben, cremig verrühren und Pfanneninhalt damit aufgießen. Mehrmals aufkochen lassen, Gurkenscheiben einlegen, durchschwenken und wieder in die Schüssel füllen.

Gemüse-Pfanne »Sinkiang«
(Abb.) – China – Beilage

Zutaten
15 g Erdnusskerne,
200 g Austernpilze,
150 g Sojabohnen-
sprossen, 3 Frühlings-
zwiebeln, 1 Möhre,
2 EL Sonnenblumenöl,
1 Beutel Fix für China-
Pfanne (Fertigprodukt),
1 EL Sojasauce

EW	Fett	KH	kcal/kJ
8 g	12 g	13 g	211/883

Erdnusskerne in einer Pfanne ohne Fett rösten. Austernpilze putzen, eventuell in Stücke schneiden. Sojabohnensprossen waschen, abtropfen lassen. Frühlingszwiebeln putzen, schräg in 3 cm lange Stücke schneiden. Möhre schälen und in Scheiben schneiden. In einer Pfanne Öl erhitzen, Pilze darin braten. Restliches Gemüse in die Pfanne geben und zugedeckt ca. 3 Minuten dünsten, dabei gelegentlich wenden, herausnehmen. 3/8 l Wasser zugießen. Fix für China-Pfanne einrühren, alles zum Kochen bringen und 10 Minuten zugedeckt köcheln lassen. Mit Sojasauce würzen. Gemüse und Pilze in der Sauce heiß werden lassen und mit Erdnusskernen bestreut servieren. Mit Reis als Beilage anrichten.

Tipp
Statt Austernpilzen kann auch Tofu verwendet werden.

Würzige grüne Bohnen

Indien – Beilage

Zutaten
500 g grüne
Bohnen,
2 Schalotten,
2 cm frische Ingwer-
wurzel,
2 Knoblauchzehen,
1 Bd. Koriander-
kraut,
3 EL Erdnussöl,
2 EL Erdnussbutter,
Salz,
Pfeffer aus
der Mühle,
1/4 l Gemüse-
brühe

EW	Fett	KH	kcal/kJ
5 g	17 g	11 g	220/922

Bohnen putzen, waschen und quer halbieren. Schalotten, Ingwerwurzel und Knoblauchzehen schälen und fein hacken. Korianderkraut waschen, trockenschwenken und fein hacken. Erdnussöl in einem Topf erhitzen. Schalottenmischung unter Rühren darin glasig dünsten. Erdnussbutter einrühren; sobald diese cremig zerlaufen ist, Bohnen zufügen und alles kräftig durchschwenken, salzen und pfeffern. Mit Gemüsebrühe aufgießen, einmal aufkochen lassen, nochmals abschmecken und mit Korianderkraut bestreut servieren.

Frittierte Gemüse-bällchen

Indien – Zwischengericht

Zutaten
600 g verschiedenes
Gemüse (z. B. Zucchini,
Möhren, Lauch, Blumen-
kohl, Kartoffeln),
2 Knoblauchzehen,
300 g Kichererbsen,
1 EL Ghee,
1 TL Cayennepfeffer,
1 TL Salz,
1/2 TL Kurkuma,
Öl zum Frittieren

EW	Fett	KH	kcal/kJ
20 g	19 g	54 g	572/2390

Gemüse putzen, waschen, teils schälen und fein hacken. Knoblauchzehen schälen und hacken. Kichererbsen mit 1/4 l lauwarmem Wasser sowie Ghee mit Knethaken des elektrischen Handrührgerätes zu einem Teig verarbeiten. Nach und nach Cayennepfeffer, Salz, Kurkuma und das Gemüse untermengen. Der Teig sollte so beschaffen sein, dass mit einem Löffel kleine Portionen abgestochen werden können. Falls nötig, etwas Kichererbsenmehl zufügen. Öl in der Fritteuse siedend heiß erhitzen. Mit dem Löffel kleine Teigportionen abstechen und portionsweise in das Fett geben, dabei den Löffel immer wieder befeuchten. Bällchen knusprig und goldgelb von allen Seiten ausbacken, mit einem Schaumlöffel herausnehmen und das Fett auf Küchenpapier abtropfen lassen.

Tipp
Frittierte Gemüsebällchen werden in Indien zum Tee gereicht: Kurz vor der Teestunde wird das Öl nochmals erhitzt und die fertigen Teigbällchen darin nochmals kurz frittiert, um sie heiß zu servieren.

Koriander-Kartoffeln

Thailand – Beilage

Zutaten
500 g kleine fest
kochende Kartoffeln,
Salz,
1 TL Koriandersamen,
4 EL Sesamöl,
grober Pfeffer,
Saft von 1/2 Zitrone

EW	Fett	KH	kcal/kJ
1 g	8 g	10 g	115/490

Kartoffeln gründlich waschen, in Salzwasser garen, abgießen, pellen, abkühlen lassen und vierteln. Koriander grob zerstoßen, mit Sesamöl, Salz, Pfeffer und Zitronensaft verrühren und Kartoffeln darin wenden. In der Pfanne goldbraun braten oder im vorgeheizten Backofen auf einem Backblech bei 200 Grad ca. 15 Minuten backen.

Kokos-Gemüse »Java«

(Abb.) – *Indonesien* –
Hauptspeise

Zutaten
2 Kochbeutel Langkorn-
reis, 2 Knoblauchzehen,
800 g gemischtes
Gemüse, 2 EL Öl,
100 ml Gemüsebrühe,
1 Msp. Sambal Oelek,
2 EL Sojasauce,
2–4 EL Kokosmilch,
Salz,
Pfeffer aus der Mühle

EW	Fett	KH	kcal/kJ
8 g	8 g	59 g	342/1427

Reis nach Packungsanweisung
zubereiten, Knoblauchzehen
schälen und zerdrücken. Gemüse putzen, waschen und in
mundgerechte Stücke teilen. Öl
im Wok oder einer tiefen Pfanne erhitzen. Knoblauch und Gemüse unter ständigem Rühren
andünsten. Gemüsebrühe mit
Sambal Oelek, Sojasauce und
Kokosmilch verrühren, zugießen
und ca. 5 Minuten bei schwacher Hitze garen. Gemüse mit
Salz und Pfeffer abschmecken,
auf Tellern anrichten und mit
Reis servieren. Nach Wunsch
Krupuk dazureichen.

Tipp
Besonders exotisch wird's bei
einer Mischung aus Gemüse
und Bananen.

Gebratener Chinakohl mit Shrimps

China – *Hauptspeise*

Zutaten
ca. 500 g Chinakohl
oder chinesisches
Gemüse,
2 EL Öl zum Braten,
2 gepresste Knoblauch-
zehen,
100 g Shrimps,
etwas Maisstärke
Für die Sauce:
2 EL helle Sojasauce,
125 ml Brühe,
Salz,
Pfeffer,
Glutamat

EW	Fett	KH	kcal/kJ
20 g	47 g	2 g	448/1874

Chinakohl putzen, waschen,
in Stücke schneiden. Öl im
Wok erhitzen, Knoblauch darin braten, bis er duftet,
Shrimps und Chinakohl zugeben, unter Rühren durchbraten. Saucenzutaten zugießen,
zum Kochen bringen, bis der
Chinakohl gar ist, anschließend
mit Maisstärke andicken.

Gebratene grüne Bohnen mit Pilzen

China – *Beilage*

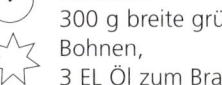

Zutaten
300 g breite grüne
Bohnen,
3 EL Öl zum Braten,
2 gepresste Knoblauch-
zehen, 100 g Shrimps,
150 g Champignons
Für die Sauce:
125 ml Brühe,
Salz, Glutamat,
Pfeffer, 1/2 TL Zucker,
3 EL helle Sojasauce,
1 EL dunkle Sojasauce,

1 EL Reiswein,
1 TL Maisstärke

EW	Fett	KH	kcal/kJ
7 g	12 g	8 g	174/727

Bohnen putzen, waschen, schräg in 4 cm lange Stücke schneiden. Öl im Wok stark erhitzen, Knoblauch kurz anbraten, Bohnen zugeben, unter Rühren braten. Shrimps und Champignons zugeben, die Saucenzutaten verrühren, zugießen, kurz aufkochen lassen. Zugedeckt bei schwacher Hitze ca. 15 Minuten köcheln lassen.

Gemüse mit Glasnudeln
(Abb.) – *China* – *Beilage*

Zutaten
1 Stange Lauch,
1 rote Paprikaschote,
2 Möhren,
200 g Sojabohnenkeime,
200 g Austernpilze,
1 Chilischote,
4 EL Pflanzencreme mit fein-würzigem Geschmack,
2–3 EL Sojasauce,
100 g Glasnudeln

EW	Fett	KH	kcal/kJ
23 g	11 g	24 g	367/1531

Gemüse putzen, waschen. Lauch und Paprikaschote in feine Streifen, Möhren in Stifte schneiden. Austernpilze je nach Größe halbieren oder vierteln. Chilischote entkernen und in Ringe schneiden. Pflanzencreme in einer Pfanne erhitzen und zunächst Chili und Austernpilze darin anbraten. Möhrenstifte und Paprikastreifen zufügen und bei mittlerer Hitze ca. 5 Minuten garen. Zum Schluss Sojabohnenkeime und Lauch unterheben und weitere 5 Minuten garen. Gemüse mit Sojasauce abschmecken. Glasnudeln nach Packungsanweisung zubereiten. Gemüse darauf anrichten und servieren.

Verschiedenes Gemüse mit Eiern
China – *Hauptspeise*

Zutaten
1 Frühlingszwiebel,
100 g Bambussprossen,
2 Möhren,
3 eingeweichte Tongku-Pilze,
100 g Weißkraut,
4 Eier,
Salz,
Pfeffer,
3 EL Öl zum Braten,
1 gepresste Knoblauchzehe,

100 g Schweinehack-
fleisch,
100 g Shrimps,
3 Morcheln,
1/8 l Brühe,
Glutamat,
1/2 TL Zucker,
3 EL helle Sojasauce,
1 EL Reiswein

EW	Fett	KH	kcal/kJ
18 g	26 g	12 g	341/1427

Frühlingszwiebel in Ringe,
Bambussprossen, Möhren,
Tongku-Pilze und Weißkraut in
dünne Streifen schneiden.
Eier in einer Schüssel verquirlen, mit Salz und Pfeffer würzen. Öl im Wok erhitzen,
Knoblauch darin braten, bis er
duftet. Fleisch und Shrimps
zugeben, kurz anbraten, dann
Gemüse und Pilze zugeben,
alles gut vermischen. Brühe
zugießen, Glutamat, Zucker,
Sojasauce und Reiswein zugeben. Alles unter Rühren braten. Verquirlte Eier in den
Wok geben, gut vermischen,
bis die Eier fest sind. Eventuell nachwürzen und bei
schwacher Hitze zugedeckt
ca. 10 Minuten dünsten.

Bunter Gemüse-Wok
(Abb.) – China – Beilage

Zutaten
3 EL Kürbiskerne,
2 Möhren,
6 Stangen Bleichsellerie,

 1 Stange Lauch,
250 g Broccoli,
250 g Zucker-
schoten,
2 EL Sonnenblumenöl,
2 TL Klare Gemüsebrühe
(Glas)

EW	Fett	KH	kcal/kJ
11 g	14 g	16 g	231/968

Kürbiskerne in einem Wok ohne
Fett rösten; herausnehmen.
Möhren schälen, Bleichsellerie,
Lauch und Broccoli putzen, wa-
schen, mit Möhren in mundge-
rechte Stücke schneiden bzw. in
Röschen teilen. Zuckerschoten
putzen und waschen. In einem
Wok Öl erhitzen, Möhren,
Bleichsellerie und Lauch im Wok
ca. 3 Minuten anbraten. Restli-
ches Gemüse zugeben und wei-
tere 3 Minuten braten. 1/8 l
Wasser zugießen. Klare Gemü-
sebrühe darin auflösen. Unter
Rühren aufkochen und ca.
5 Minuten kochen lassen. Mit
Kürbiskernen bestreut servieren.

Gefüllte Tomaten
China – Hauptspeise

Zutaten
8 harte Tomaten,
Maisstärke,
100 g Bambus-

sprossen,
100 g Shrimps,
300 g Schweine-
hackfleisch,
2 EL fein gehackter
Lauch,
1 EL Reiswein,
2 EL helle Sojasauce,
1 TL Salz,
Pfeffer,
Glutamat,
Öl zum Braten

Für die Sauce:
125 ml Brühe,
1 TL Zucker,
2 EL helle Soja-
sauce,
1 EL dunkle Soja-
sauce,
Glutamat,
Salz,
Pfeffer,
2 EL Reiswein

EW	Fett	KH	kcal/kJ
59 g	33 g	22 g	476/1993

Tomaten waschen, Käppchen entfernen, entkernen, die Innenseite mit Maisstärke bestäuben. Bambussprossen fein hacken, Shrimps ebenso. In einer Schüssel Schweinehackfleisch, Shrimps, Bambussprossen, Lauch, Reiswein, Sojasauce, Salz, Pfeffer und Glutamat gut durchkneten. Tomaten mit dieser Mischung füllen. 3 EL Öl erhitzen, gefüllte Tomaten zugeben, mit der Fleischmischung nach unten in den Wok setzen; so lange braten, bis diese Seite braun ist. Brühe zugießen, kurz aufkochen lassen. Dann die restlichen Saucenzutaten hinzufügen, sofort vom Herd nehmen. Auf einer feuerfesten Schüssel die Tomaten anrichten (Füllung nach unten). Alles mit der Sauce begießen, Tomaten ca. 20 Minuten dämpfen. Vor dem Servieren die Sauce mit Maisstärke andicken.

Süß-saurer Wirsing
China – Hauptspeise

Zutaten
750 g Wirsing,
Salz,
1 Scheibe frische
Ananas,
2 chinesische
Schweinswürste,
3 EL Öl,
schwarzer Pfeffer,
1 Prise 5-Gewürze-
Pulver,
1/8 l Hühnerbrühe,
2 TL Maisstärke,
1 EL Tomatenmark,
2 EL dunkle Sojasauce,
2 EL Essig,
2 EL Zucker,
4 Zweige Koriander
(ersatzweise Petersilie)

EW	Fett	KH	kcal/kJ
14 g	32 g	22 g	422/1766

Wirsing putzen, vierteln und 10 Minuten in kochendem Salzwasser blanchieren. Dann herausnehmen, in Eiswasser tauchen und in breite Streifen schneiden. Ananas in kleine Stücke, Würste in Scheiben teilen. Öl im Wok erhitzen. Wirsing und Ananas darin bei starker Hitze 1 Minute pfannenrühren, mit frisch gemahlenem Pfeffer und 5-Gewürze-Pulver bestreuen und mit der Hälfte der Brühe 5 Minuten köcheln lassen. Wurstscheiben darauf verteilen und alles in weiteren 5–10 Minuten garen.

Restliche Brühe mit Maisstärke, Tomatenmark, Sojasauce, Essig und Zucker verrühren. Sauce über den Kohl gießen und einmal aufkochen lassen. Den Kohl mit Koriander oder Petersilie bestreut servieren.

Gebratene Bambussprossen
China – Hauptspeise

Zutaten
500 g Bambus-
sprossen,
1 Frühlingszwiebel,
100 g Schweinebauch,
4 eingeweichte
Tongku-Pilze,
3 EL Öl zum Braten,
2 gepresste Knoblauch-
zehen,
200 g Shrimps
Für die Sauce:
3 EL helle Sojasauce,
1 EL dunkle Sojasauce,
1/2 TL Zucker,
Salz, Pfeffer,
Glutamat,
250 ml Brühe

EW	Fett	KH	kcal/kJ
17 g	22 g	12 g	305/1277

Bambussprossen in dünne Scheiben schneiden. Frühlingszwiebel halbieren, dann schräg in ca. 3 cm lange Stücke schneiden. Schweinebauch schnetzeln. Tongku-Pilze in Streifen schneiden. Öl im Wok erhitzen, Knoblauch darin braten, bis er duftet. Schweinbauch zugeben, unter Rühren durchbraten. Tongku-Pilze, Shrimps und Frühlingszwiebel untermengen, kurz anbraten und die verrührten Saucenzutaten zugießen; umrühren. Alles bei schwacher Hitze ca. 40 Minuten köcheln lassen.

Gebratene Bohnensprossen mit Shrimps
China – Hauptspeise

Zutaten
500 g Sojabohnensprossen,
1 Frühlingszwiebel,
2 Stangen Lauch,
3 EL Öl,
1 gepresste Knoblauchzehe,
100 g Hackfleisch,
100 g Krabben,
Salz,
Pfeffer,
Glutamat,
1/2 TL Zucker,
4 EL helle Sojasauce,
2 EL Reiswein

EW	Fett	KH	kcal/kJ
16 g	20 g	6 g	279/1166

Sojabohnensprossen putzen, Frühlingszwiebel und Lauch in Ringe schneiden. Öl im Wok erhitzen, Knoblauch darin unter Rühren braten, bis er duftet. Hackfleisch, Shrimps,

---

Frühlingszwiebel und Lauch zugeben, mit Salz und Pfeffer würzen, umrühren. Dann mit Sojabohnensprossen und den restlichen Zutaten vermischen, alles braten, bis die Bohnensprossen gar sind.

Sauer-scharfes Gemüse
China – Beilage

Zutaten
220 g Bleichsellerie,
2 Möhren,
3–4 Frühlingszwiebeln,
je 1 rote und grüne Paprikaschote,
4 EL Sesamöl,
1 frische rote Chilischote,
2 Knoblauchzehen,
Salz,
1 Stück frische Ingwerwurzel,
1/4 l Gemüsebrühe,
75 ml Sojasauce,
50 g eingeweichte Tongku-Pilze,
100 g Zuckerschoten,
Pfeffer,
Saft von 1 Zitrone,
einige Tropfen Weißweinessig,
1 Prise Palmzucker

EW	Fett	KH	kcal/kJ
9 g	13 g	21 g	241/1006

Bleichsellerie, Möhren, Frühlingszwiebeln und Paprikaschoten putzen, waschen und

---

in mundgerechte Stücke teilen. Sesamöl langsam im Wok oder einer tiefen Pfanne erhitzen. Chilischote längs aufschneiden, entkernen und in feine Streifen schneiden. Knoblauch schälen und mit 1 TL Salz verreiben. Ingwer schälen und fein reiben. Chilischote, Knoblauch und Ingwer im heißen Öl anbraten. Gemüse zugeben und unter Rühren weiterbraten. Mit Gemüsebrühe und Sojasauce aufgießen und alles bei mäßiger Hitze 10–12 Minuten köcheln lassen. Abgetropfte Pilze in Streifen schneiden, Zuckerschoten putzen und waschen und beides unter das Gemüse heben. Alles weitere 4–5 Minuten köcheln lassen. Mit Salz, Pfeffer, Zitronensaft, Essig und Palmzucker abschmecken, anrichten, nach Wunsch garnieren und servieren.

Bambussprossen-Gemüse mit Nudeln
China – Hauptspeise

Zutaten
3 EL Erdnussöl,
2 1/2 EL Speisestärke,
1/4 l Gemüsebrühe,
75 g Crème double,
2 1/2 cl Ingwersirup,
4 cl Reiswein,
1–2 EL chinesische Chilisauce (scharf),
1 Dose Bambussprossen,

Salz,
Pfeffer,
1 Prise Cayennepfeffer,
helle Sojasauce,
600 g bissfest gegarte
chinesische Nudeln,
1 Bd. Korianderkraut

EW	Fett	KH	kcal/kJ
18 g	18 g	79 g	562/2350

Öl im Wok oder einer tiefen
Pfanne erhitzen, Speisestärke
mit dem Schneebesen ein-
rühren. Mit Gemüsebrühe aufgießen und alles zu einer sä-
migen Sauce einkochen.
Crème double einrühren und
mit Ingwersirup, Reiswein und
Chilisauce abschmecken. Bambussprossen abtropfen lassen,
in kleine Stücke schneiden und
in der Sauce erhitzen. Alles
mit Salz, Pfeffer, Cayennepfeffer und Sojasauce abschmecken. Nudeln erhitzen, mit
Sauce überziehen. Korianderkraut waschen, trockenschütteln, Blättchen fein hacken
und über das Gericht streuen.

Gebratenes Sprossengemüse
China – *Beilage*

Zutaten
4 EL Erdnussöl,
2 Knoblauchzehen,
1 Stück frische Ingwer-
wurzel,
1 Stängel Zitronengras,
150 g Sojabohnen-

sprossen,
250 g Mungobohnen-
sprossen,
200 g Bambussprossen
(Dose),
4 Bd. Frühlings-
zwiebeln,
50 g eingeweichte
Mu-Err-Pilze,
4 Scheiben Ananas
(Dose),
150 ml Reiswein,
75 ml helle Sojasauce,
Salz,
Szechuanpfeffer,
1 1/2 EL brauner
Zucker,
2 1/2 EL Tomatenmark,
1/2 Bd. Korianderkraut,
1/2 Bd. Schnittlauch

EW	Fett	KH	kcal/kJ
13 g	14 g	32 g	341/1426

Öl im Wok oder einer tiefen
Pfanne langsam erhitzen.
Knoblauch schälen und fein
hacken. Ingwer schälen und
raspeln. Vom Zitronengras den
weißen Teil fein schneiden.
Knoblauch, Ingwer und Zitronengras im heißen Öl anbraten. Sojabohnensprossen,
Mungobohnensprossen und
klein geschnittene Bambussprossen zugeben und mitbraten. Frühlingszwiebeln putzen,
in mundgerechte Stücke teilen, zugeben und alles unter
Rühren weiterbraten. Mu-Err-
Pilze abtropfen lassen und in
Streifen schneiden. Ananas
würfeln; beides zugeben und

kurz mitbraten. Mit Reiswein
und heller Sojasauce ablöschen, mit Salz, Pfeffer, braunem Zucker und Tomatenmark
abschmecken. Alles nochmals
erhitzen. Kräuter waschen,
trockenschütteln und fein
hacken. Sprossengemüse
damit garnieren.

Sesamkartoffeln
Indien – *Beilage*

Zutaten
500 g Kartoffeln,
5 EL Sesamöl,
1 1/2 TL Kreuzkümmel,
1 1/2 TL schwarze
Senfkörner,
2 EL Sesam,
1 Msp. Cayenne-
pfeffer,
1 Schuss Zitronensaft,
Salz,
1 EL gehacktes
Korianderkraut

EW	Fett	KH	kcal/kJ
4 g	18 g	28 g	291/1221

Kartoffeln als Pellkartoffeln
garen. Auskühlen lassen,
schälen, würfeln. Öl in einer
Pfanne erhitzen, Kreuzkümmel, Senfkörner und Sesam
dazugeben. Unter Rühren anrösten. Beginnen die Gewürze
zu platzen, Kartoffeln dazugeben und unter Wenden anbraten. Cayennepfeffer, Zitronensaft und etwa 1 TL Salz hinzufügen und einige Minuten

weiterbraten. Die Kartoffeln sind fertig, wenn sie eine goldbraune Kruste bekommen. Mit Korianderblättern bestreuen.

Chinapfanne süß-sauer
(Abb.) – **China** – *Beilage*

 Zutaten für 2 Personen
100 g Ananas in Stücken (Dose),
20 g Margarine,
 1 EL Honig,
1 EL Speisestärke,

425 ml Chinesische Hühnersuppe (Dose),
Sojasauce

EW	Fett	KH	kcal/kJ
13 g	13 g	34 g	298/1257

Ananasstücke gut abtropfen lassen und in erhitzter Margarine andünsten, Honig zufügen und kurz aufkochen lassen. Speisestärke mit Chinesischer Hühnersuppe verrühren, zur Ananas gießen und nochmals aufkochen lassen. Mit Sojasauce abschmecken. Dazu passt Krupuk.

Bohnen-Bällchen
Indien – *Beilage*

 Zutaten
100 g schwarze Mungobohnen,
1 Bd. Korianderkraut oder Petersilie,
1 frische grüne Chilischote,
1 cm frische Ingwerwurzel,
Salz,
Ghee oder Butterschmalz zum Frittieren,
500 g Joghurt,

2 EL gehacktes Korianderkraut oder Petersilie,
1/4 TL Cayennepfeffer,
2 EL frisch geriebene Kokosraspel,
1 TL gemahlener Kreuzkümmel

EW	Fett	KH	kcal/kJ
7 g	17 g	9 g	225/940

Bohnen verlesen, waschen und abtropfen lassen. In 1/4 l Wasser mindestens 2 Stunden einweichen. Korianderkraut oder Petersilie waschen, trockenschütteln und fein hacken. Chilischote waschen, der Länge nach aufschneiden, entkernen und fein hacken. Ingwerwurzel schälen und fein raspeln. Eingeweichte Bohnen, Korianderkraut, Chilischote, Ingwerwurzel und 3/4 TL Salz im Mixer zu einem dicken Püree zerkleinern. Reichlich Fett in einem Frittiertopf auf 175 Grad erhitzen. Je 1 EL vom Bohnenpüree abstechen, zu Kugeln formen und ca. 2 Minuten unter Wenden frittieren. Die goldbraunen Bällchen zum Abtropfen auf Küchenpapier legen. In einer Schüssel Joghurt cremig rühren. Kräuter, 3/4 TL Salz und Cayennepfeffer unterrühren. Bohnenbällchen zum Servieren in die Sauce legen und mit Kokosraspeln und Kreuzkümmel dekorativ bestreuen. Als Beilage oder Zwischenmahlzeit reichen.

Tipp
Zum Frittieren kann ersatzweise auch Öl oder ein anderes Fett verwendet werden. Bei Butterschmalz ist die Spritzgefahr besonders groß.

Wirsing süß-sauer mit Huhn
China – *Hauptgericht*

Zutaten

500 g Hähnchenbrustfilet, Salz, Szechuanpfeffer,

4 EL Erdnussöl,
1 Zwiebel,
1 kleiner Wirsing,
2 Knoblauchzehen,
1 Stück frische Ingwerwurzel,
1/4 l Tomatensauce,
75 ml Sojasauce,
75 ml Obstessig,
2 EL flüssiger Honig,
1 TL 5-Gewürze-Pulver,
einige Tropfen Chiliöl,
2 EL Schnittlauchröllchen

EW	Fett	KH	kcal/kJ
34 g	13 g	17 g	335/1400

Filets waschen, trockentupfen, in Würfel schneiden und mit Salz und Pfeffer kräftig würzen. Öl im Wok oder einer tiefen Pfanne erhitzen, Fleisch darin unter Rühren braten. Zwiebel schälen, fein hacken, Wirsing halbieren, vom Stunk

befreien und in Streifen schneiden. Zwiebel und Wirsing zum Fleisch geben und alles unter Rühren weiterbraten. Knoblauch mit 1 TL Salz zu einer Paste zerreiben, Ingwer schälen und fein reiben, beides unter das Gemüse mengen. Tomatensauce, Sojasauce und Obstessig zugießen, mit Honig, 5-Gewürze-Pulver, Chiliöl, Salz und Pfeffer pikant abschmecken. Alles bei mäßiger Hitze 10–12 Minuten dünsten; nochmals kräftig abschmecken und mit Schnittlauch bestreut servieren.

Paprika-Bananen-Curry
Indien – *Hauptgericht*

Zutaten
500 g grüne, rote und gelbe Paprikaschoten,
2 EL Öl,

1 Banane,
Kräutersalz,
Curry,
2 EL Kokosraspel,
300 g Schweineschnitzel (oder Lende),
1 Beutel Fertigmischung für Curry-Gerichte,
2 EL Sahne

EW	Fett	KH	kcal/kJ
26 g	21 g	22 g	385/1610

Paprikaschoten waschen, in Würfel schneiden. In 1 EL Öl 10 Minuten dünsten. Banane

in Scheiben schneiden, dazugeben, mit Salz und Curry
kräftig würzen und heiß werden lassen. Kokosraspel untermengen. Schweinefleisch
würfeln und in 1 EL Öl braten.
Mit 1/4 l Wasser aufgießen,
Fertigmischung einrühren und
1 Minute kochen lassen. Sahne unterrühren. Gemüse als
Kranz auf eine Platte geben
und in die Mitte Curryfleisch
füllen.

Gado-Gado mit Früchten und Gemüse
(Abb.) – Vietnam – Hauptgericht

Zutaten
2 feste Birnen,
2 Äpfel,
Saft von 1/2 Zitrone,
einige grüne Salatblätter,
1/2 gewürfelte Zucchini,
6 kleine geschnittene
Tomaten,
120 g Ananasstücke,
3 hart gekochte Eier
oder 12 Wachteleier,
175 g gekochte
Eiernudeln,
geröstete Zwiebeln zum
Garnieren,
15 g Tamarindenmus,
etwas gemahlener Chili,
300 ml Kokosmilch,
350 g Erdnussbutter,
1 EL dunkle Sojasauce,
Salz,
grob gehackte Erdnüsse
zum Garnieren

Abb. 1

EW	Fett	KH	kcal/kJ
13 g	79 g	46 g	981/4102

Birnen und Äpfel schälen, halbieren, Kerngehäuse entfernen
und Fruchtfleisch in Scheiben
schneiden; sofort mit Zitronensaft beträufeln. Gewaschene

Abb. 2

Salatblätter auf eine flache
Schüssel legen. Darauf Zucchini,
Tomaten und Ananasstücke anrichten (Abb. 1). Eier schälen,
Hühnereier in Scheiben schneiden, Wachteleier ganz lassen
und auf den Salat geben (Abb.
2). Nudeln gegebenenfalls

klein schneiden und hinzufügen. Salat mit gerösteten Zwiebeln garnieren. Für die Erdnusssauce 3 EL warmes Wasser mit Tamarindenmus verrühren und durch ein Sieb streichen. Chili, Kokosmilch und Erdnussbutter in einem Topf langsam aufkochen, dabei gelegentlich umrühren. Sojasauce, Tamarindensaft und etwas Salz hinzufügen. Sauce in eine Schüssel gießen, mit gehackten Erdnüssen garnieren und zum Salat servieren.

Vegetarisches Kokoscurry
(Abb.) – *Thailand* – *Hauptgericht*

Zutaten

500 g Kartoffeln,
400 g Mangold,
200 g Austernpilze,
150 g Schalotten,
100 g grüne Bohnen,
3 Möhren,
2 Stängel Zitronengras,
2 Knoblauchzehen,
2 gehackte Chilischoten,
3 EL gehackter Ingwer,
1 EL Sonnenblumenöl,
2 EL brauner Zucker,
1 EL rote Currypaste,
1 TL Kurkumapulver,
60 ml Sojasauce,
850 ml Kokosmilch (Dose),
12 Stück Babymais,
1 kleine Aubergine

EW	Fett	KH	kcal/kJ
12 g	8 g	61 g	360/1512

Kartoffeln schälen und würfeln. Mangoldblätter von den Stielen trennen und beides waschen. Blätter in breite Streifen, Stiele in feine Streifen schneiden. Austernpilze putzen und in grobe Stücke teilen. Schalotten schälen und würfeln. Bohnen putzen und halbieren. Möhren schälen und in dünne Streifen schneiden. Zitronengras in feine Ringe schneiden. Knoblauchzehen schälen und hacken. Chilischoten mit Zitronengras, Knoblauch und Ingwer in Sonnenblumenöl anbraten. Den braunen Zucker, Currypaste und Kurkumapulver hinzufügen und mit Sojasauce ablöschen. Kokosmilch dazugeben und zum Kochen bringen. In einer kleinen Pfanne Austernpilze kurz anbraten. Kartoffeln, Mangoldblätter und -stiele sowie Schalotten, Bohnen, Möhren, Mais und gewürfelte Aubergine mit den angebratenen Austernpilzen in die Kokosmilch geben und ca. 15 Minuten kochen. Dazu passt Basmatireis.

Tipp

Wer gerne Fleisch isst, kann dünngeschnittene Scheiben von Hühner-, Rind- oder Schweinefleisch im Öl anbraten und das Gericht fertig kochen wie beschrieben.

PRAXISTIPP
Chili-Blumen

Thailändische Köche sind für ihre wunderschönen Dekorationen berühmt. Sie garnieren ihre Servierplatten oft mit Blumen aus Chilischoten. Diese sind ganz leicht herzustellen.

1. Halten Sie die Chilischoten am Stiel fest und schneiden Sie sie der Länge nach auf.
2. Beachten Sie, dass das obere Ende der Chilischoten intakt bleiben muss. Schneiden Sie die Chillis so der Länge nach in feine Streifen.

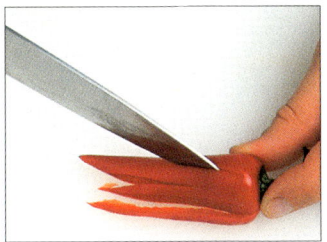

3. Geben Sie die Chilischoten nun in eine große Schüssel mit eisgekühltem Wasser. Decken Sie die Schüssel ab und kühlen Sie die Schoten einige Stunden.

4. Die aufgeschnittenen Chilistreifen rillen sich nach hinten und erinnern nun an Blütenblätter. Legen Sie die Chili-Blumen zum Trocknen auf Küchenpapier. Nun können Sie sie als Garnitur verwenden. Kleine Chilischoten können sehr scharf sein, daher raten wir vom Verzehr der Chili-Blumen ab.

Ingwer-Gemüse-Wok
(Abb.) – *China* – *Hauptspeise*

Zutaten
1 kleines Stück frische
Ingwerwurzel,
250 g chinesische
Eiernudeln,
1/2 TL Kurkuma,
1 rote Paprikaschote,
6 Möhren,
1 Bd. Frühlingszwiebeln,
1 kleiner Chinakohl,
3 Knoblauchzehen,
25 g chinesische
schwarze Pilze,
500 g Putenbrust,
Pfeffer aus der Mühle,
1 Glas Chopsuey
(350 g),
2 EL Öl,
Salz,
100 ml Gemüsebrühe,
Currypulver

EW	Fett	KH	kcal/kJ
43 g	9 g	56 g	499/2085

Ingwer schälen und reiben. Eiernudeln nach Packungsanweisung mit Ingwer und Kurkuma im Kochwasser zubereiten. Paprikaschote, Möhren, Frühlingszwiebeln und Chinakohl putzen und waschen. Möhren mit Chinakohl und Paprika in Streifen, Frühlingszwiebeln in Ringe schneiden. Knoblauch schälen und fein hacken. Pilze nach Packungsanweisung in heißem Wasser quellen lassen, dann in Streifen schneiden. Putenbrust waschen, trockentupfen und in dünne Scheiben schneiden; mit Pfeffer würzen. Chopsuey abtropfen lassen. Öl im Wok erhitzen, Putenbrust 5 Minuten unter Wenden braten, salzen und auf dem Gitter des Woks warm halten. Gemüse im Bratfett andünsten. Gegarte Eiernudeln und Chopsuey zufügen und miterhitzen. Gemüsebrühe angießen und alles mit Salz, Pfeffer und Curry abschmecken.

Scharfe rote Bohnen
Indien – *Beilage*

Zutaten
200 g rote Bohnen,
3 cm frische Ingwerwurzel,
Saft von 1/2 Zitrone,

1/4 TL Garam Masala,
150 g Sahne,
1 TL Salz,
60 g Ghee oder
3 EL Sesamöl,
1/2 TL Kreuzkümmel,
1 Knoblauchzehe,
2 getrocknete rote
Chilischoten,
1 EL gehackte
Petersilie

EW	Fett	KH	kcal/kJ
13 g	30 g	30 g	443/1868

Bohnen verlesen, gründlich waschen und abtropfen lassen. Mit 1 l Wasser zum Kochen bringen, kurz kochen lassen. Hitze abschalten und 60 Minuten quellen lassen. Hälfte der geschälten Ingwerwurzel in Scheiben schneiden, zu den Bohnen geben, zum Kochen bringen und bei schwacher Hitze ca. 60 Minuten köcheln lassen. Ingwer herausnehmen. Hälfte der Bohnen mit der Gabel zerdrücken, Rest im Mixer pürieren. Mit Zitronensaft, Garam Masala, Sahne und Salz abschmecken. Fett in einer kleinen Pfanne erhitzen, Kreuzkümmel darin anbraten, Knoblauchzehe und restlichen Ingwer fein hacken. Unter Rühren goldbraun braten. Chilischoten dazugeben (s. S. 252), kurz unterrühren und gewürztes Fett über die Bohnen geben. Alles gut verrühren und mit gehackter Petersilie bestreuen.

Buntes Gemüse-Curry
China – Beilage

 Zutaten
 125 g Kartoffeln,
125 g Möhren,
3 Zwiebeln,
 2 EL Sesamöl,
1 TL gemahlener Kreuzkümmel,
1 getrocknete rote Chilischote,
150 g grüne Erbsen,
1 Prise Zucker,
Salz,
1 EL gehackte Petersilie

EW	Fett	KH	kcal/kJ
4 g	17 g	18 g	240/995

Kartoffeln als Pellkartoffeln garen, abkühlen lassen, schälen und in kleine Würfel schneiden. Möhren schälen und würfeln. Zwiebeln schälen und in dünne Ringe schneiden. Öl in einer Pfanne erhitzen, das Kreuzkümmelpulver darin kurz anbraten. Chilischoten zugeben, Zwiebeln unter Rühren anschwitzen. Möhren und Erbsen unterrühren, zugedeckt bei schwacher Hitze ca. 5 Minuten garen. Kartoffeln, 1 Prise Zucker und 1/2 TL Salz zufügen und unter Rühren ein paar Minuten garen. Chilischote entfernen und Gemüsecurry mit Petersilie bestreuen.

PRAXISTIPP
Chinakohl vorbereiten

1. Werfen Sie die beschädigten äußeren Blätter weg und schneiden Sie den Strunk unten ab.

2. Es ist in der Regel nicht nötig, die Kohlblätter zu waschen. Schneiden Sie den Chinakohl einfach in feine, schräge Streifen.

3. Möchten Sie den Kohl doch waschen, so rupfen Sie die Blätter auseinander und reinigen Sie sie unter fließendem kalten Wasser. Schütteln Sie das Wasser aus den Blättern heraus, bevor Sie diese schnipseln.

Bunte Paprika mit Soja-Ingwer-Sauce
(Abb.) – *Thailand* – *Vorspeise*

Zutaten
Je 2 gelbe, rote und grüne Paprikaschoten,
3 EL Sonnenblumenöl,
5 cm frische Ingwerwurzel,
1 Bd. Schnittlauch,
1–2 Chilischoten,
1 EL Honig,
2 EL Weißweinessig,
5 EL Sojasauce

EW	Fett	KH	kcal/kJ
5 g	11 g	12 g	169/710

Backofen auf 220 Grad (Umluftgrill 200 Grad) vorheizen, Paprikaschoten waschen und vierteln. Dabei Kerne, Stielansatz und auch die weißen Trennhäute entfernen. Paprikaschoten mit der Hautseite nach oben auf ein mit 1 EL Öl gefettetes Backblech legen. Im Ofen 25–30 Minuten garen, bis die Haut Blasen wirft und beginnt schwarz zu werden. Ein Küchentuch mit kaltem Wasser tränken, Paprikaschoten aus dem Ofen nehmen und mit dem Tuch bedecken. 10 Minuten abkühlen lassen, dann mit einem kleinen Messer die Haut abziehen. In der Zwischenzeit die Sauce vorbereiten: Ingwer schälen und fein hacken. Schnittlauch in Röllchen schneiden. Chilischoten längs halbieren, Kerne entfernen und Schoten in dünne Streifen schneiden (s. S. 252). Gewürze mit Honig, Essig und Sojasauce vermischen. 2 EL Sonnenblumenöl unterrühren. Paprika auf einer Platte anrichten und mit Sauce marinieren.

Tipp
Sie können diese Vorspeise schon am Vortag zubereiten, die Paprikaschoten ziehen dann besonders gut durch.

Pikante Linsen
(Abb.) – *Indonesien* – *Beilage*

Zutaten
4 gehäufte TL Klare
Fleischbrühe,
200 g grüne Linsen,
150 g Langkornreis,
2 Stangen Lauch
(400 g),
2 EL Maiskeimöl,
100 g getrocknete
Aprikosen,
gemahlener
Ingwer,
gemahlene Nelken,
Zimt,
3–4 EL Crème
fraîche

EW	Fett	KH	kcal/kJ
35 g	28 g	38 g	549/2296

1 l Wasser zum Kochen bringen und Klare Fleischbrühe einstreuen. Gewaschene grüne Linsen und Reis dazugeben. Im geschlossenen Topf bei schwacher Hitze ca. 30 Minuten garen. Lauch putzen, waschen und schräg in Stücke schneiden. In heißem Keimöl andünsten. Linsen mit Reis und grob gewürfelten Aprikosen zugeben. Mit den Gewürzen und Crème fraîche abschmecken.

Tipp
Pikante Linsen sind eine köstliche Beilage zu gebratenem Tofu.

Rote Bete mit Tomaten
Indien – *Beilage*

Zutaten
400 g rote Bete,
250 g Tomaten,
4 EL Sesamöl,
1 TL Kreuzkümmel,
2 Zwiebeln,
1 Knoblauchzehe,
1 TL Mehl,
1 Msp. Cayennepfeffer,
Salz,
1 EL gehackte Petersilie

EW	Fett	KH	kcal/kJ
2 g	15 g	14 g	199/832

Rote Bete schälen und würfeln. Tomaten überbrühen, häuten, vom Stielansatz befreien und klein schneiden. In einem Topf Öl erhitzen, Kreuzkümmel kurz darin anbraten. Zwiebeln und Knoblauchzehe schälen und fein hacken. Zum Kreuzkümmel geben und unter Rühren goldbraun braten. Mehl und Cayennepfeffer überstäuben und kurz weiterrühren. Rote Bete, Tomaten, 1/4 l Wasser und 1 TL Salz zugeben und alles zum Kochen bringen. Bei schwacher Hitze zugedeckt ca. 30 Minuten köcheln lassen. Noch etwas ziehen lassen, mit gehackter Petersilie bestreuen und servieren.

Würziger Blattspinat mit Sesamsauce
(Abb.) – *Japan* – *Beilage*

Zutaten
1 kg Blattspinat,
1 EL Sesamöl,
2 EL japanische Soja-sauce,
65 g weiße Sesam-samen,
1 EL Sojasauce,
3–4 EL Hühnerbrühe (Instant),

1 Prise Chilipulver, Pfeffer

EW	Fett	KH	kcal/kJ
8 g	7 g	7 g	130/530

Spinat waschen, putzen, entstielen. In reichlich mit Sesamöl und Sojasauce gewürztem Wasser kochen. Sesamsamen in einer trockenen Pfanne gleichmäßig rösten. 1 EL davon beiseite stellen. Übrige Samen im elektrischen Zerhacker oder Mixer zu einer dicken Paste zerkleinern, mit Sojasauce würzen und mit Brühe oder Spinatkochwasser zu einer cremigen Sauce glatt rühren. Mit Chilipulver und Pfeffer abschmecken. Temperierten Spinat mit Sauce mischen, auf einer Platte anrichten und zum Schluss mit restlichen Sesamsamen bestreuen.

Kartoffel-Blumen-kohl-Gemüse
Indien – *Beilage*

Zutaten
250 g Kartoffeln,
1 kleiner Blumenkohl,
5 EL Sesamöl,
1 TL Kreuzkümmel-samen,
1 TL gemahlener Kreuzkümmel,
1 TL gemahlener Koriander,
1/4 TL Cayennepfeffer,
1/4 TL Kurkuma,
1 grüne Chilischote,
Salz, Pfeffer,
1 EL gehacktes Korianderkraut

EW	Fett	KH	kcal/kJ
3 g	18 g	13 g	243/1017

Kartoffeln als Pellkartoffeln garen, abgekühlt schälen und würfeln. Blumenkohl putzen, waschen und in Röschen teilen. Öl in einer Pfanne erhitzen. Kreuzkümmelsamen darin anbraten, Blumenkohl zugeben, unter Rühren 2 Minuten braten, dann zugedeckt weitere 5 Minuten garen. Kartoffeln, gemahlenen Kreuzkümmel, Koriander, Cayennepfeffer und Kurkuma zugeben. Chilischote entkernen, fein hacken; zum Gemüse geben. Mit 1 TL Salz und etwas Pfeffer abschmecken. Alles unter Rühren einige Minuten weitergaren lassen. Mit Korianderkraut bestreuen und sofort servieren.

Gemüse-Geschnetzeltes mit gebratenen Eiern
(Abb.) – Thailand – Hauptgericht

Zutaten
400 g Möhren,
1 Bd. Bleichsellerie,
1 Stange Lauch,
1/2 Bd. Frühlings-
zwiebeln,
300 g Okraschoten,
je 1 grüne und rote
Paprikaschote,
2 Zwiebeln,
2 Knoblauchzehen,
4 Eier,
1 EL Kurkuma,
3 EL Öl,
100 g Sahne,
3 EL Erdnusskerne,
Salz,
bunter Pfeffer,
Currypulver

EW	Fett	KH	kcal/kJ
16 g	27 g	18 g	401/1676

Möhren, Bleichsellerie, Lauch, Frühlingszwiebeln, Okra- und Paprikaschoten putzen und waschen. Zwiebeln und Knoblauchzehen schälen. Möhren mit einem Messer in Scheiben schneiden. Paprikaschoten in Stücke, Bleichsellerie, Lauch und Frühlingszwiebeln in Scheiben, Zwiebeln in Würfel schneiden. Okraschoten längs halbieren. Eier hart kochen, abschrecken, schälen, abkühlen lassen und halbieren. Eierhälften in Kurkuma wenden. Öl erhitzen und Eierhälften von allen Seiten anbraten, bis sie rot sind, herausnehmen und warm

stellen. Knoblauchzehen zerdrücken und mit Zwiebeln und Möhren im verbliebenen Öl anbraten. Bleichsellerie, Lauch, Frühlingszwiebeln, Paprika- und Okraschoten zugeben und zugedeckt ca. 10 Minuten garen. Sahne angießen, Erdnusskerne zugeben, erhitzen und mit Salz, Pfeffer und Currypulver pikant abschmecken. Gemüse-Geschnetzeltes mit Eierhälften auf Tellern anrichten und nach Wunsch mit jungem Selleriegrün garniert servieren.

Linsen-Curry
Indien – Beilage

Zutaten
250 g braune Linsen,
1 Zwiebel,
2 frische grüne
Peperoni,
25 g Ghee oder
Butter,
1/2 TL Kurkuma,
3/4 TL Salz,
1 TL gemahlene
Senfkörner,
1 TL gemahlener
Koriander,
1 EL gehackte
Petersilie

EW	Fett	KH	kcal/kJ
15 g	6 g	35 g	255/1064

Linsen verlesen, waschen und 60 Minuten in kaltem Wasser einweichen. Zwiebel schälen und fein hacken. Peperoni waschen, von den Kernen befreien und fein hacken. Ghee oder Butter in einem Topf schmelzen, Zwiebel und Peperoni darin anbraten, abgetropfte Linsen zugeben. Kurkuma und soviel Wasser zugeben, dass alles bedeckt ist. Solange köcheln lassen, bis die Linsen weich sind. Salz, Senfkörner und Koriander unterrühren. Mit Petersilie bestreuen.

Marinierte Gurkenscheiben

Japan – Zwischengericht

  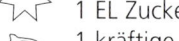

Zutaten
2 cm frische Ingwerwurzel, 1 Salatgurke,
1 EL Zucker,
1 kräftige Prise Salz,
2 EL helle Sojasauce,
3 EL Reisweinessig

EW	Fett	KH	kcal/kJ
2 g	1 g	8 g	44/185

Ingwerwurzel schälen und fein raspeln. Salatgurke schälen, längs halbieren und mit einem Löffel die Kerne entfernen. Gurkenhälften quer in dünne Halbmonde schneiden. Zucker, Salz, helle Sojasauce, Essig und etwa 5 EL Wasser verrühren und über die Gurkenscheiben gießen. Mit frischem Ingwer garnieren.

Tipp
Dieses Gurkenrezept wird nicht als Salat gereicht, sondern als Zwischengericht.

Gebratener Spinat

Indien – Beilage

Zutaten
500 g Blattspinat,
2 Zwiebeln,
3 cm frische Ingwerwurzel,
1 Knoblauchzehe,

60 g Ghee oder geklärtes Butterschmalz,
1/4 TL Cayennepfeffer,
1 TL gemahlener Kreuzkümmel,
1/2 TL Kurkuma,
1 TL gemahlener Koriander,
Salz, 100 g Sahne

EW	Fett	KH	kcal/kJ
5 g	15 g	8 g	190/792

Spinat putzen und waschen. Zwiebeln schälen und fein hacken. Ingwer schälen und fein reiben. Knoblauchzehe schälen und fein hacken. Fett in einer Pfanne erhitzen, Zwiebeln, Ingwer und Knoblauch darin goldbraun anbraten. Cayennepfeffer, Kreuzkümmel, Kurkuma und Koriander zugeben und kurz anbraten. Spinat zugeben und in ca. 5 Minuten zusammenfallen lassen. Salzen, Sahne unterziehen und sofort servieren.

Auberginen-Tomaten-Curry

Indien – Beilage

Zutaten
1 kg Auberginen,
500 g Tomaten,
1 Bd. Korianderkraut oder Petersilie,
2 TL gemahlener Koriander,
2 TL gemahlener Kreuzkümmel,
1 TL Kurkuma,

1/4 TL Cayennepfeffer,
120 g Ghee oder geklärtes Butterschmalz,
2 Knoblauchzehen,
3 cm frische Ingwerwurzel, 2 Zwiebeln,
1 TL Garam Masala,
Salz,
1 Schuss Zitronensaft

EW	Fett	KH	kcal/kJ
5 g	25 g	16 g	319/1332

Auberginen putzen, waschen, mit Küchenpapier trockentupfen und rundherum einschneiden. Im Rohr bei 220 Grad ca. 60 Minuten backen. In 4 Teile schneiden und Fruchtfleisch mit einem Löffel herausschaben. Fruchtfleisch grob hacken. Tomaten waschen, vom Stielansatz befreien und würfeln. Korianderkraut oder Petersilie waschen, trockenschütteln und Blättchen fein hacken. Auberginenfleisch, Tomaten, Korianderkraut oder Petersilie, Koriander, Kreuzkümmel, Kurkuma und Cayennepfeffer in einer Schüssel vermengen. Fett in einer Pfanne erhitzen. Knoblauchzehen schälen und fein hacken, im Fett anbraten. Ingwerwurzel schälen und fein hacken; kurz mitbraten. Zwiebeln schälen, fein hacken, zugeben und anschwitzen. Gemüse untermengen und unter Rühren bei offener Pfanne garen, bis die Flüssigkeit verdunstet ist. Mit Garam Masala, Salz und Zitronensaft abschmecken.

Gemüse-Tempura mit Sesamdip

(Abb.) – *Japan* – *Hauptgericht*

Zutaten

100 g Sesampaste
(Tahni),
1/2 TL Zucker,
3 EL Sojasauce,
2 EL Reiswein,
Gemüsebrühe nach
Geschmack,
100 g grüne Bohnen,
1 Zucchini,
2 große Möhren,
4 große Champignons,
230 g Bambussprossen
(Dose),
1 Bd. Schnittlauch,
350 g Sojabohnen-
sprossen (Glas),
2 Eigelb,
200 g Mehl,
Mehl zum Wenden,
Fett zum Frittieren

EW	Fett	KH	kcal/kJ
18 g	25 g	49 g	502/2099

Für den Sesamdip Sesampaste, Zucker, Sojasauce und Reiswein verrühren, mit Gemüsebrühe abschmecken und beiseite stellen. Bohnen, Zucchini, Möhren und Champignons putzen und waschen. Bohnen blanchieren, Zucchini und Möhren in grobe Stifte schneiden. Bohnen und gut abgetropfte Bambussprossen mit Schnittlauchhalmen zu kleinen Bündeln zusammenfassen. Champignons mit abgetropften Sojabohnensprossen füllen. Eigelb und 400 ml Eiswasser in einer Schüssel vorsichtig vermengen. Mehl zugeben und kurz durchrühren. Der Teig sollte eher grob und nur halb vermischt sein, nicht glatt und klebrig. Gemüse getrennt portionsweise nacheinander in Mehl und im Teig wenden. In heißem Fett frittieren und das Fett auf

Küchenpapier abtropfen lassen. Nach Wunsch mit ausgestochenen Sternen aus Möhren, anderem Gemüse und Lauchfächern garnieren. Sesamdip nach Wunsch in ausgehöhlte Tomaten und Rettichkästchen füllen. Zum Gemüse-Tempura schmeckt als Dip auch Sojasauce. Als Getränke passen grüner Tee oder Cocktails, z.B. ein Mango Daiquiri oder Pfefferminzbowle mit Glücksperlen.

Paprika-Curry
Thailand – Beilage

Zutaten
600 g grüne, rote und gelbe Paprikaschoten,
1 EL Sonnenblumenöl,
Salz, Curry,
100 g Sahne,
1 Beutel Fertigmischung für Curry-Gerichte,
1 Banane,
2 EL Kokosraspel

EW	Fett	KH	kcal/kJ
4 g	17 g	18 g	240/995

Paprikaschoten waschen und putzen, in große Würfel schneiden und im Öl 10 Minuten dünsten. Mit Salz und Curry würzen. Mit 1/8 l Wasser aufgießen und Sahne untermengen. Fertigmischung einrühren und 1 Minute gut durchkochen lassen. Banane schälen, in dicke Scheiben schneiden, dazugeben und heiß werden lassen. Kokosraspel untermengen. Vorsichtig rühren, damit die

Bananenscheiben nicht zerfallen. Zusammen mit kurzgebratenem Fleisch und Duftreis servieren.

Pikante Kichererbsen
Indien – Beilage

Zutaten
200 g Kichererbsen,
1/4 TL Natron,
5 große Tomaten,
2 Zwiebeln,
2 Knoblauchzehen,
80 g Ghee oder geklärtes Butterschmalz,
1 EL gemahlener Koriander,
1/2 TL gemahlener Kreuzkümmel,
1/2 TL Cayennepfeffer,
1 TL Kurkuma,
1 cm frische Ingwerwurzel,
3 TL Tamarindenmus,
1 Schuss Zitronensaft,
1/2 TL Garam Masala,
1 EL gehacktes Korianderkraut

EW	Fett	KH	kcal/kJ
11 g	18 g	34 g	374/1564

Kichererbsen über Nacht mit 1 1/4 l Wasser und 1/8 TL Natron einweichen. Am nächsten Tag abgießen, waschen und mit 1 1/4 l frischem Wasser und restlichem Natron zum Kochen bringen. Etwa 2 Stunden köcheln lassen. Die Kichererbsen sollen so weich sein, dass sie sich zwischen den Fingern zer-

drücken lassen. Fertige Kichererbsen abtropfen lassen. Tomaten überbrühen, häuten und vom Stielansatz befreien. Grob würfeln und im Mixer pürieren. Zwiebeln schälen und fein hacken. Knoblauchzehen schälen und durch die Presse drücken. Fett in einem Topf erhitzen und Zwiebeln und Knoblauch darin goldbraun braten. Hitze reduzieren. Koriander, Kreuzkümmel, Cayennepfeffer und Kurkuma zugeben und unter Rühren anbraten. Ingwerwurzel schälen und fein reiben. Mit Tomaten in den Topf geben und unter Rühren braten. Kichererbsen zugeben, mit 1 Tasse Wasser aufgießen. Tamarindenmus durch ein Sieb gießen und zufügen, 10 Minuten köcheln lassen. Mit Zitronensaft und Garam Masala würzen und kurz weiterköcheln lassen. Gericht mit Korianderkraut bestreut servieren.

Würzige rote Linsen
Indien – Beilage

Zutaten
250 g rote Linsen,
2 frische grüne Peperoni,
1/2 TL Kurkuma,
Salz, 1 Zwiebel,
2 Knoblauchzehen,
2 Nelken,
2 Kardamomkapseln,
3 cm Zimtstange,
40 g Ghee oder Butterschmalz

EW	Fett	KH	kcal/kJ
15 g	9 g	36 g	284/1187

Linsen verlesen und in einem Sieb waschen. Peperoni waschen, von den Kernen befreien und in feine Streifen schneiden. Linsen mit 3/4 l Wasser in einem Topf aufsetzen, Peperoni, etwas Kurkuma und Salz zufügen und zum Kochen bringen. Bei schwacher Hitze ca. 30 Minuten köcheln lassen. Zwiebel schälen und in Ringe schneiden. Knoblauchzehen schälen und fein hacken. Nelken, Kardamomkapseln und Zimtstange in einer Pfanne trocken 4 Minuten rösten, abkühlen lassen und im Mörser fein zerstoßen. In einem Topf Fett erhitzen, Zwiebel und Knoblauch darin anschwitzen.

Gewürze zugeben und unter Rühren kurz anbraten. Linsen nach und nach einrühren und alles zugedeckt 10 Minuten köcheln lassen.

Frittierte Bohnen »Suzi-Wan«
(Abb.) – China – Beilage

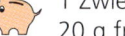

Zutaten
230 g Bambussprossen
(Dose),
1 Knoblauchzehe,
1 Zwiebel,
20 g frische Ingwer-
wurzel,
1 EL Öl,
2 EL Sojasauce,
4 cl Sherry,
1/4 l Brühe,

500 g grüne Bohnen,
Salz,
250 g Reisnudeln

EW	Fett	KH	kcal/kJ
14 g	6 g	51 g	331/1382

Bambussprossen abtropfen lassen. Knoblauch, Zwiebel und Ingwer schälen und fein würfeln. Alles in heißem Öl anbraten. Mit Sojasauce, Sherry und Brühe ablöschen. Grüne Bohnen putzen, abfädeln und waschen. Bohnen bei 160 Grad ca. 2 Minuten frittieren und mit Salz würzen. Reisnudeln nach Packungsanweisung zubereiten. Gemüse und frittierte Bohnen auf Reisnudeln anrichten. Nach Wunsch mit gerösteten Mandelblättchen garnieren.

Gefüllte Shiitake-Pilze
(Abb.) – **Vietnam** – *Hauptgericht*

Zutaten
100 g getrocknete
Shiitake-Pilze,
100 g Schweinehack-
fleisch,
1/2 TL Ingwerpulver,
1/2 TL Sambal Manis,
2 TL Sojasauce,
1 TL Sake,
1 TL Speisestärke mit
1 EL Wasser angerührt,
je 1 Prise Salz,
weißer Pfeffer
und Zucker,
1 Eiweiß,
50 g Bambusschößlinge,
3–4 Wasserkastanien,
5 Frühlingszwiebeln,

1 EL Öl
Für die Sauce:
1/2 TL Speisestärke mit
1 EL Wasser angerührt,
1 1/4 Tassen Pilz-Ein-
weichwasser,
1 1/2 EL Austernsauce,
1 1/2 EL dunkle Soja-
sauce,
2 EL Öl

EW	Fett	KH	kcal/kJ
18 g	18 g	77 g	560/2352

Pilze nach Packungsanweisung
einweichen. Schweinehack-
fleisch mit Ingwerpulver, Sambal
Manis, Sojasauce, Sake, Speisestärke, Salz, Pfeffer und Zucker
gut vermischen. Zum Schluss Eiweiß dazugeben und solange
rühren, bis die Masse sämig

wird. 15 Minuten stehen lassen.
Bambusschößlinge und Wasserkastanien fein hacken, Zwiebeln
in Ringe schneiden; alles unter
die Fleischmasse mischen. Zum
Schluss 1 EL Öl unterrühren.
Eingeweichte Pilze vorsichtig
ausdrücken (Einweichwasser
beiseite stellen), die Stiele abschneiden. Pilze mit Fleischmasse füllen und die Oberfläche
glatt streichen. Mit der gefüllten
Seite nach oben auf einen feuerfesten Teller stellen. Teller in
einen Dämpfer geben (ersatzweise Pilze im Wasserbad
dämpfen) und Pilze fest zugedeckt bei starker Hitze 10 Minuten garen. Für die Sauce angerührte Speisestärke, Pilz-Ein-
weichwasser, Austern- und Sojasauce mischen und in einem
Topf zum Kochen bringen.
Wenn die Sauce gebunden ist,
Öl einrühren. Pilze aus dem
Dämpfer herausnehmen, Sauce
darüber gießen und alles sofort
servieren. Als Beilage Reis
reichen.

Schwarzaugen-bohnen-Curry
Indien – *Beilage*

Zutaten
175 g Schwarzaugen-
bohnen,
175 g Egerlinge,
300 g Tomaten,
4 EL Sesamöl,
3/4 TL Kreuzkümmel-
samen,
1/2 Zimtstange,

3 Knoblauchzehen,
3 Zwiebeln,
3/4 TL gemahlener
Kreuzkümmel,
1 1/2 TL gemahlener
Koriander,
1/2 TL Kurkuma,
1 Msp. Cayenne-
pfeffer,
Pfeffer, Salz,
2 EL gehacktes
Korianderkraut

EW	Fett	KH	kcal/kJ
12 g	15 g	30 g	298/1245

Bohnen verlesen, gut waschen und abtropfen lassen. Mit 1 l Wasser zum Kochen bringen, aufkochen lassen, die Hitze abstellen und Bohnen 60 Minuten quellen lassen. Pilze putzen und in Scheiben schneiden. Tomaten überbrühen, häuten, vom Stielansatz befreien und würfeln. Öl in einer Pfanne erhitzen, Kreuzkümmelsamen und Zimt darin anbraten. Knoblauch und Zwiebeln schälen und fein hacken. Zugeben und goldbraun braten. Pilze zugeben und andünsten. Tomaten, Kreuzkümmel, Koriander, Kurkuma und Cayennepfeffer zugeben und kurz anbraten. Dann alles zugedeckt bei schwacher Hitze 10 Minuten schmoren lassen. Hitze abstellen und das Curry noch etwas ziehen lassen. Bohnen ein zweites Mal aufkochen und zugedeckt 30 Minuten köcheln lassen. Pilz-Tomaten-Gemüse etwas pfeffern und mit 1 TL Salz würzen.

30 Minuten offen köcheln lassen, dabei ab und zu umrühren. Zimtstange entfernen und mit Korianderkraut bestreuen.

Eingelegte Chili-schoten
Indien – Beilage

  **Zutaten**
500 g große scharfe
Chilischoten,
je 1/4 Tasse Koriander,
Fenchel und Senfkörner,
2 EL Bockshornklee,
1 EL Schwarzkümmel,
1 TL gemahlenes Asa-
foetida,
4 EL Mangopulver,
2 1/2 TL Salz,
600 ml Sesamöl

EW	Fett	KH	kcal/kJ
2 g	142 g	5 g	1342/5609

Chilischoten waschen, trockentupfen und vom Stiel befreien. Koriander, Fenchel, Senfkörner, Bockshornklee und Schwarzkümmel trocken in einer kleinen Pfanne rösten. Pfanne dabei öfter rütteln. Nach ca. 4 Minuten Asafoetida zugeben und Pfanne vom Herd nehmen. Gewürze auf einem Teller abkühlen lassen und in einer Kaffeemühle oder im Mixer pulverisieren. Mit Mangopulver und Salz vermengen. Chilischoten mit der Mischung füllen und in sterilisierte Gläser legen. Etwa 2 cm Rand freilassen. In einer Pfanne Öl bis

zum Rauchpunkt erhitzen und über die Chilischoten gießen. Die Schoten sollen mit Öl bedeckt sein. Öl abkühlen lassen und Gläser gut verschließen. Gläser 4 Tage in der Sonne ziehen lassen. Nach 1 Monat Reifezeit schmecken die eingelegten Chilischoten am besten.

Süß-sauer eingelegter Kohl – Kim-Chi
Korea – Hauptspeise

   Zutaten
1 Chinakohl, Salz,
1 weißer Rettich,
4 geschälte Frühlings-
zwiebeln,
1 Bd. Gartenkresse,
100 g geschälte ein-
gelegte Garnelen,
4 Knoblauchzehen,
4 cm frische Ingwer-
wurzel,
2 EL Zucker,
1 1/2 EL Salz,
1 TL Cayennepfeffer

EW	Fett	KH	kcal/kJ
7 g	1 g	13 g	89/372

Chinakohl längs vierteln, waschen und trockenschwenken; zwischen den Blattschichten leicht salzen und in eine große Schüssel, mit kaltem Wasser bedeckt, legen. Abgedeckt 1 Tag kühl stellen. Rettich schälen und in sehr feine Streifen hobeln. Frühlingszwiebeln putzen und klein schneiden. Gartenkresse waschen, trockentupfen und grob zerschneiden. Garnelen hacken. Knoblauchzehen und Ingwer schälen und fein hacken. Beides mit Zucker, Salz, Cayennepfeffer, Frühlingszwiebeln, Garnelen und Gartenkresse vermengen. Chinakohlviertel aus der Schüssel nehmen und unter fließendem kaltem Wasser gründlich waschen und trockenschwenken. Füllung zwischen den Blattschichten der Chinakohlviertel verteilen. Jedes Viertel zu einem Paket formen und mit Küchengarn dekorativ bündeln. Pakete in eine Steinschüssel legen und mit einem Deckel verschließen. Bei Zimmertemperatur etwa 5–8 Tage stehen lassen. Dabei die Bündel jeden Tag wenden.

Tipp
Für den europäischen Geschmack reichen 1–2 Tage, um den Kohl zu marinieren. Er schmeckt noch köstlicher, wenn er während des Marinierens in den Kühlschrank gestellt wird.

Gefüllte Gurkenstückchen
Korea – *Hauptspeise*

   Zutaten
2 Salatgurken,
2 Knoblauchzehen,
2 cm frische Ingwerwurzel,
2 Frühlingszwiebeln,
200 g Rinderhackfleisch,

1 EL Zucker,
2 EL gerösteter Sesam,
4 EL Sojasauce,
2 EL Sesamöl,
5 EL Öl, 2 Eier,
Salz, Pfeffer,
Cayennepfeffer

EW	Fett	KH	kcal/kJ
18 g	28 g	11 g	373/1560

Salatgurken waschen und quer in ca. 4 cm große Stücke schneiden. Jedes Stück an der Schnittfläche kreuzweise tief einschneiden und dabei Kerne entfernen. Knoblauchzehen und Ingwerwurzel schälen und fein hacken. Frühlingszwiebeln putzen und fein hacken. Rinderhackfleisch mit Frühlingszwiebeln, Knoblauch, Ingwer, Zucker, Sesam, Sojasauce und Sesamöl gut vermengen. Etwas Öl erhitzen und Fleischteig darin einige Minuten anbraten. In einer zweiten Pfanne etwas Öl erhitzen und Gurkenstücke von allen Seiten braten. Kurz abkühlen lassen und mit Hilfe von Stäbchen Hackfleischmasse in die Schnittstellen schieben. Auf einer Vorlegeplatte anrichten. Eier trennen, Eigelb verrühren, in eine gefettete Pfanne gießen und diese dabei schwenken. Sobald die Eigelbmasse stockt, auf eine Arbeitsplatte geben, aufrollen und in feine Streifen schneiden. Gefüllte Gurkenstückchen mit Eierstreifen garnieren. Nach Belieben salzen, pfeffern und mit Chilipulver bestreuen.

Tipp
Zusätzlich frische Champignons verwenden. Champignons putzen und ca. 5 Minuten in heißes Wasser legen, damit sie weich werden. Mit Küchenpapier trockentupfen und in feine Streifen schneiden. In Pflanzenöl braten und zum Garnieren verwenden.

Rettich-Pickles
Korea – *Beilage*

  Zutaten
1 weißer Rettich,
100 ml Sojasauce,
2 EL Zucker,
1 Bd. Schnittlauch,
2 cm frische Ingwerwurzel,
1 EL eingelegte grüne Pfefferkörner,
schwarzer und weißer Pfeffer aus der Mühle

EW	Fett	KH	kcal/kJ
3 g	1 g	11 g	64/265

Rettich schälen und in gleich große Stifte von ca. 3 x 1 cm schneiden. Sojasauce mit Zucker verrühren und über den Rettich gießen. Schnittlauch waschen und in Röllchen schneiden. Ingwerwurzel schälen und raspeln. Rettich mit Schnittlauch, grünem Pfeffer und Ingwer vermengen. Mit beiden Pfeffersorten abschmecken.

PRAXISTIPP
Reis richtig kochen

Verwenden Sie Patna-Langkornreis oder Basmatireis. Auch thailändischer Duftreis ist ideal für asiatische Gerichte geeignet. Pro Person sollten Sie ca. 60 g rohen Reis rechnen.

1. Geben Sie den rohen Reis in ein Sieb und spülen Sie ihn mit fließendem kalten Wasser ab.

2. Geben Sie den Reis nun in eine große Pfanne und gießen Sie kaltes Wasser nach. Es sollte ca. 2 cm über dem Reis stehen. (In Asien misst man diesen Abstand traditionell mit dem Zeigefinger ab. Wenn die Fingerspitze den Reis berührt, sollte die Wasseroberfläche knapp unter dem ersten Gelenk liegen.)

3. Geben Sie eine Prise Salz hinzu und je nach Geschmack ca. einen Teelöffel Pflanzenöl. Rühren Sie einmal um und bringen Sie das Wasser zum Kochen.

4. Rühren Sie erneut und lassen Sie den Reis bei niedrigster Hitze weiterköcheln. Bedecken Sie die Pfanne mit einem gut schließenden Deckel.

5. Lassen Sie den Reis 12–15 Minuten köcheln, drehen Sie den Herd ab und lassen Sie den Reis noch 10 Minuten abgedeckt auf dem Herd stehen.

6. Lockern Sie den Reis vor dem Servieren mit einer Gabel auf.

Asiatische Basmati-Pfanne
(Abb. S. 279) – Indien
– Hauptgericht

Zutaten
50 g Erdnusskerne,
4 Eier,
Salz,
Pfeffer,
5 EL Erdnussöl,
500 g Möhren,
1 Bd. Frühlingszwiebeln,
je 1 rote und gelbe Paprikaschote,
1 cm frische Ingwerwurzel,
230 g Bambussprossen (Dose),
200 g Basmatireis,
helle Sojasauce

EW	Fett	KH	kcal/kJ
17 g	27 g	52 g	550/2300

Erdnusskerne ohne Fett in einer Pfanne rösten. Eier mit Salz und Pfeffer würzen und schaumig schlagen. In einer Pfanne 2 EL Öl erhitzen, vier dünne Omelettes darin ausbacken, zusammenrollen und in Streifen schneiden. Möhren und Frühlingszwiebeln putzen und waschen. Möhren in Scheiben und Frühlingszwiebeln in Ringe schneiden. Paprikaschoten putzen, waschen und in feine Streifen schneiden. Ingwer schälen und fein reiben. Bambussprossen abtropfen lassen. Basmatireis nach Packungsanweisung garen. Möhren in restlichem heißem Öl mit wenig Wasser ca. 10 Minuten dünsten, Frühlingszwiebeln, Paprika, 1 TL geriebenen Ingwer und Bambussprossen zugeben, alles vermengen und ca. 5 Minuten unter Wenden weitergaren. Reis, Omelettestreifen und Erdnusskerne zugeben, kurz erhitzen. Mit Salz, Pfeffer, Sojasauce und evtl. geriebenem Ingwer abschmecken.

Reis in Kokosmilch

Vietnam – Beilage

Zutaten
300 g Reis,
600 ml Kokos-
milch,
1 TL Salz,
1 EL Palmzucker

EW	Fett	KH	kcal/kJ
6 g	1 g	66 g	295/1231

Reis in einem Sieb abbrausen, abtropfen lassen. Reis mit Kokosmilch in einen Topf geben, salzen und Zucker zugeben. Die Mischung bei offenem Topf 10 Minuten kochen lassen, dann zugedeckt bei schwacher Hitze in ca. 15 Minuten ausquellen lassen. Der Reis sollte die Flüssigkeit vollständig aufgenommen haben.

Tipp
Mit einem Fleisch- oder Fischcurry servieren.

Reispfanne mit Hühnerbrust

(Abb.) – Indonesien – Hauptgericht

Zutaten
2 Knoblauchzehen,
2 Chilischoten,
400 g Hühnerbrustfilet,
Saft und Schale von
1 Orange,
1 TL Kreuzkümmel,
1/8 l Sojasauce,
250 g Spargel,
1 Fenchel mit Grün,
250 g Möhren,
250 g Reis, 2 EL Öl,
1 Bd. Koriander

EW	Fett	KH	kcal/kJ
25 g	10 g	35 g	340/1495

Knoblauchzehen schälen und mit den Chilischoten hacken. Hühnerbrust in dicke Streifen schneiden. Knoblauch, Chilischoten, Saft und Schale von der Orange, Kreuzkümmel und Sojasauce in eine große Schale geben. Die Hühnerbrust in die Marinade legen und durchziehen lassen. Spargel schälen und mit dem Fenchel in dünne Scheiben, die geschälten Möhren in Stifte schneiden. Den Reis nach Packungsanweisung kochen und abschrecken. Hühnerfleisch aus der Marinade nehmen, abtropfen lassen und in erhitztem Öl anbraten. Das Gemüse dazugeben und unter ständigem Rühren durchbraten. Mit der Marinade ablöschen

und den Reis untermengen. Mit Fenchelgrün und Korianderblättern garnieren.

Gebratener Reis mit Garnelen und Krebsfleisch
China – Hauptgericht

Zutaten
4 eingeweichte Tongku-Pilze,
200 g rohe Garnelen oder Shrimps,
1 Eiweiß,
1 TL Speisestärke,
Öl zum Braten, 4 Eier,
1 Dose Krebsfleisch,
Salz, Pfeffer,
1 Frühlingszwiebel,
1 Knoblauchzehe,
500 g gekochter Reis,
4 EL Erbsen (Glas),
Glutamat,
3 EL helle Sojasauce,
2 EL Reiswein

EW	Fett	KH	kcal/kJ
34 g	31 g	70 g	708/2973

Tongku-Pilze entstielen und in Streifen schneiden. Garnelen oder Shrimps waschen, schälen, ausnehmen, mit Eiweiß und Stärke vermengen. Reichlich Öl im Wok oder einer tiefen Pfanne erhitzen, Garnelen darin leicht frittieren, das Fett auf Küchenpapier abtropfen lassen. Eier in einer Schüssel verquirlen, Krebsfleisch zugeben, mit Salz und Pfeffer würzen. 1 EL Öl im

Wok erhitzen, Krebs-Eier-Mischung zugießen, unter Rühren braten, bis die Eier flockig werden, herausnehmen und beiseite stellen. Frühlingszwiebel putzen und in 3 cm lange Stücke schneiden. 3 EL Öl erhitzen, ausgepressten Knoblauch darin braten, bis er duftet, Pilze und Frühlingszwiebel zugeben und bei mittlerer Hitze leicht unter Rühren anbraten. Dann Reis, Eiermischung, Erbsen, Glutamat, Sojasauce, Reiswein, Salz und Pfeffer zugeben, ständig unter Rühren braten und nochmals abschmecken.

Gebratene Reisnudeln
China – Hauptgericht

Zutaten
300 g Reisnudeln,
100 g Hühner- oder Schweinefleisch,
1 Frühlingszwiebel,
2 Möhren,
3 eingeweichte Tongku-Pilze,
1 Tasse Bambussprossen (Dose), 1 Zwiebel,
5 Kohl- oder Eissalatblätter,
100 g Sojabohnensprossen,
Öl zum Braten,
1 Knoblauchzehe,
100 g gekochte Shrimps,
1/8 l Brühe,
3 EL helle Sojasauce,
1 EL dunkle Sojasauce,

1/2 TL Zucker,
Salz, Pfeffer,
Glutamat, 2 EL Reiswein,
einige Tropfen Sesamöl

EW	Fett	KH	kcal/kJ
50 g	24 g	48 g	622/2616

Reisnudeln in einer großen Schüssel mit kochendem Wasser übergießen, nach 2 Minuten abgießen. Fleisch schnetzeln, Frühlingszwiebel putzen, in ca. 2 cm lange Stücke, Möhren schälen, in streichholzgroße Streifen schneiden. Abgetropfte Tongku-Pilze in dünne Streifen und Bambussprossen in Scheiben schneiden. Zwiebel schälen, halbieren und in dünne Scheiben schneiden. Kohlblätter halbieren, dicke Rippen herausnehmen, Blätter waschen, in Stücke schneiden. Sojabohnensprossen waschen, abtropfen lassen. 3 EL Öl im Wok erhitzen, Zwiebel und ausgepressten Knoblauch darin braten, bis sie duften. Fleisch und Shrimps zugeben, kurz durchbraten, dann Bambussprossen, Frühlingszwiebel, Möhren, Pilze, Kohlblätter, Brühe, Sojasauce, Zucker, Salz, Pfeffer, Glutamat, Reiswein und Sesamöl zugeben. Unter Rühren weiterbraten, die Hitze reduzieren, alles ca. 10 Minuten zugedeckt dünsten. Dann bei mittlerer Hitze Nudeln und Sojabohnensprossen untermengen, mit Salz, Pfeffer und heller Sojasauce abschmecken. Mit gerösteter Zwiebel garniert servieren.

Exotische Reispfanne mit Sonnenblumenkernen (Abb.)

Indonesien – Hauptgericht

Zutaten

250 g Langkornreis,
Salz,
1 rote Paprikaschote,
3 Frühlingszwiebeln,
1 Dose Maiskölbchen,
400 g Tofu oder
Putenschnitzel,
2 cm frische Ingwerwurzel,
1 Knoblauchzehe,
50 g Sonnenblumenkerne,
6 EL Sonnenblumenöl,
50 ml Gemüsebrühe,
2 EL Sojasauce,
1/2 TL Sambal Oelek,
150 g aufgetaute
Tiefkühlerbsen

EW	Fett	KH	kcal/kJ
35 g	30 g	70 g	711/2992

Reis in 1/2 l Salzwasser garen, ausdämpfen und vollständig kalt werden lassen. Paprika putzen, waschen und vierteln. Viertel quer in feine Streifen schneiden. Frühlingszwiebeln putzen, waschen und mit dem zarten Grün in 1 cm breite Ringe schneiden. Mais abtropfen lassen. Tofu oder Fleisch in dünne Streifen schneiden. Ingwer und Knoblauch schälen und sehr fein hacken. Sonnenblumenkerne in einer großen Pfanne (oder im Wok) in 2 EL Öl unter Rühren goldbraun rösten, herausnehmen, salzen und beiseite stellen. 1 EL Öl in die Pfanne geben und Tofu oder Fleisch mit Ingwer und Knoblauch unter Rühren scharf anbraten, herausnehmen und warm halten. 3 EL Öl in die Pfanne geben und den Reis 5 Minuten unter Wenden braten. Gemüsebrühe mit Soja-sauce und Sambal Oelek in einem Topf verrühren. Paprikastreifen, Zwiebelringe und Erbsen zum Reis geben, 3 Minuten mitbraten und mit der Brühemischung ablöschen. Maiskölbchen und Tofu oder Fleisch hinzugeben. Die Sonneblumenkerne zum Bratreis geben und servieren.

Safranreis

Indien – Beilage

Zutaten

200 g Langkornreis,
1/2 TL Safranfäden,
60 g Ghee oder Butter,
1 Zimtstange,
4 Gewürznelken,
1 Zwiebel,
1 TL brauner Zucker,
1 TL Salz,
1 Msp. Kardamomsamen

EW	Fett	KH	kcal/kJ
4 g	12 g	43 g	299/1248

Reis gründlich waschen und gut abtropfen lassen. Safran in einer Tasse mit 1 1/2 EL kochendem Wasser übergießen und 10 Minuten ziehen lassen. Ghee oder Butter in einem Topf erhitzen. Zimtstange und Nelken darin anbraten. Inzwischen Zwiebel schälen und fein hacken, zum Fett geben und mitbraten, bis sie goldbraun ist. Reis zuschütten und unter Rühren 5 Minuten braten. 1 l Wasser zum Kochen bringen, unter Rühren zugießen, Zucker, Salz und Kardamomsamen zugeben und alles zum Kochen bringen; Safran

unterrühren. Hitze reduzieren und Reis zugedeckt ca. 25 Minuten dünsten, bis er alle Flüssigkeit aufgenommen hat. Auf einer vorgewärmten Platte servieren.

Garnelen-Gemüse-Reis aus dem Wok
(Abb.) – *China* – *Hauptgericht*

Zutaten

2 Schalotten,

2 Knoblauchzehen,
1 cm frische Ingwerwurzel,
400 g Broccoli,
2 EL Öl, 2 TL Sesamöl,
250 g rohe geschälte

Garnelenschwänze,
Salz, Pfeffer,
1 Prise Zucker,
1 Msp. Sambal Oelek,
1 EL Sojasauce,
2 EL Sherry,
5 EL Hühnerbrühe,
400 g gegarter Reis

EW	Fett	KH	kcal/kJ
17 g	9 g	46 g	346/1449

Schalotten, Knoblauchzehen und Ingwer schälen. Schalotten achteln, Knoblauchzehen und Ingwer fein würfeln. Broccoli putzen, waschen und in kleine Röschen teilen, Stiele in dünne Scheiben schneiden. Öl nach Wahl und Sesamöl im Wok erhitzen. Zuerst Schalotten, Knoblauch und Ingwer darin schwenken, dann Broccolistiele zugeben und unter Rühren ca. 1 Minute braten. Röschen zugeben und nach 1 weiterer Minute Garnelen untermengen. Wieder 1 Minute braten, dann mit Salz, Pfeffer, Zucker, Sambal Oelek, Sojasauce und Sherry abschmecken. Brühe angießen, Reis zugeben und alles bei starker Hitze kurz durchrühren. Nochmals abschmecken und servieren.

Gelber Reis
Indonesien – *Beilage*

Zutaten

300 g Langkornreis,
1/2 TL Kurkuma,
Salz,

2 Stängel Zitronengras,
1 Zimtstange

EW	Fett	KH	kcal/kJ
7 g	1 g	79 g	346/1446

Reis in einem Sieb abbrausen, bis das Wasser klar bleibt; kurz abtropfen lassen. Mit Kurkuma und 600 ml Salzwasser aufkochen. Zitronengras in grobe Stücke schneiden und mit Zimt zugeben. Hitze reduzieren und Reis bei schwacher Hitze zugedeckt in 15–20 Minuten garen. Wenn der Reis das Wasser vollständig aufgenommen hat, Topf vom Herd ziehen und Reis noch ca. 10 Minuten quellen lassen. Vor dem Servieren Zitronengras und Zimt entfernen.

Reistopf mit Lamm
Indonesien – Hauptgericht

  **Zutaten**
270 g Langkornreis,
Salz,
1/2 TL Safranfäden,
 1 1/2 EL lauwarme Milch,
2 Zwiebeln,
3 EL Mandeln,
2 Knoblauchzehen,
1 1/2 cm frische Ingwerwurzel, 8 EL Sesamöl,
2 EL Rosinen,
450 g Lammschulter ohne Knochen,
125 g Joghurt,
4 Nelken,
1/4 TL schwarze Pfeffer-

körner,
1/4 TL Kardamomsamen,
1/2 TL Kreuzkümmel,
1/2 TL Koriander,
1 1/2 cm Zimtstange,
1 Msp. gemahlener Muskat,
1 Msp. Cayennepfeffer,
1 EL Butter,
2 hart gekochte Eier

EW	Fett	KH	kcal/kJ
31 g	60 g	64 g	953/3984

Reis gründlich waschen und gut abtropfen lassen. Mit 3/4 TL Salz und 1,3 l Wasser 3 Stunden einweichen; abtropfen lassen. Safranfäden in einer kleinen Pfanne bei mittlerer Hitze leicht rösten, dabei hin- und herbewegen. Milch in eine Tasse geben, Safranfäden hineinkrümeln und 3 Stunden ziehen lassen. Nach 2 Stunden Zwiebeln schälen, 1 Zwiebel in dünne Ringe schneiden, die zweite fein hacken. Mandeln überbrühen, häuten und in Stifte schneiden. Knoblauchzehen schälen. Ingwerwurzel schälen und grob hacken. Gehackte Zwiebel, Knoblauchzehen, Ingwer, 1 1/2 EL Mandelstifte und 2 EL Wasser im Mixer zu einer Paste pürieren. In einer Pfanne 4 EL Öl erhitzen, Zwiebelringe darin knusprig braten. Auf einen Teller geben und beiseite stellen. Rosinen kurz im Öl wenden, ebenfalls auf einen Teller beiseite stellen. Restliche Mandeln im verbliebenen Öl goldgelb rösten, zu den Rosinen geben.

Fleisch waschen, trockentupfen, in mundgerechte Würfel schneiden. Im heißen Öl rundherum anbraten. In eine Schüssel geben. Restliches Öl in der Pfanne erhitzen, Paste aus dem Mixer in das Öl geben und unter Rühren leicht bräunen. Fleisch aus der Schüssel mit Bratensaft zugeben, Joghurt löffelweise unterrühren. 3/4 TL Salz und 1/2 Tasse Wasser zugeben. Unter Rühren zum Kochen bringen und bei schwacher Hitze 30 Minuten köcheln lassen. Nelken, Pfefferkörner, Kardamomsamen, Kreuzkümmel, Koriander, Zimt und Muskatnuss in einer Gewürz- oder Kaffeemühle mischen und fein mahlen. Gewürzmischung und Cayennepfeffer unter das Fleisch mengen. Alles zugedeckt weitere 30 Minuten garen. Flüssigkeit dann bei offener Pfanne bei Mittelhitze unter Rühren eindicken lassen. Fleisch in einen Topf füllen und warm stellen. 1 3/4 l Wasser mit 3/4 EL Salz aufkochen lassen. Reis zugeben, 6 Minuten sprudelnd kochen lassen und abseihen. Auf das Fleisch füllen, in der Mitte mit einem Löffelstiel ein 2,5 cm großes Loch drücken. Safranmilch über den Reis träufeln, Butter in Flocken darüber verteilen, ebenso gebräunte Zwiebeln. Topf mit Alufolie und Deckel verschließen und bei 150 Grad 60 Minuten im Rohr garen. Topfinhalt vorsichtig mischen. Eier vierteln. Reis mit Eiern, Rosinen und Mandeln garniert servieren.

25 g gehackte Erdnüsse,
25 g Kokosflocken

EW	Fett	KH	kcal/kJ
50 g	23 g	47 g	622/2616

Reis mit kaltem Wasser abspülen, bis das Wasser klar bleibt. Mit 1/2 l Wasser aufkochen und weitere 2 Minuten stark kochen. Dann zugedeckt 20 Minuten ausquellen lassen. Fein gehackte Zwiebeln, Erbsen und die geschnittene Paprika in 30 g Margarine in der Pfanne andünsten, herausnehmen und das Putenfleisch in der restlichen Margarine braten. Salzen, Sambal Oelek und Sojasauce zufügen. Das Gemüse und den Reis kurz mitbraten, Shrimps und gewürfelten Schinken darunter mengen. Erdnüsse und Kokosflocken ohne Fett goldbraun rösten und über das Gericht streuen.

Tipp
Die Chinesische Reispfanne ist nicht nur schmackhaft, sondern auch gesund: Sie ist besonders reich an Vitamin B 6 und Niacin.

Chinesische Reispfanne
(Abb.) – **China** – *Hauptgericht*

Zutaten
200 g Patnareis,

2 Zwiebeln (80 g),
100 g Erbsen (TK),
1 rote Paprikaschote (150 g),

60 g Margarine (55 %),
500 g fein geschnetzeltes Putenfleisch,
Salz,
1/2–1 TL Sambal Oelek,
4 EL Sojasauce,
150 g Shrimpsfleisch,
100 g gekochter Schinken,

Philippinisches Reisgericht
Philippinen – *Hauptgericht*

Zutaten für 6 Personen
2 Chorizos (spanische Würste),

1 küchenfertiges Huhn,
2 Schweinekoteletts,
Salz, Pfeffer,
2 Zwiebeln,
4 Knoblauchzehen,
2 Tomaten,
250 g Garnelen,
12 frische Muscheln,
Olivenöl zum Braten,
500 g Langkornreis,
1 Döschen Safran,
1/2 TL Paprikapulver,
1–1 1/8 l Hühnerbrühe,
250 g tiefgekühlte
Erbsen

EW	Fett	KH	kcal/kJ
59 g	26 g	73 g	789/3299

Chorizos häuten und in Scheiben schneiden. Hähnchen in 4 Portionen teilen, waschen und trockentupfen. Schweinekoteletts von den Knochen befreien und in ca. 2 cm große Würfel schneiden. Hühner- und Schweinefleisch salzen und pfeffern. Zwiebeln und Knoblauch schälen und fein hacken. Tomaten blanchieren, häuten und klein würfeln. Garnelen waschen und trockentupfen. Muscheln bürsten und in kaltem Wasser waschen, bis das Wasser klar bleibt. Ofen auf ca. 220 Grad vorheizen. In einer größeren Pfanne Olivenöl erhitzen und darin nacheinander Hühnerteile, Wurstscheiben und Schweinefleischwürfel von allen Seiten kräftig anbraten; das Fett auf Küchenpapier abtropfen lassen. In einem breiten Topf Oli-venöl erhitzen. Zwiebel- und Knoblauchwürfel darin andünsten. Langkornreis einstreuen, unter Rühren 2 Minuten durchrösten. Mit Safran, Paprikapulver, 1 TL Salz und Pfeffer würzen. Tomatenwürfel einrühren und mit Hühnerbrühe aufgießen. Sobald die Brühe aufkocht, Hühnerteile, Chorizo-Scheiben und Schweinefleischwürfel untermengen. Topf verschließen und in den vorgeheizten Backofen schieben. Nach einer Garzeit von ca. 15 Minuten Topf aus dem Ofen nehmen. Reismischung durchrühren und dabei Garnelen, Erbsen und Muscheln zugeben. Zum Nachziehen Topf ohne Deckel in den ausgeschalteten Ofen zurückstellen. Nach weiteren 5–10 Minuten Garzeit das philippinische Reisgericht probieren und eventuell nochmals mit Gewürzen abschmecken. Im Topf servieren.

Tipp
Zusätzlich 4 Riesengarnelen mit Schalen und Köpfen im Reisgericht garen – das sieht sehr dekorativ aus. Anstelle von Safran 1/2 TL Kurkumapulver verwenden.

Gemüsereis indisch
Indien – Beilage

Zutaten
2 Zwiebeln,
4 Knoblauchzehen,

2 Möhren,
je 1 rote und grüne
Paprikaschote,
1 gehäutete Tomate,
1/2 Bd. Korianderkraut,
50 g Rosinen,
3 EL Ghee,
1 TL Garam Masala,
250 g Reis,
gut 1/2 l Gemüsebrühe,
1 TL Salz,
1 Döschen Safran,
200 g tiefgekühlte grüne
Erbsen

EW	Fett	KH	kcal/kJ
10 g	13 g	73 g	454/1898

Zwiebeln und Knoblauchzehen schälen und fein würfeln. Möhren schälen und in dünne Stifte schneiden. Paprikaschoten putzen, waschen und in kleine Würfel schneiden. Tomate entkernen und Fruchtfleisch klein würfeln. Korianderkraut waschen, trockenschwenken, Blättchen von den Stängeln zupfen und fein hacken. Rosinen mit heißem Wasser begießen und kurz quellen lassen. Ghee in einem breiten Topf erhitzen. Zwiebeln und Knoblauch unter ständigem Rühren darin andünsten. Garam Masala und Reis einstreuen und einige Minuten anrösten. Mit Gemüsebrühe aufgießen, salzen und mit Safran würzen. Nach dem ersten Aufkochen Topf mit einem Deckel verschließen und Reis ca. 10 Minuten köcheln lassen. Vorbereitetes Gemüse und Erbsen, ausgedrückte Rosinen und Koriander unter den Reis heben. Indischen Gemüsereis ohne Deckel weitere 5 Minuten garen.

Gebratener Gemüsereis
China – Beilage

Zutaten
1 kleine Packung getrocknete chinesische Pilze, 1/2 Bd. Frühlingszwiebeln,
2 Knoblauchzehen,
2 cm frische Ingwerwurzel,
200 g frische Bambusschößlinge,
1 Stange Lauch,
200 g Möhren,
200 g Bohnen,
4 EL Erdnussöl,
500 g gekochter Reis (vom Vortag),
4–5 EL dunkle Sojasauce, 1 EL Sesamöl

EW	Fett	KH	kcal/kJ
11 g	19 g	64 g	485/2026

Pilze mit kochendem Wasser begießen und ca. 20 Minuten quellen lassen. Frühlingszwiebeln putzen und fein würfeln. Knoblauch und Ingwer schälen und fein hacken. Bambusschößlinge waschen und in dünne Streifen schneiden. Lauch längs halbieren, gründlich waschen, putzen und quer in Streifen

schneiden. Möhren schälen und passend dazu schneiden. Bohnen verlesen, putzen und waschen. Pilze ausdrücken und nach Bedarf kleiner schneiden. Vom Pilzsud 1/8 l beiseite stellen. Im Wok Erdnussöl erhitzen. Knoblauch und Ingwer 1 Minute darin unter Rühren anschwitzen. Restliches Gemüse nach und nach zugeben und einige Minuten durchbraten. Zuletzt Reis unterheben, kräftig durchbraten und Pilzsud zugießen. Gebratenen Gemüsereis mit Sojasauce und Sesamöl abschmecken.

Tipp
Immer wieder verschiedene Gemüsesorten verwenden.

Reis mit Pilzen und Gemüse
Thailand – Beilage

Zutaten
3 getrocknete Mu-Err-Pilze, 350 g Reis,
3 getrocknete Shiitake-Pilze,
2 Zwiebeln,
4 Knoblauchzehen,
2 cm frische Ingwerwurzel,
1 rote Paprikaschote,
1 gelbe Paprikaschote,
250 g Bleichsellerie,
150 g Bambussprossen (Dose),
4 EL Erdnussöl,
100 g Sojabohnen-

sprossen, 3 EL Sojasauce,
2 1/2 EL Fischsauce,
2 EL gehacktes Korianderkraut

EW	Fett	KH	kcal/kJ
14 g	17 g	83 g	537/2245

Mu-Err-Pilze in lauwarmem Wasser 60 Minuten quellen lassen. Reis abbrausen, mit 1/2 l Wasser zum Kochen bringen, dann bei schwacher Hitze zugedeckt in etwa 20 Minuten garen. Shiitake-Pilze in lauwarmem Wasser 15 Minuten einweichen. Zwiebeln und Knoblauch schälen und fein hacken. Ingwer schälen und fein raspeln. Paprikaschoten putzen, waschen und in kleine Würfel schneiden. Bleichsellerie waschen und in dünne Scheiben schneiden. Bambussprossen abtropfen und in Streifen schneiden. Mu-Err-Pilze und Shiitake-Pilze abtropfen lassen. Mu-Err-Pilze abspülen, Shiitake-Pilze von den Stielen befreien. Beide Pilzsorten in schmale Streifen schneiden. Öl in einer tiefen Pfanne oder im Wok erhitzen, Zwiebeln darin goldbraun braten. Knoblauch und Ingwer unterrühren und 1 Minute mitbraten. Pilze, Paprikaschoten, Bleichsellerie, Bambussprossen und Sojabohnensprossen zugeben und die Mischung unter ständigem Rühren 5 Minuten braten. Reis untermengen und alles mit Sojasauce und Fischsauce würzen. Mit Korianderkraut bestreut servieren.

Reis mit Pilzen und Erbsen
Thailand – Beilage

Zutaten
350 g Reis,
220 g grüne tiefgekühlte Erbsen,
250 g Champignons oder Egerlinge,
Erdnussöl zum Braten,
5 Eier, 2 EL Sojasauce,
2 EL Fischsauce,
2 EL Tamarindensaft (aus 1 EL Tamarindenkonzentrat), Salz

EW	Fett	KH	kcal/kJ
22 g	12 g	81 g	535/2235

Reis in einem Sieb abbrausen und abtropfen lassen. Mit 1/2 l Wasser zum Kochen bringen und zugedeckt bei schwacher Hitze in ca. 20 Minuten ausquellen lassen. Erbsen auftauen lassen. Pilze putzen, große Pilze halbieren oder vierteln. In einer Pfanne Öl erhitzen und die Pilze darin anbraten. Erbsen zugeben und 2 Minuten unter Rühren mitbraten; Pfanne vom Herd nehmen. Eier verquirlen. In einer zweiten Pfanne etwas Öl erhitzen und aus den Eiern ein Omelette backen. Fertiges Omelette in feine Streifen schneiden. Reis und Gemüse vermengen, mit Sojasauce, Fischsauce und Tamarindensaft würzen. Mit Salz abschmecken. Reis in eine vorgewärmte Schüssel füllen und mit Omelettestreifen garniert servieren.

Reis mit Meeresfrüchten
Thailand – Hauptgericht

Zutaten
1 Zwiebel,
2 Knoblauchzehen,
4 EL Öl,
500 g gemischte Meeresfrüchte (küchenfertige Shrimps, Muschelfleisch und Tintenfische),
1 TL gemahlener Galgant,
1 TL gemahlenes Zitronenkraut,
1/2 TL weißer Pfeffer,
1/4 TL Cayennepfeffer,
2 EL Ketschup,
2 1/2 EL Fischsauce,
600 g gekochter Reis,
1 Bd. Frühlingszwiebeln,
2 EL gehacktes Korianderkraut

EW	Fett	KH	kcal/kJ
26 g	17 g	65 g	525/2196

Zwiebel und Knoblauch schälen und fein hacken. Öl in einer Pfanne oder im Wok erhitzen, Zwiebeln darin goldbraun braten, Knoblauch zugeben und kurz mitbraten. Shrimps und Muschelfleisch zugeben. Tintenfische in mundgerechte Stücke schneiden und untermengen. Meeresfrüchte scharf anbraten. Mit Galgant, Zitronengras, Pfeffer und Cayennepfeffer würzen und weiterbraten, bis die gesamte Flüssigkeit verdampft ist. Ketschup und Fischsauce unterrühren und alles unter Rühren noch 3 Minuten dünsten. Reis zugeben und alles gut vermengen. Unter Rühren braten, bis der Reis heiß ist. Frühlingszwiebeln putzen, waschen und nur den weißen Teil in feine Scheiben schneiden. Reispfanne mit Frühlingszwiebeln und Korianderkraut bestreut servieren.

Süßlicher Reis indisch
Indien – Beilage

Zutaten
3 EL Ghee,
6 Kardamomkapseln,
einige Gewürznelken,
1 Zimtstange,
250 g Reis,
1/2 l Gemüsebrühe,
1 TL Safranfäden,
Saft von 1/2 Zitrone,
1 TL Salz,
2 EL Zucker,
je 50 g Mandelblättchen und Rosinen

EW	Fett	KH	kcal/kJ
7 g	19 g	71 g	487/2037

Ghee in einem Topf erhitzen und unter ständigem Rühren zerdrückte Kardamomkapseln, Gewürznelken und Zimtstange durchrösten. Reis einstreuen und 1 Minute mitbraten. Mit Gemüsebrühe aufgießen und nach dem ersten Aufkochen Safranfäden, Zitronensaft, Salz

die Kerne und weißen Innenwände entfernen, waschen, in Streifen schneiden und unter das Fleisch mengen. Aufgetaute Erbsen ebenfalls unterrühren. Alles 10 Minuten schmoren lassen, dann den Reis unterrühren. Nasigoreng mit Sojasauce, Salz und Pfeffer abschmecken und in einer vorgewärmten Pfanne mit dem Shrimpsfleisch und den Zitronenscheiben garniert servieren.

Reis mit Hühnerfleisch
Thailand – Hauptgericht

 Zutaten
500 g Hühnerfleisch,
 5 EL Sojasauce,
300 g Reis,
2 Zwiebeln,
3 Knoblauchzehen,
Erdnussöl zum Braten,
2 EL Ketschup,
3 getrocknete Chilischoten,
4 Eier,
1/2 Salatgurke,
1 Bd. Frühlingszwiebeln,
3 Tomaten,
2 EL gehacktes
Korianderkraut

EW	Fett	KH	kcal/kJ
44 g	13 g	70 g	595/2488

Hühnerfleisch waschen, trockentupfen und in Streifen schneiden. Mit 3 EL Sojasauce vermengen und 60 Minuten ab-

und 1 EL Zucker einrühren. Reis mit einem Deckel verschließen und in ca. 15 Minuten bei milder Hitze garen; dabei gelegentlich umrühren. Restliches Ghee erhitzen, Mandeln und Rosinen einstreuen, kurz andünsten und restlichen Zucker darüber streuen. Sobald der Zucker aufgelöst ist, Pfanneninhalt unter den Reistopf mengen.

Nasigoreng mit Erbsen (Abb.)
Indonesien – Hauptgericht

 Zutaten
250 g Spitzen-Langkorn-Reis,
1 Zwiebel,
 1 Knoblauchzehe,
3 EL Öl,
500 g Hähnchenbrustfilets,
Pfeffer,
Salz,
1 rote Paprikaschote,
125 g aufgetaute Tiefkühlerbsen,
Sojasauce,
150 g Shrimpsfleisch,
Zitronenscheiben zum Garnieren

EW	Fett	KH	kcal/kJ
45 g	14 g	103 g	733/3099

Reisbeutel nach Packungsanleitung kochen und danach warm halten. Zwiebel schälen, Knoblauchzehe abziehen, beides in Würfel schneiden. Öl in einer Pfanne erhitzen, Zwiebel- und Knoblauchwürfel hineingeben und glasig dünsten. Hähnchenbrustfilets waschen, trockentupfen, in Streifen schneiden und zum Zwiebel-Knoblauch-Gemisch geben. Von allen Seiten anbraten, mit Pfeffer und Salz würzen. Paprikaschote vierteln, gedeckt marinieren lassen. Reis mit 450 ml Wasser zum Kochen bringen, dann bei schwacher Hitze zugedeckt in ca. 20 Minuten ausquellen lassen. Zwiebeln schälen, halbieren und in Halbringe schneiden. Knoblauchzehen schälen und fein hacken. 3–4 EL Erdnussöl in einer Pfanne oder im Wok erhitzen, Zwiebeln darin goldbraun braten, Knoblauch und Hühnerfleisch zugeben und die Mischung unter Rühren 4 Minuten braten. Ketschup, restliche Sojasauce, zerkrümelte Chilischoten und gegarten Reis zugeben und alles vermengen. In einer zweiten Pfanne etwas Öl erhitzen. Eier verquirlen, in die Pfanne gießen, stocken lassen; aus der Pfanne nehmen, in Streifen schneiden und unter die Reispfanne mengen. Gurke schälen und in Scheiben schneiden, Frühlingszwiebeln putzen, waschen und in 4 cm lange Stücke schneiden. Tomaten waschen, vom Stielansatz befreien und in Scheiben schneiden. Reispfanne mit Korianderkraut bestreuen. Mit Gurke, Frühlingszwiebeln und Tomaten anrichten.

Duftreis mit Frühlingszwiebeln und Shiitake-Pilzen
(Abb.) – China – Beilage

Zutaten
125 g Duftreis,
1 Bd. Frühlingszwiebeln,
25 g getrocknete Shiitake-Pilze (eingeweicht und gegart),
2 EL Erdnussöl,
1 EL Sojasauce,
1/2 TL Sambal Manis

EW	Fett	KH	kcal/kJ
6 g	1 g	81 g	198/829

Duftreis nach Packungsanleitung kochen (siehe auch Praxistipp S. 280 »Reis richtig kochen«). Frühlingszwiebeln putzen und schräg in Ringe schneiden. Die Stiele der Shiitake-Pilze entfernen, größere Exemplare vierteln. In einem Wok oder einer tiefen Pfanne Erdnussöl erhitzen, erst die Pilze und dann die Zwiebelringe anbraten. Fertigen Reis hinzufügen und alles unter Rühren 4–5 Minuten garen. Sojasauce und Sambal Manis darunter rühren und mit ein paar zurückbehaltenen Zwiebelringen bestreuen. Das Duftreisgericht kann auch als vegetarisches Hauptgericht serviert werden und schmeckt mit grünem oder Jasmintee oder heißem Reiswein.

REIS

Reispfanne mit feurigen Hühnerbruststreifen

(Abb.) – *China* – *Hauptgericht*

Zutaten
4 Stück Hühnerbrust,
300 g Basmatireis,
400 g Broccoli,
1 Bd. Frühlingszwiebeln,
1 rote Paprika,
3 EL Öl,
1/2 Ananas oder
1 kleine Dose,
50 g Erdnüsse,
1/8 l Brühe,
5 EL Sojasauce,

1 Bd. Koriander oder
Petersilie
Für die Marinade:
2 Chilischoten,
2 Knoblauchzehen,
1 EL Balsamico-Essig (ersatzweise Zitronensaft),
3 EL Sojasauce,
2 EL flüssiger Honig,
2 EL Tomatenketschup,
2 EL Öl

EW	Fett	KH	kcal/kJ
41 g	45 g	86 g	915/3830

Hühnerbrüste in je 3 Teile teilen. Für die Marinade gehackte Chilischoten, Knoblauch, Essig, Sojasauce, Honig, Tomatenketschup und Öl verrühren und Hühnchenteile damit bestreichen. Den Reis garen. Broccoli in Röschen teilen, Stiele schälen und in Scheiben schneiden, Paprika in Streifen schneiden. Fleisch auf einem Backblech verteilen und unter dem vorgeheizten Grill 15–20 Minuten grillen. Zwischendurch mit restlicher Marinade bestreichen. Öl in einer Pfanne erhitzen und Gemüse unter Rühren 5 Minuten anbraten. Gewürfelte Ananas und Erdnüsse dazugeben. Den fertigen Reis untermengen, Brühe aufgießen und mit Sojasauce abschmecken. Hühnerbrüste zur Reispfanne servieren. Mit gehacktem Koriander oder Petersilie garnieren.

Indonesisches Reisfleisch (Abb.)
Indonesien – Hauptgericht

Zutaten
250 g Spitzen-Langkorn-Reis,
500 g Schweinefleisch,
Pfeffer,
Salz,
2 EL Öl,
4 EL Sojasauce,
1 EL Weinessig,
Zucker,
1 Stange Lauch,
1 Möhre,
Worcestersauce

EW	Fett	KH	kcal/kJ
25 g	12 g	36 g	345/1449

Reis nach Packungsanweisung zubereiten und warm halten. Schweinefleisch waschen, trockentupfen, in feine Streifen schneiden, mit Pfeffer und Salz würzen. Öl in einer Pfanne erhitzen und die Fleischstreifen von allen Seiten anbraten. Sojasauce, Weinessig und 1 Prise Zucker zum Fleisch geben und gut verrühren. Lauch und Möhre putzen, waschen, in dünne Streifen schneiden, zum Fleisch geben und kurz mitbraten las-

sen. 1/8 l Wasser hinzufügen und alles ca. 5 Minuten schmoren lassen. Das Fleischgemüse mit Worcestersauce abschmecken und mit dem Reis auf einer vorgewärmten Platte anrichten.

Gebratener Reis nach Bauernart
China – Hauptgericht

Zutaten
1 Frühlingszwiebel,
250 g geräucherter Schweinebauch,
4 Eier,
Salz,
Pfeffer,
3 EL Öl,
2 Knoblauchzehen,
1 Zwiebel,
3 EL helle Sojasauce,
1 EL dunkle Sojasauce,
2 TL Tabasco,
1/2 TL Zucker,
1/2 TL Glutamat,
1/2 EL Paprikapulver edelsüß,
2 EL Reiswein,
2 EL Tomatenketchup,
500 g gekochter Reis (kalt),
1 Tasse Erbsen

EW	Fett	KH	kcal/kJ
20 g	41 g	38 g	611/2555

Frühlingszwiebel halbieren, in ca. 3 cm lange Stücke schneiden. Schweinebauch in Streifen schneiden. Eier verquirlen, mit Salz und Pfeffer würzen. Mehrere Omelettes backen, in Streifen schneiden. Öl erhitzen,

Knoblauch- und Zwiebelwürfel darin andünsten, Schweinebauch und Frühlingszwiebel zugeben. Bei Mittelhitze unter Rühren braten und Sojasauce, Tabasco, Zucker, Glutamat, Salz, Pfeffer, Paprikapulver, Reiswein und Tomatenketschup zugeben. Reis und Erbsen hineingeben, durchmischen, braten und ständig wenden. Omelettestreifen darüber streuen.

Nasigoreng mit Shrimps
Indonesien – Hauptgericht

Zutaten
150 g Parboiled Reis,
Salz, 2 Eier,
weißer Pfeffer,
6 EL Öl,
1 rote Paprikaschote,
1 Stange Lauch,
2 Zwiebeln,
2 Knoblauchzehen,
300 g Hühnerbrustfilet,
300 g Schweineschnitzel,
80 g Shrimps (Dose),
1/2 TL Sambal Oelek,
4–5 EL Sojasauce

EW	Fett	KH	kcal/kJ
45 g	34 g	37 g	621/2596

Den Reis im Salzwasser kochen, abtropfen und auskühlen lassen. Eier mit Salz und Pfeffer verquirlen und in wenig Öl zu hauchdünnen Küchlein backen. Abgekühlt in sehr feine Streifen teilen. Das Gemüse putzen, Paprikaschote und Lauch in Ringe schneiden, Zwiebeln und Knoblauch würfeln. 3 EL Öl in einer Pfanne erhitzen. Hühner- und Schweinefleisch in sehr feine Streifen teilen, portionsweise anbraten und herausnehmen. Restliches Öl erhitzen und Gemüse darin nicht zu weich braten. Reis zufügen und hellgelb braten. Fleischstreifen und abgetropfte Shrimps darin erhitzen, pikant abschmecken. Eierkuchenstreifen untermischen, abschmecken und Gericht sofort servieren.

Duftreis
Indien – Beilage

Zutaten
400 g Duftreis
(Basmatireis),
100 g Butter,
Salz

EW	Fett	KH	kcal/kJ
7 g	3 g	78 g	364/1524

Reis verlesen, in eine Schüssel füllen und gründlich waschen. Dabei das Wasser mehrmals wechseln. Reis abseihen und in 1 1/4 l Wasser 30 Minuten einweichen. Reis wieder abseihen. Mit Butter, gut 1/2 l Wasser und 3/4 TL Salz in einen Topf mit dickem Boden geben und zum Kochen bringen. Topf gut verschließen und bei schwacher Hitze Reis 20 Minuten garen. Deckel öffnen und Reis mit einer Gabel kurz und vorsichtig auflockern. Zugedeckt weitere 5–10 Minuten garen.

Tipp
Basmatireis, eine der ältesten indischen Reissorten, ist ein besonders aromatischer Reis, der auch als Duftreis bezeichnet wird. Er gilt als König der Reissorten.

Weißer Reis
Indonesien – Beilage

Zutaten
400 g Duftreis,
Salz

EW	Fett	KH	kcal/kJ
7 g	1 g	78 g	346/1446

Reis in einem Sieb abbrausen und abtropfen lassen. Mit 600 ml Salzwasser bei starker Hitze zugedeckt zum Kochen bringen; Hitze reduzieren und Reis bei schwacher Hitze zugedeckt in 15–20 Minuten garen. Wenn der Reis das Wasser vollständig aufgenommen hat, Topf vom Herd ziehen und Reis noch ca. 10 Minuten zugedeckt quellen lassen.

Tipp
Faustregel für Reiskochen: Auf 1 Tasse Reis kommen 2 Tassen Wasser.

Nudel-Snack mit Schweinefleisch
(Abb.) – China

Zutaten
4 Frühlings-
zwiebeln,
1 rote Paprikaschote,
2 EL Sonnen-
blumenöl,
200 g Schweine-
geschnetzeltes,
2 Packungen Asia Nudel-
Snack »Kari-Curry«
(Fertigprodukt)

EW	Fett	KH	kcal/kJ
17 g	12 g	28 g	291/1217

Frühlingszwiebeln putzen, waschen und in 1 cm breite Stücke schneiden. Paprikaschote putzen, waschen und in Streifen schneiden. In einem Topf Öl erhitzen. Schweinegeschnetzeltes darin anbraten, Paprikaschote zugeben und kurz mitbraten. 600 ml Wasser zugießen und zum Kochen bringen. Asia Nudel-Snack »Kari-Curry« mit Nudeln und Inhalt des Gewürzbeutels zufügen und 2 Minuten kochen. Frühlingszwiebeln untermengen und weitere 2 Minuten köcheln lassen.

Tipp
Das Fleisch kann mit Currypulver gewürzt und angebraten werden.

Nudeln mit Allerlei
China

Zutaten
1/2 Packung chinesische Eiernudeln,
200 g Hähnchen-
schnitzel,
200 g ausgelöste Garnelen,
2 Stängel Koriander-
kraut,
1 Zwiebel,
2 Knoblauchzehen,
1 Stange Lauch,
3 EL Öl,
helle und dunkle Soja-
sauce nach Geschmack,
Salz,
Pfeffer

EW	Fett	KH	kcal/kJ
30 g	14 g	49 g	449/1876

Nudeln kurz in heißem Wasser quellen lassen; dann in einem Sieb gut abtropfen lassen. Hähnchenfleisch in schmale Streifen schneiden. Garnelen waschen und trockentupfen. Korianderblätter fein hacken. Zwiebel und Knoblauch schälen und fein hacken. Lauchstange längs halbieren, gründlich waschen und den weißen Teil quer in feine Streifen schneiden. Im Wok oder einer tiefen Pfanne Öl erhitzen. Zwiebel, Knoblauch und Lauch ca. 2 Minuten darin anbraten. Fleischstreifen und Garnelen zufügen. Alles kräftig unter Rühren durchbraten. Mit Sojasauce, Salz und Pfeffer würzen und Nudeln vorsichtig untermengen. Nochmals abschmecken und mit Korianderkraut bestreuen.

Tipp
Anstatt Eiernudeln Glasnudeln verwenden.

Glasnudeln mit Gemüse
China

Zutaten
1/2 Packung Glasnudeln,
200 g frische Bambus-
schößlinge,
200 g Sojabohnen-
sprossen,
200 g Champignons,
1/2 Bd. Frühlings-
zwiebeln,
2 Knoblauchzehen,
je 1 rote und grüne Paprikaschote,
4 EL Erdnussöl,
Sojasauce nach Geschmack,
2 EL Reiswein,
Salz,
Pfeffer,
1 TL Speisestärke,
1 EL Sesamöl

EW	Fett	KH	kcal/kJ
11 g	20 g	25 g	327/1369

Glasnudeln mit heißem Wasser begießen, kurz quellen und in einem Sieb abtropfen lassen.

Bambusschößlinge klein schneiden. Sojabohnensprossen waschen und in einem Sieb abtropfen lassen. Champignons säubern und je nach Größe halbieren oder vierteln. Frühlingszwiebeln putzen und fein würfeln. Knoblauchzehen schälen und fein hacken. Paprikaschoten putzen, waschen und in etwa zentimetergroße Würfel schneiden. Im Wok oder einer tiefen Pfanne Erdnussöl erhitzen, Frühlingszwiebeln und Knoblauch 1 Minute unter Rühren darin anbraten; restliches Gemüse zufügen. Mit Sojasauce, Reiswein, Salz und Pfeffer abschmecken. Speisestärke mit 2–3 EL Wasser glatt rühren und über das Gemüse gießen. Zuletzt Glasnudeln vorsichtig untermengen, nochmals abschmecken und mit Sesamöl beträufeln.

Tipp
Anstatt Nudeln gekochten Reis untermengen.

Fisch-Nudel-Pfanne
(Abb.) – China

Zutaten für 3 Personen
200 g Bandnudeln,
300 g Fischfilet
(tiefgekühlt),
1 EL Reiswein,
1 Eiweiß,
1 TL Speisestärke,

50 g Bambussprossen
(Dose),
1 EL Sonnenblumenöl,
1 Beutel China-Pfanne
(Fertigprodukt)

EW	Fett	KH	kcal/kJ
27 g	6 g	67 g	470/1968

Bandnudeln nach Packungsanweisung zubereiten und abtropfen lassen. Fischfilet antauen, waschen, trockentupfen und in mundgerechte Würfel schneiden. Reiswein, Eiweiß und Speisestärke verrühren, Fischwürfel darin wenden und 10 Minuten stehen lassen. Bambussprossen in Stifte schneiden. In einem Wok oder einer tiefen Pfanne Öl erhitzen, Fisch und Bambussprossen darin unter Rühren braten, herausnehmen. 3/8 l Wasser in das Bratfett gießen. China-Pfanne einrühren, 10 Minuten kochen lassen. Gelegentlich umrühren. Nudeln, Fisch und Bambussprossen zufügen und heiß werden lassen.

Gebratene Nudeln mit Putenbrustfilet und Gemüse
(Abb.) – China

Zutaten
500 g Putenbrust,
1 Knoblauchzehe,
2 cm frischer Ingwer,
2 Chilischoten,
9 EL Sojasauce,
1 EL Speisestärke,
8 EL Öl,
3 mittelgroße Möhren,
1/2 kleiner Chinakohl,
1 Stange Lauch,
250 g Instant-Eiernudeln,
150 g Sojasprossen,
1/8 l Geflügelbrühe,
Sojasauce zum Abschmecken,
2 Eier

EW	Fett	KH	kcal/kJ
49 g	39 g	52 g	757/3165

Putenbrust würfeln. Knoblauchzehe schälen und hacken, Ingwer raspeln, Chilischoten längs halbieren und entkernen. Sojasauce mit Speisestärke glatt rühren. Knoblauch, Ingwer, Chilischoten und 1 EL Öl zugeben und das Fleisch darin mindestens 15 Minuten marinieren. Möhren in feine und Chinakohl in grobe Streifen schneiden, Lauch in Ringe schneiden. Eiernudeln nach Pakungsanweisung garen und beiseite stellen. 7 EL Öl im Wok oder in einer großen Pfanne erhitzen, zuerst Fleisch, dann Gemüse nacheinander anbraten. Nudeln und Sojasprossen zum Schluss dazugeben und kurz mitbraten. Mit Geflügelbrühe ablöschen, mit Sojasauce abschmecken. Eier aufschlagen, verrühren und unterrühren, nicht mehr kochen lassen. Gericht sofort servieren.

Gebratene Nudeln
Indonesien

Zutaten
400 g asiatische Nudeln,
Salz,
250 g Schweineschnitzel,
300 g Broccoli,
4 Blatt Chinakohl,
1 dicke Möhre,
1 Zwiebel,
1–2 Knoblauchzehen,
5 cm frischer Ingwer,
1/4 TL Krabbenpaste,
3 EL Sojaöl,
1/2 TL Sambal Oelek,
2 EL Sojasauce,
1 EL Palmzucker,
süße Sojasauce

Salz,
4 kleine Putenschnitzel
(à 150 g),
2 kleine Stücke frische
Ingwerwurzel,
4–5 Frühlingszwiebeln,
400 g Zucker-
schoten,
400 g Möhren,
4 EL Olivenöl,
2 TL Chili-
Würzöl,
8 tiefgekühlte
Riesen-
garnelen.
schwänze,
6 EL Sojasauce,
4 EL Fischsauce,
4 EL Limettensaft,
Pfeffer,
evtl. etwas
Speisestärke

EW	Fett	KH	kcal/kJ
42 g	12 g	80 g	625/2625

Asiatische Nudeln mit Salz nach Packungsanweisung garen, kalt abschrecken und gut abtropfen lassen. Schweineschnitzel in dünne Streifen schneiden. Broccoli waschen, in Röschen teilen, kurz in kochendem Salzwasser blanchieren, abschrecken und abtropfen lassen. Chinakohl waschen und in schmale Streifen schneiden. Möhre schälen und in streichholzdünne Stifte schneiden. Zwiebel schälen und fein hacken. Knoblauchzehen schälen und durch die Presse drücken. Ingwer schälen und fein reiben. Krabbenpaste zerdrücken. Sojaöl in einem Wok oder einer tiefen Pfanne erhitzen. Fleischstreifen, Zwiebel, Knoblauch, Ingwer, Krabbenpaste und Sambal Oelek darin unter Rühren ca. 3 Minuten bei starker Hitze anbraten. Broccoli und Chinakohl zugeben und ca. 1 Minute weiterbraten. Nudeln, Sojasauce und Palmzucker untermengen; noch ca. 3 Minuten unter Rühren braten. Gebratene Nudeln mit süßer Sojasauce abschmecken und servieren.

Nudel-Wok
(Abb.) – China

Zutaten
300–400 g kurze
Nudeln,

EW	Fett	KH	kcal/kJ
59 g	18 g	71 g	690/2900

Nudeln in reichlich kochendem Salzwasser knapp bissfest garen. Abgießen, kalt abschrecken und gut abtropfen lassen. Putenschnitzel abtupfen und klein würfeln. Ingwerwurzel schälen und fein hacken. Frühlingszwiebeln putzen, grüne und weiße Teile getrennt in feine Ringe schneiden. Zuckerschoten waschen und putzen; nach Belieben diagonal halbieren. Möhren ebenfalls putzen und in etwa 1/2 cm dicke Scheiben schneiden. Einen Wok trocken erhitzen. Beide Ölsorten hineingeben, heiß werden lassen und al-

NUDELN

le vorbereiteten Zutaten, bis auf Nudeln und grüne Frühlingszwiebelringe, auch die Riesengarnelen, darin unter Wenden bei starker Hitze braten. Nach 6 Minuten Nudeln, Soja- und Fischsauce und Limettensaft unterheben. Weitere 6 Minuten unter Rühren braten. Mit Salz und Pfeffer abschmecken und nach Belieben mit ein wenig Speisestärke andicken (etwas Stärke mit wenig kaltem Wasser anrühren und in das Gericht rühren). Einen Teil der grünen Frühlingszwiebelringe unterheben. Mit restlichen Zwiebelringen bestreuen und mit Riesengarnelen garnieren.

Knusprig gebratene Reisnudeln
Thailand

Zutaten
200 g rohe Garnelen,
100 g Reis-Vermicelli (Fadennudeln; Asiashop),

3 Knoblauchzehen,

4 cm frische Ingwerwurzel,
150 g gebratener Tofu,
1/2 l Öl,
100 g Hackfleisch,
1 EL Reisweinessig,
2 EL Fischsauce,
2 EL Palmzucker,
1 1/2 EL Chilisauce,

2 kleine frische rote Chilischoten,
2 EL Schnittlauchröllchen,
2 EL gehacktes Korianderkraut

EW	Fett	KH	kcal/kJ
22 g	20 g	32 g	438/1832

Garnelen schälen, vom dunklen Darm befreien und fein zerkleinern. Reis-Vermicelli in einer Schüssel mit heißem Wasser übergießen, 1 Minute ziehen lassen, abgießen, abtropfen und 20 Minuten trocknen lassen. Knoblauchzehen schälen und fein hacken. Ingwer schälen und fein raspeln. Tofu in schmale Stifte schneiden. Öl in einer tiefen Pfanne oder im Wok erhitzen, Tofu darin 1 Minute knusprig braten, das Fett auf Küchenpapier abtropfen lassen. Vermicelli portionsweise in je 10 Sekunden braten, das Fett auf Küchenpapier abtropfen lassen. Bis auf etwa 2 EL das Öl aus der Pfanne oder dem Wok gießen, beiseite stellen. Knoblauch, Ingwer, Hackfleisch und Garnelen in der Pfanne oder dem Wok unter Rühren goldbraun braten. Mit Essig, Fischsauce, Palmzucker, Chilisauce und Chilischoten würzen und unter Rühren aufkochen lassen. Vermicelli und Tofu zugeben, Schnittlauch und Koriander untermengen. Alles unter Rühren kurz erhitzen und servieren.

Nudelpfanne mit Shrimps
China

Zutaten
200 g dünne Bandnudeln,

Salz, 1 EL Öl,
200 g Shrimps,
5 cl Sherry,
3 EL Erdnussöl,
2 Schalotten,
1 Stange Lauch,
1/8 l Reiswein,
1 Beutel Gewürzmischung für China-Pfanne (Fertigprodukt),
etwas Zitronensaft,
Sojasauce,
Szechuanpfeffer,
2 EL Schnittlauchröllchen

EW	Fett	KH	kcal/kJ
17 g	12 g	41 g	388/1622

Bandnudeln in Salzwasser mit Öl bissfest garen, kalt abschrecken, abtropfen lassen und beiseite stellen. Shrimps mit Sherry beträufeln und kurz ziehen lassen. Erdnussöl im Wok oder einer tiefen Pfanne erhitzen. Schalotten schälen, fein hacken, im Öl glasig schwitzen. Lauch putzen, gründlich waschen, in Streifen schneiden, zur Zwiebel geben und unter Rühren braten. Mit Reiswein ablöschen und 1/4 l Wasser zugießen. Gewürzmischung einrühren und 8–10 Minuten köcheln lassen. Shrimps und Nudeln in der

Sauce erhitzen. Mit Zitronensaft, Sojasauce, Salz und Szechuanpfeffer abschmecken. Nudelpfanne anrichten, mit Schnittlauchröllchen bestreuen, nach Wunsch garnieren und sofort servieren.

Suzi-Wan's Nudelnest
(Abb.) – China

Zutaten
250 g chinesische Eiernudeln,
12 g chinesische

 schwarze Pilze,
2 Gläser Chopsuey
(à 350 g),
2 EL fernöstlicher Ketchup,
1 EL Sojasauce,
1 Msp. gemahlener Koriander,
1 TL Zucker,
Öl zum Frittieren

EW	Fett	KH	kcal/kJ
14 g	8 g	58 g	354/1479

Eiernudeln nach Packungsanweisung zubereiten. Pilze im warmen Wasser ca. 15 Minuten quellen lassen, abspülen und klein schneiden. Für den Salat Chopsuey abtropfen lassen, Pilze untermengen und alles kurz erhitzen. Mit fernöstlichem Ketschup, Sojasauce, Koriander und Zucker abschmecken. Öl erhitzen. Eine Portion Nudeln zwischen 2 Schaumlöffel geben und im heißen Öl frittieren; portionsweise verfahren. Salat auf den vorbereiteten Nudelnestern anrichten und servieren. Nach Wunsch mit Schnittlauchröllchen garnieren.

Gebratene Glasnudeln
China

Zutaten
100 g Glasnudeln,
3 EL Öl,
1 gepresste Knoblauch-
zehe,
100 g Schweine-
hackfleisch,
2 TL Chilisauce oder
Tabasco,
1 Stange gehackter
Lauch
Für die Sauce:
2 EL helle Sojasauce,
1/2 TL Salz,
Pfeffer,
Glutamat,
1/2 TL Zucker,
2 EL Reiswein,
125 ml Wasser

EW	Fett	KH	kcal/kJ
7 g	19 g	24 g	296/1238

Glasnudeln in kochendem Wasser einweichen, nach 10 Minuten abgießen, in etwa 10 cm
lange Fäden schneiden. Öl im
Wok erhitzen, Knoblauch darin
braten, bis er duftet. Schweinehackfleisch zugeben, ständig
unter Rühren durchbraten. Mit
Saucenzutaten begießen, ca.
10 Minuten bei schwacher Hitze
dünsten. Kurz vor dem Servieren Glasnudeln, Chilisauce und
Lauch zugeben. Weiter unter
Rühren braten, gut vermischen,
mit Salz, Pfeffer, Glutamat abschmecken und servieren.

Nudeln mit Asiagemüse
(Abb.) – China

Zutaten
10 getrocknete
Shiitake-Pilze,
Salz,
2 Packungen Asia
Nudel-Snack
»5 Spice-5 Gewürze«,
1 Dose Strohpilze
(425 ml),
1 Dose Bambussprossen
in Scheiben,
2 EL Sonnenblumenöl,
2 EL Sojasauce

EW	Fett	KH	kcal/kJ
15 g	7 g	25 g	230/963

Pilze ca. 15 Minuten in heißem
Wasser einweichen, abtropfen
lassen und in Streifen schneiden. Reichlich Wasser mit 1 Prise Salz zum Kochen bringen.
Nudeln von Asia Nudel-Snack
zufügen und 2 Minuten ko-
chen; abgießen und kalt abspülen, damit sie nicht zusam-

menkleben. Strohpilze und
Bambussprossen abtropfen lassen. In einem Topf Öl erhitzen,
Inhalt der Gewürzbeutel zufügen und kurz anbraten. Shiitake-Pilze, Strohpilze und Bambussprossen zugeben und ca.
5 Minuten dünsten. Kurz vor
dem Servieren Nudeln und Sojasauce mit dem Gemüse vermengen und alles noch einmal heiß
werden lassen.

Gebratene Nudeln spezial
China

Zutaten
300 g chinesische
Eiernudeln,
150 g Hühnerbrustfilet,
150 g Schweinefilet,
4 EL helle Sojasauce,
Glutamat, Pfeffer,
100 g gekochter
Schinken,
100 g Bambussprossen
(Dose),
4 eingeweichte
Tongku-Pilze,
1 Frühlingszwiebel,
100 g Spinat,
100 g Sojabohnen-
sprossen,
1 Zwiebel,
100 g Zuckererbsen,
4 EL Öl,
2 Knoblauchzehen,
200 g Shrimps,
1/8 l Brühe,
1 EL dunkle Sojasauce,
1 TL Salz,

NUDELN

einige Tropfen Sesamöl,
2 EL Reiswein

EW	Fett	KH	kcal/kJ
46 g	29 g	65 g	731/3057

Nudeln mit kochendem Wasser
überbrühen, 15 Minuten quellen, dann abtropfen lassen.
Hühner- und Schweinefleisch in
dünne Streifen schneiden, mit
2 EL heller Sojasauce, Glutamat
und Pfeffer ca. 15 Minuten
ziehen lassen. Schinken in Streifen, Bambussprossen in dünne
Scheiben, abgetropfte Tongku-
Pilze in Scheiben, Frühlingszwiebel in 3 cm lange Stücke schneiden. Spinat und Sojabohnensprossen putzen, waschen, abtropfen lassen. Zwiebel schälen,
halbieren und in dünne Scheiben
schneiden. Erbsenschoten putzen, Fäden abziehen, Schoten
waschen. Öl im Wok oder einer
tiefen Pfanne erhitzen, ausgepressten Knoblauch und Zwiebel
darin anbraten, bis sie duften.
Fleisch und Shrimps zugeben,
kurz unter Rühren durchbraten.
Bambussprossen, Pilze, Zuckererbsen, Brühe, 2 EL helle Sojasauce, 1 EL dunkle Sojasauce,
Salz, Pfeffer, Glutamat, Sesamöl
und Reiswein zufügen, weiter
unter Rühren braten. Nach 5 Minuten Frühlingszwiebel, Nudeln,
Spinat und Sojabohnensprossen
nacheinander zugeben. Alles
gut vermengen, Schinkenstreifen unterrühren, mit Salz und
Pfeffer oder Sojasauce abschmecken und sofort servieren.

Nudel-Snack Lao
(Abb.) – China

Zutaten
200 g Putenschnitzel,
1 rote Paprikaschote,
2 Frühlingszwiebeln,
2 EL Sonnenblumenöl,
2 Packungen Asia Nudel-
Snack »Ayam-Huhn«

EW	Fett	KH	kcal/kJ
18 g	9 g	28 g	266/1112

Putenschnitzel waschen, trockentupfen und in Streifen
schneiden. Paprikaschote putzen,
waschen und in feine Streifen
schneiden. Frühlingszwiebeln putze, waschen und in schmale Ringe schneiden. In einem Topf Öl
heiß werden lassen. Fleisch darin
unter Wenden anbraten. 600 ml
Wasser zugießen und zum Kochen bringen. Asia Nudel-Snack
mit den Nudeln und dem Inhalt

des Gewürzbeutels zufügen und
2 Minuten kochen lassen. Gemüse zugeben und alles weitere 2
Minuten kochen lassen. Nach Belieben mit 2 TL Sesamöl würzen
und nochmals abschmecken.

Reisnudeln mit Meeresfrüchten
Thailand

Zutaten
350 g tiefgekühlte ge-
mischte Meeresfrüchte,
175 g Reis-Vermicelli (fadennudeln; Asiashop),
2 cm frischer Ingwer,
2 Frühlingszwiebeln,
3 Knoblauchzehen,
2 rote Paprikaschoten,
1 gelbe Paprikaschote,
1 grüne Paprikaschote,
5 Maiskölbchen (Dose),
5 EL Öl, 2 EL Austern-
sauce, 2 EL Fischsauce,

2 EL gehacktes
Korianderkraut

EW	Fett	KH	kcal/kJ
24 g	22 g	42 g	465/1943

Meeresfrüchte nach Packungsanweisung auftauen lassen. Reisnudeln mit kochendem Wasser
übergießen und 10 Minuten
quellen lassen, kalt abschrecken,
abtropfen lassen und mehrmals
mit einer Schere durchschneiden.
Ingwerwurzel schälen und fein
würfeln. Frühlingszwiebeln putzen und mit einem Teil des
Grüns in Ringe schneiden. Knoblauch schälen und fein würfeln.
Paprikaschoten putzen, waschen
und in schmale Streifen schneiden. Maiskölbchen abtropfen
lassen und längs halbieren. In einer tiefen Pfanne oder im Wok 1
EL Öl erhitzen. Frühlingszwiebeln
und Knoblauch darin anbraten.
Maiskölbchen und Paprika zugeben, kurz mitbraten. Mischung
aus der Pfanne nehmen und beiseite stellen. 2 EL Öl in der Pfanne erhitzen, Nudeln darin unter
Wenden anbraten, herausnehmen und beiseite stellen. Meeresfrüchte abspülen und abtropfen lassen. Restliches Öl in der
Pfanne erhitzen und Meeresfrüchte darin anbraten. Ingwer,
Austernsauce und Fischsauce untermengen und alles einmal aufkochen lassen. Gemüse und Nudeln in die Pfanne geben, alles
gut vermengen und nochmals
erhitzen. Gericht mit Korianderkraut bestreut servieren.

Abb. 1

Abb. 2

Sanft gebratene Nudeln
(Abb. 1–2 und S. 305) – *China*

 Zutaten
300 g getrocknete
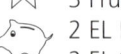 Eiernudeln,
3 Frühlingszwiebeln,
2 EL Pflanzenöl,
2 EL Sojasauce,
Salz,
schwarzer Pfeffer aus
der Mühle,
geröstete Zwiebeln zum
Garnieren

EW	Fett	KH	kcal/kJ
11 g	10 g	55 g	352/1472

Nudeln nach Packungsanweisung bissfest garen. In einem
Sieb mit kaltem Wasser kräftig
abschrecken und gut abtropfen
lassen. Frühlingszwiebeln putzen, waschen und in feine Ringe schneiden. Öl in einem Wok
erhitzen und die Hälfte der
Frühlingszwiebeln darin ganz
kurz anbraten. Nudeln hinzufügen und vorsichtig auflockern
(Abb. 1). Hitze reduzieren und
so lange braten, bis die Nudeln
außen goldgelb und kross, innen aber noch weich sind (Abb.
2). Mit Sojasauce, Salz und Pfeffer würzen. Nudeln mit gerösteten Zwiebeln und restlichen
Frühlingszwiebeln garnieren.

Gebratene Nudeln nach Hausfrauenart
China

 Zutaten
300 g chinesische
Eiernudeln,
 200 g magerer
Schweinebauch,
1 Frühlingszwiebel,
1 Zwiebel,
2 Möhren,
5 Kohlblätter, 4 EL Öl,
2 gepresste Knoblauch-
zehen,
200 g Shrimps,
Salz, Pfeffer,
2 TL fein geschnittener
Schnittlauch
Für die Sauce:
125 ml Brühe,
4 EL helle Sojasauce,

1 EL dunkle Sojasauce,
1 TL Salz, Pfeffer,
Glutamat,
1/2 TL Zucker

EW	Fett	KH	kcal/kJ
28 g	37 g	57 g	668/2797

Eiernudeln mit Wasser be-
gießen, ca. 15 Minuten einweichen, abtropfen lassen. Schweinebauch ca. 15 Minuten kochen, herausnehmen, kalt stellen, dann in Streifen schneiden.
Frühlingszwiebel halbieren, in
4 cm lange Stücke schneiden.
Zwiebel hacken, Möhren in

Streifen schneiden. Kohlblätter
halbieren, dicke Rippen herausnehmen, Blätter in Streifen
schneiden. Öl im Wok erhitzen,
Knoblauch und Zwiebel darin
unter Rühren anbraten, bis sie
duften. Schweinebauch und
Möhren zugeben, kurz braten.
Saucenzutaten zufügen und ca.
5 Minuten zugedeckt dünsten.
Shrimps, Kohlblätter und Frühlingszwiebel zugeben, bei starker Hitze kurz anbraten. Nudeln
zugeben, Hitze reduzieren und
alles vermischen. Mit Salz und
Pfeffer abschmecken und mit
Schnittlauch garniert servieren.

Bamigoreng
Indonesien

 Zutaten
400 g Mie-Nudeln,
 400 g Hühner- oder
Schweinefleisch,
 100 g gekochter
Schinken,
1 Stange Lauch,
2 Zwiebeln,
1 rote Paprikaschote,
75 g Sellerie,
1 kleine Dose
Erbsen,
1 Glas Mungobohnen-
sprossen,

Öl zum Braten,
2 TL Knoblauchpulver,
1 TL Ingwerpulver,
3 EL Ketjap Manis,
1 TL Sambal Manis,
Salz

EW	Fett	KH	kcal/kJ
43 g	13 g	82 g	636/2698

Mie-Nudeln nach Packungsanweisung kochen. Inzwischen Fleisch und Schinken würfeln. Lauch putzen, Zwiebeln schälen, beides in Ringe schneiden; Paprika putzen, Sellerie schälen, beides in Streifen schneiden. Erbsen und Mungobohnensprossen abtropfen lassen. Öl in einer Pfanne oder im Wok erhitzen, Fleisch kurz darin anbraten, nach und nach Schinken, Zwiebeln, Lauch, Sellerie und Paprika dazugeben und mitbraten. Zum Schluss Erbsen und Mungobohnensprossen unterrühren. Das Gemüse soll knackig bleiben. Mit Knoblauchpulver, Ingwerpulver, Ketjap, Sambal und Salz würzen, Nudeln untermischen, 5 Minuten braten.

Knusprig gebratene Nudeln mit Fleisch und Fisch
China

Zutaten
300 g chinesische
Eiernudeln,
Öl zum Braten,

200 g Hühnerbrustfilet,
150 g mageres
Schweinefleisch,
1 Tintenfisch,
1 TL Essig,
1 TL helle Sojasauce,
100 g gekochter
Schinken,
3 eingeweichte
Tongku-Pilze,
1 Tasse Bambussprossen,
4 eingeweichte
Morcheln,
1 gepresste Knoblauchzehe,
1 Frühlingszwiebel,
150 g Shrimps,
200 g Spinat oder
chinesisches Gemüse,
Maisstärke zum
Andicken
Für die Marinade:
1 Ei,
2 EL helle Sojasauce,
1 EL Weizenmehl,
1 EL Maisstärke,
Pfeffer
Für die Sauce:
750 ml Brühe,
3 EL helle Sojasauce,
1 EL dunkle Sojasauce,
2 EL Reiswein,
Glutamat,
Salz,
Pfeffer

EW	Fett	KH	kcal/kJ
68 g	38 g	61 g	860/3599

Eiernudeln mit reichlich kochendem Wasser übergießen, ca. 15 Minuten einweichen, dann abtropfen lassen. Öl im Wok erhitzen, Nudeln bei starker Hitze anbraten, ab und zu wenden (Vorsicht: nicht anbrennen lassen!). Wenn sie knusprig und goldgelb sind, herausnehmen, abtropfen lassen. Hühner- und Schweinefleisch schräg in dünne Streifen schneiden, mit Marinadenzutaten gut vermischen, ca. 10 Minuten ziehen lassen. Tintenfisch gut waschen. Unter fließendem Wasser Außenhaut vom Körper abtrennen. Kopf samt Innereien herausziehen und wegwerfen. Tintenfisch gut ausspülen, seitlich halbieren, in 2 cm große Stücke schneiden, mit Essig und heller Sojasauce marinieren. Schinken und Tongku-Pilze in Streifen, Bambusprossen in dünne Scheiben, Morcheln grob schneiden. Reichlich Öl im Wok erhitzen, Fleischstücke einzeln darin frittieren, bis sie goldgelb sind; herausnehmen, abtropfen. 2 EL Öl erhitzen, Knoblauch und Frühlingszwiebel darin braten, bis sie duften. Dann Schinken, Bambussprossen, Pilze, Morcheln, Shrimps und Tintenfisch zugeben. Alles kurz unter Rühren braten, Saucenzutaten unterrühren und aufkochen lassen. Spinat oder chinesisches Gemüse zugeben, noch einmal aufkochen und mit Maisstärke andicken. Auf einer Platte Nudeln anrichten, frittierte Fleischstücke darüber verteilen, mit Saucenmischung übergießen und servieren.

Chinesisches »Eierwerk«
(Abb. S. 307) – China

Zutaten
10 Eier,
je 1 rote und grüne
Paprikaschote,
1 Stange Lauch,
1 EL Butter,
90 g Sojabohnen-
sprossen (Glas),
90 g Maiskölbchen
(Glas),
2 EL Tomatenmark,
1 EL Zucker,
1/2 TL Ingwerpulver,
2 Msp. Cayennepfeffer,
Salz,
Pfeffer,
3/8 l Gemüsebrühe,
1 TL Speisestärke,
8 Scheiben Frühstücks-
speck

EW	Fett	KH	kcal/kJ
27 g	52 g	23 g	704/2942

Eier hart kochen, schälen und
halbieren. Paprikaschoten putzen, waschen und in Streifen
schneiden. Lauch putzen, waschen und in Ringe schneiden.
Butter in einer Pfanne erhitzen,
Paprikastreifen und Lauch kurz
darin dünsten. Sojabohnensprossen und Maiskölbchen abtropfen lassen und zugeben.
Mit Tomatenmark, Zucker, Ingwerpulver, Cayennepfeffer, Salz
und Pfeffer würzen. Brühe angießen und alles ca. 5 Minuten
garen. Speisestärke mit etwas

kaltem Wasser glatt rühren,
zum Gemüse geben, unterrühren und kurz aufkochen lassen.
Frühstücksspeck in einer erhitzten Pfanne knusprig braten.
Gemüse mit Eierhälften belegen, mit Speck anrichten und
nach Wunsch mit Lauchstreifen
garniert servieren.

Eiercurry indisch
Indien

Zutaten
4 Eier,
1 große Zwiebel,
2 Knoblauchzehen,
2 cm frische Ingwer-
wurzel,
4 Tomaten,
4 EL Ghee,
1 TL gemahlener
Koriander,
2 TL gemahlener
Kreuzkümmel,
1/2 TL Salz,
1/4 TL Cayennepfeffer,
1 TL Garam Masala,
ein paar EL Gemüse-
brühe

EW	Fett	KH	kcal/kJ
8 g	22 g	5 g	263/1101

Eier in knapp 10 Minuten hart
kochen. Mit kaltem Wasser abschrecken, schälen und halbieren. Zwiebel, Knoblauch und
Ingwer schälen und fein hacken. Tomaten blanchieren,
häuten und klein würfeln. In einem breiten Topf Ghee erhit-

zen. Zwiebeln, Knoblauch, Ingwer und Gewürze einstreuen
und einige Minuten durchbraten. Tomatenwürfel zufügen;
Mischung solange weiterbraten,
bis sie eine pastenförmige
Konsistenz hat. Gemüsebrühe
unterrühren, einige Male aufkochen lassen und Eierhälften
einlegen.

Rührei mit Rindfleisch
China

Zutaten
150 g Rinderfilet,
3 EL Sojasauce,
1/2 EL Reiswein,
1 TL Zucker,
1 EL Speisestärke,
6 Eier,
Öl zum Braten,
Pfeffer,
Glutamat,
2 EL fein gehackter
Lauch

EW	Fett	KH	kcal/kJ
19 g	14 g	11 g	265/1109

Fleisch waschen, trockentupfen
und in dünne Scheiben schneiden; mit 1 EL Sojasauce, Reiswein, 1/2 TL Zucker und in 1 EL
kaltem Wasser angerührter Stärke gut vermengen, ca. 20 Minuten durchziehen lassen. Eier
in einer Schüssel verquirlen.
2 EL Öl im Wok oder einer tiefen Pfanne erhitzen, Fleisch kurz
darin anbraten, herausnehmen,

verquirlte Eier zugeben. Mit Pfeffer, Glutamat, 1/2 TL Zucker und restlicher Sojasauce gut vermengen. 3 EL Öl erhitzen, Lauch darin braten, bis er duftet, dann Eier-Fleisch-Mischung zugeben, ständig wenden, bis die Eier fest sind. Gericht sofort servieren.

Omelette mit Gemüsefüllung
(Abb.) – Japan

Zutaten
Für die Füllung:
2 Stangen Lauch,
50 g Sojabohnen-
keimlinge,
1 EL Erdnussöl,
100 ml Gemüsebrühe,
2 EL Sojasauce,
1 TL Maisstärke,
Pfeffer
Für das Omelette:
6–8 Eier,
1–2 EL Milch oder
Wasser,
2 TL Sojasauce,
Pfeffer, 2 EL Butter

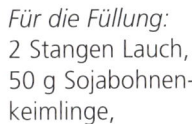

EW	Fett	KH	kcal/kJ
22 g	28 g	6 g	368/1472

Lauch putzen und in feine Streifen schneiden. Sojabohnenkeimlinge in kochendes Wasser geben und kurz blanchieren. Öl in einer großen Bratpfanne oder in einem Wok erhitzen. Lauchstreifen hineingeben. Unter ständigem Rühren knapp garen.

Sojabohnenkeimlinge abtropfen und hinzufügen. Kurze Zeit weitergaren. Gemüsebrühe und Sojasauce mit Maisstärke verrühren. Zum Gemüse geben und eindicken lassen. Mit Pfeffer nachwürzen. Für den Omelette-Teig Eier mit wenig Milch oder Wasser und Sojasauce verrühren, pfeffern. Butter in einer großen Pfanne erhitzen. Einen Teil der Eiermasse hineingießen und 1–2 Minuten bei mittlerer Hitze stocken lassen; dabei Eimasse mit dem Pfannenwender immer wieder gegen die Mitte schieben. Füllung darauf geben, einschlagen und vorsichtig auf eine vorgewärmte Platte gleiten lassen. Vorgang wiederholen.

Tipp
Man kann auch kleine, dünne Pfannkuchen mit dem Gemüse füllen. Dafür beliebige Pfannkuchen zubereiten und nach dem Backen die Gemüsefüllung darauf verteilen.

Chinesisches Omelette
China

Zutaten für 6 Personen
2 Stangen Lauch,
50 g frische Soja-
bohnensprossen,

2 EL Erdnussöl,
100 ml Hühnerbrühe,

3 EL Sojasauce,
1 TL Speisestärke,
weißer Pfeffer,
7 Eier,
2 EL Sahne,
100 g Butter

EW	Fett	KH	kcal/kJ
11 g	26 g	6 g	316/1321

Lauch putzen, in dünne Ringe schneiden und waschen. Sojabohnensprossen waschen, 1/2 Minute blanchieren und kalt abschrecken. Öl im Wok oder einer tiefen Pfanne erhitzen, Lauch darin 2 Minuten pfannenrühren. Sojabohnensprossen zufügen und 1 Minute weitergaren. Kalte Brühe und 2 EL Sojasauce mit Speisestärke verrühren, zum Gemüse geben und unter Rühren köcheln lassen, bis die Sauce sämig wird. Mit Pfeffer würzen. Für die Omelettes Eier mit Sahne und restlicher Sojasauce schaumig rühren. Butter in einer Pfanne nicht zu heiß werden lassen und nacheinander kleine Omelettes backen: Eiermasse in die Pfanne laufen lassen. Beginnt das Ei zu stocken und die Oberfläche ist noch flüssig – mit einem Esslöffel Gemüse auf eine Omelettehälfte verteilen, wenden, Omelette mit der anderen Hälfte darüberklappen, 30 Sekunden backen, herausnehmen und auf einer Platte warm stellen. Nacheinander restliche Omelettes ebenso backen. Mit verschiedenen pikanten Saucen servieren.

Abb. 1

Abb. 2

Omelette mit Krebsfleisch
China

Zutaten
Öl zum Braten,
100 g Bambussprossen in Streifen, 1 Möhre in feinen Streifen,
4 eingeweichte Morcheln in feinen Streifen,
2 EL Lauch in Ringen,
1 Dose Krebsfleisch,
1/2 TL Salz,
Glutamat, Pfeffer,
2 EL helle Sojasauce,

1 EL Maisstärke, 5 Eier
Für die Tomatensauce:
1 Zwiebel, 1 EL Butter,
3 EL Tomatenketschup,
125 ml Brühe,
1 EL helle Sojasauce,
1 TL Essig, 1 TL Zucker,
Pfeffer, Glutamat,
2 EL vorgekochte Erbsen,
1 TL Maisstärke

EW	Fett	KH	kcal/kJ
34 g	36 g	13 g	505/2114

Zuerst die Tomatensauce vorbereiten. Zwiebel halbieren, in dünne Scheiben schneiden. 1 EL Butter oder Margarine in einem Topf erhitzen, Zwiebel darin anbraten, bis sie glasig ist. Tomatenketschup zugeben, kurz verrühren, mit Brühe verdünnen, restliche Saucenzutaten zugeben, mit Maisstärke andicken, aufkochen lassen, beiseite stellen. 2 EL Öl im Wok erhitzen, Bambussprossen, Möhre, Morcheln und Lauch darin unter Rühren braten, bis sie weich sind; herausnehmen und in eine Schüssel geben. Krebsfleisch, Gewürze, helle Sojasauce, Maisstärke und Eier in die Gemüsemischung geben. 3 EL Öl im Wok erhitzen, Eiermischung gut verrühren, rasch auf einmal ins heiße Öl gießen. Wenn die Eiermischung sich unten gesetzt hat, wenden und so lange braten, bis sie fest ist. Auf einer warmen, runden Platte anrichten, mit Tomatensauce übergießen und servieren.

Marmorierte Wachteleier
(Abb. S. 310, 1–2 und unten)
– China

Zutaten
12 Wachteleier,
600 ml starker Lapsang-Souchong-Tee,
1 EL dunkle Sojasauce,
1 EL trockener Sherry,
2 Sternanis,
Endiviensalat,
Salz und Szechuan-pfeffer zum
Servieren

EW	Fett	KH	kcal/kJ
6 g	5 g	1 g	77/323

Wachteleier in einen Topf mit kaltem Wasser geben und erhitzen. Ab Kochbeginn 2 Minuten lang kochen lassen, herausnehmen und kalt abschrecken. Eier ringsum aufklopfen, aber die Schale nicht entfernen (Abb. 1). Tee in einen Topf geben, Sojasauce, Sherry und Sternanis zufügen und aufkochen (Abb. 2). Eier hineingeben und bei halb abgedecktem Topf ca. 15 Minuten köcheln. Eier aus dem Topf nehmen und abkühlen lassen. Eier schälen und auf einer mit Endiviensalat ausgelegten Platte anrichten. Salz mit der gleichen Menge Szechuanpfeffer mischen und zu den Eiern reichen.

Abb. 1

Abb. 2

Tee-Eier
(Abb.) – China

Zutaten für 6 Stück
6 Eier,

2 EL dunkle Sojasauce,
2 TL Salz,

1/2 Sternanis,
2 Teebeutel schwarzer
Tee

je Stück:

EW	Fett	KH	kcal/kJ
7 g	6 g	1 g	93/390

Eier in einen Topf mit kaltem Wasser legen. Auf den Siedepunkt erhitzen und 20 Minuten lang köcheln lassen. Eier mit kaltem Wasser abschrecken und ausgekühlt die Schale zerklopfen, aber nicht schälen Abb. 1). Eier in einen Topf mit kaltem Wasser legen (Abb. 2). Sojasauce, Salz, Anis und Teebeutel hineingeben. Aufkochen und zugedeckt etwa 1 1/2–2 Stunden köcheln lassen. Gegebenenfalls etwas Wasser nachgießen, damit die Eier mit Flüssigkeit bedeckt sind. Eier über Nacht auskühlen lassen, schälen und in Viertel geschnitten als Beilage servieren.

Schnittlauch-Rührei
China

Zutaten für 6 Personen
1 Bd. Schnittlauch,

7 Eier, 2 EL Sahne,
1 EL Sojasauce,
Salz,
weißer Pfeffer,
Butter zum Ausbacken

EW	Fett	KH	kcal/kJ
9 g	21 g	1 g	239/1000

Schnittlauch waschen und in feine Röllchen schneiden. Eier mit Sahne und Sojasauce schaumig rühren. Mit Salz und Pfeffer abschmecken, Schnittlauch unterrühren. Reichlich Butter im Wok oder einer tiefen Pfanne erwärmen, auch die Wok- oder Pfannenwand damit einfetten. Ei-Schnittlauch-Masse einlaufen und stocken lassen. Wok vom Herd nehmen, Eiermasse mit zwei Stäbchen kurz durchrühren und Rührei auf einer vorgewärmten Platte servieren. Nach Belieben eine süß-saure Sauce dazureichen.

Tipp
Statt des Schnittlauchs dünn geschnittene Frühlingszwiebelringe verwenden.

EIER

Asiatisches Omelette
(Abb.) – China

Zutaten
8 Eier,
1 l Milch,
1/2 TL Sambal
Oelek,
2 EL Sojasauce,
Salz,
Pfeffer,
230 g Bambussprossen
(Dose),
350 g Sojabohnen-
sprossen (Dose),
1 rote Paprikaschote,
1 Stange Lauch,
100 g Austernpilze,
100 g tiefgekühlte
Zuckerschoten,
2 EL Butterschmalz,
1 EL fernöstlicher
Ketschup

EW	Fett	KH	kcal/kJ
22 g	20 g	15 g	344/1441

Eier mit Milch verquirlen und
mit Sambal Oelek, 1 EL Sojasauce, Salz und Pfeffer abschmecken. Bambussprossen
und Bohnensprossen abtropfen
lassen. Paprikaschote und Lauch
putzen und waschen. Paprikaschote in feine Streifen, Lauch
in Ringe, Austernpilze in Stücke
schneiden. Zuckerschoten auftauen lassen, 1 EL Butterschmalz in eine Pfanne erhitzen.
Paprikastreifen, Lauchringe und
Zuckerschoten ca. 3 Minuten
andünsten, Bohnensprossen,
Bambussprossen und zuletzt

Austernpilze zugeben, nochmals
2 Minuten dünsten. Gemüsefüllung mit fernöstlichem Ketschup und restlicher Sojasauce
abschmecken. Für die Omelettes
restliches Butterschmalz in einer
Pfanne erhitzen, pro Portion
1/4 des Teiges eingießen und
stocken lassen, bis der Rand
fest wird. Auf einer Hälfte des
Omelettes Gemüsefüllung geben, andere Seite darüber klappen und fertig garen. Nach
Wunsch mit Sojasauce oder
fernöstlichem Ketschup servieren.

Rühreier mit Shrimps und Gemüse
China

Zutaten
100 g Schweinefleisch,
250 g rohe Shrimps,
100 g Bambussprossen
(Dose),
1 Möhre,
3 eingeweichte Tongku-
Pilze,
1 Frühlingszwiebel,
100 g Champignons,
6–7 Eier,

Salz, Pfeffer,
Öl zum Braten,
1 Knoblauchzehe,
2 EL gegarte Erbsen,
2 EL helle Sojasauce,
Glutamat,
1/8 l Brühe,
2 EL Schinken-
streifen

EW	Fett	KH	kcal/kJ
34 g	18 g	43 g	468/1955

Schweinefleisch schnetzeln, Shrimps waschen und schälen. Bambussprossen, geschälte Möhre und Tongku-Pilze in Streifen, geputzte Frühlingszwiebel in 1 cm lange Stücke und gesäuberte Champignons in dünne Scheiben schneiden. Eier in einer Schüssel verquirlen, mit Salz und Pfeffer würzen. 2 EL Öl im Wok oder einer tiefen Pfanne stark erhitzen, ausgepressten Knoblauch darin braten, bis er duftet. Shrimps und Fleisch zugeben, kurz unter Rühren braten, mit Salz und Pfeffer würzen, herausnehmen und beiseite stellen. 2 EL Öl im Wok stark erhitzen und verquirlte Eier hineingießen, unter ständigem Wenden stocken lassen. Wenn die Eier halb gar sind, vorbereitetes Gemüse, Erbsen, Fleisch und Shrimps zugeben und Sojasauce, Salz, Pfeffer, Glutamat und Brühe unterrühren. Alles gut vermengen, bei schwacher Hitze zugedeckt ca. 10 Minuten dünsten. Schinkenstreifen darüber verteilen und servieren.

Omeletterollen japanisch
Japan

Zutaten

6 Eier,
1 EL Zucker,
2 EL Mirin,

1 kräftige Prise Salz,
2 EL Sojasauce,
50 ml Dashi,
Öl zum
Ausbacken

EW	Fett	KH	kcal/kJ
13 g	13 g	7 g	222/928

Eier mit Zucker, Mirin, Salz, Sojasauce und Dashi kräftig verquirlen. In der Pfanne etwas Öl erhitzen. Etwa ein Drittel der Eiermischung in die Pfanne gießen und die Pfanne so schwenken, dass der Pfannenboden bedeckt ist. Eiermischung stocken, aber nicht bräunen lassen; dann mit einem Spachtel schieben bzw. rollen (vom Körper weg). In die leere Hälfte der Pfanne etwas Öl nachgießen, ein weiteres Drittel Eiermischung eingießen, stocken lassen und über die erste Eierrolle rollen. Genauso mit dem letzten Drittel Eiermischung verfahren.

Rührei vegetarisch
China

Zutaten für 6 Personen
1 rote Paprikaschote,
3 Frühlingszwiebeln,

2 Tomaten,
80 g Spinat,

75 g Champignons,
7 Eier,
2 EL Sahne,
1 EL helle Sojasauce,
Salz,
weißer Pfeffer,
Butter zum Ausbacken

EW	Fett	KH	kcal/kJ
10 g	21 g	3 g	254/1061

Paprikaschote putzen, waschen und in feine Streifen schneiden. Frühlingszwiebeln putzen, waschen und in dünne Ringe schneiden. Tomaten blanchieren, häuten, vierteln und Kerne entfernen. Fruchtfleisch klein würfeln. Spinat verlesen, waschen und in Streifen schneiden. Champignons putzen und blättrig schneiden. Eier mit Sahne und Sojasauce schaumig rühren. Mit Salz und Pfeffer abschmecken. Reichlich Butter im Wok oder einer tiefen Pfanne erhitzen, Paprika und Frühlingszwiebeln darin 2 Minuten pfannenrühren, herausnehmen. Gemüse zur Eimasse geben. Masse in die Pfanne füllen und unter leichtem Rühren stocken lassen. Sofort servieren.

Tipp
Champignonscheiben extra in Öl anbraten, eine Knoblauchzehe dazupressen, mit Salz und Pfeffer würzen und über das fertige Rührei geben.

Tofuwürfel in pikanter Sesampanade
(Abb. S. 315) – *Korea*

Zutaten
300 g Tofu,
2 Eier,
3 EL Mehl,
100 g Honig,
3 EL Sesam,
5 EL Öl,
2 EL gehackte Frühlings-
zwiebeln

EW	Fett	KH	kcal/kJ
12 g	24 g	32 g	390/1632

Tofu in ca. 2 cm dicke Würfel
schneiden. Eier verquirlen. Tofuwürfel nacheinander in Mehl,
Ei, Honig und Sesam wenden.
Öl in einer Pfanne erhitzen und
Tofuwürfel darin goldbraun ausbacken; auskühlen lassen und
mit Frühlingszwiebeln garniert
in einer Schale anrichten. Dazu
nach Wunsch Sojasauce, süß-
scharfe Sauce und gemischten
Salat servieren.

Gebratener Tofu
Korea

Zutaten
400 g Tofu,
Salz,
2 EL Sesamöl,
4 EL Sojasauce,
1 EL Zucker,
1 EL gerösteter Sesam,
2 Frühlingszwiebeln,
3 EL Öl

EW	Fett	KH	kcal/kJ
9 g	23 g	9 g	286/1195

Tofu in schmale Scheiben
schneiden und leicht salzen.
Aus Sesamöl, Sojasauce, Zucker
und Sesam einen Dip rühren.
Frühlingszwiebeln putzen und
klein schneiden. In einer Pfanne
Öl erhitzen und Tofuscheiben
darin portionsweise auf jeder
Seite goldbraun braten. Auf eine vorgewärmte Servierplatte
geben. Im Bratensatz Frühlingszwiebeln kurz andünsten und
über die Tofuscheiben streuen.
Mit dem Dip servieren.

Tipp
Tofuscheiben mit dem Grün
von Frühlingszwiebeln und
Tomatenscheiben garnieren.

Brathähnchen mit Tofu
China

Zutaten
1 Brathähnchen
(ca. 1 kg),
Salz,
Pfeffer,
2 EL Essig,
400 g Tofu,
Öl zum Braten,
6 Stängel Schnittlauch,
1 Zwiebel,
2 gepresste Knoblauch-
zehen,

3 EL helle Sojasauce,
1 EL dunkle
Sojasauce,
2 EL Reiswein,
Glutamat,
500 ml Brühe,
Maisstärke zum
Andicken

EW	Fett	KH	kcal/kJ
60 g	31 g	14 g	586/2450

Brathähnchen waschen und in
kleine Stücke zerteilen. Hähn-
chenteile mit 1 TL Salz, Pfeffer
und Essig einreiben, 20 Minuten
ziehen lassen. Tofu in 1 cm
dicke Scheiben schneiden, dann
in 3 cm große Quadrate teilen.
Reichlich Öl im Wok oder einer
tiefen Pfanne erhitzen. Tofu darin frittieren, bis er goldgelb ist,
herausnehmen, abtropfen lassen. Schnittlauch in 5 cm lange
Stücke schneiden, Zwiebel und
Knoblauch fein hacken. 3 EL Öl
erhitzen. Knoblauch und Zwiebel darin braten, bis sie duften,
Brathähnchenstücke zugeben,
solange unter Rühren braten,
bis sie gar sind. Tofu, Sojasaucen, Reiswein, Salz, Pfeffer und
Glutamat zugeben, kurz anbraten (vorsichtig mischen).
Dann die Brühe zugießen, zum
Kochen bringen, die Hitze
reduzieren, ca. 15 Minuten
zugedeckt köcheln lassen, ab
und zu wenden. Anschließend
Schnittlauch untermischen, mit
Maisstärke andicken, wieder
zum Kochen bringen und
servieren.

Tofu-Omelette mit Gemüse
(Abb.) – Philippinen

Zutaten
400 g Tofu,
3 Eier,
2 EL Sojasauce,
Salz,
Pfeffer,
1 Prise Zucker,
Öl zum Backen,
400 g Möhren-
streifen,
400 g Sojabohnen-
sprossen,
400 g grüne und
rote Paprika-
streifen,
400 g Lauchringe,
2 EL Butter,
Currypulver,
1 Prise Zucker,
Ingwerpulver,
Cayennepfeffer

EW	Fett	KH	kcal/kJ
23 g	19 g	27 g	379/1585

Tofu fein würfeln, mit Eiern und Sojasauce vermengen und mit Salz, Pfeffer und Zucker abschmecken. Öl in einer Pfanne erhitzen, nacheinander 4 Omelettes ausbacken und warm stellen. Gemüse mischen, in der erhitzten Butter ca. 10 Minuten dünsten und mit den Gewürzen abschmecken. Jeweils 1 Tofu-Omelette auf einen Teller geben, Gemüse darauf verteilen und zusammengeklappt servieren.

Tofuschnitzel mit Rote-Bete-Gemüse
(Abb.) – *China*

Zutaten
330 g Tofu,
2 EL Speisestärke,
1 Ei,
3 EL Sojasauce,
50 g gemahlene Haselnüsse,
30 g Paniermehl,
Salz,
1 TL Cayennepfeffer,
1/8 l Sojaöl,
4 Frühlingszwiebeln,
500 g rote Bete (vorge-

kocht und vakuum-
verpackt),
100 ml Kalbsfond (Fer-
tigprodukt oder Gemü-
sebrühe aus Würfeln),
100 g Sahne,
1 TL Korianderkörner,
1–2 EL Sherryessig,
schwarzer Pfeffer

EW	Fett	KH	kcal/kJ
11 g	32 g	28 g	445/1875

Tofu abtropfen lassen, längs in 2 gleich starke Scheiben schneiden und mit Haushaltspapier gründlich trockentupfen. Beidseitig dünn mit Speisestärke überpudern. Ei mit 1 EL Sojasauce in einem tiefen Teller verrühren. Haselnüsse und Paniermehl auf einem zweiten Teller vermischen, mit wenig Salz und Cayennepfeffer würzen. 3 EL Öl abnehmen, den Rest in einer tiefen Pfanne erhitzen. Tofuschnitzel zuerst in der Eimischung, dann in der Nusspanade wenden. Panade dabei etwas andrücken. Schnitzel in das heiße Öl geben und bei ganz milder Hitze in ca. 8 Minuten goldbraun braten. Dann auf einer dicken Lage Haushaltspapier gut abtropfen lassen und Tofu in mundgerechte Stücke zerteilen. Für das Gemüse die Frühlingszwiebeln putzen, in feine Ringe schneiden und in einer großen Kasserolle im restlichen Öl glasig braten. Rote Bete abtropfen lassen und in 3 mm dicke Scheiben schneiden. Zu den Zwiebeln geben, Fond oder Brühe und Sahne hinzufügen, aufkochen und 3 Minuten einkochen lassen. Korianderkörner im Mörser zerstoßen. Sauce mit restlicher Sojasauce, Salz, Essig, Koriander und Pfeffer würzen. Gemüse auf vorgewärmte Teller verteilen und die Schnitzel darauf anrichten. Dazu nach Belieben körnig gekochten Reis servieren.

Tipp
Ist die rote Bete frisch, werden die Knollen erst gekocht und dann geschält.

Gebratener Tofu mit Erdnusskernen
China

 Zutaten
600 g Tofu,
4 cl Sherry,
1/2 TL Cayennepfeffer,
3 EL Sojasauce,
Salz,
Pfeffer,
1 kleine Dose Ananas,
4 EL Butter,
1/2 Tasse geröstete
Erdnusskerne

EW	Fett	KH	kcal/kJ
14 g	27 g	17 g	384/1606

Tofu abtropfen lassen und in dünne Scheiben schneiden. Mit Sherry, Cayennepfeffer, Sojasauce, Salz und etwas Pfeffer vermengen und 10 Minuten ziehen lassen. Ananas in kleine Stücke schneiden. Butter in einer großen Pfanne zerlassen und marinierte Tofuscheiben unter ständigem Rühren darin 5 Minuten braten. Ananas und fein gehackte Erdnusskerne untermengen, erwärmen und sofort servieren.

Tofu nach Kanton-Art
China

 Zutaten
10 getrocknete
Morcheln,
 500 g Tofu,
2 EL Sojasauce,

 1 EL Sherry,
1 EL Speisestärke,
1 Msp. 5-Gewürze-Pulver,
1 Stange Lauch,
200 g Sojabohnen-sprossen,
2 EL flüssiger Honig,
2 EL Austernsauce, Öl

EW	Fett	KH	kcal/kJ
15 g	10 g	25 g	249/1039

Morcheln in einer Schüssel mit heißem Wasser übergießen und 30 Minuten quellen lassen; dann Stiele abschneiden und Morcheln halbieren. Tofu abtropfen lassen und in hauchdünne, ca. 3 x 4 cm große Scheiben schneiden. Tofu in einer Schüssel mit Sojasauce, Sherry, Speisestärke und 5-Gewürze-Pulver vermengen und ca. 30 Minuten ziehen lassen. Lauch putzen, gründlich waschen und in Ringe schneiden. Tofu in einer tiefen beschichteten Pfanne scharf anbraten und mit etwas Wasser ablöschen. Lauch, abgespülte Sojabohnensprossen und Morcheln zugeben und alles 15 Minuten köcheln lassen. Mit Honig und Austernsauce abschmecken.

Tipp
Vorsicht beim Würzen: Tofu „saugt" beim Marinieren die Gewürze auf und gibt sie bei der Weiterverarbeitung nicht mehr ab.

Schnelle Chinapfanne mit Tofu
China

 Zutaten
500 g Tofu,
 2 EL Sojasauce,
1 TL 5-Gewürze-Pulver,
  2 EL Öl,
1 TL Sesamöl,
2 Knoblauchzehen,
1/2 Tasse getrocknete Morcheln,
100 g Sojabohnen-sprossen,
Salz,
Pfeffer,
Cayennepfeffer

EW	Fett	KH	kcal/kJ
12 g	11 g	9 g	173/724

Tofu gut abtropfen lassen, trockentupfen und in Streifen schneiden. Für die Marinade Sojasauce, 5-Gewürze-Pulver, Öl, Sesamöl und ausgepresste Knoblauchzehen verrühren und mit Tofustreifen vermengen; 15 Minuten ziehen lassen. Morcheln 10 Minuten in heißem Wasser quellen, dann abtropfen lassen und mit Küchenpapier trockentupfen. Sojabohnensprossen waschen und im Sieb abtropfen lassen. Tofustreifen und Morcheln in einer beschichteten Pfanne 10 Minuten braten. Sojabohnen untermengen und warm werden lassen. Mit Salz, Pfeffer und Cayennepfeffer pikant abschmecken. Mit Reis servieren.

Süß-saures Tofu-gericht
China

Zutaten
600 g Tofu,
5 EL Speisestärke,
Salz,
2 Eier,
2 Frühlingszwiebeln,
3–4 Knoblauchzehen,
Öl zum Frittieren,
6 EL passierte Tomaten
(Tetrapack),
ca. 1/4 l Gemüsebrühe,
Zucker, Essig

EW	Fett	KH	kcal/kJ
16 g	22 g	26 g	362/1515

Tofu abtropfen lassen und in Würfel schneiden. Speisestärke mit 3 EL kaltem Wasser, Salz und Eiern verquirlen und unter den Tofu mengen. Frühlingszwiebeln putzen und in feine Scheiben schneiden. Knoblauch schälen und zerdrücken. Reichlich Öl in einer Pfanne erhitzen. Tofu darin portionsweise ca. 3 Minuten frittieren, bis der Teigmantel goldgelb ist. Öl bis auf einen dünnen Film abgießen, Frühlingszwiebeln und Knoblauch im restlichen Öl kurz braten, bis sie würzig duften. Tomaten und Brühe zugeben. Sauce mit Zucker, Salz und Essig abschmecken und unter Rühren garen, bis sie dickflüssig ist. Tofu untermengen und das Gericht sofort servieren, damit die Tofustücke knusprig bleiben.

Gebratener Tofu nach Art chinesischer Bauern
China

Zutaten
400 g Tofu,
1 Frühlingszwiebel,
Öl zum Braten,
2 ausgepresste Knoblauchzehen,
2 Scheiben Ingwer,
200 g Schweinehackfleisch,
1 TL Maisstärke,
1/8 l Brühe,
4 EL Sojasauce,
Glutamat,
1/2 TL Salz,
Pfeffer,
2 EL Sake,
einige Tropfen Sesamöl

EW	Fett	KH	kcal/kJ
6 g	14 g	6 g	180/730

Tofu quer in 1 cm dicke Scheiben schneiden, diese einzeln halbieren (Dreieckform). Frühlingszwiebel putzen, in 2 cm lange Stücke schneiden. Öl im Wok stark erhitzen, Tofu darin goldgelb frittieren, herausnehmen. 3 EL Öl erhitzen, Knoblauch, Ingwer und Frühlingszwiebel dazugeben, bis sie duften. Schweinehackfleisch dazufügen, gut umrühren. Tofu und restliche Zutaten hineingeben (Maisstärke vorher in Brühe lösen). Alles bei schwacher Hitze ca. 15 Minuten köcheln lassen, eventuell nachwürzen.

Tofu-Fisch-Topf
China

Zutaten
500 g Thunfisch, Kabeljau oder Seelachs,
1 Knoblauchzehe,
100 ml helle Sojasauce,
1 TL scharfe Chilisauce,
2 EL Weinessig,
Zucker,
500 g Tofu (in 1 cm breite Scheiben geschnitten),
3 Stängel Bleichsellerie,
100 g Bambussprossen,
2 Möhren,
1 EL Mehl,
1/8 l Erdnussöl,
5 EL Fischfond (Fertigprodukt),
2 rote Chilischoten,
Sesamöl,
Sesamsamen

EW	Fett	KH	kcal/kJ
44 g	65 g	24 g	846/3541

Fisch waschen, Knoblauchzehe fein würfeln, mit Soja- und Chilisauce, Essig und 1 EL Zucker verrühren, über Fisch und Tofu gießen. Sellerie, Bambussprossen und Möhren in feine Stifte schneiden. Fisch und Tofu aus der Marinade (aufheben!) nehmen, abtropfen lassen. Fisch mit Mehl bestäuben, im Öl goldbraun braten; herausnehmen und abfetten. Tofu in Erdnussöl braten, herausnehmen. Marinade und Fischfond mischen. Öl bis auf 2 EL aus der Pfanne nehmen. Gemüse darin 1 Minute anbraten, Fisch darauf legen, ringsum Tofuscheiben anordnen. Marinade hinzugießen, Chilischoten auf dem Fisch verteilen. Alles zugedeckt bei schwacher Hitze in 15–20 Minuten garen. Sesamöl auf den Tofu träufeln und Sesamsamen darüber streuen.

Vollwertiges Gemüse-reis-Tofu-Ragout
China

Zutaten
300 g Tofu,
8 cl Sojasauce,
3 EL Sesam,
1 Prise Pfeffer,
500 g Eiertomaten (Dose),
500 g Schmorgurken,
1 Zwiebel,
20 g Butter,
1/2 l heiße Gemüsebrühe,
175 g Rundkornreis,
250 g saure Sahne,
4 EL gehackter Dill

EW	Fett	KH	kcal/kJ
16 g	25 g	47 g	483/2037

Tofu klein würfeln und in eine Schüssel geben. Die Hälfte der Sojasauce, Sesam und Pfeffer untermischen. Eiertomaten durch ein Sieb streichen. Schmorgurken schälen und würfeln. Zwiebel schälen, fein hacken und in Butter glasig dünsten. Tofu samt Marinade

dazugeben und 2–3 Minuten anbraten. Gurkenwürfel und Tomatenpüree dazugeben und kurz aufkochen lassen. Mit heißer Gemüsebrühe aufgießen. Rundkornreis einrühren und 18–20 Minuten bei mittlerer Hitze garen. Zum Schluss saure Sahne, restliche Sojasauce und Dill einrühren.

Gebratener Tofu mit Pilzen und grünen Bohnen
China

Zutaten
250 g Tofu,
Sojasauce,
2 EL Reiswein,
2 TL Speisestärke,
1 TL Öl,
300 g grüne Bohnen,
150 g Champignons,
Öl zum Braten,
1 Knoblauchzehe,
1/8 l Brühe,
Salz,
Pfeffer

EW	Fett	KH	kcal/kJ
9 g	9 g	12 g	171/717

Tofu etwas ausdrücken und in Würfel schneiden. Aus 4 EL Sojasauce, Reiswein, Speisestärke und 1 TL Öl eine Sauce rühren und Tofuwürfel darin 20 Minuten marinieren. Bohnen putzen, waschen und in ca. 4 cm lange Stücke schneiden. Champignons putzen und in Scheiben

schneiden. 2 EL Öl im Wok oder einer tiefen Pfanne erhitzen und Tofu darin unter ständigem Rühren anbraten, herausnehmen und beiseite stellen. Knoblauch durch die Presse drücken und im Bratfett andünsten, Bohnen und Champignons zugeben und alles bei starker Hitze braten. Brühe zugießen und köcheln lassen, bis die Bohnen weich sind. Falls die Sauce zu dünnflüssig ist, noch etwas Speisestärke in kaltem Wasser auflösen und unterrühren. Tofu zugeben und kurz erwärmen. Das Gericht mit Salz, Pfeffer und Sojasauce abschmecken.

Gebratener Tofu in Erdnusssauce
China

Zutaten
450 g Tofu,
2 EL helle Sojasauce,
1 EL Sherry oder Reiswein,
2 TL Speisestärke,
1 Zwiebel,
2 EL dunkle Sojasauce,
2 EL Erdnussbutter,
1/2 TL Essig,
1/2 TL Zucker,
Öl zum Braten,
1 EL Schnittlauchröllchen

EW	Fett	KH	kcal/kJ
11 g	11 g	10 g	187/781

Tofu etwas ausdrücken und in kleine Scheiben schneiden. Für

die Marinade helle Sojasauce, Sherry oder Reiswein und Speisestärke verrühren, über den Tofu gießen und ca. 30 Minuten ziehen lassen. Zwiebel schälen, halbieren und in Halbringe schneiden. Für die Sauce dunkle Sojasauce, Erdnussbutter, Essig und Zucker mit 1/2 Tasse heißem Wasser verrühren. Öl im Wok erhitzen und Tofuscheiben darin braun braten, herausnehmen. Frisches Öl erhitzen, Zwiebel darin anbraten, bis sie duftet, Tofuschieben zugeben, mit Saucenmischung übergießen und erwärmen. Mit Schnittlauch bestreuen und sofort servieren.

Tipp
Es empfiehlt sich, Tofu nach dem Braten abtropfen zu lassen, da er das Fett aufnimmt.

Gemüse-Tofu-Frikadellen
(Abb.) – China

Zutaten
250 g Tofu,
1 Kohlrabi,
1 mittelgroße Möhre,
1 kleine Stange Lauch,
1 Knoblauchzehe,
1 Zwiebel,
1 Ei,
1 EL gemischte gehackte Kräuter,
1 EL Sojasauce,
4 EL Paniermehl,
Salz,
Pfeffer,
Fett zum Braten

EW	Fett	KH	kcal/kJ
10 g	10 g	17 g	199/833

Tofu fein pürieren. Kohlrabi, Möhre und Lauch putzen und waschen. Kohlrabi und Möhre schälen und fein raspeln. Lauch in feine Ringe schneiden. Knoblauch und Zwiebel schälen und fein würfeln. Ei verschlagen. Kohlrabi, Möhre und Lauch mit Tofu, Ei, Kräutern, Sojasauce und Paniermehl vermengen und mit Salz und Pfeffer abschmecken. Fett in einer Pfanne erhitzen, Masse zu Bällchen formen und beidseitig knusprig ausbacken. Nach Wunsch mit Tomatenrose und Lauch garniert servieren. Dazu schmecken Nudeln oder Reis.

Gebratener Tofu mit Gemüse
China

Zutaten
400 g Tofu,
Öl zum Braten,
1 Dose Strohpilze,
4 Morcheln,
100 g Bambussprossen,
1 Stange Lauch oder Frühlingszwiebel,
300 g Broccoli,
125 ml Brühe,
2 EL Austernsauce,
2 EL helle Sojasauce,
2 EL Reiswein,
Pfeffer, Glutamat,
1 TL Maisstärke,
einige Tropfen Sesamöl,
2 gepresste Knoblauchzehen,
3 Scheiben Ingwer

EW	Fett	KH	kcal/kJ
13 g	13 g	14 g	233/974

Tofu in 1 cm dicke Scheiben schneiden, dann vierteln, in heißem Öl goldgelb frittieren, abtropfen lassen. Strohpilze halbieren, Morcheln in Stückchen, Bambussprossen in dünne Scheiben, Lauch oder Frühlingszwiebel in 1 cm dicke Stücke schneiden. Broccoli waschen, in Stücke schneiden, kurz in sprudelnd kochendem Wasser blanchieren, abgießen. Für die Sauce Brühe, Austern-, Sojasauce, Reiswein, Gewürze, Maisstärke und Sesamöl verrühren, beiseite stellen. 3 EL Öl im Wok erhitzen, Knoblauch und Ingwer darin unter Rühren anbraten, bis sie duften, dann Bambussprossen, Morcheln, Strohpilze, Lauch und Tofu zugeben und kurz untermengen. Die Saucenzutaten zugießen, ca. 10 Minuten zugedeckt bei schwacher Hitze köcheln lassen. Vor dem Servieren den Broccoli hineingeben, kurz aufkochen lassen, abschmecken, auf einer warmen Platte anrichten.

Tofu-Linsen-Pastetchen »Nagano«
(Abb.) – *Japan*

Zutaten

1 Paket Blätterteig (300 g, tiefgefroren), 350 ml Gemüsebrühe, 175 g rote Linsen,

1 TL frische Thymianblättchen, 250 g Tofu, 3 EL Sojasauce, frisch gemahlener schwarzer Pfeffer, etwas abgeriebene unbehandelte Zitronenschale, 1/2 TL gemahlener

Koriander, 1 Bd. glatte Petersilie, 1 Bd. Schnittlauch, Mehl zum Ausrollen, 1 Eigelb, 4 EL Milch, 25 g ungeschälte Sesamsamen

EW	Fett	KH	kcal/kJ
13 g	40 g	39 g	570/2400

Blätterteigplatten auftauen lassen. Inzwischen Brühe aufkochen. Linsen und Thymian einstreuen, zugedeckt bei geringer Hitze 10 Minuten köcheln lassen. Abtropfen lassen, 2 EL davon beiseite stellen. Tofu 5 Minuten in kaltem Wasser ruhen lassen, dann in 2 cm große Würfel schneiden und mit den Linsen vermengen. Mit Sojasauce, Pfeffer, Zitronenschale, Koriander und gehackten Kräutern mischen und würzig abschmecken. Backofen auf 200 Grad vorheizen. Blätterteigplatten aufeinander legen und auf der leicht bemehlten Arbeitsfläche dünn ausrollen. 12 gleichmäßige Quadrate ausschneiden, Ränder mit etwas Wasser befeuchten. Jeweils etwas Tofu-Linsen-Mischung auf die Teigstücke setzen. Je 4 Stücke zu Dreiecken, Säckchen und Briefumschlägen zusammenfalten. Ränder festdrücken. Aus den Teigresten Dekorationen formen, ausschneiden und mit etwas Wasser an den Pastetchen festkleben. Pasteten auf ein mit Backpapier ausgelegtes Blech heben. Eigelb mit Milch verquirlen und Pastetchen damit einpinseln. Alles mit Sesamsamen bestreuen. Im vorgeheizten Backofen auf mittlerer Schiene ca. 15 Minuten backen.

Tipp
Dazu passt Weißkohlsalat, abgeschmeckt mit Sojasauce.

Tofuglück
China

Zutaten
600 g Tofu,
1 EL Speisestärke,
Salz,
1 EL Reiswein,
1 kleines Stück frische Ingwerwurzel,
3–5 Knoblauchzehen,
2 Frühlingszwiebeln,
3 getrocknete Chilischoten,
200 g rote Paprikaschote,
100 g Bambussprossen (Dose),
2 EL Zucker,
4 EL dunkle Sojasauce,
3 EL Essig,
ca. 6 EL Öl,
50 g Erdnusskerne,
schwarze und weiße Pfefferkörner

EW	Fett	KH	kcal/kJ
17 g	34 g	24 g	491/2051

Tofu abtropfen lassen und in ca. 1 1/2 cm große Würfel schneiden. Speisestärke mit 4 EL kaltem Wasser anrühren und die Hälfte davon mit 1 Prise Salz und Reiswein verrühren, unter den Tofu mengen. Ingwer und Knoblauch schälen, Frühlingszwiebeln putzen und alles in dünne Scheiben schneiden. Chilischoten in 1 cm lange Stücke schneiden. Paprikaschote putzen, waschen und mit abgetropften Bambussprossen in ca. 1 1/2 cm große Stücke schneiden. Zucker, Sojasauce, Essig, restliche angerührte Speisestärke und etwas Salz verrühren. Öl in einer Pfanne oder im Wok erhitzen. Erdnusskerne darin goldgelb braten, mit einem Schaumlöffel herausnehmen. Chilistücke und Pfefferkörner bei starker Hitze braten, bis sie würzig duften, herausnehmen. Tofu im Öl anbraten, vorbereitetes Gemüse zugeben. Alles 1–2 Minuten bei starker Hitze unter Rühren braten, dann vorbereitete Sauce unterrühren. Mit Erdnusskernen bestreuen und sofort mit Reis servieren.

Tofu in Austernsauce
China

Zutaten
500 g Tofu,
4 Frühlingszwiebeln,
1 dünne Scheibe frische Ingwerwurzel,
2–3 Knoblauchzehen,
4 EL Öl,
50 g Cashewnüsse,
2 EL dunkle Sojasauce,
4 EL Austernsauce,
1 TL Speisestärke,
1 EL Sesamöl

EW	Fett	KH	kcal/kJ
14 g	29 g	14 g	375/1565

Tofu abtropfen lassen und in Streifen schneiden. Frühlingszwiebeln putzen und in 3–4 cm lange Stücke schneiden. Ingwer und Knoblauch schälen und fein hacken. In einer Pfanne oder im Wok 2 EL Öl erhitzen und Tofu bei starker Hitze anbraten, herausnehmen. Restliches Öl zugeben und Frühlingszwiebeln, Knoblauch und Ingwer bei starker Hitze unter Rühren kurz braten, bis alles würzig duftet. Cashewnüsse untermengen und ca. 1 Minute mitbraten. Tofu, Soja- und Austernsauce unterziehen und alles erwärmen. Speisestärke mit wenig kaltem Wasser anrühren, zugeben und alles nochmals aufkochen. Auf einer vorgewärmten Platte anrichten und mit Sesamöl beträufeln.

Glasnudeln mit geröstetem Tofu
China

Zutaten
400 g Tofu,
2 EL Reiswein,
2 Stangen Lauch,
4 dünne Scheiben Ingwerwurzel,
3–4 Knoblauchzehen,
Öl zum Frittieren,
150 g Glasnudeln,
2 EL scharfe Bohnenpaste (Asienladen),
2 EL helle Sojasauce

EW	Fett	KH	kcal/kJ
15 g	18 g	35 g	369/1542

Tofu abtropfen lassen, trockentupfen, fein zerkrümeln und mit 1 EL Reiswein vermengen. Lauch putzen, gründlich wa-

schen, in ca. 4 cm lange Stücke, dann längs in Streifen schneiden. Ingwer und Knoblauch schälen und fein hacken. Öl in einem Topf oder im Wok stark erhitzen. Trockene Glasnudeln etwas auseinander reißen und portionsweise 1–2 Minuten im Öl frittieren, bis sie aufgehen und nicht mehr durchsichtig sind; vorsichtig herausnehmen. Aus dem Topf oder Wok 2 EL Öl nehmen und in einer Pfanne erhitzen. Tofu darin bei starker Hitze krümelig braten, Bohnenpaste, Lauch, Ingwer und Knoblauch zugeben und etwa 2 Minuten weiterbraten. Restlichen Reiswein und Sojasauce zugeben und mit 1/4 l Wasser aufgießen. Glasnudeln untermengen und alles unter Rühren bei starker Hitze ca. 2 Minuten kochen, bis die Flüssigkeit verdampft ist.

Tofu nach Chopsuey-Art
China

Zutaten
250 g Tofu,
1 EL Sherry,
Salz,
Pfeffer,
4 EL Sojasauce,
1 EL Speisestärke,
1 Zwiebel,
2 Knoblauchzehen,
2 EL getrocknete Morcheln,
30 g Glasnudeln,
6 EL Sesamöl,

1 Stange Lauch,
2 Möhren,
1 Dose Sojabohnensprossen,
100 g chinesische schwarze Pilze oder Champignons,
2 EL Honig,
1 Scheibe Ananas (Dose),
8 cl Ananassaft,
4 EL Weinessig,
4 EL Tomatenketchup

EW	Fett	KH	kcal/kJ
12 g	25 g	37 g	439/1835

Tofu gut abtropfen lassen und in kleine Würfel schneiden. In einer Schüssel mit Marinade aus Sherry, Salz, Pfeffer, 1 EL Sojasauce und Speisestärke vermengen. Zwiebel und Knoblauchzehen schälen und in dünne Scheiben schneiden. Morcheln in einer Tasse mit kochendem Wasser überbrühen, 5 Minuten quellen lassen und das heiße Wasser erneuern. Vorgang 3–4-mal wiederholen, Pilze abtropfen lassen. Glasnudeln ca. 10 Minuten in lauwarmem Wasser einweichen. Sesamöl in einer großen Pfanne erhitzen und Zwiebel und Knoblauch darin 1 Minute anschwitzen. Lauch putzen, gründlich waschen, Möhren schälen, beides fein zerkleinern und 1 Minute braten. Abgetropfte Sojabohnensprossen mit Tofu samt Marinade, restlicher Sojasauce, Morcheln, chinesischen Pilzen, Honig, Glasnudeln, gewürfelter Ananas, Ananassaft, Weinessig und Tomatenketchup in die Pfanne geben und 5 Minuten köcheln lassen. Abschmecken und sofort heiß servieren.

Gebackener Tofu süß-sauer
China

Zutaten
500 g Tofu,
2 cl trockener Sherry,
1 Prise Salz,
1/2 TL Pfeffer,
4 EL Speisestärke,
1 Zwiebel,
2 rote Paprikaschoten,
1 Knoblauchzehe,
1/4 l Tomatenketchup,
4–5 EL flüssiger Honig,
3–4 EL Sojasauce,
1 Msp. Ingwerpulver,
4–5 EL Rotweinessig,
5 Eigelb,
4 EL Mehl,
Fett zum Frittieren

EW	Fett	KH	kcal/kJ
17 g	25 g	60 g	532/2223

Tofu gut abtropfen lassen, trockentupfen, in Würfel schneiden und in einer Schüssel mit 1 cl Sherry, Salz, Pfeffer und 2 EL Speisestärke vermengen, ca. 1 Stunde ziehen lassen. Zwiebel schälen, Paprikaschoten halbieren, putzen und waschen. Beides in mundgerechte Stücke schneiden und in einen kleinen Topf geben. Knoblauch schälen, durch eine Presse drücken und mit restlicher Speisestärke, Tomatenketchup, Honig, Sojasauce, Ingwerpulver, Essig und 1/8 l Wasser in den Topf geben. Unter ständigem Rühren aufkochen, Hitze reduzieren und ca. 10 Minuten leise köcheln lassen. Restlichen Sherry zugeben und nochmals abschmecken. Für den Teig Eigelb, Mehl und 5 EL Wasser mit einem Schneebesen kräftig verrühren. Tofuwürfel nacheinander durch den Teig ziehen und in reichlich siedend heißem Fett goldbraun ausbacken. Gebackenen Tofu auf Küchenpapier gut abtropfen lassen; warm stellen. Zum Servieren Tofu in einer vorgewärmten Schale mit der heißen Sauce übergießen.

Gebratener Tofu mit Cashewnüssen
China

Zutaten
400 g Tofu,
1 Eiweiß,
5 EL Sojasauce,
2 EL Reiswein,
2 EL Speisestärke,
je 1 grüne und rote Paprikaschote,
2 Chilischoten,
150 ml Brühe,
1 Msp. Glutamat,
Zucker,
Worcestersauce,

Öl zum Braten,
2 Knoblauchzehen,
3 Scheiben frische Ingwerwurzel,
100 g Bambussprossen (Dose),
100 g geröstete Cashewnüsse

EW	Fett	KH	kcal/kJ
1 g	19 g	25 g	353/1477

Tofu etwas ausdrücken und in Scheiben schneiden. Für die Marinade Eiweiß, 2 EL Sojasauce, 1 EL Reiswein und 1 EL Speisestärke verrühren und über den Tofu gießen; 30 Minuten ziehen lassen. Paprikaschoten putzen, waschen und in 1 cm große Stücke schneiden. Chilischoten in 2 cm lange Stücke schneiden. Für die Sauce 3 EL Sojasauce, Brühe, knapp 1 EL Speisestärke, 1 EL Reiswein und Glutamat verrühren; mit Zucker und Worcestersauce abschmecken. Reichlich Öl im Wok oder einer tiefen Pfanne erhitzen und Tofuscheiben darin knusprig frittieren. Herausnehmen und das Fett auf Küchenpapier abtropfen lassen. Knoblauch und Ingwer schälen, Knoblauch würfeln und beides unter Rühren braten, bis sie duften. Paprikaschoten, Chili und zerkleinerte Bambussprossen zugeben und 10 Minuten schmoren lassen. Cashewnüsse und Tofu untermengen und mit Sauce übergießen, kurz ziehen lassen und servieren.

Fernöstlicher Tischgenuss
(Abb. S. 327) – *China*

Zutaten für 8 Personen
750 g Lachsfilet,
750 g Putenbrust,
500 g Langkornreis,
100 g Glasnudeln,
150 g Eiernudeln,
1 Bd. Frühlingszwiebeln,
400 g Lauch,
1 Kopf Chinakohl
(400 g),
400 g Möhren,
200 g tiefgekühlte
Zuckerschoten,
25 g Mu-Err-Pilze,
350 g Sojabohnen-
sprossen (Glas),
230 g Bambussprossen
(Dose),
100 g Sambal Oelek,
1 TL Currypulver,
1/8 l Sojasauce,
150 ml Sesamöl

EW	Fett	KH	kcal/kJ
56 g	19 g	81 g	749/3130

Lachsfilet und Putenbrust getrennt waschen, trockentupfen, in hauchdünne Scheiben schneiden und auf einer Platte anrichten. Reis, Glas- und Eiernudeln nach Packungsanweisung zubereiten, ebenfalls auf einer Platte anrichten. Frühlingszwiebeln, Lauch und Chinakohl putzen, Möhren schälen und alles waschen. Frühlingszwiebeln, Lauch und Chinakohl in feine Streifen, Möhren in dünne Scheiben

schneiden. Zuckerschoten auftauen lassen. Pilze in warmem Wasser ca. 15 Minuten quellen lassen, abspülen und vierteln. Sojabohnen- und Bambussprossen abtropfen lassen und mit dem Gemüse auf einem großen Teller anrichten. 50 g Sambal Oelek mit Currypulver verrühren und wie restliches Sambal Oelek, Sojasauce und Sesamöl in Schälchen füllen. Pro Person eine Schale Reis als Beilage anrichten. Wok auf dem Herd kräftig anheizen und auf ein Rechaud auf den Tisch stellen. Zutaten portionsweise mit etwas Sesamöl im Wok garen und mit Sojasauce und Sambal Oelek nach Geschmack würzen.

Süß-saures Fleisch-Fondue
Thailand

Zutaten
Hühnerbrühe,
1 Schuss Calvados,
1 gehäufter TL Zucker,
je 400 g Putenbrust-
und Schweinefilet,
2 süß-saure Äpfel,
2 Pfirsiche,
1/2 Ananas,
Salz

EW	Fett	KH	kcal/kJ
43 g	13 g	20 g	388/1621

Hühnerbrühe in den Fonduetopf geben. Rechaud anzünden und Topf darauf stellen. Calva-

dos und Zucker in die Brühe geben und gut umrühren. Putenbrust und Schweinefilet waschen, trockentupfen und in dünne Scheiben schneiden. Äpfel waschen, vom Kernhaus befreien und vierteln. Pfirsiche waschen, entkernen und vierteln. Ananas vom Strunk befreien, schälen und würfeln. Fleischscheiben zusammen mit Obststücken auf Fonduegabeln spießen, in die heiße Hühnerbrühe tauchen und garen. Nach Belieben mit Salz nachwürzen.

Feuertopf-Fondue
(Abb. S. 329) – *China*

Zutaten
1 Packung chinesische
schwarze Pilze (25 g),
300 g Rinderfilet,
2 Knoblauchzehen,
10 EL Sojasauce,
8 EL Sherry,
1 Bd. Korianderkraut,
1 TL Speisestärke,
2 Prisen gemahlener
Kümmel,
125 g Tatar,
8 geschälte Garnelen,
125 g Heilbuttfilet (oder
anderes Fischfilet),
2 Eier, Pfeffer,
1 TL Öl,
3 Möhren,
175 g Rettich,
2 l Rinderbrühe

EW	Fett	KH	kcal/kJ
47 g	11 g	13 g	407/1701

Schwarze Pilze ca. 15 Minuten im warmen Wasser quellen lassen, abspülen und klein schneiden. Rinderfilet in Streifen schneiden. Knoblauchzehen schälen, fein hacken und mit je 3 EL Sojasauce und Sherry verrühren. Fleisch mit Marinade beträufeln und zugedeckt 60 Minuten im Kühlschrank ruhen lassen. Korianderkraut waschen, trockenschwenken und fein hacken, die Hälfte mit Speisestärke, 1 Prise Kümmel, Tatar, je 1 EL Sojasauce und Sherry ver-

mengen. Aus der Masse kleine walnussgroße Bällchen formen. Garnelen und Fischfilet waschen, trockentupfen, Fischfilet in Stücke schneiden. Eier verquirlen, mit 2 EL Sojasauce, restlichem Kümmel, etwas gehacktem Korianderkraut und Pfeffer abschmecken. In heißem Öl 1–2 dünne Omelettes backen, aufrollen und in Streifen schneiden. Pilze abtropfen lassen. Möhren und Rettich schälen und in mundgerechte Stücke schneiden. Alle Zutaten dekorativ auf

einer Platte anrichten. Brühe mit restlicher Sojasauce und Sherry zum Kochen bringen, in einen Feuertopf (oder einen Fondue-Topf) gießen und weiter köcheln lassen. Alle Zutaten werden mit kleinen Sieben o. ä. in der Brühe gegart, die zum Abschluss des Feuertopf-Fondues als Suppe gereicht wird. Nach Wunsch dazu Reis und verschiedene asiatische Dips reichen, z. B. fernöstlichen Ketschup, süß-saure Sauce und helle und dunkle Sojasauce.

Honig-Senf-Sauce
(Abb. S. 331) – Thailand

Zutaten
2 EL Senfkörner,
5 EL Sojasauce,
3 Lauchzwiebeln,
1 unbehandelte Zitrone,
1 Chilischote,
2 EL Honig,
100 g Joghurt

EW	Fett	KH	kcal/kJ
22 g	17 g	65 g	510/2130

Senfkörner im Mörser grob zerdrücken, dann in Sojasauce einweichen. 1 Lauchzwiebel in feine Ringe schneiden, die beiden anderen für die Dekoration verwenden. Schale von 1/2 Zitrone abreiben, Saft auspressen die andere Zitronenhälfte für die Dekoration aufbewahren. Chilischote längs halbieren, entkernen und fein hacken. Honig und Joghurt mit den vorbereiteten Zutaten verrühren. Sauce mit Zitronenspalten und Lauchzwiebeln anrichten.

Scharfe Avocadosauce
(Abb. S. 331) – Thailand

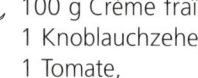

Zutaten
1 reife Avocado,
1/2 rote Chilischote,
3 EL Zitronensaft,
100 g Crème fraîche,
1 Knoblauchzehe,
1 Tomate,

3 TL Sojasauce,
1 Prise Zucker, Pfeffer

EW	Fett	KH	kcal/kJ
3 g	22 g	6 g	230/970

Avocado halbieren, Stein entfernen, Fruchtfleisch schälen und in Stücke schneiden. Chilischote halbieren, entkernen und waschen. Beides mit Zitronensaft und Crème fraîche zu einer glatten Masse pürieren. Knoblauchzehe schälen, zerdrücken und hinzufügen. Tomate waschen, halbieren, entkernen und in feine Würfel schneiden. Zu der Avocadocreme geben und mit Sojasauce, Zucker und Pfeffer abschmecken.

Teufelssauce
(Abb. S. 331) – Thailand

Zutaten
1 hart gekochtes Ei,
1 Zwiebel,
2 EL Speiseöl,
5 EL Sojasauce,
2 EL Crème fraîche,
1 Apfel,
1 Msp. Sambal Oelek,
5 EL Tomatenketschup

EW	Fett	KH	kcal/kJ
5 g	5 g	10 g	105/440

Ei schälen und vierteln. Zwiebel schälen, in Scheiben schneiden und in Öl andünsten. Mit Sojasauce ablösen. Ei, Zwiebel-Soja-Sud und Crème fraîche pürieren. Apfel schälen, entkernen, in kleine Würfel schneiden und dazugeben. Mit Sambal Oelek und Ketschup pikant-scharf abschmecken.

Zitronen-Shrimps-Dip
(Abb. S. 331) – Thailand

Zutaten
125 g Shrimps,
1 Zitrone,
1 EL Sesamöl,
1 EL brauner Zucker,
5 EL Sojasauce,
Cayennepfeffer

EW	Fett	KH	kcal/kJ
8 g	5 g	8 g	115/480

Shrimps fein hacken, Zitrone auspressen. In einem kleinen Topf Sesamöl erhitzen. Braunen Zucker und Shrimps kurz anschwitzen, dann mit dem Zitronensaft ablösen. Sojasauce dazugeben, aufkochen und mit Cayennepfeffer abschmecken.

Kartoffel-Knoblauchcreme
(Abb. S. 331) – Thailand

Zutaten
4 Knoblauchzehen,
300 g mehlig kochende große Kartoffeln,
200 g saure Sahne,
5 EL Sojasauce,
Salz, Pfeffer,
Majoran

EW	Fett	KH	kcal/kJ
5 g	16 g	15 g	230/955

Knoblauchzehen schälen und der Länge nach vierteln. Ungeschälte Kartoffeln waschen und mit einem spitzen Messer Löcher hineinbohren. Knoblauchzehen in die Löcher stecken und Kartoffeln in Alufolie wickeln. Im Ofen bei 200 Grad ca. 40 Minuten garen. Kartoffeln mit einer Gabel zerdrücken und mit saurer Sahne und Sojasauce vermengen. Mit Salz, Pfeffer und Majoran abschmecken.

Gemischtes Fondue mit verschiedenen Saucen
(Abb.) – Thailand

Zutaten für 6 Personen
400 g Hühnerbrustfilet,

400 g Lachsfilet,
400 g ausgelöste Garnelen,
300 g Broccoliröschen,
300 g Möhren,
300 g Paprikaschoten (rote, grüne, gelbe gemischt),
300 g kleine Zucchini,
Korianderkraut zum Garnieren,
2 Frühlingszwiebeln,
2 l Geflügelbrühe (selbst gekocht oder aus

Würfeln),
1 Schuss Zitronensaft,
6–8 EL Sherry fino,
1 Msp. Ingwerpulver,
Salz, weißer Pfeffer aus der Mühle,
600 g Baguette

EW	Fett	KH	kcal/kJ
52 g	14 g	57 g	586/2450

Hühnerbrustfilet waschen, trockentupfen und in mundgerechte Würfel schneiden. Lachsfilet in etwa 2 cm große Stücke schneiden. Garnelen kalt abbrausen und abtropfen lassen. Broccoliröschen waschen und abtropfen lassen. Möhren schälen und schräg in 1/2 cm dicke Scheiben schneiden. Paprikaschoten putzen, waschen und in 2 cm große Würfel schnei-

den. Zucchini in dicke Scheiben schneiden. Gemüsesorten nacheinander in kochendem Salzwasser blanchieren, eiskalt abschrecken und gut abtropfen lassen. Fleisch, Fisch und Meeresfrüchte sowie Gemüse getrennt nach Sorten dekorativ auf Platten anrichten und mit Korianderkraut garnieren. Frühlingszwiebeln putzen und in feine Ringe schneiden. Geflügelbrühe mit Frühlingszwiebeln in einem großen Topf auf dem Herd zum Kochen bringen, mit Zitronensaft, Sherry, Ingwerpulver, Salz und Pfeffer pikant abschmecken. Brühe in einen gusseisernen Wok oder den Rechaud füllen. Die Rechaudflamme entzünden und den Wok oder Rechaud zu Tisch bringen. Die Flamme so regulieren, dass die Brühe am Sieden bleibt. Fonduezutaten und Fonduesaucen dekorativ dazu anrichten. Baguette in Scheiben schneiden und in Körbchen schichten. Fleisch- und Fischwürfel, Garnelen und Gemüse einzeln auf Fonduegabeln spießen und in der Brühe garen. Mit den Saucen und Baguette verzehren. Nach dem Essen die Brühe in chinesische Schälchen oder Suppentassen füllen und als »Nachtisch« reichen.

Tipp
Nach Belieben zusätzlich chinesisches Salzgebäck oder Cracker zum Fondue reichen.

Tempura mit Hummerkrabben und Gemüse
(Abb. S. 333) – Japan

Zutaten
7 EL Kartoffelmehl,
1 EL Sojasauce,
2 Eigelb, 2 Eiweiß,
3 rohe Hummerkrabben ohne Kopf,
500 g Fischfilet,
1 kleine Aubergine,
1 Zucchini,
100 g frische Shiitake-Pilze,
Pflanzenfett zum Frittieren

EW	Fett	KH	kcal/kJ
32 g	8 g	21 g	281/1178

Kartoffelmehl, Sojasauce, Eigelb und 50 ml Wasser glatt rühren. Steif geschlagenes Eiweiß unterheben. Hummerkrabben schälen, Rücken längs aufschneiden und dunklen Darm entfernen. Fischfilet in 4 cm große Würfel schneiden. Aubergine und Zucchini waschen und in 1 cm dicke Scheiben schneiden. Shiitake-Pilze mit einem Pinsel säubern und unteres Ende vom Stiel abschneiden. Vorbereitete Zutaten bei Tisch durch den Ausbackteig ziehen und im heißen Fett portionsweise goldbraun ausbacken. Dazu eignet sich ein Fonduetopf oder ein Wok mit Rechaud. Zum Tempura mit Hummerkrabben und Gemüse schmeckt eine Saucenmischung aus Sojasauce, einigen

Spritzern Sesamöl, Reisweinessig, Honig und geriebenem Rettich.

Tempura mit Gemüse und Ingwer
Japan

Zutaten
4 Scampi,
400 g Fischfilet (Lachs, Thunfisch etc.),
200 g Champignons,
250 g Broccoliröschen,
Salz,
200 g frische Maiskölbchen, 1 Ei,
50 g Speisestärke,
1 Päckchen Backpulver,
150 g Weizenmehl,
1/4 l Dashi, 5 EL Mirin,
5 EL Sojasauce,
1 EL geraspelter frischer Ingwer,
1/4 l Sesamöl (hitzebeständig),
3/4 l Erdnussöl

EW	Fett	KH	kcal/kJ
41 g	19 g	54 g	591/2471

Scampi der Länge nach durchschneiden, entdarmen, waschen und trockentupfen. Fischfilets in mundgerechte, gleichmäßig große Stücke schneiden. Champignons putzen und je nach Größe halbieren oder vierteln. Broccoliröschen waschen und in Salzwasser blanchieren; abtropfen lassen. Maiskölbchen waschen und mit Küchenpapier

trockentupfen. Mit einem elektrischen Handrührgerät Ei und 1/4 l Eiswasser aufschlagen. Speisestärke, Backpulver und Mehl versieben und rasch unter das Eiswasser rühren, so dass ein dünnflüssiger Teig entsteht. Für die Sauce Dashi in einem Topf aufkochen und mit Mirin und Sojasauce abschmecken. In Schälchen füllen und mit Ingwer garnieren. Beide Ölsorten in einer Fritteuse oder entsprechendem Tischgerät auf ca. 180 Grad heiß siedend erhitzen. Bereitgestellte Zutaten einzeln durch den Teig ziehen und im heißen Öl portionsweise goldgelb frittieren. Jede mit knusprigem Teig umhüllte Zutat in Dashi-Sauce tunken.

Tipp
Beliebige Fisch- und Gemüsesorten verwenden.

Fisch-Fondue japanisch
Japan

Zutaten
2 Pakete tiefgekühlte Fischstäbchen,
1 l Öl oder 1 kg Kokosfett, 2 TL Sojasauce,
6 EL Reiswein oder Zitronensaft zum Abschmecken

EW	Fett	KH	kcal/kJ
40 g	12 g	1 g	310/1297

Fischstäbchen unaufgetaut halbieren und auf einer Platte anrichten. Fett im Fonduetopf auf dem Herd erhitzen und auf dem Rechaud weiter köcheln lassen. Fischstäbchen auf die Fonduegabeln spießen und im Fett garen. Sojasauce mit Reiswein oder Zitronensaft verrühren und zum Fisch servieren.

Meeresfrüchte, Rindfleisch und Gemüse Japan-Art
Japan

Zutaten
400 g Rinderfilet,
8 ungeschälte Riesenscampi,
2 cm frische Ingwerwurzel,
2 Knoblauchzehen,
1 EL brauner Zucker,
4 EL Miso,
200 g frische Maiskölbchen (ersatzweise Dose),
50 ml Reiswein,
50 ml Sojasauce,
1 EL Zucker,
2 EL Erdnussöl,
500 g gekochter Reis,
12 frische Austern oder Muscheln

EW	Fett	KH	kcal/kJ
51 g	15 g	72 g	661/2763

Rinderfilet im Tiefkühlfach kurz anfrieren lassen, dann in hauch-dünne Scheiben schneiden. Scampi schälen, der Länge nach durchschneiden und dabei entdarmen. Unter fließendem kalten Wasser waschen und trockentupfen. Ingwerwurzel schälen und fein hacken. Knoblauchzehen schälen und im Mörser mit Zucker zerreiben. Mit Ingwer und Miso verrühren und Rindfleisch damit marinieren. Maiskölbchen putzen und waschen. Aus Reiswein, Sojasauce und Zucker eine Sauce rühren. Alle Zutaten in Schüsselchen anrichten und am Tisch bereitstellen. Tischgrill mit Erdnussöl bestreichen. Jeder Tischgast brät seine Zutaten selbst, hat eine Sauce zum Dippen und als Beilage viel heißen Reis. Die frischen Austern oder Muscheln ohne Schalen ebenfalls in Schüsselchen rund um den Tischgrill bereitstellen. Nach Belieben mitbraten oder zuletzt separat grillen.

Tipp
Die Zutaten können beliebig variiert werden – mit Jakobsmuscheln, Wolfsbarsch, Steinbeißer und Lachs (entsprechend teuer) oder mit mehr Gemüse wie z. B. Möhren, Zucchini, Auberginen, frischen Shiitake-Pilzen etc. Anstelle des Tischgrills kann auch ein Holzofengrill oder ein heißer Stein verwendet werden.

Knusprige Tofuwürfel
(Abb. Mitte) – China

Zutaten

400 g Tofu,
6 EL Sojasauce,
2 Eiweiß,
6 EL Speisestärke,
1 kg Pflanzenfett

EW	Fett	KH	kcal/kJ
16 g	17 g	15 g	278/1159

Tofu in 2 x 2 cm große Würfel schneiden und in Sojasauce ziehen lassen. Eiweiß leicht verschlagen. Tofuwürfel darin wenden und anschließend mit Speisestärke rundherum bestäuben. Pflanzenfett in einem Fonduetopf erhitzen und Tofuwürfel darin 2–3 Minuten knusprig braun ausbacken. Dazu geraspelten Rettich mit Schnittlauch servieren.

Pikante und süße Teigtaschen
(Abb. links u. rechts) – China

Zutaten
15 g Ingwerwurzel,
1 Schalotte,
1 Bd. Koriander,
250 g Rinderhackfleisch,
1 Eigelb,
Salz,
Pfeffer aus der Mühle,
12 Litschis,
56 Blätter Wan-Tan-Teig (10 x 10 cm),
1 Eiweiß,
1 kg Pflanzenfett

EW	Fett	KH	kcal/kJ
32 g	23 g	164 g	1015/4243

Ingwer schälen und in kleine Würfel schneiden. Schalotte schälen und fein hacken. Kori-

Zitronenschale),
Salz,
1/4 Packung Glasnudeln,
8 geschälte Gambas
Als Fonduesaucen:
Chili-Sauce (Fertig-
produkt),
Teufels-Sauce (Fertig-
produkt),
Curry-Sauce (Fertig-
produkt),
Knoblauch-Sauce (Fertig-
produkt)
Als Hilfsmittel:
1 Rechaud,
pro Person mind. 2 Fon-
due-Messingkörbchen

ander abbrausen, trockenschütteln, Blättchen abzupfen und
hacken. Alles mit Hackfleisch
und Eigelb verkneten und mit
Salz und Pfeffer abschmecken.
Die Masse in 32 Portionen teilen. Von den Litschis die Schale
entfernen, entkernen und halbieren. Ränder der Teigblätter
mit Eiweiß bestreichen. Auf 32
Teigblätter Hackfleischmasse geben und Teigblätter zusammenschlagen. Enden fest verdrehen,
so dass kleine Täschchen entstehen. In die Mitte der restlichen
Teigblätter jeweils 1/2 Litschi
setzen. Gegenüberliegende
Ecken der Teigplatten über der
Litschi zusammenführen und die
Kanten fest zusammendrücken.
Teig an der Spitze leicht verdrehen, so dass kleine Tüten entstehen. Herzhafte und süße
Teigtaschen bei Tisch im heißen
Pflanzenfett goldbraun backen.
Dazu schmeckt eine Chilisauce.

Gemüsefondue mit Garnelen
(Abb. oben und S. 337) – *China*

 Zutaten

 2 Möhren,
1/2 Stange Lauch,
2 Frühlingszwiebeln,
100 g Broccoli,
80 g Kaiserschoten,
je 100 g rote und gelbe
Paprikaschoten,
2 Stangen Stauden-
sellerie,
1 Fenchelknolle,
je 1 rote und grüne
Peperoni,
60 g Sprossen,
80 g Bambussprossen,
8 Mini-Maiskolben,
80 g Austernpilze,
1 1/2 l Fischbouillon,
5 g frisch gehackter
Ingwer,
einige Zitronengras-
stängel (oder 1 Stück

EW	Fett	KH	kcal/kJ
21 g	22 g	138 g	800/3341

Frisches Gemüse waschen und
putzen, alle Sprossen kurz abbrausen. Broccoli in Röschen
teilen, Kaiserschoten, Paprikaschoten und Fenchel in Streifen
schneiden. Staudensellerie und
Peperoni in Scheiben schneiden,
Mini-Maiskolben und Austernpilze in Stücke schneiden. Fischbouillon auf dem Herd aufkochen und anschließend im Feuertopf bzw. über dem Rechaud
nur noch leise köcheln lassen.
Möhren, Lauch und Frühlingszwiebeln in Streifen schneiden
und in der Bouillon mitköcheln
lassen. Gehackten Ingwer und
Zitronengrasstängel bzw. abgeriebene Zitronenschale dazugeben, alles mit Salz abschmecken. Glasnudeln kurz vorgaren.
Fondue-Saucen in Schälchen

geben. Gemüse, Gambas, Glasnudeln und Sprossen nach Belieben in Fondue-Körbchen füllen. Für 1–2 Minuten in die siedende Bouillon hineinhängen. Herausnehmen, etwas abtropfen lassen und Körbchen auf die Teller stürzen. Mit den Fonduesaucen nach Geschmack kombinieren.

Grillplatte
Korea

Zutaten
je 300 g mageres Rindfleisch und Schweinefleisch zum Grillen,
je 1 grüne und rote Paprikaschote,
4 Tomaten,
1/2 Bd. Frühlingszwiebeln,
8 Knoblauchzehen,
Salz,
2–4 cm frische Ingwerwurzel,
4 EL Reiswein,
2 EL dunkle Sojasauce,
2 EL Sesamöl,
1 EL Sesam, Pfeffer,
1 EL Zucker,
1 EL rote Bohnenpaste,
etwas Erdnussöl für den Tischgrill

EW	Fett	KH	kcal/kJ
32 g	22 g	15 g	417/1743

Beide Fleischsorten waschen, trockentupfen und in sehr schmale Streifen schneiden. Pa-

prikaschoten putzen, waschen und achteln. Tomaten waschen und halbieren. Frühlingszwiebeln putzen und sehr fein hacken. Knoblauchzehen schälen und 4 Stück davon mit etwas Salz im Mörser zerreiben. Ingwerwurzel schälen und fein raspeln, mit Frühlingszwiebeln, Reiswein, Sojasauce, Knoblauch, Sesamöl, Sesam, Pfeffer, Zucker und Bohnenpaste gründlich verrühren. Jede Fleischsorte mit der Hälfte der Sauce gut vermengen und zugedeckt ca. 60 Minuten in den Kühlschrank stellen. Alle Zutaten in Schüsselchen verteilen und rund um den Tischgrill stellen. Fleisch und Gemüse auf den leicht mit Erdnussöl bepinselten heißen Grill legen.

Tipp
Dazu heißen Reis und diverse Dipsaucen reichen.

Fischspieße indische Art
Indien

Zutaten
500 g Fischfilet
(z. B. Dorsch, Seelachs),
1 Zitrone,
3 EL Sojasauce,
3 EL Sherry,
Salz,
Pfeffer,
1 TL Currypulver,
1 Apfel,
2 Bananen,
1 dicke Scheibe Räucherschinken

EW	Fett	KH	kcal/kJ
27 g	7 g	20 g	277/1157

Fischfilet waschen, trockentupfen und in 2 cm große Würfel schneiden. Zitrone auspressen, Saft (bis auf 2 EL) mit Sojasauce, Sherry, Salz, Pfeffer und

Curry zu einer Marinade verrühren und Fischwürfel darin
30 Minuten ziehen lassen. Apfel
und Bananen schälen, Apfel
vom Kernhaus befreien. Apfel-
und Bananenfruchtfleisch in
große Würfel bzw. dicke Scheiben schneiden und mit restlichem Zitronensaft beträufeln.
Fettrand vom Schinken entfernen und Fleisch in mundgerechte Stücke schneiden. Abgetropften Fisch, Obst und Schinken
abwechselnd auf 8 Grillspieße
stecken, auf den heißen Stein
oder den eingeölten Tischgrill
legen und von beiden Seiten
jeweils ca. 5 Minuten braten.

Exotische Hummerschwänze
Thailand

 Zutaten
8 Hummerschwänze,
Salz,
 Pfeffer,
Saft von 1 Limette,
 6 Knoblauchzehen,
1 Chilischote,
50 g Butter,
2 EL Tomatenmark,
4 EL Rum,
50 g Kokoscreme

EW	Fett	KH	kcal/kJ
27 g	13 g	8 g	300/1254

Hummerschwänze aus der
Schale lösen, längs einschneiden und dunkle Därme entfernen. Fleisch salzen, pfeffern, mit

Limettensaft beträufeln und
30 Minuten ziehen lassen. Knoblauch schälen und fein hacken.
Chilischote längs aufschneiden,
entkernen und fein würfeln.
Butter erhitzen, Knoblauch, Chilischote und Hummerschalen
zugeben und Tomatenmark einrühren. 10 Minuten köcheln lassen, dann mit Rum ablöschen.
Kokoscreme mit 1/4 l Wasser in
die Pfanne geben, aufkochen
lassen und Sauce durch ein Sieb
gießen. Ausgelöste Hummerschwänze auf dem geölten
heißen Stein oder Tischgrill von
jeder Seite ca. 4 Minuten
braten und mit Sauce servieren.
Dazu passt Reis.

Shabu-Shabu
Japan

 Zutaten
600 g Rinderlende,
1 Bd. Frühlings-
zwiebeln,
 1 Stange Lauch,
200 g Sojabohnen-
sprossen,
1 kleiner Chinakohl,
1 Packung getrocknete
Shiitake-Pilze,
200 g Champignons,
2 Möhren,
200 g Tofu,
1 Packung Glasnudeln,
2 cm frische Ingwer-
wurzel,
2 Knoblauchzehen,
1 TL Zucker,
4 EL Sesam,

1/8 l Sojasauce,
2 EL Reisweinessig,
1 1/2 l Hühnerbrühe

EW	Fett	KH	kcal/kJ
45 g	13 g	29 g	439/1835

Rinderlende im Tiefkühlfach
kurz anfrieren lassen, dann in
hauchdünne Scheiben schneiden. Frühlingszwiebeln putzen,
der Länge nach vierteln und
quer in ca. 3 cm lange Stücke
schneiden. Lauch putzen, längs
halbieren, zwischen den Blattschichten waschen und mit etwas Grün quer, passend zu den
Frühlingszwiebeln, schneiden.
Chinakohl entblättern, waschen
und in zentimeterbreite Streifen
schneiden. Shiitake-Pilze mit kochend heißem Wasser begießen
und ca. 20 Minuten quellen
lassen. Champignons putzen,
halbieren oder vierteln. Möhren
schälen, zuerst in längliche
Scheiben, dann quer in Stifte
schneiden. Tofu in gleich große
Würfel schneiden. Glasnudeln
mit heißem Wasser begießen,
kurz quellen und in einem Sieb
abtropfen lassen. Vorbereitete
Zutaten in Schälchen anrichten
und rund um den Fonduetopf
stellen. Ingwerwurzel schälen
und fein hacken. Knoblauchzehen schälen und mit Zucker und
Sesam zerreiben. Mit Ingwer,
Sojasauce und Essig verrühren.
Für jeden Tischgast ein Dipschälchen bereitstellen. Hühnerbrühe aufkochen und auf den
Rechaud stellen.

Nigiri-Sushi

Nigiri-Sushi – die köstlichen Reisbällchen aus der japanischen Küche – sind ein kulinarischer Leckerbissen aus Reis und Fisch. Das seit dem 19. Jahrhundert bekannte Sushi, dessen Zubereitung in Japan als eine Kunst gilt, ist mit etwas Übung und Geschick jedoch einfach zuzubereiten und sieht trotzdem raffiniert aus. Ein kastaniengroßes Stück Sushi-Reis wird zu einer länglichen Rolle geformt, darauf drückt man ein Scheibchen rohen oder geräucherten Fisch oder eine Garnele. Verschiedene Dekorationen machen das Ganze für Augen und Magen zu einem Hochgenuss. Zum Dippen reicht man Sojasauce mit etwas Wasabi (Meerrettichpulver) verrührt. Zum Neutralisieren der Geschmacksnerven dient eingelegter Ingwer (Gari).

Maki-Sushi

Sowohl optisch als auch kulinarisch erfreuen Maki-Sushis die Sinne. Mit Hilfe einer Bambusmatte werden würzige Zutaten und Klebreis in Nori-Blätter, das sind getrocknete und geröstete Seetangplatten, eingerollt. Zum Schluss wird die Sushi-Rolle mit einem sehr scharfen Messer, das in Eiswasser befeuchtet wird, in mundgerechte Scheiben geschnitten und die Sushi mit der

Nigiri-Sushi

Ura-Maki-Sushi

Schnittfläche nach oben auf einer Platte dekorativ angerichtet. Dazu gibt es eingelegte Ingwerscheiben.

Ura-Maki-Sushi

Ura-Maki-Sushi ist eine kreative Variante der Maki-Sushi. Das Nori-Blatt wird mit dem Klebreis vor dem Belegen gewendet, so dass nach dem Rollen das Nori-Blatt mit den würzigen Zutaten vom Reis umschlossen wird. Beilagen: eingelegte Ingwer-

Maki-Sushi

Temaki-Sushi

scheiben und Sojasauce mit etwas Wasabi.

Temaki-Sushi

Temaki-Sushi ist die einfachste Sushi-Art. Ein halbes Nori-Blatt wird mit Klebreis und einer Füllung nach Wunsch, wie Fisch, Gemüse, Fleisch, Geflügel, belegt und tütenförmig zusammengerollt. Die Nori-Tüte hält besser zusammen, wenn man das Ende mit einem Sushi-Reiskorn festklebt.

SUSHI

Maki-Sushi mit Gurke, Avocado und Forelle
(Abb. 1–4 und S. 342) – Japan

Zutaten
125 g Ketan-Reis,
4 EL Sushi-Reis-Essig,
1 kleine Gurke,
1/2 geschälte Avocado,
1 geräuchertes
Forellenfilet,
6 Nori-Blätter (geröstete
Seetangblätter, recht-
eckig),
Wasabipaste (grüner ja-
panischer Meerrettich),
japanische Sojasauce
Als Hilfsmittel:
Eine Bambusmatte (er-
hältlich in Asiashops)
oder ersatzweise ein
Küchenhandtuch

EW	Fett	KH	kcal/kJ
19 g	29 g	9 g	198/829

Den Reis nach dem Grundrezept (s. S. 343) garen, mit
Sushi-Essig säuern und abkühlen. Gurke, Avocado und
Forelle in 1/2 cm dicke Streifen
schneiden. 1 Noriblatt auf eine
Bambusmatte legen und 2 EL
Reis gleichmäßig darauf verteilen (Abb. 1). Am oberen und
unteren Ende je 1 cm frei lassen. In die Mitte von links nach
rechts Gurkenstreifen, Forellenfilet und Avocado legen (Abb.
2), mit Wasabi bestreichen und
mit Hilfe der Bambusmatte zusammenrollen und festdrücken

Abb. 1

Abb. 2

Abb. 3

Abb. 4

(Abb. 3). Die Rollen quer in
Stücke schneiden (Abb. 4). Etwas Sojasauce in einem Schälchen mit wenig Wasabipaste
vermischen. Die Makis vor dem
Verzehr hineintunken und
genießen.

Maki-Sushi mit geräuchertem Forellenfilet
Japan

**Zutaten für 24 Stück
(4 Personen)**
150 g Ketan-Reis,
1 Salatgurke
(biologischer Anbau),
200 g geräuchertes
Forellenfilet,
etwas frischer Dill,
1 TL Wasabi,
2 Nori-Blätter

EW	Fett	KH	kcal/kJ
14 g	29 g	8 g	182/764

Reis nach dem grundrezept (s. S.
343) zubereiten, Gurke waschen,
längs halbieren, die Kerne mit
einem Löffel entfernen und in
ca. 1 cm breite Streifen schneiden. Forellenfilet ebenso schneiden. Dillspitzen abzupfen, Wasabi mit einigen Tropfen Wasser zu
einer festen Masse verkneten.
Nori-Blatt mittig halbieren und
mit der rauen Seite nach oben
auf die Bambusmatte legen. Den
Reis mit kalt angefeuchteten
Händen auf dem Nori-Blatt verteilen und leicht andrücken (ma-

Sushi-Reis zubereiten (s. Grundrezept S. 343), Avocado schälen, in dünne Streifen schneiden und mit Zitronensaft beträufeln. Räucherlachsscheiben längs dritteln. Schnittlauch waschen und trockentupfen. Nori-Blatt mit der rauen Seite nach oben auf die Bambusmatte legen, Reis auf dem Nori-Blatt verteilen und leicht andrücken (maximal 1 cm hoch), dabei oben und unten einen Rand von 1,5 cm lassen. Die Hälfte der Lachsstreifen (für eine Rolle) quer über die Breite verteilen, mit Wasabipaste dünn bestreichen, darauf die Hälfte der Avocadostreifen setzen und 5–6 Schnittlauchstangen darauf legen. Nori-Blatt mit der Bambusmatte vorsichtig aufrollen und in 6 gleich große Stücke schneiden. Das zweite Nori-Blatt mit den restlichen Zutaten genauso zubereiten. Sojasauce in ein kleines Schälchen geben, nach eigenem Gusto etwas Wasabi einrühren und die Röllchen darin eintunken. Genießen Sie dazu Gari, den Ingwer mit dem besonderen Geschmack.

ximal 1 cm hoch), dabei oben und unten einen Rand von 1,5 cm lassen. Ca. 50 g Forellenfilet quer über die Breite verteilen, mit Wasabi-Paste dünn bestreichen, darauf ein Viertel der Gurkenstreifen legen und einige Dillspitzen darauf verteilen. Nori-Blatt mit der Bambusmatte vorsichtig aufrollen und in 6 gleich große Stücke schneiden. Die übrigen Nori-Blätter mit den restlichen Zutaten genauso zubereiten. Sojasauce in ein kleines Schälchen geben, nach eigenem Gusto etwas Wasabi darin verrühren und die Röllchen darin eintunken.

Maki-Sushi mit Räucherlachs und Avocado
Japan

 Zutaten für 12 Stück
100 g Ketan-Reis,
1/4 reife Avocado,
1 TL Zitronensaft,
 100 g Räucherlachs,
2 Blatt geröstete Nori-Blätter,
1 Bd. Schnittlauch
Zum Dippen:
japanische Sojasauce,
Wasabi (nach Packungsanweisung zubereiten),
Gari (eingelegte Ingwerscheiben)

EW	Fett	KH	kcal/kJ
19 g	8 g	42 g	332/1394

Tipp
Zum Portionieren die Nori-Rolle halbieren, diese Teile jeweils dritteln – somit haben Sie 6 gleich große Stücke.

Tipp
Anstelle von Räucherlachs kann frischer Lachs, geräucherte Forelle/Aal sowie frisches rohes Gemüse wie Stangensellerie, Karotten, Gurken etc. verwendet werden.

SUSHI

GRUNDREZEPT
Sushi-Reis

500 g Ketan-Reis gründlich waschen und abtropfen lassen. Ketan-Reis mit einer Prise Salz, einer Prise Zucker und 800 ml Wasser aufkochen lassen. Die Hitze auf kleine Flamme reduzieren und Reis ca. 8 Minuten zugedeckt köcheln lassen. Wenn alles Wasser aufgesogen ist, den Topf vom Herd nehmen und den Reis in einer Schale abkühlen lassen. Anschließend den Reis mit 100 ml Reisessig säuern.

Tipp
Feuchten Sie Ihre Hände beim Zubereiten von Sushi regelmäßig mit Eiswasser an, damit der Reis nicht an Ihren Händen klebt.

Nigiri-Sushi mit Garnelen (Ebi)
Japan

Zutaten für 4 Stück
125 g Ketan-Reis,
4 gekochte Garnelen,
1 TL Wasabi (nach Packungsanweisung zubereiten)
Als Beilage:
japanische Sojasauce, eingelegte Ingwerscheiben

EW	Fett	KH	kcal/kJ
13 g	9 g	28 g	245/1029

Aus Ketan-Reis Sushi-Reis zubereiten. Garnelen vom Panzer befreien (nur den Schwanz daran lassen) und den Darm entfernen. Von der Unterseite her einschneiden (nicht durchschneiden). Eine Garnele mit der Unterseite nach oben in die linke Hand nehmen und mit der rechten Hand eine Fingerspitze Wasabi in der Schnitt-Rinne verteilen. Aus einem etwa kastaniengroßen Stück Sushi-Reis in der rechten Hand eine längliche Rolle formen und ebenfalls in die Einschnitt-Rinne eindrücken. Anschließend die Garnele mit dem Reis nach unten in die linke Hand legen und den Reis mit Daumen und Zeigefinger der rechten Hand in Form drücken (Reis sollte nicht über die Seiten der Garnele hinausragen). Mit den weiteren Garnelen ebenso verfahren. Nigiri-Sushi mit der Garnele nach oben anrichten. Wasabi in einem Schälchen mit Sojasauce verrühren, Nigiris hineindippen und genießen. Zwischen den Nigiris den Gaumen mit Gari neutralisieren.

Tipp
Probieren Sie auch Nigiri mit Streifen von rohem oder geräuchertem Lachs, Aal, Forelle oder Omelette-Streifen.

Maki-Sushi mit pikanten Heringsfilets
Japan

Zutaten
2 Dosen »China« Pikante Heringsfilets (je 190 g),
8 Nori-Blätter,
250 g fertiger Sushi-Reis,
Sojasauce

EW	Fett	KH	kcal/kJ
10 g	6 g	59 g	338/1417

Heringsfilets in 8 Portionen teilen. 1 Noriblatt auf ein Küchentuch legen. Darauf mit angefeuchteten Händen eine Schicht Reis geben, anschließend 3 cm von der körpernahen Kante entfernt 1 Portion Heringsfilets mit entsprechender Sauce auf den Reis schichten. Das Nori-Blatt mit Hilfe des Tuches fest aufrollen. Mit den restlichen Nori-Blättern ebenso verfahren. Sushi-Rollen in ca. 1 1/2 cm breite Scheiben schneiden. Sushi auf Brettchen oder Tellern anrichten und mit Sojasauce zum Eintunken servieren.

Tipp
Reste dieser pikanten Maki-Sushi halten sich, in Folie verpackt, gut einen Tag im Kühlschrank.

Nigiri-Sushi mit Fisch
(Abb.) – Japan

Zutaten
Für den Essigreis:

300 g Ketan-Reis,
5 EL Reis- oder
Weinessig,

1 EL Zucker,
4 TL Salz
Für den Belag:
100 g frischer Thunfisch,
100 g frischer Seebarsch,
100 g Matjesfilet,
100 g Räucherlachs,
etwas frischer Ingwer,
Wasabi oder
herkömmlicher,
geriebener Meerrettich,
2 Frühlingszwiebeln,
Lauch-, Radieschen- oder
Gurkenstückchen sowie
Ingwer, Schnittlauch
oder Zitrone
zum Verzieren,
Sojasauce zum Dippen

EW	Fett	KH	kcal/kJ
30 g	15 g	60 g	580/2436

Reis nach dem Grundrezept (s. S. 343) zubereiten. Thunfisch, Seebarsch und Matjesfilet in 1/2 cm dicke Scheiben, diese in Streifen von etwa 3 cm Breite und 5 cm Länge schneiden. Die Räucherlachsscheiben in 4 cm große Quadrate schneiden. Geschälten Ingwer in dünne Streifen schneiden. Wasabipulver nach Vorschrift mit etwas Wasser auflösen. Die gewaschenen Frühlingszwiebeln in feine Strei-fen schneiden. Aus jeweils 2 EL Essigreis tischtennisgroße Kugeln formen. Jeweils 1 Fisch-stück (Thunfisch, Seebarsch, Matjesfilet) auf die Handfläche legen. Einen Tupfer Wasabi oder geriebenen Meerrettich darauf geben. Den Reisball darauf set-zen und mit Daumen und Zei-gefinger andrücken. Vorsichtig umdrehen, in eine rechteckige Form drücken und mit Lauch-, Radieschen- oder Gurken-stückchen verzieren. Auf eine Platte oder ein Lacktablett ge-ben. Matjes-Sushi mit den fein geschnittenen Frühlingszwie-beln bestreuen. Für die Rä-cherlachs-Sushi ein Lachsstück auf Klarsichtfolie geben, den Reisball in der Mitte platzieren und die Folie zu einem Ball dre-hen. Anrichten und mit in Strei-fen geschnittenem Ingwer, Schnittlauch oder Zitronen-stückchen dekorativ garnieren. Zum Dippen Sojasauce in klei-nen Schälchen bereitstellen.

VARIATIONEN

Nigiri-Sushi mit frischem Lachs

Ca. 150 g frisches Lachsfilet leicht schräg zur Faser in 8 sehr dünne und gleichmäßige Schei-ben schneiden. Dazu vorher den Fisch in Alufolie wickeln und ca. 60 Minuten im Gefrierfach ein-frieren lassen. Auf die aufgetau-ten, noch kalten Scheiben Wa-sabipaste streichen und weiter-verarbeiten wie im Rezept be-schrieben. Mit Lachskaviar gar-nieren.

Nigri-Sushi mit Sardinen

1 frisches Sardinenfilet (ca. 150 g) waschen, mit einer Pinzette Gräten entfernen, mit Salz ein-reiben und 15 Minuten ruhen lassen. Haut mit einem scharfen Messer schräg einritzen; Filet in 8 Teile schneiden. Weiterver-arbeiten wie im Rezept be-schrieben.

Temaki-Sushi mit Austernpilzen
Japan

Zutaten für 10 Stück
100 g Ketan-Reis,
150 g Austernpilze,

1/2 EL Gari (eingelegte
Ingwerscheiben),
Sojaöl zum Braten,
1/2 TL China-Würz-
mischung Wasabi (nach
Packungsanweisung
anrühren),
1 EL Sojasauce,
1 Stange Frühlings-
zwiebeln,
5 geröstete Nori-
Blätter

EW	Fett	KH	kcal/kJ
19 g	29 g	9 g	198/829

Sushi-Reis zubereiten. Austernpilze säubern, zerpflücken, Gari klein hacken und beides in Sojaöl anbraten, dabei mit China-Würzmischung und Sojasauce abschmecken. Frühlingszwiebeln in ca. 5 cm lange Stücke schneiden (nur den grünen Teil). Den zubereiteten Reis mit etwas Wasabi verfeinern, 10 Bällchen formen, Noriblätter halbieren. Ein Reisbällchen auf die linke Seite des Nori-Blattes (raue Seite nach oben) legen, 2–3 Stück Frühlingszwiebeln sowie Austernpilze daneben legen, Nori-Blatt von unten leicht schräg nach oben einschlagen und zu einer Tüte rollen. Nach eigenem Gusto in Sojasauce mit etwas eingerührtem Wasabi dippen.

Sushi-Variationen mit Fleisch
(Abb.) – *Japan*

Zutaten
Für den Essigreis:
300 g japanischer Reis (Ketan-Reis),
4 TL Salz,
1 EL Zucker,
5 EL Reis- oder Weinessig
Für den Belag:
100 g Rinderfilet,
4 EL Sojasauce,
2 EL trockener Sherry,
1/2 TL Zucker,
1 TL fein gehackter

frischer Ingwer,
scharfer Senf,
frische Kräuter (z. B. glattblättrige Petersilie, Zitronenmelisse),
50 g Lachsschinken in Scheiben,
50 g gepökelte Rinderzunge in Scheiben,
50 g Roastbeef in Scheiben,

entkernte Oliven,
Remoulade,
Kapern,
evtl. Kerbel und Tomatenröschen zum Garnieren,
Sojasauce zum Dippen

EW	Fett	KH	kcal/kJ
12 g	10 g	28 g	252/1658

Temaki-Sushi mit Garnelen oder Rinderfilet
(Abb.) – *Japan*

Zutaten
Für den Sushi-Reis:
250 g Ketan-Rreis,
3 EL Reisessig,
1 TL Zucker,
1/2 TL Salz
Für Garnelen-Sushi:
1/2 Salatgurke,
1 große Möhre,
150 g Rettich,
8 Nori-Blätter
(getrockneter, gerösteter Seetang),
24 mittelgroße Shrimps,
2 TL Wasabi
Für Rinderfilet-Sushi:
200 g Rinderfilet,
schwarzer Pfeffer,
1–2 TL Wasabi,
1 reife Avocado,
2 EL Zitronensaft,
1 Zucchini,
150 g Rettich,
8 Nori-Blätter,
japanische Sojasauce zum Dippen

EW	Fett	KH	kcal/kJ
13 g	8 g	28 g	250/1045

Den Essigreis nach dem Grundrezept (s. S. 343) zubereiten. Aus jeweils 2 EL Essigreis tischtennisballgroße Kugeln formen. Rinderfilet von Häuten, Sehnen und Fett befreien. Eine Marinade aus Sojasauce, Sherry, Zucker und Ingwer herstellen, in einen Gefrierbeutel füllen und das Fleisch 3 Stunden im geschlossenen Beutel ziehen lassen. Die Marinade abgießen und das Fleisch im Gefrierbeutel etwa 2 Stunden im Tiefkühlgerät anfrieren lassen. So lässt es sich sehr gut in hauchdünne Scheibchen schneiden. Die Rinderfiletscheibchen auf die Handfläche legen. Einen Tupfer Senf darauf geben. Den Reisball darauf setzen und Reis mit dem Fleisch umschließen. Vorsichtig umdrehen, so dass der Belag oben ist. In eine rechteckige Form pressen. Auf eine Platte oder ein Lacktablett legen und mit Kräutern garnieren. Vom Lachsschinken den Fettrand entfernen und aufbewahren. Die Rinderzunge, das Roastbeef und den Lachsschinken in Streifen von 3 cm Breite und 5 cm Länge schneiden. Mit einem Tupfer Senf bestreichen. Sushi formen, wie bei den Rinderfilethäppchen beschrieben. Rinderzungen-Sushi mit fein geschnittenen Olivenscheiben, Roastbeef-Sushi mit einem Tupfer Remoulade und Kapern garnieren. Den Fettrand um das fertige Lachsschinken-Sushi schnüren, eventuell zusätzlich mit Kerbelblättchen und Tomatenröschen dekorieren. Für jede Person ein kleines Schälchen mit Sojasauce zum Dippen neben den Teller stellen.

Tipp
Sushi kann bis zu 1 Stunde vor dem Servieren zubereitet werden, wenn es mit Frischhaltefolie bedeckt im Kühlschrank aufbewahrt wird.

Sushi-Reis nach dem Grundrezept (s. S. 343) zubereiten. Für die Garnelen-Sushi Gurke, Möhre und den Rettich waschen, schälen, in etwa 7 cm lange und 1/2 cm breite Stifte schneiden. Die Möhrenstifte in kochendem Wasser blanchieren. Die Nori-Blätter zu Quadraten von etwa 12 cm Seitenlänge schneiden, jeweils ein Nori-Blatt auf die Handfläche legen, etwa 1 EL Reis, 3 Shrimps, einige Gurken-, Möhren- und Rettichstreifen darauf geben, mit etwas Wasabi würzen. Das Nori-Blatt zu einer Tüte zusammenrollen. Für die Rinderfilet-Sushi das Filet in hauchdünne Scheiben schneiden, mit einem breiten Messer etwas flach drücken. Die Filetscheiben halbieren, Pfeffer aus der Mühle darüber geben, dünn mit Wasabi bestreichen. Avocado halbieren, entsteinen und schälen, in schmale, dünne Streifen schneiden, sofort mit Zitronensaft beträufeln. Zucchini waschen, Rettich waschen und schälen, beides in schmale, dünne Streifen schneiden. Aus Nori-Blättern Tüten wie bei Garnelen-Sushi rollen. Zum Dippen japanische Sojasauce bereitstellen.

Tipp
Sie können auch in feine Streifen geschnittenen Räucherlachs oder in dünne Streifen geschnittenes Omelette verwenden. Typisch japanisch: rohen Lachs oder Thunfisch nehmen. Dafür muss der Fisch super-frisch sein.

Ura-Maki-Sushi »California-Rolls«
Japan

 Zutaten für 12 Stück

100 g Ketan-Reis,
2 mittelgroße, schlanke Möhren,
1 reife Avocado,
1 TL Zitronensaft,
1 Gärtner- oder Salatgurke,
2–3 EL ungeschälte Sesamsamen,
Wasabi (nach Packungsanweisung zubereiten),
1 Nori-Blatt (in der Mitte durchschneiden),
japanische Sojasauce,
Gari (eingelegte Ingwerscheiben)

EW	Fett	KH	kcal/kJ
19 g	26 g	10 g	195/819

Sushi-Reis zubereiten, Möhren schälen und in 1/2 cm dicke Streifen schneiden, Avocado schälen und in gleicher Stärke wie die Möhren schneiden, mit Zitronensaft beträufeln, Gurke ebenso. Sesamsamen in einer Pfanne rösten. Wasabipulver mit einigen Tropfen Wasser zu einer festen Masse verkneten. Bambusmatte mit Frischhaltefolie umwickeln, halbes Nori-Blatt mit der rauen Seite nach oben darauf legen. Reis auf dem Nori-Blatt verteilen und etwas andrücken (maximal 1 cm hoch), dabei oben und unten einen

Rand von ca. 1,5 cm lassen. Den Reis mit dem gerösteten Sesamsamen gleichmäßig bestreuen. Nori-Blatt vorsichtig umdrehen, so dass der Reis auf der Frischhaltefolie liegt. Das Nori-Blatt jeweils mit Avocado, Möhre und Gurke über die gesamte Breite belegen (2 Teile unten, 1 Teil oben darauf setzen), wobei das oberste Teil mit etwas Wasabipaste dünn bestrichen wird. Nori-Blatt mit der Füllung jetzt mit der Bambusmatte vorsichtig aufrollen, dabei leicht andrücken und in 6 Stücke schneiden. Sojasauce in ein kleines Schälchen geben, nach eigenem Gusto etwas Wasabi darin verrühren und die California Rolls darin eintunken. Eingelegte Ingwerscheiben dazureichen.

Tipp
Verwenden Sie zum Schneiden von Sushi-Rollen ein besonders scharfes Messer mit glatter Klinge. Tauchen Sie das Messer regelmäßig in Eis-Essig-Wasser.

Temaki-Sushi mit Hähnchenbrust und Spinat
Japan

 Zutaten für 24 Stück (4 Personen)

100 g Ketan-Reis,
150 g Hähnchenbrust,

1/2 TL China-Würzmischung,
3 EL japanische Sojasauce,
150 g frischer Blattspinat,
2 EL geröstete Sesamsamen,
1 EL Wasabi,
4 Nori-Blätter,
1 EL Gari (eingelegte Ingwerscheiben) zum Verfeinern

EW	Fett	KH	kcal/kJ
14 g	28 g	8 g	181/760

Sushi-Reis zubereiten. Hähnchenbrust in feine Streifen schneiden und in einem Topf mit wenig Wasser 5 Minuten köcheln lassen. Hähnchenfleisch herausnehmen und auskühlen lassen. Anschließend mit China-Würzmischung und 2 EL Sojasauce würzen. Den geputzten Blattspinat blanchieren und sofort eiskalt abschrecken, kurz ausdrücken, wieder auflockern und mit 1 EL Sojasauce würzen. Sesamsamen in einer Pfanne ohne Fett goldbraun rösten, abkühlen lassen und mit dem Spinat vermengen. Wasabi mit einigen Tropfen Wasser zu einer kompakten Masse verkneten. Den zubereiteten Reis mit etwas Wasabi verfeinern, 8 Bällchen formen; Nori-Blätter halbieren. Ein Reisbällchen auf die linke Seite des Nori-Blattes legen (raue Seite nach oben), Spinat sowie Hähnchenfleisch da-

neben legen, Nori-Blatt von unten leicht schräg nach oben einschlagen und zu einer Tüte rollen. Temaki-Sushi nach eigenem Gusto in Sojasauce mit etwas eingerührtem Wasabi dippen. Dazu Gari in separaten Schälchen servieren.

Tipp
Die Nori-Tüte hält besser zusammen, wenn Sie das Ende des Nori-Blattes mit einem Sushi-Reiskorn festkleben.

Ura-Maki-Sushi »Alaska-Rolls«
Japan

Zutaten für 24 Stück (4 Personen)

150 g Ketan-Reis,
1/2 reife Avocado,
2 TL Zitronensaft,
150 g Räucherlachs,
3–4 EL ungeschälte Sesamsamen,
Wasabipulver,
2 Nori-Blätter,
2 EL Mayonnaise,
japanische Sojasauce,
Gari (eingelegte Ingwerscheiben)

EW	Fett	KH	kcal/kJ
19 g	28 g	9 g	195/819

Sushi-Reis zubereiten. Avocado schälen, in 1/2 cm dicke Streifen

schneiden und mit Zitronensaft beträufeln. Räucherlachsstreifen längs dritteln. Sesamsamen ohne Fett in einer Pfanne rösten. Wasabipulver mit einigen Tropfen Wasser zu einer festen Masse verkneten. Bambusmatte mit Frischhaltefolie umwickeln, Nori-Blatt halbieren, mit der rauen Seite nach oben darauf legen. Reis auf dem Nori-Blatt verteilen und etwas andrücken (maximal 1 cm hoch), dabei oben und unten einen Rand von ca. 1,5 cm lassen. Den Reis mit dem gerösteten Sesamsamen gleichmäßig bestreuen und leicht andrücken. Nori-Blatt vorsichtig umdrehen, so dass der Reis auf der Frischhaltefolie liegt. Die Mayonnaise auf das untere Drittel des Nori-Blattes streichen, darauf Avocado und Lachs legen, Lachs mit Wasabipaste dünn bestreichen. Nori-Blatt mit der Füllung jetzt mit der Bambusmatte vorsichtig aufrollen, dabei leicht andrücken und in 6 Stücke schneiden. Sojasauce in ein kleines Schälchen geben, nach eigenem Gusto etwas Wasabi darin verrühren und die Alaska-Rolls darin eintunken. Genießen Sie Gari auch zu Ura-Maki-Sushi.

Tipp
Ura-Maki und andere Sushi-Häppchen sind der ideale Snack zum Aperitif.

SUSHI

Litschi-Auflauf mit spritziger Überraschung
(Abb. S. 349) – *Indonesien*

Zutaten
125 g Sahne,
175 ml Sekt,
5 EL Zucker,
1/2 TL Zitronensaft,
2 Eier,
1 Eigelb,
2 EL Speisestärke,
3 EL Mehl,
1/2 TL Backpulver,
1 Dose Litschis (565 g),
Puderzucker zum
Bestäuben,
ein paar Minzeblättchen,
Cocktailkirschen zum
Garnieren

EW	Fett	KH	kcal/kJ
7 g	9 g	54 g	361/1507

Für das Eis Sahne, 125 ml Sekt, 2 EL Zucker und Zitronensaft in einem Topf aufkochen lassen, vom Herd nehmen. Ein Ei trennen. Eigelb und zweites Ei unter die Sektmasse rühren. Topf in eine Schüssel mit eiskaltem Wasser und Eiswürfeln stellen und unter Rühren erkalten lassen. Eismasse durch ein Sieb streichen und in etwa 6 Stunden gefrieren lassen. Dabei etwa alle 30 Minuten durchrühren, damit das Eis geschmeidig bleibt. Eiweiß mit restlichem Sekt und restlichem Zucker steif schlagen. Eigelb, Speisestärke,

Mehl und Backpulver unterziehen. Litschis abtropfen lassen und auf 4 backofengeeignete Teller verteilen. Vorbereitete Masse darübergeben. Im vorgeheizten Ofen bei 150 Grad ca. 5 Minuten überbacken. Teller mit Puderzucker bestäuben und mit Minze und Cocktailkirschen garnieren. Sekteis auf die Teller verteilen und sofort servieren.

Frittierte Bällchen in Sirup
Indien

Zutaten
225 g Zucker,
1 Prise Weinstein,
1 TL Rosenwasser,
Samen von 1 Kardamomkapsel,
60 ml Milch,
80 g Milchpulver,
1 gehäufter EL Mehl,
1/2 TL Backpulver,
1/2 TL gemahlener
Kardamom, 250 g Ghee,
Butterschmalz
zum Frittieren

EW	Fett	KH	kcal/kJ
2 g	12 g	63 g	367/1535

Für den Sirup Zucker mit 3/8 l Wasser und Weinstein zum Kochen bringen. Unter Rühren etwa 5 Minuten kochen lassen. Vom Herd nehmen und Rosenwasser und Kardamomsamen unterrühren; beiseite stellen. Für

die Bällchen Milch erwärmen. Milchpulver mit Mehl, Backpulver, Kardamom und Ghee vermengen. Milch zugießen und einen geschmeidigen Teig kneten. Kleine Bällchen daraus formen. Die Menge ergibt etwa 20 Stück. In einem Topf das Fett erhitzen und die Bällchen darin in etwa 15 Minuten braun ausbacken; ab und zu wenden. Mit einem Schaumlöffel herausnehmen, abtropfen lassen und in den Sirup legen. Bällchen lauwarm servieren.

Gebackene Bananen in Kokosmilch
Indien

Zutaten
4 reife Bananen,
2 EL Zitronensaft,
2 EL gehackte Cashewnüsse,
1 EL gehackte ungesalzene Pistazien,
150 g Kokosraspel,
4 EL brauner Zucker,
1 TL gemahlener
Kardamom,
2 Tassen Kokosmilch

EW	Fett	KH	kcal/kJ
4 g	18 g	50 g	389/1626

Bananen schälen und längs halbieren. In eine flache Auflaufform legen, mit Zitronensaft beträufeln. Cashewnüsse mit Pistazien, Kokosraspel, Zucker und Kardamompulver mischen

DESSERTS

und gleichmäßig über den Bananen verteilen. Kokosmilch darüber gießen. Bei 200 Grad im vorgeheizten Ofen etwa 30 Minuten backen, heiß servieren.

Überbackene Ananas
(Abb.) – Indonesien

Zutaten
8 Scheiben Ananas,
2 EL Orangen-
marmelade,

50 g Butter,
100 g zarte Hafer-
flocken,
50 g Zucker,
50 g Mandelstifte oder
Mandelblättchen

EW	Fett	KH	kcal/kJ
6 g	18 g	61 g	443/1866

4 Scheiben Ananas mit Orangenmarmelade bestreichen, in eine Auflaufform setzen, mit den restlichen Ananasscheiben abdecken. Butter schmelzen, Haferflocken, Zucker und Mandeln dazugeben. Die Masse auf den gefüllten Ananasscheiben verteilen. Ananas im vorgeheizten Ofen bei 200 Grad ca. 10 Minuten überbacken.

Tipp
Dieses Dessert sollte warm gegessen werden, es schmeckt aber auch kalt mit Schlagsahne verziert ausgezeichnet.

Abb. 1

Abb. 2

Abb. 3

Dünne Pfannkuchen
(Abb. 1) – Indien

  Zutaten für 30 Stück
450 g Weizenmehl,
1 TL Pflanzenöl,
Mehl für die Arbeits-
fläche

EW	Fett	KH	kcal/kJ
2 g	1 g	11 g	53/220

Mehl in eine Rührschüssel sieben. Etwa 300 ml Wasser aufkochen und nach und nach in
das Mehl einrühren. Öl hinzufügen und alles zu einem festen
Teig verkneten. Mit einem
feuchten Küchentuch abdecken
und etwa 30 Minuten ruhen
lassen. Arbeitsfläche mit Mehl
bestäuben, den Teig darauf etwa 5–8 Minuten kneten. Teig in
drei gleich große Portionen teilen und jeweils zu einer langen
Wurst ausrollen. Jede Rolle in
etwa 10 Stücke schneiden. Daraus 30 Kugeln formen und mit
einem Nudelholz zu Kreisen von

je 15 cm Durchmesser ausrollen.
Eine beschichtete Pfanne erhitzen und nacheinander alle
Pfannkuchen auf beiden Seiten
ausbacken *(Abb. 1)*. Fertige
Pfannkuchen warm stellen, bis
alle gebacken sind.

Tipp
In gut sortierten Asia-Läden
gibt es tiefgefrorene Pfannkuchen zu kaufen. Einfach in der
Mikrowelle auftauen.

DESSERTS

PRAXISTIPP

Chinesische Pfannkuchen wieder aufwärmen

1. Stapeln Sie die Pfannkuchen übereinander. Legen Sie Backpapier zwischen die einzelnen Pfannkuchen.
2. Wickeln Sie die Pfannkuchen nun vorsichtig in Alufolie. Achten Sie darauf, dass die Folie an den Rändern dicht verschlossen ist.
3. Geben Sie die eingewickelten Pfannkuchen in einen Dampfkorb und decken Sie diesen ab. Stellen Sie den Dampfkorb mit einem Untersetzer in einen Wok mit schwach brodelndem Wasser. Dämpfen Sie die Pfannkuchen 3–5 Minuten.

Pfannkuchen mit roter Bohnenpaste
(Abb. S. 352) – China

Zutaten
120 g gesüßte rote Bohnenpaste,
8 dünne Pfannkuchen,
40 ml Pflanzenöl,
Puderzucker zum Bestäuben

EW	Fett	KH	kcal/kJ
6 g	12 g	33 g	247/1032

Jeweils 15 g Bohnenpaste auf die Pfannkuchen streichen und locker aufrollen. Öl in einer großen Pfanne erhitzen und die Pfannkuchen portionsweise auf beiden Seiten goldgelb braten (Abb. 2). Jeden Pfannkuchen in drei oder vier Teile schneiden (Abb. 3) und mit Puderzucker bestreut servieren.

Pfannkuchen mit Kokosnuss
Indien

Zutaten
150 g Mehl (Type 1050),
1 Prise Salz,
1 Ei,
1/4 l Milch,
Ghee oder Butterschmalz zum Backen,
1 Tasse frisch geraspelte Kokosnuss,
3 EL brauner Zucker,
1 EL Ahornsirup,
2 cm frische Ingwerwurzel,
1/2 TL Anissamen

EW	Fett	KH	kcal/kJ
8 g	16 g	45 g	373/1558

Aus Mehl, Salz, Ei und Milch mit dem Schneebesen einen Pfannkuchenteig rühren. 30 Minuten abgedeckt ruhen lassen. In einer kleinen Pfanne etwas Fett erhitzen, 3 EL Pfannkuchenteig einfüllen, durch Kippen der Pfanne gleichmäßig auf dem Pfannenboden verteilen, braten bis sich die Ränder leicht bräunen, wenden und auf der anderen Seite braten.
Im Rohr auf einem Teller warm halten, bis alle Pfannkuchen gebacken sind. Für die Füllung Kokosraspel mit Zucker und Ahornsirup mischen. Ingwerwurzel schälen, fein raspeln. Anissamen im Mörser grob zerstoßen. Ingwer und Anis unter die Kokosmasse mengen. Pfannkuchen mit je 1 Löffel Füllung belegen und zusammenrollen. Auf einer vorgewärmten Platte servieren.

Crêpes »Lotus« mit chinesischem Tee
(Abb.) – *China*

Zutaten

120 g Mehl,
3 Eier,
Salz,
2 EL Zucker,
1/4 l Milch,
4 EL Sojasauce,
8 EL Butter,
1 Dose Mangos (525 g),
1 Dose Litschis (565 g),
1 Glas Cocktailkirschen (230 g),
Jasminblütentee

EW	Fett	KH	kcal/kJ
13 g	31 g	58 g	580/2423

Mehl in eine Schüssel sieben, in die Mitte eine Vertiefung drücken, Eier, Salz und Zucker zufügen und von der Mitte aus zu einem festen Kloß verrühren. Milch und 2 EL Sojasauce unter Rühren langsam zugeben. 3 EL Butter zerlassen, unter den Teig rühren und Teig abgedeckt ca. 20 Minuten ruhen lassen. Mangos, Litschis und Cocktailkirschen abtropfen lassen, klein schneiden und mit restlicher Sojasauce vermengen. Obstmischung kurz in einem Topf erwärmen. Restliche Butter in einer Pfanne erhitzen und aus dem Teig nacheinander dünne Crêpes zu goldgelber Farbe backen. Crêpes dekorativ zusammenfalten und mit der Obstmischung, nach Wunsch mit Minzeblättern garniert, servieren. Dazu frisch aufgebrühten Jasminblütentee reichen.

Bananenkuchen
China

Zutaten

2 Eier,
200 g Mehl,
1 TL Zucker,
1 TL Backpulver,
1 Prise Salz,
1 Päckchen Vanillinzucker,
100 ml Milch,
2 EL Butter,

5–6 Bananen,
Öl zum Backen

EW	Fett	KH	kcal/kJ
8 g	19 g	75 g	505/2111

Eier verquirlen. Mehl, Zucker, Backpulver, Salz, Vanillinzucker und Milch zu einem glatten Teig verrühren. Butter schmelzen lassen, in den Teig gießen, gut untermengen. Bananen schälen, längs halbieren, dann in kleine Stücke schneiden, in die Teigmischung geben, alles gut verrühren. Ausreichend Öl in einer Pfanne erhitzen, Bananen-Teigmischung löffelweise ins heiße Öl gleiten lassen, dann die Hitze reduzieren. Teig backen, bis der Bananenkuchen goldbraun ist. Heiß servieren.

Reiskugeln »Nippon«
Japan

Zutaten
50 g runder Vollkornreis,
20 g brauner Zucker,
1 Ei,
20 g gemahlene Mandeln,
75 g Grahambrotkrumen,
Sesamöl zum Frittieren,
je 50 g Rosinen, Sultaninen und Korinthen,
2 TL Pfeilwurzmehl,
100 ml süßer Sherry,
1 EL Honig

EW	Fett	KH	kcal/kJ
5 g	7 g	37 g	263/1109

Reis garen; mit Zucker, Ei und Mandeln mischen. Aus dem Reisteig kleine pflaumengroße Bällchen formen und in Brotkrumen wälzen. Bällchen in heißem Sesamöl frittieren. Rosinen, Sultaninen und Korinthen in 1/4 l Wasser 5 Minuten köcheln lassen. Pfeilwurzmehl mit Sherry anrühren, Sauce binden, mit Honig süßen. Zu den Reisbällchen servieren.

Reiscreme mit Mangos und Litschis
China

Zutaten
1/2 l Milch,
1 Prise Salz,
8 EL Zucker,
1 Päckchen Vanillinzucker,
100 g Langkornreis,
100 g Walnüsse,
1 Msp. 5-Gewürze-Pulver,
150 g Crème fraîche,
420 g Mangos (Dose),
550 g Litschis (Dose),
2 EL Erdnussöl,
1 EL Sojasauce,
6 cl Sherry,
einige Minzeblätter zum Verzieren

EW	Fett	KH	kcal/kJ
12 g	40 g	114 g	901/3778

Milch mit Salz, 4 EL Zucker und Vanillinzucker zum Kochen bringen. Reis einstreuen und etwa

40 Minuten quellen lassen. Walnüsse mit 5-Gewürze-Pulver und Crème fraîche unter den Reis rühren und weitere 10 Minuten köcheln lassen. Reiscreme auf Dessertschalen verteilen und abkühlen lassen. Für die Sauce Mangos und Litschis abtropfen lassen, Fruchtsaft dabei auffangen. Öl in einer Pfanne erhitzen, 1 EL Zucker mit Sojasauce darin leicht karamellisieren lassen. Mit restlichem Fruchtsaft und Sherry aufgießen und den Zucker loskochen. Früchte kurz in der Sauce miterhitzen, über die Reiscreme geben. Restlichen Zucker in einer Pfanne karamellisieren. Mit einem Löffel Karamellfäden über den Reis ziehen. Mit Minzeblättchen garniert servieren.

Gebackene Bananen im Teig
China

Zutaten
5 EL Mehl,
4 EL Maisstärke,
1 Ei,
4–5 Bananen,
Mehl zum Bestäuben,
Öl zum Braten,
1 EL Öl,
6 EL Zucker

EW	Fett	KH	kcal/kJ
6 g	13 g	93 g	517/2171

In einer Schüssel aus Mehl, Maisstärke, Ei und 5 EL Eiswas-

ser einen Teig anrühren (wie einen Pfannkuchenteig). Bananen schälen, vierteln, mit Mehl bestäuben. Reichlich Öl in einem Wok erhitzen. Bananenstücke einzeln in den Teig tauchen, vorsichtig ins heiße Öl gleiten lassen, ab und zu wenden. Die Bananen solange backen, bis sie knusprig und goldgelb sind (nicht zu viele auf einmal backen). Gebackene Bananen herausnehmen und auf Küchenkrepp abtropfen lassen. 1 EL Öl im Wok erhitzen, Zucker und 2 EL Wasser dazugeben, bei schwacher Hitze köcheln lassen, bis die Mischung dickflüssig wie Sirup wird. Hitze reduzieren, gebackene Bananenstücke auf einmal dazugeben, gut vermischen, bis die Bananen mit dem Sirup überzogen sind.
Heiß servieren.

Gebackene Bananen in Honigsauce
Thailand

Zutaten
100 g Mehl,
1/8 l Kokosmilch,
1 TL Backpulver,
1 Prise Salz,
20 g Zucker,
2 EL flüssiger Honig,
2 1/2 EL Sesam,
Öl zum Ausbacken,
4 Bananen

EW	Fett	KH	kcal/kJ
5 g	10 g	54 g	329/1375

Für den Teig Mehl, Kokosmilch, 100 ml Wasser, Backpulver, Salz und Zucker gut verrühren. Honig in einem kleinen Topf erwärmen. Sesam in einer Pfanne trocken goldbraun rösten. In einem Topf oder in der Fritteuse reichlich Öl auf 180 Grad erhitzen. Bananen schälen und in dicke Scheiben schneiden; im Teig wenden und portionsweise im heißen Öl goldgelb ausbacken. Fertige Scheiben warm stellen. Bananenscheiben auf Dessertteller verteilen, Honig darüber träufeln und Sesam über die Bananenscheiben streuen. Gebackene Bananen möglichst heiß servieren.

Reispfannkuchen
Indien

Zutaten
300 g Naturreis,
100 g Weizen-vollkornmehl,
3 Eier,
1/4 l Milch,
1 Prise Salz,
4 EL Honig,
50 g Mandelblättchen,
Kokosfett zum Backen

EW	Fett	KH	kcal/kJ
18 g	23 g	95 g	669/2818

Reis in der Mühle fein schroten und mit Weizenvollkornmehl mischen. Eier, Milch, Salz, Honig und Mandelblättchen in das

Mehl rühren, in der Küchenmaschine zu einem dickflüssigen Teig verarbeiten und 10 Minuten quellen lassen. Kokosfett in einer kleinen Pfanne erhitzen und so viele Pfannkuchen wie möglich ausbacken. Da das Fett schnell dunkel wird und riecht, sollte es nach 3–4 Pfannkuchen immer wieder erneuert werden.

Tipp
Pfannkuchen leicht mit Sirup bestreichen.

Gebackene Litschis im Teig
China

Zutaten
500 g Lischis (Dose),
5 EL Mehl,
4 EL Maisstärke,
1 Ei,
Öl zum Braten,
1 EL Öl,
6 EL Zucker

EW	Fett	KH	kcal/kJ
6 g	13 g	95 g	518/2176

Litschis gut abtropfen lassen. Anschließend backen wie im Rezept »Gebackene Bananen im Teig«, Seite ??, beschrieben.

Tipp
Für den Sirup anstelle des Wassers Lischisaft verwenden.

Chinesische Honigäpfel
(Abb.) – China

Zutaten
4 Äpfel,
Saft von 1/2 Zitrone,
25 g Speisestärke,
120 g Honig,
90 ml Sonnenblumenöl,
1 TL Weißweinessig,
100 g Mehl,
Salz,
2 Eiweiß,
Sonnenblumenöl zum Frittieren,
1 EL gerösteter Sesamsamen

Abb. 1

Abb. 2

EW	Fett	KH	kcal/kJ
6 g	35 g	63 g	581/2431

Äpfel schälen, in Spalten schneiden und dabei das Kerngehäuse entfernen. Sofort mit Zitronensaft beträufeln und mit Speisestärke bestäuben. Für die Sauce Honig und 60 ml Sonnenblumenöl unter ständigem Rühren erhitzen, Essig hinzufügen und vom Herd nehmen. Mehl und Salz in eine Schüssel sieben. Etwa 60 ml Wasser und das restliche Öl sorgfältig einrühren. Eiweiß steif schlagen und unter den Teig rühren (Abb. 1). Sonnenblumenöl in einem Wok oder einer Fritteuse stark erhitzen. Aufgespießte Apfelspalten einzeln durch den Teig ziehen und im heißen Öl goldgelb frittieren (Abb. 2). Auf Küchenpapier gründlich abtropfen lassen. Apfelspalten in eine Schüssel geben und mit der Sauce begießen. Äpfel auf leicht geölten Desserttellern anrichten und mit Sesamsamen bestreuen. Eiskaltes Wasser zum Dippen bereitstellen.

DESSERTS

Apfelkrapfen
Indien

Zutaten
150 ml Milch,
250 g Äpfel,
150 g Mehl,
2 TL Milchpulver,
2 Msp. Backpulver,
1 TL Zimtpulver,
1 TL Kardamom,
Butterschmalz zum
Ausbacken,
Puderzucker zum Be-
stäuben

EW	Fett	KH	kcal/kJ
8 g	16 g	44 g	372/1562

Milch leicht erwärmen. Äpfel
schälen, entkernen und in etwa
4 cm große Stücke schneiden.
Mehl mit Milchpulver, Backpulver, Zimt, Kardamom und Milch
zu einem dickflüssigen Teig
rühren. Reichlich Butterschmalz
in einer tiefen Pfanne erhitzen.
Apfelstücke durch den Teig ziehen und im heißen Butter-
schmalz unter Wenden goldbraun ausbacken. Auf einem
Schaumlöffel abtropfen lassen
und mit Puderzucker bestäuben.

Sirupkrapfen
Indien

Zutaten
200 g Mehl,
1 1/2 TL Backpulver,
180 g Joghurt,
170 ml Milch,

220 g Zucker,
Öl zum Frittieren

EW	Fett	KH	kcal/kJ
7 g	6 g	86 g	510/2142

Mehl und Backpulver sieben,
Joghurt unterrühren, so viel
Milch zugießen, dass ein fester
Teig entsteht. Zucker mit 450
ml Wasser mischen, 10 Minuten
kochen lassen, dabei öfter umrühren. Reichlich Öl in einer tiefen Pfanne erhitzen, je einen EL
Teig einlegen und unter Wenden
goldbraun frittieren. Fertige
Krapfen in die Zuckerlösung tauchen, abtropfen lassen und in eine Schüssel füllen. Mit etwas Sirup beträufeln und servieren.

Süße Fadennudeln
Indien

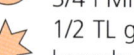

Zutaten
3/4 l Milch,
1/2 TL grüne Kardamom-
kapseln,
1/2 EL Butter,
50 g indische
Fadennudeln,
1 EL gemahlene
Pistazien,
1/2 EL gemahlene
Mandeln,
100 g Sahne,
50 g Zucker,
1 TL Rosenwasser,
1 EL gehackte Pistazien

EW	Fett	KH	kcal/kJ
6 g	24 g	52 g	443/1866

Milch zum Kochen bringen,
dann köcheln lassen. Kardamomkapseln aufschneiden, Kerne ausdrücken und im Mörser
zerstoßen. In heißer Butter kurz
anbraten. Fadennudeln in Stücke
brechen, zugeben und
5 Minuten unter Rühren anbraten. Milch zugießen und 5 Minuten köcheln lassen, dabei häufig
umrühren. Gemahlene Pistazien
und Mandeln unterrühren. Bei
schwacher Hitze 15 Minuten offen köcheln lassen, dabei häufig
umrühren. Vom Feuer nehmen,
Sahne, Zucker und Rosenwasser
unterrühren. In Dessertschalen
füllen und mit gehackten Pistazi-
en garnieren.

Frittierte Frucht-
küchlein
(Abb.) – China

Zutaten
1 EL Butter,
1 Dose Mangos (425 g),
270 g Mehl,
1 EL Zucker, 1 TL Salz,
Öl zum Frittieren,
1 Dose Litschis (565 g),
frische Früchte (z. B. Ki-
wis, Nektarinen) zum
Garnieren,
ein paar Zitronenmelisse-
blättchen

EW	Fett	KH	kcal/kJ
8 g	19 g	76 g	505/2111

Butter in einem Topf schmelzen.
Mangos abtropfen lassen und

pürieren. Mehl auf eine Arbeitsfläche sieben und in die Mitte
eine Vertiefung drücken. Zucker,
Salz, Hälfte des Mangopürees
und zerlassene Butter hineingeben und alles zu einem glatten,

geschmeidigen Teig kneten. Teig
in mehrere kleine Portionen teilen und 3 mm dick ausrollen.
Rauten ausschneiden und mit
einer Gabel mehrmals einstechen. Teigrauten portionsweise

in heißem Öl goldbraun frittieren. Mit einem Schaumlöffel
herausnehmen und das Fett auf
Küchenpapier abtropfen lassen.
Litschis abtropfen lassen, pürieren und mit restlichem

Mangopüree verrühren. Küchlein mit Püree, Früchten und Zitronenmelisse garniert servieren.

Gebackene Bananen
(Abb.) – *Vietnam*

Zutaten
75 g kernige Haferflocken,
4 EL Honig,
6 EL Rum,
4 Bananen,
Saft von 1 Zitrone,
2 EL Butter,
100 g Puderzucker,
3 Eiweiß

EW	Fett	KH	kcal/kJ
7 g	8 g	87 g	513/2156

Kernige Haferflocken zusammen mit dem Honig in einem Topf langsam erwärmen, Rum hinzufügen. Mischung in eine flache, feuerfeste Form geben, so dass der Boden bedeckt ist; 2 EL der Mischung aufbewahren. Bananen schälen, der Länge nach halbieren und mit Zitronensaft beträufeln. Butter in einer Pfanne zerlassen und die Bananenhälften von beiden Seiten leicht rösten. Nebeneinander auf der Flockenmasse anrichten. Puderzucker sieben. Eiweiß zu sehr steifem Schnee schlagen, dabei den Puderzucker langsam einrieseln lassen. Bananen mit dem Eischnee bestreichen und die restliche Flockenmasse darauf verteilen.

Auf mittlerer Einschubleiste bei 200 Grad 10–15 Minuten überbacken, bis die Baiserhaube goldbraun ist.

Leicht gebratener Fruchtsalat
Indonesien

  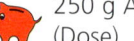

Zutaten
1 kleine Honigmelone,
1 Papaya,
100 g Erdbeeren,
250 g Ananasstücke (Dose),
550 g Litschis (Dose),
420 g Mangos (Dose),
2 EL Erdnussöl,
6 EL Honig,
6 cl Pflaumenwein,
3 cl Orangenlikör,
1 EL Sojasauce

EW	Fett	KH	kcal/kJ
3 g	8 g	87 g	439/1841

Honigmelone und Papaya halbieren, entkernen und schälen. Fruchtfleisch in Scheiben schneiden. Erdbeeren waschen und putzen. Ananas, Litschis und Mangos abtropfen lassen, Saft dabei auffangen. Öl mit Honig im Wok oder einer Pfanne unter Rühren solange erhitzen, bis die Masse anfängt zu karamellisieren. Früchte hinzufügen, kurz darin schwenken und auf 4 Dessertschalen verteilen. Restliche Fruchtsäfte, Pflaumenwein, Orangenlikör und Sojasauce verrühren und über den Fruchtsalat geben.

Kokoseis mit exotischen Früchten
(Abb.) – Thailand

Zutaten
400 g Zucker,
10 Kumquats,
1 Sternfrucht,
6 Litschis,
1/4 l Orangensaft,
8 cl Orangenlikör,
100 g Kokosraspel,
1 Päckchen Kokoseis
(400 g)

EW	Fett	KH	kcal/kJ
13 g	7 g	86 g	470/1940

Zucker mit 400 ml Wasser aufkochen, anschließend abkühlen lassen. Kumquats und Sternfrucht waschen, putzen und in Scheiben schneiden. Litschis schälen, halbieren und Kern entfernen. Kumquatscheiben in der Zuckerlösung ca. 5 Minuten kochen lassen. Orangensaft und -likör hinzugeben und abkühlen lassen. Kokosraspel in einer Pfanne ohne Fett rösten. Kumquats, Zuckerlösung, Sternfruchtscheiben und Litschis auf Teller geben. Eiscreme mit einem Eisportionierer zu Kugeln formen und auf den Früchten anrichten. Mit Kokosraspeln bestreut servieren.

Tipp
Wer auf Likör als Zutat verzichten möchte, nimmt einfach mehr Orangensaft.

Süßes Brot
Indien

Zutaten
6 Scheiben Toastbrot,
75 g Butter,
2 l Milch,
150 g Sahne,
225 g Zucker,
1/2 EL Safran,
1 Prise Kardamom, gemahlen,
1 Prise Muskatnuss, gemahlen,
je 75 g Mandeln und Rosinen

EW	Fett	KH	kcal/kJ
18 g	20 g	55 g	475/1985

Brot entrinden und die Scheiben halbieren. In 50 g heißer Butter goldbraun rösten. Milch mit Sahne auf 1 l einkochen lassen. Zucker mit 75 ml Wasser zu einem Sirup einkochen. Den Sirup in die eingedickte Milch einrühren. Safran mit 1 EL Wasser auflösen, in die Milch einrühren. Brot in die Flüssigkeit legen. Mit Kardamom und Muskat bestreuen und 12 Stunden ziehen lassen. Mandeln blanchieren und häuten. Nach Belieben halbieren. In der restlichen Butter goldbraun braten. Rosinen zugeben und kurz mitbraten. Das Dessert vor dem Servieren damit bestreuen.

Tipp
Auch altbackenes helles Brot oder Brötchen eignen sich für diese feine Nachspeise.

Bananen-Reisdessert mit Früchten
(Abb.) – *Indonesien*

Zutaten
600 ml Milch,
20 g Kokosraspel,
200 g Milchreis,
1 EL Zucker,
4 Bananen,

1 Ei, getrennt,
1/4 l Orangensaft,
1 Papaya,
250 g frische Litschis (ersatzweise aus der Dose),
1/2 Honigmelone,
Rum zum Abschmecken

EW	Fett	KH	kcal/kJ
13 g	7 g	86 g	470/1940

Milch mit Kokosraspeln zum Kochen bringen, von der Kochplatte nehmen und etwa 30 Minuten ziehen lassen; dann durch ein Sieb gießen. Milch mit gewaschenem Reis und Zucker wieder zum Kochen bringen, im geschlossenen Topf bei schwacher Hitze 20 Minuten ausquellen lassen. Inzwischen 2 Bananen schälen, längs halbieren und in dünne Scheiben schneiden. Bananenscheiben zusammen mit Eigelb unter den Milchreis mischen. Eiweiß steif schlagen, vorsichtig unterheben. Reis in kalt augespülte Förmchen füllen und kalt stellen. Orangensaft langsam erhitzen. Restliche Bananen schälen, in Scheiben schneiden, Papaya ebenfalls schälen, Kerne entfernen, Fruchtfleisch in Würfel schneiden. Litschis schälen und entkernen, Melone zu kleinen Kugeln ausstechen. Alle Früchte in den heißen Orangensaft geben, erkalten lassen und mit Rum abschmecken. Bananenreis aus den Förmchen stürzen und mit den exotischen Früchten servieren.

Honigmelone in Kokosmilch
Thailand

Zutaten
1 Honigmelone,
1/2 Vanilleschote,
400 ml Kokosmilch,
4 EL Palmzucker

EW	Fett	KH	kcal/kJ
2 g	1 g	32 g	140/584

Honigmelone halbieren, Kerne mit einem Löffel entfernen. Melonenhälften in Spalten schneiden, Fruchtfleisch von den Schalen schneiden und würfeln. In eine Schüssel geben und 1 Stunde zugedeckt in den Kühlschrank stellen. Vanilleschote längs aufschlitzen und das Mark auskratzen. Kokosmilch mit Vanillemark und Palmzucker unter Rühren erwärmen, bis sich der Zucker völlig aufgelöst hat. Kokosmilch etwas abkühlen lassen, dann ebenfalls etwa 60 Minuten in den Kühlschrank stellen. Gekühlte Kokosmilch mit den Melonenstücken vermengen und servieren.

Orangen in Sirup
Thailand

Zutaten
150 g Zucker,
einige Jasmin- oder Rosenblätter,
5 große Orangen,
10 Eiswürfel

EW	Fett	KH	kcal/kJ
1 g	0 g	52 g	216/903

150 ml Wasser mit dem Zucker zu Sirup kochen; abkühlen lassen und die Jasmin- oder Rosenblätter zufügen. Orangen schälen, auch die weiße Haut entfernen. Früchte vierteln und das Fruchtfleisch in Scheiben schneiden. In Dessertschalen verteilen und mit dem Sirup begießen. Eiswürfel zerstoßen und über die Orangen verteilen. Das Dessert mit Rosenblättern garnieren und sofort servieren. Dazu trinkt man Jasmintee oder Limonenlimonade.

Tipp
Eiswürfel zum Zerstoßen in einen Plastikbeutel füllen und mit dem Teigroller zerkleinern.

Litschis mit Eiercreme
Thailand

Zutaten
5 Eier, getrennt,
100 g Zucker,
430 ml Kondensmilch (ungesüßt),
20 frische Litschis (ersatzweise Kugeln aus Melonenfruchtfleisch)

EW	Fett	KH	kcal/kJ
17 g	16 g	44 g	396/1654

Eiweiß mit 1 EL Zucker steif schlagen, in ein Sieb füllen. 5 cm hoch Wasser in einen Topf füllen und zum Kochen bringen. Das Sieb darüber hängen, mit einem Deckel abdecken und den Eischnee etwa 10 Minuten dämpfen. Er sollte dann fest sein; beiseite stellen. Eigelb mit restlichem Zucker und Kondensmilch verrühren und im warmen Wasserbad zu einer dicken Creme schlagen. Litschis schälen, entkernen, in eine Schüssel geben. Eiercreme darüber gießen und Eischnee darauf verteilen. Zugedeckt 60 Minuten kühl stellen.

Geeister Früchteberg
(Abb.) – Thailand

Zutaten für 6 Personen
1 Sternfrucht,
4 Kumquats,
6 Physalis,
225 g blaue Trauben,
225 g große Erdbeeren,
1 Apfel,
2 große Orangen,
8 geschälte, entkernte
Litschis,
1/2 Wassermelone,
einige Limonenspalten
zum Dekorieren,
Puderzucker zum Dippen

EW	Fett	KH	kcal/kJ
2 g	1 g	27 g	122/511

Alle Früchte waschen und trockentupfen. Sternfrucht in Scheiben schneiden, Kumquats halbieren. Apfel und Orangen schälen und das Fruchtfleisch in mundgerechte Stücke schneiden. Melonenfleisch mit einem Kugelausstecher oder einem Teelöffel herauslösen. Alle Früchte kühl stellen. Eine große, flache Schüssel im Tiefkühlfach vorkühlen. Etwa 30–40 Eiswürfel zerstoßen und auf die Schüssel häufen. Eis sofort mit den gekühlten Früchten belegen und mit Limonenspalten dekorieren. Puderzucker in kleine Schälchen verteilen und auf Spießchen gesteckte Fruchtstücke darin dippen.

Tofu-Orangen-Creme »Shogun«
(Abb.) – Japan

Zutaten
3 Orangen, davon
1 unbehandelte,
4 eingelegte Ingwer-
pflaumen,
1/2 Granatapfel,
200 g Tofu,
2 Zwieback (20 g),
3 cl Orangenlikör,
3 EL flüssiger Honig,
1 Prise gemahlener
Koriander,
125 g Sahne (30%),
1 Päckchen Vanillinzucker

EW	Fett	KH	kcal/kJ
5 g	6 g	26 g	250/1540

Unbehandelte Orange waschen, abtrocknen, Schale abreiben und zugedeckt zur Seite stellen; Frucht auspressen. Zweite Orange schälen und filetieren, Filets würfeln. Ingwerpflaumen ebenfalls würfeln. Kerne aus dem Granatapfel herauslösen und beiseite stellen. Tofu abtropfen lassen, mit Küchenpapier abtupfen und mit einer Gabel grob zerdrücken. Zusammen mit Zwieback in den Mixer geben und bei Stufe 1 cremig rühren, dabei nach und nach Orangensaft, Likör und Honig einlaufen lassen. Creme mit Orangen- und Ingwerwürfeln sowie Koriander vermischen, zugedeckt 2–3 Stunden kühl stellen. Sahne steif schlagen, dabei nach und nach Vanillinzucker einrieseln lassen. Zum Schluss geriebene Orangenschale hinzufügen. Letzte Orange schälen und filetieren. Tofu-Orangen-Creme auf Tellern verteilen, mit Orangenfilets, Granatapfelkernen und Sahnetupfern garnieren.

Tofu-Grapefruit-Creme
Japan

Zutaten
1 rosa Grapefruit,
Zucker,
1 unbehandelte Orange, unbehandelt,
weitere Zutaten ab Ingwerpflaumen wie bei „Tofu-Orangen-Creme"

EW	Fett	KH	kcal/kJ
5 g	6 g	26 g	250/1540

Grapefruit schälen, filetieren, mit etwas Zucker bestreuen. Die Hälfte der Filets würfeln, die andere Hälfte für die Garnierung beiseite legen. Weiter verfahren wie im nebenstehenden Rezept.

Mandelgelee mit Litschi-Früchten
(Abb.) – *China*

Zutaten
7 g Agar-Agar (pflanzliches Bindemittel),
5 EL Zucker,
175 ml Kondensmilch,
6 Tropfen Bittermandelöl,
1 Dose Litschis

EW	Fett	KH	kcal/kJ
18 g	20 g	55 g	475/1985

Agar-Agar in 1 l kaltem Wasser einweichen, auseinander zupfen und unter Rühren kurz aufkochen lassen. Bei schwacher Hitze 20–25 Minuten köcheln lassen. Zucker unter ständigem Rühren dazugeben, Topf vom Herd nehmen und Kondensmilch einrühren. Flüssigkeit durch ein Sieb passieren, mit Bittermandelöl aromatisieren und kalt stellen. Das Mandelgelee soll stichfest werden. Litschi-Früchte mit etwas Saft darüber geben und servieren.

Tipp
Mandelgelee in einer kleinen Form erkalten lassen, stürzen und Litschis in die Mitte füllen.

DESSERTS

Mangogelee
(Abb.) – Japan

Zutaten
6 g Agar-Agar
 (pflanzliches Binde-
mittel),
 200 g Zucker,
200 ml Plum Wine
(japanischer Pflaumen-
wein),
2 Eiweiß,
1 Dose Mangos in
Stücken

EW	Fett	KH	kcal/kJ
3 g	2 g	57 g	286/1198

Agar-Agar in 300 ml kaltem Wasser einweichen, auseinander zupfen, unter Rühren aufkochen und 20–25 Minuten köcheln lassen, bis es sich aufgelöst hat. Zucker und Pflaumenwein unterrühren. Flüssigkeit erkalten lassen. Eiweiß steif schlagen und vorsichtig unterziehen. Eine flache Form kalt ausspülen, Hälfte der Geleemasse hineingeben, abgetropfte Mangos darauf legen und mit dem Rest des Gelees zudecken; kalt stellen. Mangogelee in Scheiben scheiden.

Tipp
Mangogelee eignet sich nicht nur als Dessert: Eine erfrischende Beilage wird es z. B. zu Lammgerichten.

Orangensalat
Indien

Zutaten
4 süße unbehandelte
 Orangen,
2 EL Ahornsirupp,
 1/2 TL Vanillepulver,
2 EL brauner Zucker,
1/2 TL Zimtpulver,
1 Msp. Anispulver,
150 g Datteln,
150 g Mascarpone

EW	Fett	KH	kcal/kJ
3 g	2 g	60 g	298/1251

Orangen heiß abwaschen, abtrocknen und etwas Schale abreiben. Saft von einer Orange auspressen. Orangensaft und -schale, Ahornsirup, Vanillepulver, Zucker, Zimt und Anis gut verrühren. Datteln entsteinen und in Streifen schneiden. Mit der Marinade vermengen und zugedeckt 60 Minuten ziehen lassen. Restliche Orangen schälen, die weiße Haut entfernen, quer halbieren und in Scheiben schneiden. Zum Garnieren etwas Orangenschale hauchdünn abschneiden und in dünne streifen schneiden. Orangen auf Teller verteilen. Datteln abtropfen lassen und auf den Orangen verteilen. Marinade mit Mascarpone glatt rühren, über den Fruchtsalat geben, garnieren.

DESSERTS

PRAXISTIPP

Mangos vorbereiten

Mangos haben sehr saftiges Fruchtfleisch sowie einen großen, flachen Kern, der nicht genau im Zentrum der Frucht liegt. Daher gestaltet sich ihre Vorbereitung ein wenig schwierig.

1. Zerteilen Sie die Frucht zunächst in zwei Hälften.

Schneiden Sie dabei so nah wie möglich entlang des Kerns.

2. Lösen Sie nun das Fruchtfleisch mit Hilfe eines kleinen Löffels heraus. Ziehen

Sie die Haut der Mango vom verbleibenden Fruchtfleisch ab. Entfernen Sie das Fruchtfleisch auch vollständig vom Kern.

Mango-Eis
Indien

Zutaten
600 ml Milch,
80 g Zucker,
1 Msp. frisch geriebene Muskatnuss,
1 pürierte Mango

EW	Fett	KH	kcal/kJ
5 g	5 g	32 g	198/829

Milch zum Kochen bringen und unter ständigem Rühren bei schwacher Hitze etwa zur Hälfte einkochen lassen. Zucker unterrühren und Milch auskühlen lassen. Mit Muskatnuss und Mangopüree vermengen. Masse in eine Eisform füllen, mit Folie abdecken und ca. 4 Stunden durchfrieren lassen.

Safran-Eis
Indien

Zutaten
600 ml Milch,
1/2 TL Safranfäden,
4 EL Zucker,
gemahlene Samen von 4 Kardamomkapseln,
75 g Sahne

EW	Fett	KH	kcal/kJ
5 g	7 g	23 g	183/765

Milch wie bei »Mango-Eis« einkochen, Safran, Zucker und Kardamom unterrühren. Halbsteif geschlagene Sahne darunter ziehen. Masse in eine Eisform füllen, mit Folie abdecken und ca. 4 Stunden durchfrieren lassen.

Eiscreme mit Kardamom
Indien

Zutaten
2 l Milch,
10 Kardamomkapseln,
1 EL gehäutete, fein gehackte Mandeln,
1 EL ungesalzene, fein gehackte Pistazien,
80–100 g Zucker

EW	Fett	KH	kcal/kJ
17 g	21 g	47 g	458/1914

Milch zum Kochen bringen, Kardamom zugeben und bei schwacher Hitze weiterkochen, bis die Flüssigkeit auf etwa 3/4 l eingedickt ist. Kardamomkapseln entfernen. Mandeln und Zucker zugeben und kurz weiterkochen lassen. Milch auskühlen lassen, Pistazien unterrühren. Masse im Tiefkühlfach gefrieren, alle 15 Minuten umrühren. Sobald die Masse fast fest ist nochmals im Tiefkühlfach gefrieren lassen.

Japanisches Tee-Eis mit Mango
(Abb.) – *Japan*

Zutaten
3 Eigelb,

120 g Zucker,
200 g Sahne,
70 ml stark gebrühter, kalter, grüner Tee,
2 TL milde Sojasauce,
425 g Mangos (Dose)

EW	Fett	KH	kcal/kJ
19 g	31 g	36 g	380/1596

Für die Eismasse Eigelb mit Zucker schaumig rühren. Sahne, grünen Tee und Sojasauce hinzufügen. Alles gut vermengen.

Eismasse für ca. 6 Stunden in das Gefrierfach stellen. Damit die Masse geschmeidig bleibt, ca. alle 30 Minuten mit einem Schneebesen durchrühren. Mangos abtropfen lassen, auf Teller verteilen und Eisbällchen darauf anrichten.

Tipp
Nach Belieben mit Puderzucker bestreuen.

DESSERTS

Gefüllte Ananas-Schiffchen mit Baiserhaube
(Abb.) – *Indonesien*

Zutaten

1 frische reife Ananas
(1–1,5 kg),
200 g Frischkäse,

1 EL Zitronensaft,
1 EL Zucker,
2 Eigelb,
2 EL Rosinen,
2 EL Sake,
2 Eiweiß,

2–3 EL Puderzucker,
1 Flasche Wildbeeren-
sauce (ersatzweise
Erdbeer- oder Kirsch-
sauce)

EW	Fett	KH	kcal/kJ
11 g	7 g	84 g	439/1853

Von der Ananas den Stengel
abschneiden, mit der Blattkrone
halbieren und dann jede Hälfte
noch einmal durchschneiden.
Das ganze Fruchtfleisch heraus-
trennen (hartes Mittelstück
nicht verwenden) und in feine

Stücke schneiden. Frischkäse,
Zitronensaft, Zucker und Eigelb
verrühren, in Sake getränkte
Rosinen unterheben. Alles mit
dem Fruchtfleisch mischen und
abschmecken. Ananasviertel damit füllen. Für das Baiser Eiweiß
steif schlagen, Puderzucker dazugeben und weiterschlagen.
Baisermasse in einen Spritzbeutel füllen, auf den Ananas-
Schiffchen verteilen und für
ca. 5 Minuten im vorgeheizten
Ofen bei 200 Grad überbacken.
Abkühlen lassen und mit
Dessertsauce anrichten.

DESSERTS

REGISTER

REGISTER

REGISTER

REZEPTREGISTER

REGISTER

REZEPTREGISTER

REGISTER

REGISTER

SACHREGISTER

Bild- und Textquellennachweis

Umschlag vorn, großes Bild: Suzi-Wan, von links oben nach rechts unten: The Food Professionals, Fackelmann, Kikkomon, The Food Professionals, Biskin; Umschlag hinten: Anness Publishing Limited
Anness Publishing Limited: 4, 5, 9, 10, 13, 24 (2x), 25 (3x), 26, 30, 38 (3x), 56 (4x), 64 (3x), 65, 69 (4x), 74 (3x), 75 (3x), 84 (3x), 85, 88 (4x), 160 (6x), 161, 172 (4x), 173, 182 (4x), 184, 190 (6x), 191, 195, 196 (4x), 200 (3x), 201 (4x), 211 (2x), 217 (2x), 227 (6x), 230 (3x), 231, 234 (3x), 252 (4x), 263 (3x), 265 (3x), 267 (3x), 280 (3x), 304 (2x), 305, 310 (2x), 311, 312 (3x), 354 (4x), 359 (3x), 364 (2x), 368 (2x), 372 (2x); Bauer-Petersen-Archiv: 15, 16, 22, 23, 32 links unten; Biskin: 77, 82, 120, 155, 175, 181, 185, 187, 233, 243, 256, 286, 335; Californische Mandeln: 59, 121; DTJ: 299; Fackelmann: 7, 18, 19, 20 (5x), 21, 34, 36 (3x); Hela: 55, 106, 142; Info Bananen: 362; Jo fresh: 81; Kattus: 132, 162, 170, 171, 192, 247, 291, 340, 341, 342; Kikkomon: 35, 90, 97, 111, 113, 118, 119, 130, 152, 178, 183, 186 (3x), 209, 222, 229, 241, 248, 249, 251, 264, 268, 270, 281, 290, 292, 298, 309, 318, 323, 345, 346, 369, 371; Knorr: 1, 177, 179, 193, 269; Köllnwerke Peter Kölln: 353, 362; Lätta: 240; Maggi Kochstudio: 99, 102, 105, 139, 207, 214, 220, 253, 257, 295, 297, 302, 303; Meggle: 206; Melitta: 181; Müller's Mühle: 121, 127, 219, 293; Palmin: 159; Schwartauer Werke: 353, 362; Suzi-Wan: 62, 71, 73, 83, 89, 92, 109, 112, 115, 116, 123, 125, 167, 188, 189, 213, 224, 225, 228, 235, 246, 273, 275, 301; The Food Professionals: 26 links, 26 rechts oben, 28 (2x), 29 (3x), 31, 32 rechts oben, 32 rechts unten, 33, 37, 40, 41, 46, 47, 61, 67, 70, 78 (4x), 79, 80, 87, 96, 101, 122, 136, 138, 149, 151, 152, 165, 198, 199, 202, 203, 208, 210, 237, 255, 266, 271, 284, 307, 313, 315, 317, 322, 327, 329, 339, 351, 356, 361, 363, 373; Thomy: 336; Uncle Ben's: 129, 133, 163, 218, 279; Unox: 107, 180, 205, 261; USA Sonnenblumenkerne: 117, 221, 283; Wan Kwai Franz Köneköpp KG: 57, 95, 135, 140, 145, 157, 216, 366, 367